北京市陆学艺社会学发展基金会 编

陆学艺全集

第 9 卷

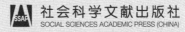

社会科学文献出版社
SOCIAL SCIENCES ACADEMIC PRESS (CHINA)

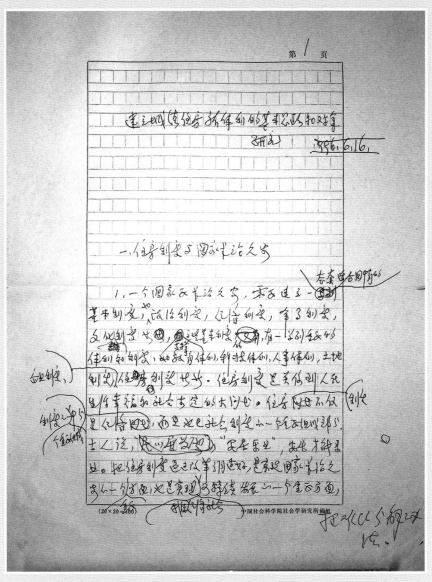

《建立城镇住房新体制的基本思路和对策研究》原稿第一页

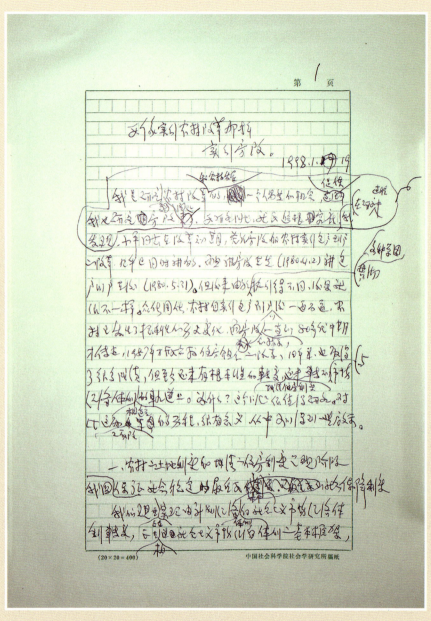

《要像实行农村改革那样实行房改》原稿第一页

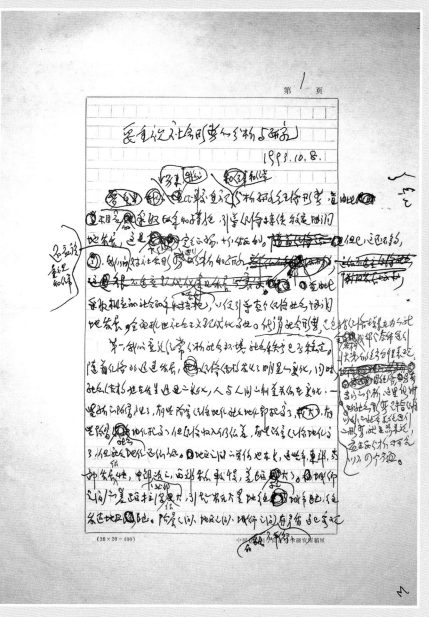

《要重视社会形势的分析与研究》原稿第一页

第 9 卷　社会建设论
（1986～2007）

本卷收录了陆学艺先生在1986～2007年撰写和发表的关于社会建设方面的学术论文、调研报告、演讲稿、发言摘要、书序及学术书信。自从2004年党的十六届四中全会明确提出"社会建设"概念后，政界和学术界掀起了社会建设理论研究和实践的热潮。2008年以前，陆学艺一直在跟踪和思考这个新的动向，但并没有急于提出自己的观点。尽管没有自觉使用"社会建设"的概念和理论，但他早在20世纪80年代就对民生与社会保障、社区和社会组织、社会管理和社会政策、社会心态和社会生活方式等领域有所涉猎，如《关注民生，办好教育，促进社会和谐》《新阶段、新形势和新任务——当前的社会发展形势与社会保障》《家庭赡养与社会保障的功能互补》《发挥居民在城市社区自治建设中的作用》《机构升格之风要刹住》《重丧到薄葬：中国农村社会的现代变迁》等。1996年，陆学艺带领课题组承担了关于住房制度改革重大课题的研究，其主要成果《建立城镇住房新体制的基本思路和对策研究》《要像实行农村改革那样实行房改》等对我国房改实践产生了重要的影响。陆学艺高度重视社会形势的分析和预测，20世纪90年代初，他组织出版了我国第一部《中国社会发展报告》，并于1992年开始参与和主持《中国社会形势分析与预测》年度报告，在其生前持续了20多年。他关于社会形势分析的代表作有：《中国国情与当前的社会形势》《当前中国社会形势分析》《中国社会发展新思维》《走向全面、协调、可持续发展的中国社会——2003～2004年中国社会形势分析与预测》。同时，他关于小康社会与构建和谐社会的研究成果也产生了重要影响，如《论小康社会》《全面建设小康社会与社会全面进步》《构建社会主义和谐社会的内涵与要求》等。

本卷目录

民生与社会事业建设

当前是群众对于改革开放心情最好的时候 …………………………………… 3

要重视提高人口素质的工作 ………………………………………………… 4

在深入研究的基础上建立有中国特色的社会保障体系 ……………………… 6

做好城乡社会保障工作 ……………………………………………………… 9

激发全民族的创业冲动

    ——一个社会学家和一个经济学家关于就业问题的对话 ……………… 13

家庭赡养与社会保障的功能互补 …………………………………………… 16

关注弱势　呼唤公平 ………………………………………………………… 21

党政领导机构中从事实际工作的一批社会学工作者是一支很重要的

    社会学研究队伍 …………………………………………………………… 25

对《2003—2007年教育振兴行动计划》的几点意见 ……………………… 29

深化高校人事改革，推动高教事业发展 …………………………………… 33

充分发挥"人才高地"的优势是北京经济社会进一步

    发展的关键所在 …………………………………………………………… 38

创新的保障：关键要提高教育质量，走内涵式发展道路 ………………… 42

关注民生，办好教育，促进社会和谐 ……………………………………… 48

建立城镇住房新体制的基本思路和对策研究 ……………………………… 63

要像实行农村改革那样实行房改 …………………………………………… 91

深化房改和加快房建需要把握好的几个重点 ……………………………… 96

辽宁棚户区改造的经验值得总结推广 ……………………………………… 98

社区与社会组织建设

天津市千户居民户卷调查工作卓有成效⋯⋯⋯⋯⋯⋯⋯⋯⋯⋯ 103

发挥居民在城市社区自治建设中的作用⋯⋯⋯⋯⋯⋯⋯⋯⋯⋯ 105

现代文明的"延伸地带"⋯⋯⋯⋯⋯⋯⋯⋯⋯⋯⋯⋯⋯⋯⋯⋯ 107

社区服务是现代文明的重要标志⋯⋯⋯⋯⋯⋯⋯⋯⋯⋯⋯⋯⋯ 111

加强社区建设的理论研究⋯⋯⋯⋯⋯⋯⋯⋯⋯⋯⋯⋯⋯⋯⋯⋯ 113

社区建设将从城市到农村⋯⋯⋯⋯⋯⋯⋯⋯⋯⋯⋯⋯⋯⋯⋯⋯ 115

温州社区建设的经验和主要特征⋯⋯⋯⋯⋯⋯⋯⋯⋯⋯⋯⋯⋯ 117

宁波市江东区建设"人文社区"的实践具有鲜明的理论特色

　和重要的现实意义⋯⋯⋯⋯⋯⋯⋯⋯⋯⋯⋯⋯⋯⋯⋯⋯⋯ 120

要重视农村社区建设⋯⋯⋯⋯⋯⋯⋯⋯⋯⋯⋯⋯⋯⋯⋯⋯⋯⋯ 122

社会形势与社会发展

建立社会发展报告制度十分重要⋯⋯⋯⋯⋯⋯⋯⋯⋯⋯⋯⋯⋯ 125

关于社会形势研究的几个问题⋯⋯⋯⋯⋯⋯⋯⋯⋯⋯⋯⋯⋯⋯ 130

开展社会形势分析与预测研究是一项开创性的研究⋯⋯⋯⋯⋯ 134

要重视社会形势的分析与研究⋯⋯⋯⋯⋯⋯⋯⋯⋯⋯⋯⋯⋯⋯ 139

要正确处理好改革、发展和稳定的关系⋯⋯⋯⋯⋯⋯⋯⋯⋯⋯ 142

中国国情与当前的社会形势⋯⋯⋯⋯⋯⋯⋯⋯⋯⋯⋯⋯⋯⋯⋯ 147

可持续发展观是经济社会协调发展观的升华⋯⋯⋯⋯⋯⋯⋯⋯ 155

"两会"代表、委员说新闻⋯⋯⋯⋯⋯⋯⋯⋯⋯⋯⋯⋯⋯⋯⋯ 158

经济社会发展的新阶段，新形势，新任务⋯⋯⋯⋯⋯⋯⋯⋯⋯ 160

新阶段、新形势和新任务

　——当前的社会发展形势与社会保障⋯⋯⋯⋯⋯⋯⋯⋯⋯ 168

尽快把合肥建成现代化的城市⋯⋯⋯⋯⋯⋯⋯⋯⋯⋯⋯⋯⋯⋯ 187

新世纪中国社会发展的展望⋯⋯⋯⋯⋯⋯⋯⋯⋯⋯⋯⋯⋯⋯⋯ 193

中国经济社会发展新阶段面临的形势和任务⋯⋯⋯⋯⋯⋯⋯⋯ 198

当前中国社会形势分析⋯⋯⋯⋯⋯⋯⋯⋯⋯⋯⋯⋯⋯⋯⋯⋯⋯ 207

中国社会发展新思维⋯⋯⋯⋯⋯⋯⋯⋯⋯⋯⋯⋯⋯⋯⋯⋯⋯⋯ 225

走向全面、协调、可持续发展的中国社会

    ——2003～2004 年中国社会形势分析与预测 ……………………… 234

关键时期的时代背景和时代特征 …………………………………… 246

世界 500 强谁是中国好公民？ ……………………………………… 249

关于学习十六届五中全会文件、"十一五"规划的几个问题 ……… 251

论小康社会 …………………………………………………………… 260

小康大讨论 …………………………………………………………… 277

全面建设小康社会与社会全面进步 ………………………………… 279

坚持科学的发展观 …………………………………………………… 297

树立落实科学发展观是党中央在关键时期采取的重大战略决策 … 302

希望实现"和谐社会" ……………………………………………… 307

构建和谐社会：背景与内涵 ………………………………………… 310

构建和谐社会 ………………………………………………………… 317

坚持科学发展观，构建和谐社会 …………………………………… 321

构建社会主义和谐社会的内涵与要求 ……………………………… 333

构建和谐社会必须重视社会结构中的农村问题 …………………… 338

和谐社会需要"完美骨骼" ………………………………………… 343

关于构建社会主义和谐社会的几个问题 …………………………… 345

构建和谐社会的"完美骨架" ……………………………………… 358

倡导睦邻文化，共建和谐社会 ……………………………………… 362

社会发展综合试点意义重大，社会学界积极参与义不容辞 ……… 366

关于社会发展综合试点的几个问题 ………………………………… 371

实验区是实现可持续发展战略的重要方面 ………………………… 377

可持续发展实验区发展历程回顾与建议 …………………………… 382

社会管理与社会政策

机构升格之风要刹住 ………………………………………………… 391

社会问题层出不穷 …………………………………………………… 393

要重视对社会问题的分析与研究 …………………………………… 395

社会政策：不可忽视的发展钥匙 …………………………………… 397

针对社会转型时期城市犯罪问题的研究具有重要现实意义 ……… 400

社会学视角：为公平与秩序付费 …………………………………… 403

在纪念《代表法》颁布十周年座谈会上的建议 …………………… 405

需要以公平为导向的社会政策 ……………………………………… 407

假如危机再来 ………………………………………………………… 410

社会学家诊治"城市病" ……………………………………………… 413

社会问题根源之我见 ………………………………………………… 414

大胆的尝试和富有意义的探索 ……………………………………… 416

社会心态与生活方式

建设有中国特色的社会主义文明、健康、科学的生活方式 ……… 421

转型期的社会与心态 ………………………………………………… 424

敬业危机影响社会的有序发展 ……………………………………… 427

重丧到薄葬：中国农村社会的现代变迁 …………………………… 428

关于精神文明决议的几点意见 ……………………………………… 431

规范市场竞争　提倡企业自律　提倡"和商"精神 ……………… 436

关于《婚姻法（修正案）》的几点意见 …………………………… 437

"这个时代的确太浮躁了" …………………………………………… 443

农村精神文明建设的真实记录 ……………………………………… 448

创建文明行业，全面建设小康社会 ………………………………… 452

弘扬徽商文化，推进经济文化良性互动发展 ……………………… 457

广州社情民意研究中心20年来的民意调查报告是

　　不可多得的宝贵资料 ………………………………………… 461

民生与社会事业建设

当前是群众对于改革开放心情最好的时候[*]

今年①开两会的时机特别好，经过治理整顿，当前经济形势很好，社会形势也很好。

去年②国民经济全面增长，市场繁荣，物价稳定，人心稳定。安定团结的局面进一步巩固，社会是稳定的。

这几年，国家在发展经济的同时，也注重发展社会事业。增加了社会投资，科技、教育、文化等事业都有发展，人民生活质量提高，社会各项事业全面进步。

酝酿多年的社会体制改革正在有计划地进行。社会保障、住房、公费医疗、职工福利等体制，已经同有计划的商品经济不相适应，干部职工早已盼望改革。现在这些改革有的已经起步，有的已经展开。

最可喜的是，现在改革开放的气氛很浓，广大干部和群众的情绪很好。党中央最近强调改革开放胆子要大一些，要抓住当前的有利时机，努力把经济搞上去，这说出了 11 亿人民的心声。经过十多年的反复实践，群众对于要坚持"一个中心，两个基本点"，要走有中国特色的社会主义道路等大的方针政策都认同了，对于改革的承受能力也增强了。当前是群众对于改革开放心情最好的时候。

召开两会，通过有中国特色的政治协商制度，党中央改革开放的决策将会得到全面贯彻，有利于社会更加稳定，可为经济改革和发展创造一个良好的社会环境，使整个社会机制更加协调、和谐地运行。

---

* 本文源自作者手稿。该手稿写于 1992 年 3 月，系陆学艺为接受中央电视台记者采访准备的发言稿，现标题为本书编者根据发言稿内容拟定。——编者注

① 此处指 1992 年。——编者注

② 此处指 1991 年。——编者注

要重视提高人口素质的工作[*]

国家设立中华人口奖，对在我国人口与计划生育事业中作出重大贡献的实际工作者和科技工作者予以奖励，这是一项很有意义的举措。这些年来，我们国家在计划生育、控制人口数量的增长方面，做出了很多成绩，取得了举世公认的伟大成就，我们还要重视提高人口的素质，这方面还要做很多的工作，甚至可以说，还要做更多的工作。对在提高我国人口素质方面作出贡献的实际工作者和科技工作者同样要给予重奖。

现在大众普遍担心的一个问题是人口逆淘汰问题。城市比农村的生活条件、教育条件好，城市的计划生育也做得好，而农村比城市的人口增长率高得多；经济发达地区比欠发达、不发达地区生活条件好，教育等方面条件好，经济发达地区的计划生育也做得好，而欠发达、不发达地区的人口增长率比发达地区高。在同一地区内，文化教育程度高的人，生活条件、教育条件好的阶层已经较多地出现自愿不生孩子的双人家庭，甚至还有一大批"单身贵族"。这种人口逆淘汰现象，是很令人担忧的，应着力研究解决这个问题，对在阻止或扭转人口逆淘汰方面作出了贡献的同志，应该给予大奖。

开放人口城市化的问题。由于各种历史原因，我国现仍实行城乡分治的户籍制度，有农业户口和非农业户口的区别，形成了城乡二元社会结构。改革开放以来，经济高速增长，产业结构已经变了，但这种城乡分隔的社会二元结构没有相应的改变。1991 年，全国工农业总产值中，工业产值占77.6%，农业产值只占 22.4%。但 1991 年全国有市镇人口 30543 万，只占

---

[*] 本文源自作者手稿，该稿写于 1993 年 6 月 25 日。——编者注

4

总人口的 26.4%；农村人口 85280 万，占 73.6%。① 一个国家的现代化主要有两条，一是工业化，二是城市化。我国的工业化已有了很大成绩，但城市化却严重滞后。现在世界的城市化平均水平已达 43%，发达国家为 70%、80%，有的高达 90%，欠发达国家城市化水平为 34%，而我国只有 26%。②据联合国经济和社会部人口司统计，1992 年我国在人口年增长率、出生率、死亡率、妇女总体生育率、预期寿命、婴儿死亡率、15 岁以下人口、65 岁以上老年人口等九个方面都已经达到世界平均水平，有的已经接近或达到国际较发达国家的水平。唯有城市人口比例这一项还很落后，甚至低于发展中国家的平均水平。

我国的城市化严重滞后，对经济发展很不利，对社会发展也很不利，阻碍了整个现代化事业的发展，引出了种种经济、社会矛盾。这种落后的户籍管理制度，城乡二元社会结构，对计划生育工作，对提高人口素质也是很不利的。按我国目前的经济水平，使城市化水平达到世界城市化的平均水平，那么，可以再接纳 1.5 亿人到城市生活（这当然要做大量工作），这对整个经济社会发展是一个巨大的促进。对计划生育工作来说，也将是一个巨大的推动，一年可以少生数十万乃至上百万孩子，工作也好做得多。更重要的是为提高这 1.5 亿人的素质创造了条件。农民进了城，使他们受到社会主义市场经济的教育，从实践中学习商品经济知识，学习技术，学会经营，改变农民小生产者的习性和地位；农民进了城，使他们接受现代文明社会的熏陶，扩大视野，增长才干，提高他们的素质，逐步变为现代人；农民进了城，使他们能够得到城市科技教育、文化艺术、医疗卫生、社会保障等方面的实惠，提高生活质量。所以，可以这样说，城市是教育人、提高人的大学校，城市是现代文明的摇篮。进城对于农民来说，是梦寐以求要实现的理想，他们在想方设法地进城，我们现在也具备了接纳一部分农民进城的条件，我们应该研究这方面的问题，打开城门，欢迎他们进城来。这部分农民真的进了城，计划生育工作好做了，人的素质也很快提高了。可以说，人口城市化的工作，也应该提到我们的工作日程上来。

---

① 参见国家统计局编《中国统计年鉴·1992》，北京：中国统计出版社，1992 年 8 月，第 54、77 页。

② 参见刘洪主编《国际统计年鉴：1998》，北京：中国统计出版社，1998 年 12 月，第 72 页。

在深入研究的基础上建立有中国
特色的社会保障体系[*]

同志们：

　　刚才袁方同志的书面讲话中讲到，1992年春节在京的社会学会常务理事开座谈会，提出要成立社会发展和社会保障研究会，并由计委牵头组建。经过一年的筹备，今天成立了，这是一件很重要的事情。我代表社会学会表示热烈的祝贺。希望研究会在计委和中国社会学会的领导下，把全国的社会发展和社会保障研究工作做得更好。

　　第三届中国社会学会成立之后，先后成立了几个研究会，这次成立的社会发展和社会保障研究会是最顺利的。建立一个研究会不容易，有的筹备了两三年还没有成立，而这个研究会由于得到了计委同志的支持，从提出到成立，只用了一年的时间，看来这是一个经验：成立学会、开展研究都要提倡专家与实际部门相结合。

　　刚才计委领导和邬沧萍教授已经讲了很多好意见，我都同意，趁研究会成立之机，我讲几点意见。

　　近几年，我国经济的发展取得了举世瞩目的成就，特别是在世界经济不景气的情况下，很多国家零增长、负增长，低速增长，而我国近十年平均保持了10%以上的增长速度，是很不容易的。最近我去日本访问，他们对此问了又问。这是好的一面，但也有另一方面，我们在日常生活中感到生活水平提高以后，温饱问题解决了，而社会问题反而增加了。农村和城市中都存在一些不安定的因素，而且在经济发展快的地方，问题还相对多

---

　　* 本文原载中国社会学会秘书处编《中国社会学会通讯》1994年第1期（总第16期），发表时间：1994年3月10日。该文系陆学艺于1993年12月25日在"社会发展和社会保障研究会"成立大会上的讲话稿。原稿无题，现标题为本书编者根据讲话内容拟定。——编者注

一些。1988 年的时候，有句话叫"端起碗来吃肉，放下筷子骂娘"，现在换了一个说法，叫"老百姓的生活从来没有像今天这样好过，老百姓的意见从来没有像今天这样多过"。这话也反映了实际情况。国外的经验说明，一个国家人均 GNP 从 400 美元到 1400 美元的过程，是社会问题发生最多的时期，是最易出问题的时期。这一关能不能过是大问题。有的国家在此阶段翻车了就过不去。在最近一个会议上有同志提出，现在有的地方社会问题比经济问题还突出。这说明，如果不注意，很可能在社会问题方面出事。所以成立这个研究会，专门进行社会发展与社会保障等方面的专题研究是十分必要的。

我们正处在现代化、工业化、城市化的过程中，正处在从农业社会向工业社会、从农村社会向城市社会、从传统社会向现代化社会的转化过程中，这个过程发达国家也都经历过。不同的是，我国正在从计划经济体制向社会主义市场经济体制转化。在这个转化过程中很容易出问题，我们在这个转变的过程中要注意经济与社会的协调发展，要注意社会保障方面的改革与配套。如医疗的保障、失业的保障、收入的保障，这些问题如果不能很好地解决，社会安定会有问题，也会影响经济的发展。比如在城市，以前都是企业保障，如果不能及时转向社会保障，企业的破产就难以实行，有的企业已经长期亏损，资不抵债，但是不敢破产。因为工人无法安排，上街游行怎么办？实际上是花钱买安定。在市场经济下可以很快宣布破产。另外，在农村基本上没有社会保障，以前的"五保户"靠三级所有的生产队来管，现在三级所有变了，"五保户"也成了问题。用什么来代替就是新的问题。

研究会的任务，魏秘书长讲有四个方面，邬教授也提出了四条建议，这些我都是赞成的。我再补充几点，希望研究会把专家和实际工作部门的同志们组织起来，由计委牵头开展一些社会发展与社会保障方面的课题研究。因为现在不仅是理论研究，还有很多实际问题要解决。另外，还有很多问题我们不清楚，例如把城市和农村的社会保障的现状调查清楚，在正确理论的指导下，建立有中国特色的社会保障制度。真正弄清楚现在工厂、机关、农村，富的地方、穷的地方的情况，分门别类地建立不同形式的社会保障。这样大的国家，用一个方法是不行的。

还可以专门组织人员对国外社会保障方面的经验和教训进行研究。刚才邬教授讲到了这点，我也深有体会。最近在日本，听说瑞典向日本借钱搞社会福利，因为瑞典的福利搞得太多了，没有活力，这几年经济不行了，欠债很多，但一下子改不过来，所以是借钱搞福利，实际上很难维持下去。日本一个专家讲，社会福利越多，社会问题越多。社会过高的福利把人弄懒了，整个社会没有生机，引起了极大的问题，所以不是包得越多越好。另外还有一个收入保障问题，究竟将来建立一个什么样的社会阶层结构，收入调节的问题非常重要，这方面的政策要及时制定，现在发达国家有的社会比较安定，有的不够安定。总的来说，社会安定的国家，收入比较平衡，主要是通过法律和税收调整。这两年大家意见比较大的是两个问题。原来我们是比较平均，农村是工分，城市工资也比较平均，当前继续搞这一套肯定是不行的，现在提出效率优先。邓小平同志提出让一部分人先富起来，这个政策都拥护，问题是让哪一部分人先富起来。由于收入差距拉大，梯度拉开了，地区之间的差距也在扩大，东、中、西部的差距拉大了，城乡之间、单位之间、企业之间、工人之间的差距也相当大。有的地方亿元户都有了，如果放任下去，有可能出现两极分化，造成社会的不稳定，形成不安定因素。这个问题要研究，在深入研究的基础上，建立有中国特色的社会保障体系。

现在我们正在建设社会主义市场经济体系，应该明确不是所有的问题都可以通过市场解决，除了市场的作用外，还是要宏观调控，要加强管理。在市场竞争中有一些人是弱者，有些产业是弱者，还需要国家和社会来保障。例如农业，效益不是很高，在竞争中处于不利的地位，所以农业问题、农村问题要重点研究。

我相信在计委领导的关怀下，通过研究会同志的努力，一定会出一批对国计民生、政府决策、学科建设有价值的成果，出一批有较高研究水平的专门人才。

做好城乡社会保障工作[*]

做好社会保障工作是实现现代化社会的一个很重要的方面。一个工业化、城市化、现代化的国家必须有比较完善的社会保障体系，使社会成员的基本生活权利得到保障。如民政工作，做好了就没有问题；做差了，社会就不安了，总理就知道了。对社会成员来说，基本生活得到保障，遇到困难得到救助。对社会来说，可以减少或避免一些社会问题的产生，所以人们把社会保障称为社会的安全阀、减震器。

一些资本主义国家在产业革命以后，陆续建立了社会保障制度，以后逐步形成体系，形成社会保障的网络。这对于他们这些国家的社会稳定起到了较好的作用。今年①我到丹麦开会，顺便也对他们的社会保障体系做了一些调查。丹麦是个高福利国家。经过长期的发展，他们的社会保障制度可以概括为"两全""一统""两高"。"两全"是指：一是全民性，凡在丹麦的居民，都可得到高福利；二是全面性，从摇篮到坟墓，从生到死，都在社会保障之列，生有生育补贴，死有丧葬补贴。"一统"是指全国有统一的标准，收费、享受、权利、义务等都有立法。"两高"是指高税收、高福利。

如工人职员病假补贴，可算 75% ~ 90% 的工资，失业可领工资 60% 的补贴。养老不低于最低工资的 90%。生孩子有 450 天的产假，工资照领。每个孩子从出生到成年，每年可领 1200 美元，3 个以上孩子还可以增加 50%。妇女生了孩子，如要工作，请保姆费用的 50% 由政府支付。贫困者

---

* 本文源自作者手稿。该文稿系陆学艺于 1995 年 11 月 11 日在安徽合肥所作演讲的讲稿，该演讲原题为"在实现两个转变的历史条件下做好城乡社会保障的工作"。由于原稿第一部分不完整，故本文仅收录该演讲稿的第二部分，题目取自原演讲稿第二部分的小标题。——编者注

① 此处指 1995 年。——编者注

得到救济，不是最低生活线，而是应享受的基本待遇和服务，享受不到可视为贫困。如 14 寸彩电是基本生活必需品了，他买不起，可以到社区政府机构申请。经核实，可发给他一个（或报销）。

这些钱从哪里来？靠高额累进所得税，平均税率为 35%，职员为 40%，高收入的为 70%～80%，平均税率是 53%。这样的好处是社会比较平均、比较稳定，风气好，礼仪之邦。弊病是社会没有生气、没有活力、竞争力减少。养了一批懒人，有的就不工作了，干不干都一个样，差不多。而且政府负担重，瑞典借债来搞福利，福利高了却下不来。他们的经验可以吸取，教训要避免。

安徽省成立这样的社会保障研究会很有必要，可以协调社会保障、社会救济、社会保险等工作。这几年做了很多工作，特别是调查研究，课题组专门研究写出了《发展和完善安徽城乡社会保障体系的研究报告》，很有水平。这次会上，提供了不少论文，我大部分都看了，学到了不少东西，都是有理论、有实践、有分析的，都是对安徽推动社会保障工作有作用的。基于此，我想了几点。

（1）社会保障事业是社会发展、社会进步事业的一部分，要以经济发展为基础，要为经济发展服务，要与经济发展水平相适应。总的来说，经济社会要协调发展。目前的工作重点要以发展经济为中心，只有经济搞上去了，发展才有基础。但社会改革、社会发展不能滞后，单一的经济发展成为唯一是不对的。应该说，当前我们的社会保障工作是落后了，现在企业要裁员、要破产，因为没有社会保障体系，就裁不了、破不了。所以建立统一的社会保障体系成了当务之急。

但搞社会保障的各部门还是要以经济为中心，要为改革、发展、稳定服务。如筹集的保障基金是一大笔资金，能否对当地的经济发展起支持的作用呢？搞得好，是两利的，如投资于当地的交通、能源等公共基础设施建设，既保险又能增值，是可以两利的。

就安徽省来说，经济发展还要急起直追，要有个大的发展期。要改变人口占 5%、农业占 4%、工业占 3%、财政占 2%、外贸占 1% 的状况。回良玉省长提出 5 年达到平均水平，10 年能超过平均数。

（2）目前我国的社会保障体系，基本上是两大块。就城市职工来说，是在低水平下享受了相当好的社会保障和社会福利。虽然水平不高，但从摇篮到坟墓也基本上齐了。如果加上住房等福利，受益面也是相当宽的，3000 多万行政、事业单位干部职工比较好，企业要差一些。农村就更差了，受益面大约只有3%，连最起码的养老保障都没有做到（那些富裕村，则又过分了，搞1958年那种"10个不要钱""20个不要钱"……）。

这是很不合理的，就全国来说，农民是做了贡献的。新中国成立46年来，贡献最大的是农民，他们是社会主义建设的主力军，交公粮、统购统销，修水库、修路，支援工业建设，现在又出动那么多民工，搞城市建设，搞乡镇企业，每年交1500亿元税。但说到权利就没有农民的了。

我觉得有两项可以先搞，一是农村养老，二是优抚。政府（财力容许的市县）应该可以出点钱帮农民办起来，这对计划生育也是一大贡献。安徽是个农业、农民占大头的省，在这方面都做出一些成绩来，要逐步拉近城乡的差距。但这要有一个历史过程，我们不要再拉大这个差距。

（3）要按社会主义市场经济的原则来逐步改革社会事业和社会发展体制。建立社会主义市场经济体制的目标已经提出来了，而且定了时间表，已经逐渐有了一些框架和设想。但整个经济社会是一个完整的整体，不可能经济、企业、产业按市场经济规律运行了，教育、科技、文化、体育、住宅、福利、社会保障等还按原来的计划经济体制那一套运行，而这方面的研究、设想和试验还不多。

当然，中央已经提出来了，要实现社会全面进步。但现在这一块还比较弱，讲社会进步、社会发展，就是办多少个学校，办多少个医院，有多少个文化设施等，实际还停留在20世纪60~70年代讲经济发展的水平上。

而所谓社会进步，就是社会结构的进步，如人口结构、就业结构、阶级阶层结构、城乡结构和地区结构等。要通过各种政策措施，逐步使社会结构现代化，发展社会事业，包括社会保障事业，要按市场经济原则去运行。

有些社会保障事业并不是要拿多少钱的，不完全是福利事业，可以是略有盈余的，而且能容纳大量的就业职工。在挪威，公共服务部门、社会保障福利部门的工作人员高达全体就业人员的26%，这当然是多了。

（4）工作方法上抓重点突破。社会保障工作是政府的一项很重要的工作。现代化的国家是企业和单位搞经济，政府主要是管理社会、办公共事业。现在却是政府抓经济，企业办社会。

社会保障工作也是种类很多的，从总体水平来说，要在经济发展的基础上，逐步完善，逐步增加覆盖面。而安徽当前的经济发展工作任务很重，财力有限，不可能办得面面都好。将来东边的江苏、北边的山东、西南边的湖北，它们都搞起来了，这带给我们的压力是很大的。所以是否选几个重点搞，如农村养老保险，再如农村的优抚工作，逐步由城乡一起来负担。

（5）试点的原则。全面搞起来不容易，可以先搞一两个县级市、地级市，搞试点取得成绩，再逐步推开，这是个大任务。我们在这方面做出成绩来，对全省、全局是有影响的，这项工作是非常有意义的。

激发全民族的创业冲动

——一个社会学家和一个经济学家关于就业问题的对话*

岗位短缺："半个月亮爬上来"

主持人：事不辨不清，理不辨不明。自从国人发现失业成为我国社会经济生活中一个比较突出的问题那一刻起，学界就开始了关于失业问题是结构问题还是总量问题的争论。学界的争论没有也不会引起普通居民的注意，但专业人士对这一问题的不同判断却是提出解决失业问题根本办法的前提。

陆学艺：失业问题是一种综合征，单讲总量问题或结构问题都无法解释这一复杂问题。过去我们关紧城门，就业问题仅指城市人口的就业问题。今天，农民进城已冲破城乡割据状态，几千万农民工加入了城市建设与经济发展的行列，使本已拥挤的空间更为狭窄。二、三产业产出总量仅相当于美国的1/10，而我国城市人口超过3.5亿人，加上几千万进城的农民工，显然出现了城市就业岗位供给不足的问题。再如今天人们熟悉的城市纺织行业职工下岗较为严重的现象，原因当然有纺织业自身产品、技术和劳动力素质等结构问题，但一个人们不注意的问题是，部分没有进城的农民"顶替"了远在城市工作的人的岗位，原因是现在纺织行业产品80%左右为乡镇企业制造的，城市纺织业在市场竞争中败给了乡镇企业，哪来的岗位可言。任何社会都不会是死水一潭，都处于或大或小的变革之中，改革无

---

* 本文原载《工人日报》1997年8月1日，第2版。该文系该报记者与社会学家陆学艺和经济学家钟朋荣关于就业问题的对话，本文仅收录其中陆学艺与记者对话的内容，仍采用《工人日报》原文标题。——编者注

时不在、无时不有，但像中国这种 12 亿人在十几年时间内进行特大规模的"社会实验"，自觉地进行经济体制转轨和社会转型，则是前所未有的，因而遇到的问题也要复杂得多，失业问题就是如此。

主持人：科学的数量概念是现代经济决策的重要前提，失业问题更是如此。改革开放以来，我国经济持续高速发展，为城乡劳动力提供了 2.5 亿个新增就业岗位。从总量来判断，"九五"期间就业问题究竟面临怎样的形势？

陆学艺：据有关部门统计，1996 年城镇登记的失业率为 3.0%，[①] 从这一数字看，似乎"九五"期间我国面临的就业压力不是太大，许多西方工业化国家登记失业率高于此数，欧盟个别国家已达 10% 左右，[②] 而社会还是基本稳定的。但问题是，一方面，我们的这个数字没有包括隐性失业、就业不充分者及庞大的农村剩余劳动力大军；另一方面，我们的社会保障体系不健全，隐性失业和就业不充分者可能加入城市贫困人口的行列，致使问题复杂化。

在现代化过程中，许多国家都曾遇到大量失业及贫富分化等严重的社会问题，而自 20 世纪 80 年代初以来，我国的这一过程伴随着大规模的社会变革，在这种特定的历史条件下，新旧体制的冲突、社会约束力的下降显然会表现得更加突出。加上中国人今天还要面对外部世界轿车、洋房等现代化生活消费品的示范效应，这样，对于失业者来说就不仅是一个没有收入的问题，如果他们不正确地理解国情和自己面临的现实，则很容易导致社会冲突。街头飞驰的高级轿车和矗立的高级宾馆，媒体上天天发布那么多的成功故事，都会加剧失业群体的心理不平衡感。因此，看待这一问题也不能仅仅从简单的数字上去理解，要综合地采取切实可行的措施解决这一现实课题。

失业救济：时迫时缓波难平

主持人：有人提出通过建立健全的失业救济体系来解决失业问题，似乎在中国只要把失业救济机制建立起来，失业问题就可以解决。二位学者

---

① 国家统计局编《中国统计年鉴·1997》，北京：中国统计出版社，1997 年 9 月，第 93 页。

② 参见刘洪主编《国际统计年鉴·1998》，北京：中国统计出版社，1998 年 9 月，第 325 页。——编者注

对此有何看法？

陆学艺：在岗职工应有最低工资保障，失业职工享受失业保险，家庭人均收入低于当地最低生活费标准的人员应享受社会救济，这是健全的市场经济体制下较为完整的制度安排。但根据我国目前的经济发展水平及规模巨大的失业和潜在失业人口这一现实，能否在短时间内建立起完善的救济体系，是一个值得研究的问题。而且，失业保险只是为失去就业岗位的有劳动能力、愿意参加工作而规定期限内找不到工作的人提供一定的生活补贴，它并不能保证劳动者不失业。因此，竞争性的市场体制需要建立失业保险制度，但它不能最终解决中国面临的失业问题。

创业冲动：激发民众求生存、求发展欲望

主持人：人们习惯了的计划经济时期的平静已经被打破，政府通过计划经济手段包揽全民就业的时代业已终结。而我国在几年之内需要增加一两亿个就业岗位，没有就业岗位怎么进行创造？

陆学艺：确实，在改革以前，我国社会成员的生活空间充满着政府力量或者说计划经济体制力量的作用。在城市，国家通过一个个单位控制着每个人的日常工作甚至生活，人们领的是国家的工资，吃的是国家供应的粮食和食油，住的是国家分配的房子，连他们自己也被农民兄弟称为"国家的人"。在城市人的生活中，入学、就业、工种、升迁、退休等，无不依赖国家的计划安排。由平静的生活产生的社会主义就是要让每个人有工作和"饿不死人"的信条。民间的活力却没有引起人们的注意。

计划经济体制对于调动有限资源、打好大国发展所需要的重工业基础，做出了历史性贡献。但当我国的经济总量达到一定规模之后，为了发挥竞争的力量，活力便需要向民间寻求，甚至一部分社会管理任务也要由民间来承担。十多年个体经济和私营经济发展的实践表明，它不仅给我们的经济增添了巨大的活力，还安置了4000多万劳动力就业（1994年数）①。而且，今后国有企业排挤出来的冗员消化任务，也将主要落在民间资金积累而形成的个人资本或私人资本头上。

---

① 国家统计局编《中国统计年鉴·1995》，北京：中国统计出版社，1995年8月，第102～103页。

家庭赡养与社会保障的功能互补[*]

从社会制度变迁的观点看，20世纪全球最重大的发展之一就是社会保障制度的普及。20世纪初只有少数几个欧洲国家通过立法建立了社会保障制度，到1995年，全球已经有165个国家和地区建立了程度不同的社会保障制度。

在人类社会制度变迁的历史上，与政治制度、经济制度相比，社会保障制度是年轻的。与家庭制度相比，社会保障制度的历史就显得更短。

有一种观点认为，家庭也属于社会保障的范畴，甚至出现了所谓的家庭保障的概念。这种提法根据不足，从制度角度看，二者有着本质的区别。家庭作为社会生活的细胞，是以婚姻为纽带形成的。家庭制度是人类社会形成最早的制度形式，除了与社会保障重合的功能部分外，还有生育甚至生产等极重要的功能。社会保障的基本特点是国家参与的再分配，这与家庭制度的特点是不相容的，不能将二者混为一谈。

但是从功能意义上看，两种制度有着共同之处，这就是为老年、儿童、妇女、残疾人、病人等需要帮助的人们提供生活保障。无论这种保障是通过家庭赡养关系实现，还是通过社会保障制度的社会再分配关系来实现，其结果都是一样的。正是在这个共同点上，我们来讨论二者的关系。

第一，在社会保障制度发展的历史上，出现过向家庭职能渗透的取向。

西方国家在20世纪初迅速建立社会保障制度，最初并没有跨越家庭的界线。保障的对象基本上是劳动者，然后再由劳动者对其家庭成员承担责任，形成两种制度明显的分界。

但在第二次世界大战后，一些国家推进国家福利，跨越家庭边界，直接对儿童、妇女、老年人承担责任，向他们提供各种福利。老年人只要达

* 本文原载《中国社会工作》1998年第3期，发表时间：1998年6月15日。——编者注

到一定年龄要求，就可以享有一份基本的养老金。儿童出生时，由国家提供奶品及婴儿其他用品的费用，上学实行免费教育，甚至还提供免费午餐。

最明显的是所谓的家庭津贴福利，它是国家跨越劳动者而直接对其家庭成员承担责任。到1995年，世界上有81个国家和地区建立了这项福利，给未成年人提供现金待遇。家庭津贴的建立，使国家代替劳动者对其家属承担部分赡养责任。

此外，社会服务的发展，使得原来许多由家庭承担的照顾职能，也由社会服务机构提供。在社区中，建立了各种服务中心，为人们提供各种服务，如老人、残疾人的日托照顾以及上门服务。这些服务机构都是非营利性的，虽然在大多数情况下有收费，但往往低于成本，具有一定的福利性。

第二，国家越来越难以替代家庭的赡养功能。

首先，从成本角度看，国家福利向家庭的渗透，需要大量的资金。因此往往只有那些经济发展水平较高的国家，才有可能支撑这么高的成本。因此高收入的国家基本上都建立了家庭津贴制度，而低收入国家只有极少数建立了这项制度。

实行高福利政策，国家将面临越来越大的财政压力。西方许多国家用于福利的支出已占国民生产总值的20%～30%，占财政支出的50%以上。因此从20世纪70年代末开始，许多国家开始对福利政策进行反思，进行非福利化，首先就是重新思考国家与家庭的关系，逐渐把责任向家庭转移，以减轻国家的财政压力。

围绕这个思路，20世纪80年代英国进行了一系列改革，如取消中小学校的免费午餐，把大学的奖学金改为贷款，提高社区服务的收费。美国的福利虽然不及一些欧洲福利国家，但也开始促进社会服务的市场化。

其次，从受益人的需要看，它包括生理、安全、情感、社会交往及自我实现等不同的层次。家庭赡养，意义不仅在于满足衣、食、住、日常生活照顾等生理方面的需要，还同时建立了家庭成员之间经常的互动，对于满足交往及情感体验方面的需要起到了不可替代的作用。

国家与社会向家庭赡养功能的渗透，主要满足人们生理上的需要。尽管社区服务在保持人们社会网络联系方面尽了很大努力，但终究要以家庭为依托，不可能替代家庭的作用。

第三，家庭赡养的机制比国家强制的再分配更有效率。

家庭赡养的实质是人的生命周期权利与义务的实现。在未成年期有受抚养的权利，在劳动年龄期间则有赡养老人的义务，进入老年后又有接受子女赡养的权利。这种生命周期在家庭内部通过代际的权利和义务关系而得到完成。

这个过程是靠感情维系的，这一点与社会保障制度不同。社会保障制度也体现出代际的权利与义务关系：未成年人享受纳税人提供的福利，长大工作后成为纳税人，开始尽义务，到老年又有享受福利的权利。其机制是通过国家的强制手段。而家庭完成这个过程，往往是靠家庭成员之间长期共同生活形成的情感，因此有自觉性，出于自愿。此外，社会再分配还会出现转移支付过程的管理成本，而家庭赡养没有这项成本。

家庭纽带的作用，还得到了道德力量的强化。道德与法律不同，不是靠国家的强制力量实行，而是靠人们的自觉行动，基于良心的约束。这种道德观念不仅是一种自上而下的倡导，而是人们在日常生活中长时间形成的。

中国有处理家庭关系的传统道德，特别是形成了以孝为基础的敬老伦理。而且中国的伦理观念比较强调家庭整体的利益与价值，强调家庭成员之间的互助，这一点，对于家庭的稳定性以及家庭在完成赡养功能方面的作用是巨大的。

与国家进行的社会再分配相比，家庭赡养显示出两大优点。其一，行为动机不一样，"养儿防老"带有一定的功利性，而不是单纯的尽义务，因此动力强。其二，存在着情感及道德维系，使赡养成为自愿自觉的行动，不需要外力的干预，从而可以保证效率，也不增加外部管理成本。

第四，确实有很多贫困家庭，难以承担赡养责任，需要国家和社会的帮助。

贫困问题是全球面临的问题之一，在发展中国家，这个问题就更为严峻。中国政府从 20 世纪 80 年代中期以来就特别重视对贫困人口的扶助。按照各地政府制定的贫困标准，目前全国贫困人口近 6000 万，主要分布在农村。近几年城镇由于国有企业不景气，长期积累的冗员过多的矛盾在企业制度改革中日益突出，出现了大量下岗人员，企业只发给少量的生活费，于是出现了新的贫困群体。

在这样的背景下，中国开始注重发展社会救助，当家庭不能承担赡养职能时，由政府提供最后的帮助。过去中国的社会救助制度主要面对所谓的无劳动能力、无收入、无生活来源的"三无"对象，包括老人、残疾人、儿童，与家庭责任形成明显的分界。新的社会救助制度开始对贫困家庭提供帮助，通过经济状况调查，只要家庭人均收入低于当地规定的最低水平，就纳入社会救助范围。1997年全国有200多个市、县建立了城镇居民最低生活保障制度，还有的地方开始探索农村最低生活保障线。毫无疑问，这项制度的建立，弥补了家庭能力的不足。

第五，人口结构与家庭结构正在发生剧变，也在一定程度上削弱了家庭的职能。

这种形势在中国特别严峻。1992年中国60岁以上老年人占总人口的9.05%，到2000年将占10.17%，预测到2030年左右人口老龄化高峰到来时，将达到18.15%。与老龄化并存的是家庭结构的变化。中国从20世纪70年代末以来推行独生子女政策，长期实行下去，结果将出现"421"的家庭结构，每对夫妇上面有4个老人，家庭赡养老年人的负担加重，家庭的传统功能受到挑战。

在这样的情况下，很有必要发展老年社会保障。中国从20世纪50年代开始建立了社会保障制度，到目前为止，社会养老保险只在城镇实行，主要对象是全民所有制员工。但随着中国经济体制的改革，非国有经济成分发展的速度加快，其在国民生产总值中所占的比重日益提高，从业人员日益增加。今后随着经济体制改革的深入，其比例还会大大提高。因此，中国的养老保险必须扩大覆盖面，把非国有经济成分的人员也包括进来。目前很多地方已经开展了这项工作，但由于缺乏法律依据，进度不快。

不少地方还在积极探索农村老年社会养老保险，但由于农村经济水平普遍较低，难以普及。1997年，参保人员不到农村劳动力的15%。而且基金规模很小，预期的养老金水平不高，可能对老年生活起不到保障作用。因此农村老年人仍将主要依赖子女赡养。中国在推行独生子女政策时，也考虑到了农村与城镇的差别，考虑到子女在农村养老中的特殊意义，因此很多地方允许一对夫妇在一定条件下生育第二胎，这对于缓和家庭赡养能力的下降有一定作用。

另一个问题是发展老年社会照顾。长期以来，中国由政府兴办了一些敬老院，提供基本生活资料及必要的照顾。敬老院的收住对象基本上是所谓的"三无"老人。其意义是在家庭赡养领域之外，由政府筑起最后一道保障线。随着家庭结构的变化，今后不仅是"三无"老人，即使有子女，也可能由于一对夫妇难以承担4个老人的生活照顾，要求发展老人社会服务，以弥补家庭照顾力量的不足。

总之，我们的结论是，家庭赡养与社会保障制度在功能上有交叉的地方，二者在实现类似的功能时，机制与效率不同，应当发扬二者的长处，克服其短处，使二者在功能上起到互补作用。家庭赡养与社会保障之间应当有良好的整合关系，以家庭为基础，发挥其优势，只有当家庭无力承担其责任时，才由政府保障。

关注弱势　呼唤公平*

人物：著名社会学家陆学艺

话题：以公平正义为核心的和谐社会建设

"和谐社会"恐怕是现在各个媒体出现频率最高的词语。两会代表在谈，官员在谈，经济学家在谈，有成千上万的网民参与讨论，网络上讨论"和谐社会"的文章铺天盖地，有人粗略统计有几十万篇。和谐社会的话题受到广泛关注，与中央提倡有关，也折射出越来越多的不和谐因素成为我们的时代之痛。高速运转的国家机器需要和谐的润滑，亿万国民呼唤和谐社会的莅临。

陆学艺，一位关注民生的社会学家。50年走遍大半个中国，洞察当代中国社会现实，与笔者谈起和谐社会的话题，睿智而富有激情。经济发展了，"蛋糕"做大了，不等于就可以天下太平了。

问：为何提出和谐社会的理念，专家学者多有讨论，您作为对中国社会各阶层进行过深入分析的学者，对此有怎样的认识？

答：改革开放之后，中国的经济迅猛发展。从国际经验看，人均GDP达到1000美元是经济起飞的一个重要战略起点。目前，中国正处于经济起飞阶段，如果经济起飞势头持续到2020年以后，中国的综合国力完全有可能跃居世界前列。但是经济发展了，"蛋糕"做大了，不等于就可以天下太平了。今天，相比中华人民共和国成立后的任何时期，我们的物质财富都可以说是极大丰富的，但是我们的社会也似乎从来没有这样不太平过。各种各样的问题好像突然从地底下冒出来：城市下岗职工、失地农民、农民

---

* 本文原载《中国国土资源报》2005年3月18日，第5版。该文系该报记者专访陆学艺的访谈稿。——编者注

工利益受到损害，上访等群体性事件，等等。城乡、区域、贫富之间的差距正呈现持续扩大的趋势。到了20世纪90年代后期，贫富差距明显增大，基尼系数突破了0.4的国际警戒标准（联合国有关组织规定：基尼系数若低于0.2表示收入绝对平均；0.2～0.3表示比较平均；0.3～0.4表示相对合理；0.4～0.5表示收入差距较大；0.6以上表示收入悬殊）。这让我想起了20世纪60～70年代，亚洲四小龙和一些拉美国家经济同时起步，当他们的人均GDP达到一两千美元的时候，日本、韩国等亚洲国家非常重视贫富差距拉大的问题，但是拉美国家忽视了，尽管他们的经济一时很发达，比如阿根廷人均GDP曾经达到10000美元，但是经不起冲击，遇上风吹草动经济就崩溃了。

日本的基尼系数是0.25，到过日本的人都觉得他们的社会很安定，凌晨三四点出去，你没什么好担心的。再比如城乡差别，人家说我们的城市是欧洲，农村是非洲，北京、上海这样的大城市比欧美的城市不差什么了，很多农村却还是积贫积弱。一个天上，一个地下，你想生活在农村的人心里能和谐吗？再有就是经济和社会发展不平衡。人均GDP达到了1000美元，但是农村的教育办不好，小学教员的工资发不了，北京五星级饭店的一顿饭达上万元，农村老百姓能吃到什么。我们的社会已经有相当多的不和谐因素，再不想办法，经济发展必然受限。

我反对"效率优先，兼顾公平"的提法。现在社会各阶层间的差距加大，"公平"还只是"兼顾"，就会对某些人的利益造成极大伤害。

问：从您刚才的谈话中，我感受到您十分关注弱势群体，关注社会公平的问题。很多专家学者也认为这是构建和谐社会的核心问题，您怎样理解？

答：社会公平是全人类追求的理想。只有实现了基本的社会公平，才能协调各方面的社会关系，最终实现社会和谐稳定。客观地讲，在我国，起点平等、机遇平等、结果平等等目前都没有能较好地实现，户籍、土地、财政、教育、卫生、就业、社会保障等体制方面的问题仍然亟待解决。首先是起点平等，一个人生在北京城内和生在北京远郊的农村，起点就有高下之别；同样，你生在普通工人家庭和生在高干家庭起点的差距就更大。我的《当代中国社会流动》中有一项调查显示，在中国现代社会，干部子女成为干部的机会，是非干部子女的2.1倍[1]。人生起点的不平等有点宿命的味道，好像是难以改变的。但是作为一个现代的社会主义国家，我们有

---

① 陆学艺主编《当代中国社会流动》，北京：社会科学文献出版社，2004年7月，第203页。

责任尽力消除这种起点的不平等，比如使他们接受同等的义务教育，我们的国家现在还做不到。其次是机遇平等。考大学，就业，不管你是农村户口还是城市户口，也不管你是北京户口还是外地户口，都应享受同等的机遇。最后是结果平等。如果上述两点都没有提供完善自我、贡献社会的机会，那么如果有完备的社会保障，使人能够安稳的生活，也算是退而求其次的平等。现在北京、上海等大城市的社会保障做得比较到位。但在小城市、农村基本就做不到了。

问：除了追求平等的机遇外，您觉得还要通过什么手段实现社会公平，提升更多人的幸福感？

答：公平的分配。我特别反对某些经济学家提出的"效率优先，兼顾公平"的提法。改革开放初期，平均主义太厉害，这种提法有意义。到了20世纪90年代中后期还提就有失偏颇了，现在社会各阶层间的差距这么大了，还只是"兼顾"，就会对某些人的利益造成极大伤害。我当然不反对提高效率，单个做大是可以的，但是最终的分配要公平合理。党的十六大讲，一次分配注重效率，二次分配要注重公平。二次分配什么意思呢？比如你一年挣了30000元，而另一个人挣了5000元，那么挣30000元的人就要缴30%的税，而挣5000元的人呢，生活刚刚够用，缴2%的税就可以了。政府再利用这些税款建立健全社会保障体制和法律援助体系，切实维护弱势群体的基本利益。可惜的是，我们的政策习惯于一刀切，挣大钱的人不缴税或者缴很少的税，我们呼吁建立的财产税、遗产税制度更是迟迟没出台。没有乡村的和谐就没有中国的和谐。城乡差别是社会公平的大问题。政府需要适时地启动一场政策"及时雨"了。

问："不了解中国农民，就不了解中国社会"，您在著文和言谈中屡屡提及这句话，现在您更进一步提出，"没有乡村的和谐就没有中国的和谐"。为何有这样的判断？

答：城乡差别是社会公平的大问题。我是地道的乡下人。1933年，我出生于江苏无锡农村，自此与土地结下了不解之缘。1978年之后，我作别从事20余年的哲学研究，进入了农村问题研究领域。此后，每年至少要花三四个月到农村调研，我深知农民生活的辛苦。2004年，是中国农民日子好过的一年，但是城乡差距还是悄悄地扩大了。农民收入增加了6.8%，城市居民不声不响地增加了7.7%[1]，而且城市经济的基数大呀！解决"三

---

[1]　国家统计局编《中国统计摘要·2005》，北京：中国统计出版社，2005年5月，第102页。

农"问题，必须调整目前的城乡关系，改革"城乡分治，一国两策"的体制和格局，促进农村城市化建设，最终实现城乡一体化。城市化水平是一个国家或地区经济和社会发展水平的重要标志。发达国家大致在 20 世纪 70 年代相继完成了城市化进程，城市化水平大约为 70%，而目前我国城市化水平只在 37.7% 左右①。要让农民减少得更快一些，农村发展得更好一些，最终实现城乡一体化。政府需要适时地启动一场政策"及时雨"了。只要政府下决心做，就好解决。前几年不是还老喊"脑体倒挂"吗，现在还有谁提？咱们国家不是没有钱，农业税不是说免掉就免掉了吗？农民皆大欢喜，和谐社会理念的提出让我们看到了光明的前景。

问：和谐的社会主义社会确实是值得期待的，您能否为和谐社会勾画一张蓝图？

答：和谐社会应该是一个经济持续稳定增长，经济社会协调发展的社会；应该是一个社会结构合理的社会；应该是一个社会各个阶层都能各尽所能、各得其所，各阶层利益关系能够不断得到协调的社会；应该是一个没有身份歧视，每个社会阶层之间相互开放，阶层关系融洽，社会流动畅通的开放社会；应该是一个公平、公正的社会；应该是一个社会事业发达，社会保障体系完善的社会；应该是一个各阶层人民有共同理想，讲诚信、守法度的社会；应该是一个人民安居乐业，社会治安良好，社会稳定有序的社会。

---

① 指 2001 年数据，参见国家统计局编《中国统计年鉴·2002》，北京：中国统计出版社，2002 年 9 月，第 93 页。

党政领导机构中从事实际工作的
一批社会学工作者是一支很重要的
社会学研究队伍*

党的十六届四中全会提出了构建社会主义和谐社会的历史任务，并且明确了构建社会主义和谐社会的主要内容。这是我们党在新的历史条件下，为了抓住和用好重要的战略机遇期，过好经济社会发展的关键期，而提出的新战略、新理论。

构建社会主义和谐社会，内涵十分丰富，是一项伟大而艰巨复杂的历史任务，需要全党全国各社会阶层、各条战线的干部群众长期坚持不懈地努力。在这个为构建社会主义和谐社会而奋斗的宏大的群众队伍中，社会学工作者队伍应该起到更加积极的作用。可以说，为构建社会主义和谐社会而努力是社会学工作者的天职，社会学工作者应该有更强的使命感和责任感，应该充分发挥自身的专长，运用专业理论、知识和方法，深入实践，调查研究，分析综合，总结经验，概括理论，为党和政府提出建设性的意见和政策建议，为构建社会主义和谐社会提供理论支撑和决策咨询。也正是在参加实现构建社会主义和谐社会这项伟大的历史任务的过程中，社会学工作者自身的政治素质和专业能力将不断得到锻炼和提高，社会学工作者的队伍也将不断壮大。2005 年 2 月，党中央的负责同志曾语重心长地对几位社会学者说："社会学的春天到了！"这既是对社会学工作者的热情鼓励，也是对社会学工作者的殷切期待。

《社会发展与社会保障》一书的作者王永平同志是一位社会学工作者。

---

* 本文源自《社会发展与社会保障》（王永平著，广州：广东经济出版社，2006 年 4 月），第 1~4 页。原稿写于 2005 年 9 月 28 日，系陆学艺为该书撰写的序言，现标题为本书编者根据序言内容拟定。——编者注

1984 年他就在江西省社会科学院从事社会学研究，那时我国的社会学刚开始恢复重建。1988 年，他参加了"中国国情丛书——百县市经济社会调查"的课题研究。此项大型国情调查课题是中国社科院丁伟志同志、我和何秉孟同志主持的。1990 年初，我是在江西省社科院协调安排几个县（市）的调查项目时，第一次认识他。会上、会下他向我们介绍了他到几个县长时间蹲点调查此项课题的情况，也讲了他的体会和心得。这位年轻的社会学工作者对课题研究认真、执着的态度和能够深入农村实践、踏实工作的作风，给我留下了较为深刻的印象。1992 年，他主持"革命老区社会保障研究"的国家社会科学基金项目。为此项研究的开题、调查研究和写作，他曾到北京找过我们几次，以后就渐渐熟悉了。1994 年，王永平调到广州工作，十余年间，他的工作单位和工作岗位发生了很大的变化，特别是他已经从一个社会学理论工作者，转变为党政部门的实际工作者，但他始终没有中断社会学理论研究，而是仍孜孜不倦地读书、思考，自觉地把社会学理论与方法运用到实际工作中去，结合实际，调查研究，撰写了很多调查研究报告和理论文章，取得了良好的成绩。

《社会发展与社会保障》一书，收录了王永平同志 1985 年以来部分社会学论文和调研报告，主要是关于社会保障、社会发展、社会建设和可持续发展等方面的论文和调研报告。

运用社会学的理论和方法，深入实践第一线，调查研究，发现问题，提出要解决的前沿问题，这是本书的一个重要特点。有位社会学家曾经说过，如果你还没有用社会学理论武装起来，那么，你虽然到实践中去了，也调查研究了，但你也发现不了社会问题。王永平是一位社会学工作者，他长期坚持读书、学习、研究、思考，掌握了社会学理论和方法，并且应用到实际的调查研究中去。这一好习惯、好学风，他在江西做社会学专业理论工作时就养成了，到广州从事党政部门的工作后仍然坚持了。所以他能不断地发现和提出社会学研究的新课题。例如，在江西他就提出过如何解决不发达地区农村的社会保障问题，如何建立适合我国国情的社会保障制度；到广州后提出了沿海大中城市如何进行社区建设，如何解决城乡接合部社会治安问题，如何实现可持续发展；等等。这些课题都具有重要的理论意义和实践价值。作者敏锐地发现了，明确地提出来了，引起了社会的关注，引起了有关领导部门和领导同志的注意，把解决此类社会问题提上了议事日程，有助于问题的解决，这是社会学工作者对社会发展的一种贡献。

运用社会学的理论和方法，通过调查研究，掌握丰富的第一手资料，总结实践中的经验教训，提出解决问题的建设性意见和政策建议，推进工作，这是本书的又一重要特点。改革开放以来，我国的经济社会发展等各项事业突飞猛进，取得了一个又一个伟大胜利，但我国仍处于社会主义初级阶段，仍然是一个发展中的大国，要建成富强民主文明的社会主义国家，仍需要我们长期的努力和奋斗。一些问题解决了，新的问题又涌现出来。所以不断地研究新情况，发现新问题，总结新经验，提出解决问题的新对策，就是理论工作者的使命。王永平同志在江西时是这样做的，到了广州，仍然坚持这样做。本书收录的多数论文和调研报告，就是这方面的成果。例如，1990年初，他到江西波阳县做了较长期的调查，总结了该县探索农村社会保障的新经验，提出了完善和发展农村五条社会保障线的对策和建议，受到了政府和有关部门的高度重视。十多年过去了，这些对策建议仍具有重要的实践意义。又如，作者到了广州，调查研究了广州市的环境建设和环境保护，用社会学的视角总结了经验，分析了存在的问题，写出了都市环境保护的论文，提出了自己的见解和政策建议，实践证明，这些对策建议，对于大中城市的环境保护和可持续发展，是很有见地的。

党中央提出了构建社会主义和谐社会的战略任务，这对于中国社会学来说，是一次多年难逢的极好的发展机遇，面临着许许多多亟待研究的社会学方面的课题，正是社会学工作者大有作为、大显身手的好机会。按照传统的说法，社会学工作者的专业队伍，包括社会科学院、高校、党校、军队院校和党政领导机构中的政策研究部门等五大系统中的社会学工作者，也就是我们通常说的"五路大军"。王永平同志的经历和实践表明，在这"五路大军"之外，还应包括在党政领导机构中从事实际工作的一批社会学工作者。像王永平同志这样具有社会学理论和方法的专业素养，能运用社会学的视角，观察思考问题，并能努力探索、不断创新，做出既能解决实际问题又具有社会学理论价值的成果的同志们，同样是社会学研究的一支很重要的队伍。他们在党政部门担任领导工作，处在实际工作的一线，对经济社会变迁的形势看得更全面，对生活实践有更深刻的体会。理论结合实际，再从实践中总结经验，概括出新的理论以指导实践，是他们工作的需要。从王永平同志这本《社会发展与社会保障》文集看，前十年的论文是他作为社会学专业理论工作者的成果，后十年的论文则主要是他担任实际工作部门领导后的成果。比较而言，后十年作品的视野更宽广，论及的问题更前沿、更重要，提出的对策建议针对性、可操作性更强，社会学的理论水平也更高。可喜的是，像王永平同志这样的社会学工作者走上党政部门领导岗位的人越来越多，这是我们党的事业兴旺发达的表现，也正适应了构建社会主义和谐社会这项宏伟大业的需要。

对《2003—2007年教育振兴行动计划》的几点意见*

总体说来，这个《行动计划》的文件起草得比较好，内容周全，考虑到了教育振兴的各个方面，重点突出，把推进农村教育、高水平大学和重点学科建设提到了应有的高度，其他各项行动计划也比较具体，有可操作性，这都符合党的十六大提出的要"形成比较完善的国民教育体系"，"形成全民学习、终身学习的学习型社会，促进人的全面发展"的基本精神。

我提几点补充意见，供参考。

一 切实推进农村教育事业的发展

改革开放以来，农村的教育事业有了很大发展，"两基"工作成绩辉煌，教育战线的同志做出了很大贡献，但是对中西部农村义务教育的成绩不能估计过高，要有比较清醒的认识。据我了解，自1994年实行财政体制改革以后，中西部地区的大部分县、乡（包括村）的财政状况至今都很拮据，致使农村中小学教职工工资不能按时足额发放，教学办公经费不能保障。广大农村的教职工，在长期经费短缺的困难状况下，坚持教学工作，实在是难能可贵的。优秀教师流失、教学秩序不能正常维持、学生中途辍学等问题是完全可以想象的。2000年，国家确定了"在国务院领导下，由地方政府负责、分级管理、以县为主"的农村义务教育管理体制之后，情况有所好转，但仍未根本改观。因为在现行的财政体制下，中西部地区的多数县、东部地区的一部分县都是"吃饭"财政，有相当一部分县是"讨饭"财政，怎么能够保证农村中小学教职工的工资能按时足额发放呢？农

---

* 本文源自作者手稿，该文写于2003年。——编者注

村中小学教职工的基本生活条件都不能保证，怎么能保证农村义务教育的普及和发展？

办教育是一定要有投入的，实行义务教育是要由财政保证的。综观世界各国，有不少国家义务教育经费是由中央财政承担的，有的是由省（州）财政负担的，很少由县级财政负担，更没有由乡镇，实际是由农民自己负担的，而我们却实行了近十年，这显然是很不合理的。所以农村义务教育工作出现上述种种问题，责任不在教育部门，而在不合理的财政体制。

怎么解决这个问题？一是要改革现行不合理的头重脚轻的财政体制；二是教育部门要向政府和有关部门力争改变"以县为主"的农村义务教育管理体制中的财政负担体制。农村义务教育的管理，可以"以县为主"，但财政负担体制不能"以县为主"。2000 年实行此项体制以后，还是有相当多的农村中小学教职工的工资不能按时足额发放，教学公用经费不能保障。中国 2000 多个县、市、区，差别实在太大，有的县一年的财政收入好几十亿元，有的县一年的财政收入只有几百万元。不要说现行的财政体制不改，就是改革了，中西部相当多的县，还是负担不起义务教育经费的。我的意见是，农村义务教育经费负担，要改为"以省为主"或"以地（市）为主"。我这几年，调查过数十个地级市，还没有见过地级机关的干部职工（包括这些地级机关所在市区的中小学教职工）领不到工资的。改革开放以来，这 20 多年，地市级的经济发展起来了，加上现行的财政体制于地市级有利，所以，绝大多数地市级财政来承担农村义务教育的经费是有条件的。把"以县为主"改为"以地（市）为主"（以省为主大了一些），使农村义务教育的经费有可靠的保证，这是推进农村教育事业的基础。

二　关于高中阶段教育的问题

党的十六大报告指出："人民享有接受良好教育的机会，基本普及高中阶段教育。"① 《行动计划（征求意见稿）》中说："按照积极进取、实事求是、分区规划、分类指导的原则，经济发达的农村地区，要高质量、高水平地普及九年义务教育，努力普及高中阶段教育。"② 陈至立在《切实落实

---

① 《中国共产党第十六次全国代表大会文件汇编》，北京：人民出版社，2002 年 11 月，第 19 页。

② 参见《2003—2007 年教育振兴行动计划》，北京：中国法制出版社，2004 年 4 月，第 2 页。

教育优先发展战略地位》中提出：2010年高中阶段毛入学率达到80%左右，……2020年，高中阶段毛入学率达90%。这是一个很重要的目标。

真正能够实现2020年基本普及高中阶段教育，这真是一项伟大的事业，必将使我国十多亿人口的素质有一个很大的提高，综合国力也会因此大大增强，而且这也是办好高等教育的基础。但我们现在的高中阶段的毛入学率还不到40%，差距是很大的。所以我希望就实现这个目标做一个比较具体的规划，并能在《行动计划》中专门写一条。

三　关于高等教育

自1999年高校扩大招生以来，高教事业发展很快，成绩斐然，为国家培养了大批专业人才，也受到社会和群众的欢迎，很得民心。《行动计划》有好多条是讲高等教育的，都很有必要。陈至立在前述文章中说道：2010年高等教育各类在校学生人数达到2500万人左右，毛入学率达到23%左右，2020年高等教育各类在校学生人数达到3500万人左右，毛入学率达到32%。但2001年我国的普通高校在校学生人数才719万人[①]，到2002年高等教育毛入学率才14%，差距还很大，任务还很重。有以下三点意见。

第一，《行动计划》提出，要重点推进高水平大学和重点学科的建设，努力建设若干所世界一流大学、一批高水平大学和重点学科。这当然是非常必要的，可以大幅度提升高等学校的创新能力和国际竞争力，这是一个方面。另一个方面，还要积极稳步发展高等教育，要新办一批普通高校，改变至今实际还在沿行的"省办大学，县办中学"的格局。现在在全国有332个地级市，有相当一部分地级市，至今还没有一所普通高校。可否做个规划，在5~10年内创造条件，使每个地级市至少办1所普通高校。除了极少数地旷人稀的地区，1个地级市有几百万人口，甚至有1000多万人口的，办1所大学是完全必要的。有的县，有几十万人口，甚至有100多万人口的，经济发展了，有条件的县（市）办1所高等学校，也应该允许。建议考虑把审批普通高等学校的权放到省级政府。

第二，大学文科教材建设。现在大学的文科教材不能适应社会发展和教学发展的需要。建议教育部牵头，组织教学部门、社会科学院、党校、军队、政府部门等各方面的专家学者分门别类地编辑一批符合时代精神、

---

① 国家统计局编《中国统计年鉴·2002》，北京：中国统计出版社，2002年9月，第673页。

适合新时期时代要求的高水平的教材，这是办好文科院校的基础，也应是"高校哲学社会科学繁荣计划"的一个重要组成部分。20 世纪 60 年代初期，由中宣部牵头组织了一次规模很大的文科教材编订活动，出了一批优秀的教材，起了很大作用。这很值得借鉴。

第三，帮助农民子女中未能上大学的优秀学生入学。《行动计划》提出要健全国家资助经济困难学生体系，在高等学校继续确保没有一名学生因为经济困难而辍学的目标，落实以奖学金、助学贷款、勤工助学、困难补贴、减免费用为主要内容的高校困难学生的资助政策与制度，这是很好的也是很必要的政策。

现在城乡仍是二元结构，城乡差距很大。现在我国城乡人口的实际分布是 3∶7，但在校大学生的城乡身份大约是 7∶3，这是很不公平的，也影响了国家选拔优秀人才加以培养的方针，这也是长期实行城乡分治计划经济的恶果，短期内扭转不了。但我们要尽可能采取一些措施，逐步改变这种不合理的格局。2002 年全国农民人均纯收入 2476 元，4 口之家，年收入不足万元。[①] 农民节衣缩食，资助子女上高中，已经很不容易，一些优秀学生在困难的情况下完成学业，考上大学实在是难能可贵了，但自实行大学收费以来，这部分青年就面临了困难。学费要几千元，加上路费以及入学后的住宿、膳食、日常开支，第一年开支就要 1 万元，普通农家怎么筹措？所以近几年常常有农村青年拿到大学录取通知书而无法报到，甚至有个别青年或家长为此自杀的，喜事变成了悲剧。

《行动计划》对入学的学生有了安排，可否考虑建立一笔基金，制定一套可行的方案，专门资助这类考上大学的优秀农村青年，使他们可以顺利入学。这既可以帮助这些青年解决困难，保证这些优秀青年能够得到深造，不至于流失，也可以鼓励在高中学习的农村青年更加发奋学习，使他们有了希望，这对促进农村教育事业的发展是大有益处的。

---

① 国家统计局编《中国统计年鉴·2003》，北京：中国统计出版社，2003 年 9 月，第 344 页。

深化高校人事改革，推动高教事业发展[*]

一　高校改革现存的问题

近二十多年来，伴随着经济与社会的发展，我国高等教育事业取得了长足的进步，为社会主义现代化建设做出了突出的贡献。与此同时，经济与社会的发展也向高等教育提出了更高的要求，促使高校进行自身改革以适应新时期经济与社会发展的需要。高校改革是一项系统工程，涉及教学改革、后勤改革、人事改革等诸多方面。其中，人事改革是核心，因为一切问题归根到底还是人的问题。近年来，在提高高校师资水平、改革分配制度、调动广大教师积极性方面，高校的人事改革取得的成绩是值得肯定的，但是在这个过程中，改革也出现了一些问题。我们可以将其概括为以下三个方面。

1. 工作苦乐不均

这主要体现在两个方面。第一，在教学任务上，苦乐不均。不少高校青年教师课程教学任务负担过重。近年来，不少高校扩大了办学规模，扩大招生，同时开设了不少新的专业，高校教师的教学任务迅速加重。由于教授、副教授们都已经有自己固定的专业方向，所以这些新专业的课程教学任务往往都是由青年教师承担。新课的教学需要投入很大的精力备课，而且不少青年教师甚至不是承担一两门新课，而是好几门。这么重的教学担子压在青年教师身上，既影响教师工作的积极性，也使教学质量得不到

---

　　*　本文源自陆学艺、顾秀林编《中国事业单位人事制度改革研究》，北京：社会科学文献出版社，2008 年 6 月，第 32～36 页。该文系陆学艺于 2005 年 5 月 12 日在"新时期事业单位人事制度改革高层论坛"会议上的发言稿。——编者注

保证。第二，在科研任务上，苦乐不均。在一些高校，青年教师由于资历浅，在科研上往往没有得到应有的重视，申请到科研项目的机会也很少。而与此同时，这些高校在对教授、副教授的工作考核中，加大科研任务的比重，又使教授、副教授承担较多的科研项目。这就导致一方面，青年教师没有参与科研的机会，得不到锻炼；另一方面，教授、副教授科研任务压力过大，影响科研质量与教学工作。

2. 考核轻重不均

当前许多高校都出台了对教师工作考核的具体方法，从教学、科研、行政等方面建立了对教师的全面考核体系。这种考核方法虽然出发点是好的，注重综合全面地评价教师，但是在实际中同样存在着问题。第一，在科研与教学上，重科研轻教学。虽然许多高校在对教师的考核中都规定了科研与教学并重，但是在具体的操作中，往往对科研提出了具体的考核办法，例如，要发表多少篇文章，其中多少篇是发表在核心期刊、权威期刊、重要期刊的，而对教学仅仅有一个量的考核，而没有质的把关。于是高校就出现了教授"教授"不好课的怪现象。第二，在行政与业务上，行政抵消业务。高校教师的本职是教学与科研，但是随着高校人事改革，公开竞聘干部，一些优秀教师被选拔到行政岗位上从事管理工作。在对这些教师进行考核时，就出现了行政工作抵消业务的现象。第三，在专业与基础上，没有突出基础。基础课程在高校课程设置中具有重要作用，对培养学生专业兴趣、助其打下扎实的专业基础有着重要意义。教授好基础课是保证高校教学质量的重要环节。但是不少高校对教授、副教授的教学工作考核没有明确规定从事基础课的教学要求，有些即使提出了，在实际中往往也没有得到很好的执行。

3. 分配贫富不均

长期以来，我国高校在分配制度上"平均主义"严重，教师之间不管工作重要性如何，对国家、对单位的贡献大小，基本上是按照级差很小的等级工资制执行。即使有一部分奖金，也基本上是平均分配。这就造成了干与不干一个样，干多干少一个样，干好干坏一个样。这种分配制度并没有真正体现"按劳分配"的原则，也没有充分体现知识与学术的价值。近年来，高校纷纷出台了新的分配机制，改变了过去不好的做法。但是现在的问题在于，他们又从"平均主义"这一极端走向了"贫富不均"的另一极端。一些从事应用型专业教学与科研的教师，利用自身的专业在外兼职，或搞技术服务，住上了高档商品房，开起了高档车；而不少从事基础型专业教学与科研的教师，收入与前者形成了鲜明的反差，为生活所计，也去兼一些本可以不兼的职。而高校在这个问题上的协调力度不够，没有充分重视这种贫富不均对学校产生的消极后果。

上面所说的"不均"不是不平均，而是不公平。这些年来，高校改革体现了"效率优先"的原则，但是没有兼顾好公平，没有把握住轻重。

二 如何解决这些问题

由于当前经济与社会发展对高校发展提出了更高的要求，这就要求高校进一步深化自身改革，以适应这种新的变化。高校人事改革在如何对教师工作进行科学考核，为教师提高自身素质创造条件，调动教师积极性与进取性等方面，还需要深入的思考。这其中要处理好这样几组关系。

1. 科研与教学

科研与教学是高校的两个中心任务。大学的理念是为人类创造知识，传授知识，传承人类文明，推动社会进步。实现这一理念的最重要条件就是大学的教师队伍既要教学，又要进行具有创造性的研究。二者相互促进，缺一不可。研究使教师能够不断把学科的最新成果教给学生，对提高教学质量很有好处；而充满了好奇心的学生对教师的不断质疑又推动了研究的发展。教学与研究的目的只有通过教师和学生双方的积极参与才能得以最有效的实现。因此，高校要改变当前对教师教学与科研考核的失衡问题，建立教学质量全面评价体系。教师既要从事本学科前沿问题的研究，也要把本学科最新的研究成果带进课堂，把学生引向学科前沿，激发学生的好奇心和创造力。

2. 专业与基础

从人才发展的规律来看，人才只有具备了扎实的基础知识，才会有较大的发展潜力。从当前经济与社会发展对高校人才培养的规格来看，社会需要的必然是复合型人才，其同样要有扎实的基础知识。所以，强化基础课教学是大势所趋。因此，高校在对老师教学任务的考核中，要明确规定教授、副教授必须完成一定的基础课教学任务，提高基础课的教学质量。

3. 行政与业务

高校的任务是以教学和科研为中心的，但目前大学里不少优秀的专职教师都"学而优则仕"，搞行政去了。对这部分行政与业务双肩挑的教师，高校如何进行科学的考核很重要，既要考核其行政工作，也要强化对其教学与科研的考核。另外，目前高校还存在着非教学科研人员过多、行政机构过多的问题，一些本应为教学服务的部门成为管理部门。按2004年《国家统计年鉴》提供的数据，我国高校行政人员与专任教师比达到1∶3.21[①]，也就是说1个行政人员服务和管理3.21个教师，这个比例过高了。当然这其中可能包括一些既搞行政又从事教学工作的人员，但即使是把这个因素考虑在内，比例也还是高。因此，高校要提高行政效率，精简行政人员。

4. 领导与群众

对高等学校的工作来说，领导是关键，群众是基础。只有领导同群众密切结合，才有可能做好工作，完成培养人才的任务。领导和群众岗位职责不同，只是职业分工的需要，而不应有高低贵贱之分。因此，高等学校的干群关系必须是相互尊重、相互爱护、相互关心、相互帮助、相互依靠的关系。在进一步深化高校人事改革的过程中，处理好领导干部与教职工的关系，其意义有两个方面：一是促进干部与群众在组织上和思想上的团结，密切党群关系、干群关系，使干部、群众在高教事业的发展中志同道合、同舟共济；二是必须坚持走群众路线，即一切为了群众，一切依靠群众，从群众中来，到群众中去，使广大群众积极参与学校管理，支持学校改革。这对深化高校改革，巩固和发展高校改革成果，具有十分重要的作用和意义。

5. 教师与学生

教师与学生是高校的两大主体。近年来，随着扩招，高校出现了教师紧缺，师生比上升的趋势。师生比由1978年的1∶4.2上升到了2003年1∶15.3。[②] 在当前我国高等教育的技术手段、师生之间交流和传播知识的方式尚未根本改变之前，教师是学校投入的最主要的人力资源，学生是学校产出的最重要的成果。因而，师生比是从人力的投入与产出的角度来反映学校办学效率的一个主要标准。当然，学校的层次、规模、类型、历史背景不同，这一比例也会有所不同。提高师生比，就是在教师总量基本不变的前提下，扩大现有在校生的规模，或者在学生规模相对稳定的情况下，优化、缩减教师数量。这将有利于学校经济效益的提高。但是，学生作为学校产出的最重要的成果，不仅反映在数量上，更重要的是反映在质

---

① 国家统计局编《中国统计年鉴·2004》，北京：中国统计出版社，2004年9月，第788页。

② 根据国家统计局编《中国统计年鉴·2004》（北京：中国统计出版社，2004年9月）第779页的数据整理计算得出。

量上。师生比过高，也就是学生数量增加过多，势必加大教师的工作量，减少教师在学习与科研方面的精力与时间投入，长此以往就会影响教师素质的提高，进而直接影响教学质量。因此，高校要科学地确定师生比，既要考虑办学效益，更要保证教学质量。

新时期经济与社会的发展使高校面临大好的机遇，但同时也对高校提出了更高的要求。高教事业的发展必须有充分的人才资源作为支撑和保证，因此，高校只有积极进行人事改革，建立一支高水平的师资队伍，才能推动高等教育事业的发展，从而满足经济与社会发展的新要求，适应形势的新变化。在这方面，高校还需要进一步深化人事改革。

充分发挥"人才高地"的优势是北京经济社会进一步发展的关键所在[*]

自 1978 年改革开放以来，中国社会经济建设取得了伟大的成就。2005 年 GDP 达到 18.3 万亿元，按当年汇率计算为 2.24 万亿美元，人均 1714 美元，比 1978 年增长近 10 倍。① 北京市的发展更快，2005 年全市 GDP 为 6886.3 亿元，约为 840.7 亿美元，人均 5466 美元，已达到国际中等发达地区的水平。② 北京取得如此辉煌的成就，是因为北京是中国的首都，在政治上、经济上具有特别的优势，得到了国内、国外各方面的支持；还因为北京市委、市政府认真贯彻执行党中央关于改革开放的各项方针政策，坚持以经济建设为中心，坚持科学发展、社会和谐，统筹经济社会协调发展，走中国特色社会主义道路。成就是全市人民艰苦奋斗的结果，是千万北京人日日夜夜辛勤劳动的结晶。

北京市 1978 年有 872 万人，占全国人口的 0.9%，从业人员 444 万人，其中二、三产业职工 304 万人。到 2005 年，北京市常住人口为 1538 万人，占全国人口的 1.18%（北京市户籍人口为 1180.7 万人，仍占 0.9%），从业人员 920 万人，从事二、三产业的人员为 858.2 万人，占全国二、三产业从业人员的 2%。③ 从上述数据可以看出，从 1978 年到 2005 年的 27 年间，北京市的常住人口增加了 666 万人，在全国总人口中的比重由 0.9% 增加到

---

* 本文源自《国际化背景下的首都人才机制研究》（陆学艺、张革主编，北京：知识产权出版社，2007 年 8 月），第 1~4 页。原稿写于 2007 年 8 月 5 日，系陆学艺为该书撰写的前言，现标题为本书编者根据前言内容拟定。——编者注

① 国家统计局编《中国统计年鉴·2006》，北京：中国统计出版社，2006 年 9 月，第 57 页。

② 国家统计局编《中国统计年鉴·2006》，北京：中国统计出版社，2006 年 9 月，第 64 页。

③ 国家统计局编《中国统计年鉴·2006》，北京：中国统计出版社，2006 年 9 月，第 100、127 页。

1.18%，增加了0.28个百分点，从业人员增加了476万人，其中二、三产业职工增加了554.2万人。这主要是由于外来劳动人口大量输入的结果。这554.2万人（实际还要多）中，主要是两大类：一是从全国各地来的农民工；二是由国内转来和由国外归来学有专长的各种人才，他们都为北京市的经济和社会发展做出了卓有成效的突出贡献。如何使这两路大军在北京能进得来、干得好、留得住，能提高，并同本地市民和谐相处，逐步融为一体，为建设社会主义现代化事业共同奋斗，这是北京市要持续发展必须解决好的重大课题。

2003年12月，中共中央、国务院召开了全国人才工作会议，明确提出了新世纪新阶段的人才强国战略，对做好人才工作作了部署。时任北京市委副书记的杜德印同志委托北京工业大学校长左铁镛院士，在北京工业大学筹建一个人力资源研究中心，专门研究北京人才强市的问题。左校长把任务交给了人文社会科学学院。在左校长和校领导及各部门的大力支持下，2004年3月，北京工业大学北京经济社会发展研究院人力资源研究中心正式成立。我们先后从美国、日本招聘了两位学成归来的博士，又在国内聘了两位社会学博士，还在校内外聘请了一批兼职研究员，组成了基本的研究团队，开展了人才建设和管理等方面的研究工作。

北京工业大学作为市属高等学校的办学宗旨是"立足北京、服务北京、面向全国"。人力资源研究中心成立之后，根据北京市人才建设和管理方面的需要，也考虑到中心本身研究人员的学术背景和知识结构，从理论研究和实证研究两个方面启动了研究工作。三年来，先后承接部级重点课题四个、北京市教委等部门的专款项目三个。中心的科研人员在完成学校一定的教学任务的同时，和校内外的兼职研究人员一起，以执着的求实精神，积极开展研究和社会调查工作，较好地完成了承接课题的任务，取得了一批有价值的研究成果，产生了较好的社会影响，得到了有关领导和部门的充分肯定。

在理论研究方面，我们利用专兼职研究人员有长期在海外学习、研究的学术背景，开展了中美高校人事制度比较和中日公务员制度比较研究，近期出版了《国家行政效率之本——中日公务员制度比较研究》一书。中心研究人员进行了人才概念、人才选拔机制和公共部门职务绩效考核机制等方面的研究，取得了较好的成果，收录在本书"人才理论篇"中。

实证应用研究是中心进行科研的主要方向。中心的科研人员多数是从社会学专业毕业的，都有过较长时间社会调查的经历，有着较重的社会学情结。就学科分类而言，人才、人力资源研究，属于管理学学科。如何运用社会学的理论和方法，开展并做好人才、人力资源方面的研究工作，是中心要认真思考的重要课题。人力资源管理是应用现代科学方法，对企事业和机关单位各种资源中最重要、最积极的因素——脑力劳动者和体力劳动者，进行合理的培养训练、组织调配，使之能经常保持最佳比例，同时对他们的思想、心理和行为进行恰如其分的引导、整合和协调，充分发挥人的主观能动性，使人尽其才、事得其人、人事相宜，以实现组织目标。其实，从广义上说，这些也是社会学研究的重要领域。社会学从整体、综合、系统的视角研究人际关系和群体关系，研究规范制度、社会协调和社会控制。运用社会学的视角研究人力资源管理，会产生学科交叉研究的新认识、新结论。另外，社会学学科运用自身特有的研究方法，如个案访谈法、典型调查法、抽样问卷调查法等，对人力资源问题进行研究，可以提升研究的实证性、明晰度，提高研究成果的质量，扩大科研成果的影响。中心这几年的研究实践证明，这一研究思路是有价值的。例如，我们在上述课题研究中，运用社会学的研究方法，总结概括，并提出了"首都产业链和研究链的缺失对引进国际化人才发挥专长不利"等结论，都很有新意，比较符合实际，切中问题要点，受到了学术界和实际工作部门的重视，有些内容和政策建议被写进了《北京市"十一五"时期人才规划》里。

本书是北京市哲学社会科学"十五"规划项目、北京市教育委员会人文社会科学研究计划重点项目"北京市属高校近五年来引进人才使用情况的社会学研究"，北京市专款项目"北京市人才开发与管理的社会机制研究"，北京市人才工作领导小组重点项目"北京市国际化人才培养计划研究"等的研究成果的结晶，是中心的专职、兼职研究人员长期合作的成果，是一部名副其实的集体创造的著作。全书分高校人才篇、企业人才篇、人才理论篇、人才访谈篇、附录，共五个部分。所有这些成果，从一个侧面反映了中心成立以来所取得的主要科研成果的概貌。

中国是个人口大国，但至今还不是一个人力资源强国或人才强国。一个国家的强盛和崛起有赖于对人力资源的科学组织和合理利用，以使各类人才都能各得其所、各展所长、良性互动、和谐相处，使社会充满活力。一个地区也是如此。北京是中国的首都，现有人口占全国总人口的1.2%[①]，但集聚的各类科学技术人才占全国人才的6%，占本市人口的11%，可谓群

---

① 参见国家统计局编《中国统计年鉴·2008》，北京：中国统计出版社，2008年9月，第89页。2007年末北京市总人口为1633万，占全国总人口（132129万）的1.2%。——编者注

英毕至，人才荟萃。如何组织好、培养好、使用好这批人才，真正发挥这个全国特有的"人才高地"的综合效益，适应新世纪、新阶段科学发展的要求，是北京经济社会进一步发展的关键所在。北京工业大学北京经济社会发展研究院人力资源研究中心将继续努力，为北京市实现这个伟大目标尽绵薄之力。

在本书出版之际，对北京市教育委员会，北京市人才工作领导小组，北京工业大学校领导、人事处、科研处等部门，在人力资源研究中心成长过程中给予的支持表示衷心的感谢。感谢知识产权出版社石红华同志为本书出版所付出的辛勤劳动。

创新的保障：关键要提高教育质量，
走内涵式发展道路[*]

党的十七大报告中"加快推进以改善民生为重点的社会建设"部分的第一点就是"优先发展教育，建设人力资源强国"，而且明确讲，学有所教、劳有所得、病有所医、老有所养、住有所居，在这五个"有"里面把"学"放在第一，我想重点是这个。而且这次十七大明确提出办人民满意的教育，这是十七大的亮点之一。

我想首先肯定，改革开放以来，我们的教育取得了显著的成绩，做了很多工作，这一点要充分的肯定。第一点，基本普及了九年义务教育。现在全国小学学龄儿童入学率达到 99.3%，初中教育毛入学率达到 97%。[①]中国改革开放以来，特别是 20 世纪 80 年代、90 年代，全国的"两基"教育，就是基本普及九年义务制教育、基本扫除青壮年文盲，这是两个基本，经过 20 多年的工作，基本上实现了。而且，不少省区高中入学率也接近60%。据我所知，有很多地区已经普及了高中教育。对我们这样一个人口大国来说实在是不容易的。

还有一点，世纪之交以来，我们的高等教育发展得很快。从 1999 年扩招以后，8 年的时间我国的高等教育就从精英教育阶段进入了大众化阶段。扩招以前，我们每年只招 108 万大学生，到了 2006 年，我们招了 546 万大学生，平均每年扩招 50 多万人。这 8 年实现了我们高等教育的大跃进，而

* 本文原载中国科学技术协会学会学术部编《新观点新学说学术沙龙文集 14：科技创新——科学优先还是技术优先》，北京：中国科学技术出版社，2008 年 10 月，第 83 ~ 88 页。该文系陆学艺于 2007 年 11 月 3 日在中国科学技术协会学会学术部和北京工业大学主办的"新观点新学说学术沙龙系列活动之十四"上发言的录音稿，收入本书时有少量文字校订和修改。——编者注
① 国家统计局编《中国统计摘要·2007》，北京：中国统计出版社，2007 年 5 月，第 197 页。

且在这么一个大国，我们还不完全具备条件，就从精英教育阶段进入了大众化教育阶段。我们现在在校的大学生是 1739 万人。毛入学率已经达到 22%，① 这是非常不容易的。西方国家需要上百年的时间才能实现，我们只花了 8 年时间。这为我们从人力资源大国变成人力资源强国奠定了基础。这个成绩，我们怎么估计也是不过分的。在讲教育的时候，我们要充分了解这一点。

我们在校大学生的总数已经超过了数量最多的美国了。我们是人口大国，同时也是大学生最多的国家，这一点也是世界第一。

这几年有了这样的进展以后，也出现了上学贵、上学难的问题。大家对医疗和教育提出了比较多的意见。就这个问题我想讲几点。这是我们特殊时段的特殊事件。我们的大学扩招成绩是很大的，从 100 多万人到 500 多万人。在这里还可以回顾一下，我是 1957 年考进北大的，全国那年的大学招生名额是 10.7 万人，到了 1998 年，变成 108 万人，1957～1998 年，41 年，其中"文化大革命"停了几年。1998 年已经不错了，但是还不能满足需要。现在 2006 年，招了 500 多万人。从 10 万人到 100 万人，再到 500 万人，可以看出咱们国家的发展速度。

为什么产生现在的上学难、上学贵的问题？有两个方面。一方面，我们调查这一代人的家长，他们出生在 20 世纪五六十年代，上学的时候是"文化大革命"，后来，他们没有能进大学，因为 1967 年以后大学就停招了，一直到 1977 年，恢复高考制度。他们这一代没有上过大学，等到工作了，他们的子女要上大学，而且又遇上经济建设，人才难得、人才珍贵，所以学生的家长都想子女能够上大学。我们社会学系做过几次调查，访问 20 世纪七八十年代出生的孩子的家长，80% 的家庭都希望他们的子女上大学。包括一些农民工，就算吃尽千辛万苦，也要让他的子女上好学校，能上大学，而且都希望上名牌大学，当然最好是清华、北大。现在这种心理很普遍。但是教育资源有限，不管怎么建，都是不够的。现在我们招了 500 万了，还有多一半的人进不来。但是比 1977 年、1978 年的几十个人竞争一个名额，要好得多了。中国出现了这样的局面，子女上学，争夺高校教育资源的竞争开始了。由于中国历朝历代重视教育，孔子以后，中华

---

① 国家统计局编《中国统计摘要·2007》，北京：中国统计出版社，2007 年 5 月，第 192、197 页。其中 2006 年普通高校招生数据参见国家统计局编《中国统计摘要·2008》，北京：中国统计出版社，2008 年 5 月，第 180 页。——编者注

民族是尊师重教的国家，这一点很好。问题在哪儿？现在大家都想享受比较好的教育，社会上，从中小学就开始竞争，都要上重点学校，所以怎么喊减轻学生负担都不行。这个事情已经好多年了，现在小学生的书包越来越重。我想竞争的背后，实际上是家长的竞争。这一点我们要说清楚。还有一点，大家都想上好的学校。比如我们现在重点学校的教员和校长比较缺乏。中国社科院社会学所在深圳、北京好几个大中城市做了调查，我们问哪个职业的声望排名最高，大概是这样，重点中学的校长是最高的，最高的不是市长，也不是科学家、院士，最高的是重点中学的校长。不光北京是这样，外地也是这样。客观上教育资源相对匮乏。即使我们现在招500万人了，还是不能满足。所以小孩子的竞争是从这里开始的，负担重、书包重的问题总也解决不了。客观上要求高，教育资源不能满足，这是一方面。

另一方面，现在的经济体制、财政体制拨款有问题。本来教育是由国家财政来办的，财政给予教育经费拨款。教育有关法规规定，教育拨款要达到GDP的4%。[①] 现在绝对数字在增加，但是相对数有的时候还是往下降的。这样的话，大学经费不充裕，学生的负担必然加重。

好的一面，就是我们已经把大学办成大众化教育了。但是，现在还有学校以外的客观上的问题，比如教育体制的改革还没有相应地跟上。近代以来是沿用欧美的形式搞的，但是1949年新中国成立以后，我们是按照苏联的模式来建的学校。所以现在我们教育体制的很多方面，比如人事、学生管理等，应该说都有计划经济的痕迹，现在要改到与社会主义市场经济体制相适应，还是有问题。我前面已经说了，我们经济体制改了，但是社会体制、教育体制还没有改。所以，现在计划经济思想还比较浓，校长统一的管理模式没有跟上。

现在教育结构不合理，专业师资力量相对匮乏。我们这么大一个国家，教育由政府部门来管，具体地讲由教育部门管。比如我们社会学，要新建一个专业，特别是重点的专业都要由教育部批，这也是引起现在结构不合理的原因。哪个专业、新学科要建、要增加，是归教育部门管。哪个专业要建，一般的国家是根据实际的需要，放到大学里面由校长和院长、专家、教授去定。但是我们这里不是，要新建一个专业，有些专业必须教育部批。

---

① 《中华人民共和国国民经济和社会发展第十一个五年规划纲要》，北京：人民出版社，2006年3月，第54页。

比如大学里面要建一个社会学专业，必须教育部批，这个事情就比较麻烦。

但是社会应用专业，就可以由省、市教委来批。所以我们现在变成了这样一个情况，原来社会应用专业发展不快，扩招以后，这个专业各地都在办，但是社会学不行，必须要由教育部来批。所以各地愿意办社会应用专业。现在全国社会学专业只有80多个，全国现在1800所大学，只有80所学校有社会学专业。社会应用专业有200多个。应该先有理论，先有方法，然后是应用，但是现在不是。

有一次教育部开座谈会，周济部长特地找我们去，我向他反映这个问题，现在社会学是处于这样一个情况，社会应用专业比社会学多得多。还有一个事情，党的十六届六中全会专门提出建设和谐社会，进行社会建设，要建立宏大的社会工作人才队伍，这个队伍有多大？据我们调查，美国1000人里面有2.2个社会工作者，按照他们这个算法，我们应该有260万社会工作者的队伍。现在我们可能只有十几万人，要把民政部等算进来也不超过30万人。现在要建立宏大的社会工作人才队伍。像我们搞经济建设的时候搞宏大的经济工作队伍一样，要建立宏大的社会工作人才队伍。我们大学里面、市里面可以批社会工作专业，但是社会工作专业的硕士点现在一个没有。

社会学是1979年以后恢复的，目前全国的社会学硕士点只有115个，博士点更可怜了，只有25个。所以现在面临着培养各层次的社会工作者队伍里面高层次人才的问题。

我们考察国外的一些工业化国家、现代化国家，经济学和社会学是两大学科，人数也好、社会地位也好，都基本上相同。但是，社会学和经济学的比例大致是100∶150。这是我们到美国调查以后的结果。

美国的经济学的硕士点是1477个，美国社会学的硕士点和经济学的硕士点比例大概是1∶1.2～1∶1.3。中国不同，中国社会学的硕士点和经济学的硕士点比例是1∶12.8。社会学的博士点仅有25个，经济学的博士点有405个，比例是1∶16。所以，这个差距是非常大的。结构不合理，对发展是不利的。有一些原因，我想和我们现在的体制有关。

还有一个问题，就是教育公平问题。我想，这和基础教育有关，和大学教育也有关。我们社会学讲社会公平，主要讲起点公平、过程公平、结果公平。为什么现在国家要办义务教育呢？就是对各种人，不管是穷的富的，国家都应该提供九年义务教育，使他们在就业的时候都有一定的文化水平。现在我们知道，统计上普及了，但是实际上东部、中部、西部的差距还很大。现在国家正在采取措施，西部已经实现了，但是有些有问题的地方还要加大支持的力度来实现"两基"。所以教育还有一个公平的问题。

还有一个高等教育质量问题。特别是我们高校提高质量的问题。我们刚才讲了，我们1999年扩大招生以后，这8年我们大学的规模迅速地扩大。我对有关资料做了一个统计，大概8年时间，从1998～2006年，我们的普通高校的总数从1022所增加到1867所，增加了82.7%；专任教师，1998年是40.7万人，2006年扩大到107万人，增加了162.9%；1998年高校招生108万人，2006年招生546万人（这其中可能包括成人高校），增长了4倍多；在校大学生，1998年是340.9万人，到了2006年是1739万人，也增加了4倍多；[①] 同时期高校经费增加了232%。

总体来看，我们办了很多大事，圆了很多学生上大学的梦，这是一件好事，也是我们国家关心群众最直接、最现实的体现，这是好的一面。但是短时间内，在我们条件不具备、经费不充足的情况下，出现了一系列的问题，我觉得问题是客观的。比如教育资源不够，非常紧张，教室不够、食堂不够、宿舍不够，这几年我们花了很大的力气搞这个事情，现在基本上稳定下来了，但是一下子增加几百万人，短期内，我们的国力还没有这么大。更重要的是师资队伍不够。我刚才讲，学生增加了4倍，但是我们的专任教师只增加了1.6倍，学生增加了，教学任务就大量增加，所以就出现问题了。现在这些矛盾正在逐渐得到解决，需要有一个过程。

另外，要办好学校，已经有了基础，关键是要提高教育质量，也就是走内涵式的发展道路。所以2006年上半年，国务院常务会议决定，要适当控制高校招生增长幅度，每年只增长5%，和经济增长的速度相协调。现在我们的经济增长是很快的，是9.7%，近5年都超过10%，[②] 这在世界上是非常特殊的。8年增加了4倍。[③] 社会上还有这个要求，但是国务院常务会议决定，要适当控制。有些学校说我们不再扩招了。新建的一些专业，可能还会增加招生人数。现在到了内涵式发展教育的时期了，就是要提高教育质量。

对于这个事情，中央有关方面特别关注大学教育质量。我这里有一个

---

① 国家统计局编《中国统计摘要·2007》，北京：中国统计出版社，2007年5月，第191～192页。其中2006年普通高校招生数参见国家统计局编《中国统计摘要·2008》，北京：中国统计出版社，2008年5月，第180页。——编者注

② 参见国家统计局编《中国统计摘要·2007》，北京：中国统计出版社，2007年5月，第59页。

③ 这是指大学生在校人数增加了4倍。——编者注

材料，2006 年 7 ~ 11 月，温家宝总理先后主持召开了四次教育工作座谈会。他在会上指出："国家能否继续繁荣下去，能否可持续发展，能否在国际竞争中具有竞争力，关键在人才，根本在教育。从这个角度上讲，中国的振兴才刚刚开始。教育振兴是中国振兴的重要标志。只有有了一流的教育，我们才能有一流的国家实力，才能真正成为世界上一流的国家。"① 所以我们党应该把教育发展优先放在第一位。办一流教育，既要把基础教育办成一流的，也要把职业技术教育办成一流的。职业技术教育，过去我们忽视了，但是这几年发展得很快，国家支持的力度很大。但是，现在要建一流的国家，办一流的教育，在我看来，重点是抓好现有的大学，提高大学的教育质量。

　　教育方面的"十一五"规划的主要任务，第一项就是提高高等教育的质量。党的十七大也专门讲了这个问题，所以今后大学要走内涵式的发展道路。怎么调整，怎么提高，怎么采取措施，需要教育工作队伍做很多工作。教师也好，党政后勤工作者也好，包括博士生、硕士生、本科生，要方方面面共同实现这个事情，这不是一两年就可以完成的。

---

① 《温家宝主持召开教育工作座谈会强调"有一流教育，才能成为一流国家"》，《人民教育》2006 年第 24 期，第 2 页。

关注民生，办好教育，促进社会和谐[*]

中国共产党第十七次全国代表大会明确了以"高举中国特色社会主义伟大旗帜，以邓小平理论和'三个代表'重要思想为指导，深入贯彻落实科学发展观，继续解放思想，坚持改革开放，推动科学发展，促进社会和谐，为夺取全面建设小康社会新胜利而奋斗"的主题，全面部署了推动科学发展、促进社会和谐、实现全面建设小康社会奋斗目标的历史任务，部署了今后的经济建设、政治建设、文化建设和社会建设以及推进祖国和平统一，走和平发展道路的各项工作。同时，提出了社会建设的新的任务。深入研究和谐社会和社会建设，是贯彻落实党的十七大精神的应有之义。

一　社会主义和谐社会理论的产生与形成

党的十一届三中全会以来，中国共产党开过 6 次党的代表大会，37 次中央全会，主要讨论研究的都是经济问题和政治问题，唯有党的十七大报告中专门有一章，即第八章论述和提出了要加快推进以改善民生为重点的社会建设的问题。经过近 30 年的改革开放，我国经济建设取得空前成功，综合国力显著提高，国际影响力日益彰显，人民生活水平普遍提高，中国已进入了新的发展时期，并站在了新的历史起点上。

1949 年新中国成立时，我国还是一个农业国，长期的战争使国家经济

* 本文原载《北京工业大学学报》（社会科学版）2008 年第 1 期，发表时间：2008 年 2 月 29
日。该文源自陆学艺于 2007 年 11 月 28 日在中共北京市教育工委、北京市教委联合人民网
共同举办的"百万首都大学生同上一堂课"上主讲的第六讲"关注民生、改善民生，推进
和谐社会建设"，作者的讲稿写于 2007 年 11 月 27 日，发表时内容和结构略有删节调整。
该文还收录于陆学艺《社会建设论》，北京：社会科学文献出版社，2012 年 3 月。——编
者注

凋零。经过 3 年国民经济恢复时期，从 1953 年开始实行第一个五年计划建设起，便效仿苏联计划经济体制，搞工业化、城市化，虽然也取得了很大的成绩，但成本很高，效率很低，加上"文化大革命"，到 1978 年，中国的 GDP 只有 3645 亿元（约合 2100 亿美元），人均 GDP 381 元（约合 218 美元）；粮食总产量 30477 万吨，人均 317 公斤，虽然 8 亿农民搞农业，但粮食还要靠进口弥补。农民人均年收入 134 元，平均每天 0.365 元，约合 0.21 美元。有 2.5 亿人是连温饱都不能维持的贫困人口。①

党的十一届三中全会后，党的中心工作从以阶级斗争为纲转移到经济建设的轨道上，经过经济体制改革与产业结构调整以及党和亿万人民齐心协力的奋斗、创新，中国经济发展突飞猛进。2006 年，国内生产总值达到 21.09 万亿元，约合 2.65 万亿美元，跃居世界第四，人均 16084 元，折合 2018 美元，比 1978 年增加了 8.26 倍。2006 年外贸进出口总额 1.76 万亿美元，位居世界第三，外汇储备现在已达 1.07 万亿美元，位居世界第一。② 这些表明中国已进入世界中等收入国家行列。中国这样一个长期贫穷落后的 13 亿人口的大国，连续 28 年经济保持平均 9.7% 的增长速度，且增长势头不减，是世界经济史上的奇迹！

当然，我们也应清醒地认识到，创造这样的经济奇迹，中国也为此付出了相当的代价，有些方面甚至透支了国力，牺牲了某些不应牺牲的东西，如环境和耕地，搞好经济建设的同时没有兼顾好社会建设和社会事业的发展。党的十七大提出加快推进以改善民生为重点的社会建设，构建和谐社会，这正是在这样的背景下，不断总结历史经验提出的。

党的十六大以来，中国共产党就对中国特色社会主义建设的发展规律进行了新的探索，并且不断有新的认识和概括。党的十六大报告总结了社会主义建设取得的辉煌成就，指出我们已经胜利实现了"三步走"战略的第二步目标，人民生活总体上达到了小康水平。但是，我国正处于并将长期处于社会主义初级阶段，现在达到的小康，还是低水平的、不全面的、发展很不平衡的小康。在此基础上，提出了要全面建设小康社会的奋斗目标，"使经济更加发展、民主更加健全、科技更加进步、文化更加繁荣、社

---

① 国家统计局编《中国统计年鉴·2007》，北京：中国统计出版社，2007 年 9 月，第 57、105、345、478 页。

② 国家统计局编《中国统计年鉴·2007》，北京：中国统计出版社，2007 年 9 月，第 57、724、774 页。

会更加和谐、人民生活更加殷实"。① 在这里，第一次提出了"社会和谐"的问题。

2003 年，党的十六届三中全会作出了《关于完善社会主义市场经济体制若干问题的决定》。全会提出了要"坚持以人为本，树立全面、协调、可持续的发展观，促进经济社会和人的全面发展"；提出了要"统筹城乡发展、统筹区域发展、统筹经济社会发展、统筹人与自然和谐发展、统筹国内发展和对外开放的要求"②。在这次会上，温家宝同志指出："五个统筹是总结改革开放 20 多年来的经验、适应新形势新任务提出来的，是针对我国经济社会发展中存在的突出问题提出来的"，"社会发展是经济发展的重要目的和有力保障，改变目前社会发展和经济发展不够协调的状况，必须加快推进社会领域的各项改革"，"今年非典疫情的发生，暴露出公共卫生体制和社会应急机制存在的问题。经济和社会发展必须相互协调，不能一条腿长一条腿短。要通过深化社会领域改革，为加快社会发展提供体制保障"③。

2004 年，党的十六届四中全会进一步作出了《关于加强党的执政能力建设的决定》，提出了要加强五个方面的执政能力，即要不断提高驾驭社会主义市场经济的能力、发展社会主义民主政治的能力、建设社会主义先进文化的能力、构建社会主义和谐社会的能力、应对国际局势和处理国际事务的能力。④ 其中，第一次提出了构建社会主义和谐社会的目标，第一次提出了社会建设的概念，把加强社会建设和管理作为构建社会主义和谐社会的重要内容。在这次会上，曾庆红同志指出："社会主义和谐社会是一个很重要的概念。这一概念的提出，使我国社会主义现代化建设的总体布局，由发展社会主义市场经济、社会主义民主政治和社会主义先进文化这样的三位一体，扩展为包括社会主义和谐社会在内的四位一体。……体现了我国经济社会发展进入了一个非常关键的发展时期的要求。……许多国家的发展进程表明，在这个关键的发展时期，如果政策把握得当，就能推动经济社会协调发展，顺利实现工业化和现代化；反之，就会出现经济社会发

---

① 《中国共产党第十六次全国代表大会文件汇编》，北京：人民出版社，2002 年 11 月，第 17 ~ 18 页。

② 《中共中央关于完善社会主义市场经济体制若干问题的决定》，北京：人民出版社，2003 年 10 月，第 12 ~ 13 页。

③ 温家宝：《完善社会主义市场经济体制的纲领性文件》，载《〈中共中央关于完善社会主义市场经济体制若干问题的决定〉辅导读本》，北京：人民出版社，2003 年 10 月，第 30、44 页。

④ 《中共中央关于加强党的执政能力建设的决定》，北京：人民出版社，2004 年 9 月，第 8 页。

展脱节，导致各种社会差距扩大，社会矛盾加剧，经济社会发展徘徊不前，甚至出现社会动荡和倒退。"①

党的十六届四中全会的决定一公布，社会主义和谐社会概念一提出，立即受到社会各界的关注。理论界和学术界的专家学者，认为社会主义和谐社会是一个新概念和新提法，构建社会主义和谐社会是党中央从中国特色社会主义建设全局出发提出的重大战略，是新的部署和新的理论，将对我国经济社会发展产生非常重要的影响。自此，党中央和各地的报纸杂志纷纷发表文章，论述构建社会主义和谐社会。"和谐社会"一词成了全社会议论的主题词，也是互联网上点击率最高的一个关键词。

党中央十分重视倾听民意和社会舆论，顺应民情，把构建社会主义和谐社会作为 2005 年春节后举办的省部级主要领导干部专题研讨班的主题，2005 年 2 月 19 日由胡锦涛同志亲自宣讲。也就是在这个会上，胡锦涛同志明确提出了构建"民主法治、公平正义、诚信友爱、充满活力、安定有序、人与自然和谐相处"的社会主义和谐社会的总目标。② 不久之后的中央政治局第二十次集体学习，主题也是构建社会主义和谐社会。从此，贯彻落实科学发展观、构建社会主义和谐社会这两大战略思想，在全国各地、各社会阶层中广为传播，家喻户晓，而且传到国外，产生了十分广泛的影响。由于构建社会主义和谐社会的战略思想深得民心，全国各地掀起了创建和谐社区、和谐村镇、和谐企业、和谐单位、和谐县市的热潮，这对于推进教育、卫生和社会保障等社会事业的建设，对于促进经济社会协调发展，对于社会主义现代化事业的整体推进都起到了重要的作用。

2005 年 10 月，党中央召开十六届五中全会，讨论和通过了《中共中央关于制定国民经济和社会发展第十一个五年规划的建议》。由于和谐社会建设的重点和难点都在农村，因此，会议明确提出了建设社会主义新农村的重大历史任务，指出要解决好"三农"问题。国家抓社会主义新农村建设，本身就是构建社会主义和谐社会的重要组成部分。这次全会鲜明的指导思想，就是要坚持以科学发展观统领经济社会发展全局，对和谐社会建设作了进一步的部署，在理论上也做了新的阐述，即"促进社会和谐是我国发展的

① 曾庆红：《加强党的执政能力建设的纲领性文件》，载《〈中共中央关于加强党的执政能力建设的决定〉辅导读本》，北京：人民出版社，2004 年 9 月，第 24～25 页。

② 胡锦涛：《在省部级主要领导干部提高构建社会主义和谐社会能力专题研讨班开班式上的讲话》（2005 年 2 月 19 日），载《中国特色社会主义年鉴（2006～2007）》，北京：京华出版社，2007 年 9 月，第 20 页。

重要目标和必要条件。要按照以人为本的要求，从解决关系人民群众切身利益的现实问题入手，更加注重经济社会协调发展，加快发展社会事业，促进人的全面发展；更加注重社会公平，使全体人民共享改革发展成果；更加注重民主法制建设，正确处理改革发展稳定的关系，保持社会安定团结"。①

　　2006 年 10 月，党的十六届六中全会召开，专门研究讨论构建社会主义和谐社会的问题，在确立构建社会主义和谐社会的指导思想、目标任务和原则的基础上，进一步明确了当前构建社会主义和谐社会的主要任务，并对这些任务完成的政策和举措作了部署。党的十六届六中全会特别强调了建设和谐社会的紧迫性和重要性，明确把构建社会主义和谐社会摆在更加突出的地位。改革开放以来，我们党召开的历次中央全会，讨论的都是经济和政治问题，唯有这一次是专门讨论社会建设问题的。会议通过的《中共中央关于构建社会主义和谐社会若干重大问题的决定》（以下简称《决定》）明确指出社会和谐是中国特色社会主义的本质特征，是国家富强、民族振兴、人民幸福的重要保证。《决定》科学地分析了国际国内形势，指出我们面临的发展机遇与挑战是前所未有的。我国已进入改革发展的关键时期，经济体制深刻变革，社会结构深刻变动，利益格局深刻调整，思想观念深刻变化。这种空前的社会变革，给发展进步带来了巨大的活力，也必然会带来各种矛盾和问题。目前，社会总体是和谐的，但也存在不少影响社会和谐的矛盾和问题。所以，必须把构建社会主义和谐社会的任务摆在更加突出的地位，抓实抓好。② 从《决定》的全部论述看，这次会议及其形成的文件标志着我们对社会主义本质的认识进一步深化，使和谐社会建设付诸实践，进入了实际操作的层面。

　　党的十七大对和谐社会建设的理论和实践又有了新的概括和发展，主要有三个重点。一是把推动科学发展，促进社会和谐列入了大会的主题，使其成为今后各项工作的指导方针。二是对科学发展和社会和谐的关系做了进一步的阐述。党的十七大报告指出，"深入贯彻落实科学发展观，要求我们积极构建社会主义和谐社会。社会和谐是中国特色社会主义的本质属性。科学发展和社会和谐是内在统一的。没有科学发展就没有社会和谐，

---

①　《中共中央关于制定国民经济和社会发展第十一个五年规划的建议》，北京：人民出版社，2005 年 10 月，第 6 页。

②　《中共中央关于构建社会主义和谐社会若干重大问题的决定》，北京：人民出版社，2006 年 10 月，第 2～3 页。

没有社会和谐也难以实现科学发展。构建社会主义和谐社会是贯穿中国特色社会主义事业全过程的长期历史任务，是在发展的基础上正确处理各种社会矛盾的历史过程和社会结果"。① 三是在经济快速发展的大背景下，社会活力显著增强，同时社会结构、社会组织、社会利益格局发生了深刻变化，社会建设和管理面临诸多新课题。大会着重提出了要加快推进以改善民生为重点的社会建设，在今后要重点解决好教育、就业、收入分配、社会保障、医疗卫生、社会管理等民生问题。这些都是广大人民群众最关心、与他们关系最直接、最现实的问题，要"努力使全体人民学有所教、劳有所得、病有所医、老有所养、住有所居，推动建设和谐社会"。② 号召基层党组织和广大干部、党员，充分发挥基层党组织推动发展、服务群众、凝聚人心、促进和谐的作用，自觉做社会和谐的积极促进者。

回顾这段历史，和谐社会理论和社会建设，是党在不断总结发展经验的基础上逐步形成的。正如党的十七大报告所指出的，这是一个对于经济社会发展规律逐步深化的过程，体现出愈加明显的以人为本的理念和科学发展的思想，体现出经济增长、社会发展和价值体系的统一，这是以胡锦涛同志为总书记的党中央对马克思主义社会建设理论的丰富和发展。

二　社会建设的内涵与当前社会建设的重点

社会和谐、和谐社会、构建社会主义和谐社会、和谐社会建设、社会建设，这些都是 2002 年党的十六大以来提出的新名词、新概念，无论是在《辞海》、《现代汉语词典》，还是社会学专业词典中，都没有这些名词与概念。不仅中国的词典没有，外国也没有，只有类似的、意思相近的词。

——社会和谐，是指一种社会状态，如对社会形势的估计：现在"我国社会总体上是和谐的"。社会和谐是理想的社会状态，也是进行社会建设要实现的目标，比如说"社会和谐是我们党不懈奋斗的目标"。

——和谐社会，是人类共同的理想社会。和谐社会一定是社会和谐的，社会和谐的社会，就是和谐社会。这两个词常常是可以互用的。

——社会主义和谐社会，是中国共产党为之奋斗的理想社会。从近几

<hr />

① 《中国共产党第十七次全国代表大会文件汇编》，北京：人民出版社，2007 年 10 月，第 16 ~ 17 页。

② 《中国共产党第十七次全国代表大会文件汇编》，北京：人民出版社，2007 年 10 月，第 36 页。

年的文件、文章看，社会主义和谐社会，同社会主义社会、全面小康社会是同义的，比如说"我们要构建的社会主义和谐社会，是在中国特色社会主义道路上，中国共产党领导全体人民共同建设、共同享有的和谐社会"。

——构建社会主义和谐社会，是我们党根据新世纪、新阶段的国内外形势，从全局出发做出的重大战略决策和部署，要组织全党、全国力量，调动一切积极因素，共同构建社会主义和谐社会。这是贯穿中国特色社会主义事业全过程的长期历史任务，也是全面建设小康社会的重大现实课题。

——社会建设，就是根据构建社会主义和谐社会的目标，动员组织社会力量，实事求是，从实际出发，按规律办事，有重点分步骤地逐步推进，把社会主义和谐社会建设好。社会建设，也就是建设社会。根据社会主义和谐社会的目标安排，进行各方面的建设。例如，构建社会主义和谐社会应该有社会结构的建设、社会组织的建设、社会管理体制机制的建设、社会各阶层利益格局协调机制的建设、社会事业的建设、维护公平和正义的法制建设等，这些建设的总和就是社会建设。

在这一串新名词与新概念中，核心概念应该是社会建设，因为社会和谐、和谐社会、社会主义和谐社会都要通过社会建设的具体实践来实现。"社会建设"一词是仿照经济建设的含义，根据实践的需要而新造的。与社会建设相对应的是经济建设，"经济建设"一词在西方也没有，只有相对应的词，如经济发展、经济增长、经济管理等。经济建设是从计划经济体系得来的。首先有经济计划，也就是经济发展蓝图，然后组织力量，实施这个计划，把蓝图变为现实，这就是经济建设。社会建设由此而来，过去一般是讲社会发展、社会管理等。对这些新名词与新概念的界定，有助于对社会建设内涵的理解。

对于当前社会建设的重点，党的十七大报告明确提出要推进以改善民生为重点的社会建设，这主要是：优先发展教育；扩大就业；深化分配制度改革，增加城乡居民收入；加快建立覆盖城乡的社会保障体系；建立基本医疗卫生制度；完善社会管理，维护社会安定团结。这六个方面的社会建设，都与人民幸福安康息息相关，是广大人民群众最关心、最直接、最现实的利益关系问题，充分体现了以人为本的精神。直白地说，这也是目前人民群众最有意见，并常常由此引发社会矛盾和冲突的问题。近几年，上学贵上学难、看病贵看病难、住房贵住房难、就业难等问题主要是由这六个方面引起的。解决好这六个方面的问题，必将极大地推进和谐社会建设。

三　学有所教：办好人民满意的教育

党的十七大报告提出加快推进以改善民生为重点的社会建设的第一个重点，就是"优先发展教育，建设人力资源强国"。"办好人民满意的教育"，并且把"学有所教"放在五个"有"的第一位，这体现了党和政府历来重视教育的基本精神。

客观地说，改革开放以来，我国的教育事业取得了突出成绩，已经基本普及义务教育。2006年，全国小学学龄儿童入学率达到99.3%，初中教育毛入学率达到97%，高中教育取得长足发展，毛入学率达到59.8%。不少省份已基本普及了高中教育，在校高中生达到4342万人。高等教育发展也实现了跨越，1999年扩招以来的8年间，我国的高等教育从精英教育阶段进入了大众化教育阶段，2006年招生546万人，毛入学率达到22%，在校大学生1739万人，位居世界第一。① 教育事业的进步为我国由人力资源大国向人力资源强国迈进奠定了基础，为今后中国的经济社会发展奠定了基础。

但是，近年来为什么社会对教育的意见仍然比较多？上学难、上学贵的呼声不断。究其原因，笔者认为主要有以下六点。

第一，中国历来是一个尊师重教的国家，这是中华民族的优秀传统，也是我们这个文明古国能绵延数千年的重要原因之一。改革开放以来，高等教育重获生机。20世纪70年代后期出生的孩子，因为"文化大革命"，他们的父母没有得到应有的教育，于是这一代家长望子成龙心切。据调查，这一代家长有80%以上的人希望自己的子女上大学，上名牌大学，最好是北大、清华，而教育资源有限，不能满足需要，于是，竞争就从幼儿园、小学开始了，这并不是小学生、中学生自己要竞争，而是其背后的家长在竞争。在这股社会力量的推动下，中小学师资也加入了竞争，办得好的学校，升学率高的重点中学、小学的老师和校长的社会地位就高。笔者在深圳、北京等大城市所做的各种职业人群的声望调查显示，排名第一的不是市长，也不是科学院院长，而是重点中学的校长。虽然年年都在喊为中

---

① 国家统计局编《中国统计摘要·2007》，北京：中国统计出版社，2007年5月，第192、197页。（其中2006年高中生毛入学率、在校高中生数和普通高校招生数参见国家统计局编《中国统计摘要·2008》，北京：中国统计出版社，2008年5月，第180、183、185页。——编者注）

小学生减负，实际上负担年年在加重，眼镜店的生意也越来越兴隆。这是社会转型时期的社会问题，不是教育能承担的，需要各方面逐步解决。

第二，资金主要用于经济建设，导致教育经费不能到位。原来财政收入不多，只能以牺牲教育为代价。1994 年以后，财政收入和支出都大幅增加，但是给到教育的资金却不足，没有起到公共财政应有的作用。有关教育法规定，教育拨款应达到 GDP 的 4%，尽管这些年教育经费的绝对数字在增加，但没有达到 4%的指标，加上客观上教学运行成本的增加，学校只好在学生身上打主意。这就是教学乱收费屡禁不止的原因，也是造成上学贵的原因。

第三，教育体制问题。改革开放后，我国实现了由社会主义计划经济体制向社会主义市场经济体制的转变，经济得到了繁荣。但社会体制至今还没有完全按社会主义市场经济体制的要求改变过来，例如，教育体制基本上还是政府包办教育的思维，主管教育的部门对学校统得过多，管理过死，行政化色彩太浓。学校，特别是大学的办学自主权太小，中国这么大，各地各校的情况千差万别，一刀切的办法行不通，出力不讨好。另外，教学结构也不合理，专业设置同实际需要以及教师、学生的要求不合拍。这主要是因为主管部门揽权过宽，统得过死的原因。现在科学技术发展很快，一些新科技、新专业不断涌现，交叉学科不断产生，真正熟悉这些的，是科技专业人员和与科技界往来密切的教学人员，哪些新专业要设置，哪些老专业要减少或淘汰，这个权力要交给学校，由校长、院长、系主任讨论决定。特别像 211 这样的大学，校长应有决定权，但现在不是。这些问题的解决有赖于进行教育体制改革。

第四，教育公平问题。社会主义和谐社会的重要内容是公平正义，而教育公平是社会公平的重要基础。社会学理论认为，要实现社会公平，就要做到起点公平、过程公平、结果公平。要实行 9 年制义务教育，使每个学龄青少年都能得到免费的义务教育，达到初中毕业的文化程度，使他们踏上社会就业时，都有一定的知识，能站在同一个起跑线上。目前，我国的教育在城乡之间、地区之间、学校之间，在师资水平、学校设施、教学仪器设备等方面，都存在很大的差距，导致教育质量的差距也很大，这就直接影响到起点公平。好在教育主管部门已经注意到义务教育均衡发展的问题，正在采取治理的措施，逐年解决这个问题，但需要加大均衡化的步伐，尽早实现。

第五，高等教育质量问题。1999年高校扩招以来，高等教育发展很快。从表1可以看出，2006年与1998年相比，高校总数增加845所，平均每年新增105.6所；招生人数增长4.04倍，平均每年扩招54.7万人；在校大学生增长4.1倍，平均每年增加174.8万人；专任教师增长1.64倍，平均每年增加8.36万人。高校总经费增长2.32倍，平均每年增加113.3亿元。中国这样一个大国，在条件并不完全具备的情况下，8年时间实现了从精英教育向大众化教育的大跨越，这是中国高教史乃至国际高教史上的奇迹。

表1　1998～2006年普通高校发展状况

单位：所，万人，亿元

年份	普通高校	专任教师	当年招生	在校大学生	普通高等学校经费
1998	1022	40.7	108.4	340.9	390.5
2006	1867	107.6	546.1	1739	1296.5

注：1998年高校经费为1997年数据，2006年为推算数据。（2006年普通高校经费实际数据参见《中国统计年鉴·2008》，北京：中国统计出版社，2008年9月，第803页。——编者注）

资料来源：《中国统计年鉴·2007》，北京：中国统计出版社，2007年9月，第787～789页；《中国统计年鉴·1999》，北京：中国统计出版社，1999年8月，第674页。

大学扩招极大地增加了青年人上大学的机会，这是党和政府关注民生、为改善民生办的一件大事。然而，我国高等教育在高速发展的同时，也出现了一些问题，如教育资源不足、学校各种设施不能满足需要、师资紧张（专任教师1998年的师生比是1∶8.4，2006年提高到1∶16.2）、教育质量滑坡等。对此，2006年5月，国务院常务会议决定，适当控制高校招生增长幅度，2006年的招生规模比2005年增加5％。国家"十一五"规划纲要为教育确定的三项主要任务是：普及和巩固义务教育，大力发展职业教育和提高高等教育质量①。高校由外延式发展转向以提高教育质量为主的内涵式发展轨道。

2006年7～11月，温家宝总理先后主持召开了四次教育工作座谈会，并在会上指出："国家能否继续繁荣下去，能否可持续发展，能否在国际竞争中具有竞争力，关键在人才，根本在教育。……教育振兴是中国振兴的重要标志。只有有了一流的教育，我们才能有一流的国家实力，才能真正

---

① 参见《中华人民共和国国民经济和社会发展第十一个五年规划纲要》，北京：人民出版社，2006年3月，第53～54页。

成为世界上一流的国家。"① 办一流的教育，就要办好一流的基础教育和职业技术教育及高等教育。可以说，现在基础教育是好的，职业技术教育正在发展，方兴未艾，重点是要办好一流的高等教育。中国要持续繁荣发展，中国要和平崛起，首先高等教育要崛起，目前我国有 1739 万在校大学生，有 100 多万高校专任教师和工作人员，在数量上已是世界第一，关键在于如何提高高等教育的质量。

第六，高校行政化倾向问题。提高高等教育质量，办一流大学，要靠教师、党政工作人员、后勤工作人员的努力，要靠大学生勤奋刻苦的学习，假以时日，中国的一流教育目标是可以实现的。但是，当前高校需要进一步提高学术气氛，淡化行政倾向。现在社会上有一股风气，就是"官本位"意识浓厚，各阶层的人都争着当官。基层选举，农民争着当村干部；大学生考公务员热，一年高过一年；私营企业主、大小老板也往官场里挤，至少想当个政协委员、人大代表；已经是干部的总想当个更大的官，由此出现了诸如请客、送礼、贿赂、买官卖官等种种丑象。在社会主义市场经济体制已经建立的社会背景下，出现这种社会现象，值得深思，这是一个社会问题，要采取正确的政策加以解决。

当前，高校里的"官本位"风气也很浓，行政化的倾向很重，这是现行教育体制不合理的一种表现，这对以科学研究、专业教育为主的单位不利，对实现世界一流大学的目标不利。我们的大学体制，最初借鉴欧美国家，20 世纪 50 年代又向苏联学习，是按照计划经济体制的要求，逐渐调整、改造建立起来的。1978 年改革开放以后，经济体制按照社会主义市场经济体制的要求逐渐调整过来，而包括教育体制在内的社会体制，虽也进行了改革，但还没有按社会主义市场经济体制的要求改变过来，与经济发展的要求不相适应。前面说过，现行的教育体制基本上还是政府包办教育的思维，政府和主管教育部门对学校管得过死，统得过多，行政色彩太浓，大学的自主权太小。

现行教育体制下，大学校长、党委书记、党政机关包揽的事务太多，权力过于集中，大学的主要业务——科研和教学，往往摆不到应有的突出位置。其表现有以下三方面。

第一，党委、行政机构过于庞大，人员众多。学校办社会，一个学校

---

① 《温家宝主持召开教育工作座谈会强调"有一流教育，才能成为一流国家"》，《人民教育》2006 年第 24 期，第 2 页。

像一个城市，党政后勤、基建道路、医院食堂、学生宿舍、民事纠纷、刑事犯罪，都得校长、书记管，行政人员自然就多了。一个有上万学生的大学，副处长以上的干部有200人左右，科长、主任、科员就更多了，党政加后勤人员，总数在千人以上，教员反而成为少数。1998年，全国1022所大学，共有教职员工103万人，专任教师40.7万人，占39.5%；2005年，1792所大学，共有教职员工174.2万人，专任教师96.6万人，占55.5%。①从统计数字看，教师比例增加16个百分点，事实不然。由于这几年大学实施体制改革，学校食堂、基建、车队、园林绿化、环境保洁等实行社会化、企业化管理，因而这些人员未统计在行政职工总数里。实际上，在现行社会体制下，无论是社会化管理，还是企业化管理，学校都是要管的，所以，实际上教员在学校里还是少数。

第二，在现行体制下，大学里的教师不仅在数量上不占多数，而且在学校里的地位、声望也不占主导地位。特别是那些在学校、学院、系所三级没有一官半职的教师，地位更要差一些，在职称评定、课题申请、论文发表、著作出版、评优评奖、部分福利分配等方面都比较困难，有些副教授、老讲师的实际经济收入、福利待遇还不如比他年轻许多的处长。所以，在大学里也出现了不少教师争着当官的现象，出现了校长教授、管理教授、处长教授的现象。选拔德才兼备的教员当干部，有好的一面，但也带来了问题。学校里把年轻有为的业务骨干选拔到党政领导岗位上，使他们成为双肩挑、三肩挑（党、政、专业）的同志。然而，人的精力毕竟是有限的，在他最好的年华，投入到非所长的专业以外的新领域，专业研究的时间少了，这不能不说是这些年顶级教授、拔尖业务人才很少脱颖而出的一个原因。

第三，按照党政机关的模式办大学。目前，一般党政机关单位设有的部门机构，在大学里都有，还要加上教务处、科研处等机构，人员规模自然庞大。大学是教学、科研机构，应该有自己特有的机构设置，有自主完成教学科研任务的运作模式。但现在不是，党政机关有的政治、社会活动，大学里也照样都有，再加上教育系统特有的评比、达标、考核、检查、验收等，迎来送往，大学能不忙吗？主要业务都只能"业余"去做了。

再有教员的退休年龄也是按人事部统一规定的60岁退休（有的还规定

---

① 国家统计局编《中国统计年鉴·2006》，北京：中国统计出版社，2006年9月，第799页；
国家统计局编《中国统计提要·1999》，北京：中国统计出版社，1999年8月，第187页。

女教员 55 岁退休），其实培养一个好的教授，60 岁正是他业务熟练、经验丰富的时期，加上现在生活条件好，体力充沛，能讲好课，能进行课题研究，有水平教好带好学生，却面临退休。而事实上，这些教员在 58～59 岁的时候，就要为后路着想，无心好好教书了，这些不能不说是一个问题。学校花力气培养多年，好不容易成熟了，却弃置不用。高校扩招后，师资短缺，特别缺少有水平、有经验的一线讲课教授，建议国家有关部门研究一下，在教育部门变通执行人事部的这个统一规定。

四　以科学发展观为指导，抓好社会建设

党的十六届六中全会提出，要把构建社会主义和谐社会摆在更加突出的地位，党的十七大又进一步提出，加快推进以改善民生为重点的社会建设。这是党中央根据经济社会发展的新形势与新情况，审时度势，作出的重大战略决策。当前，我们面临的发展机遇与挑战前所未有。就国内而言，经济建设取得这么好、这么快的发展，是许多人没有预料到的。而在经济形势大好的前提下，出现了这么多的矛盾和问题，也是许多人始料未及的。对此，党的十六大提出了社会和谐的目标，党的十六届三中全会由五个不协调提出五个统筹兼顾，党的十六届四中全会提出加强党的执政能力建设，其中包括加强构建社会主义和谐社会的能力，党的十六届六中全会则进一步作出了构建社会主义和谐社会的决定，这些都得到了社会各界的广泛认同与拥护。

从社会学视角看，进行社会主义现代化建设一定要遵循经济社会协调发展的规律。首先，经济发展是社会发展的基础，经济要优先发展；其次，经济要持续发展，一定要有科学技术、文化教育的进步，要有社会发展作为支撑，要有和谐、稳定的社会环境作为保证，否则，经济发展不可持续；再次，经济发展的目的是满足人们的物质文化需要，实现人的全面发展。因此，经济发展的最终目标是服务与服从于人的发展，可以说经济发展是手段，社会发展才是最终目的。

现在不少地方存在的问题是把经济发展作为唯一的目的，依然搞 GDP 挂帅，牺牲了其他方面的发展，社会发展、社会建设及社会体制改革明显滞后。当前，社会主要矛盾是经济社会不协调——经济结构已经达到工业化中期阶段的水平，但是社会结构停留在工业化初级阶段的水平，这种结构性的矛盾是今天诸多矛盾产生的主要原因（其他四个方面不协调多是由

这个结构性矛盾引起的）。所以，构建社会主义和谐社会，进行社会建设，就是要解决这个主要矛盾。

构建社会主义和谐社会是贯穿中国特色社会主义事业全过程的长期历史任务，为此，要把和谐社会建设摆在更加突出的地位，要改变目前社会发展、社会建设滞后于经济发展和经济建设的状况，使经济社会协调发展。如何抓好社会主义和谐社会建设呢？要像抓经济建设那样，抓好社会建设。要把社会建设作为社会主义建设总体布局中的重要内容去对待，去抓好抓实。

第一，要解放思想，实事求是。正确认识构建社会主义和谐社会的必要性、紧迫性，真正把和谐社会建设提到议事日程上，摆到突出位置上，改变经济建设单兵推进的状态，真正从思想上树立起经济社会协调发展的全局意识。

第二，要抓发展。这是执政兴国的第一要务，也是社会建设的内在要求。改革发展中出现的问题需要通过发展来加以解决，特别是当前诸如教育、医疗、住房、社会保障等民生问题都源于社会发展滞后，因此，唯有发展才是解决问题之道。但是，发展不能仅是经济发展，还必须是社会的发展，是经济与社会协调的发展、统筹的发展。

第三，要抓改革。中国的社会体制改革还未及时破题，社会体制还未按社会主义市场经济体制的要求改变过来，如城乡二元结构体制、户口制度、就业人事制度、社会保障制度以及教育和医疗体制等。体制不改革，社会问题不可能真正得到解决，社会建设不可能真正实现。因此，搞好社会体制改革，是社会建设的必由之路。

第四，要调整国民收入分配格局。教育、科技、文化、医疗、社会保障等社会事业的发展，应该主要由国家和地方财政来开支。目前，国家和部分地方财政都相当充实，但是，在路径依赖下，有钱还是习惯于投向经济建设，这在市场经济体制国家是不应该的。经济建设投入应主要通过市场解决，但是 2005 年我国的经济建设费用支出为 9317 亿元，占整个支出的27.5%。[①] 这种情况应该改变，要调整国民收入分配格局，加大对社会建设的投入。

构建社会主义和谐社会是一项长期的历史任务，既宏大又复杂艰巨，它是发展中国特色社会主义事业的重要组成部分，是全面建设小康社会的

---

① 国家统计局编《中国统计年鉴·2006》，北京：中国统计出版社，2006 年 9 月，第283 页。

重大课题。党中央已经作出决定，并确立了构建社会主义和谐社会的指导思想、目标、任务及原则，党的十七大报告也对此做了进一步阐述，并写进了党章。在党的领导下，在社会各界、各阶层成员的共同努力下，社会主义和谐社会建设一定会实现，中华民族伟大复兴必将全面实现，中国在世界上也必将真正和平崛起！

建立城镇住房新体制的基本思路和对策研究^{***}

邓小平同志于 1980 年 4 月 2 日发表了关于住房制度改革的谈话，对我国住房制度改革的目标、任务和步骤作了总体设计。[①] 16 年来，城镇住房制度改革取得了重大进展。特别是 1993 年全国第三次房改工作会议和 1994 年国务院作出《关于深化城镇住房制度改革的决定》以后，在全国范围内整个房改的步伐加快了，内容深化了，在建立住房公积金制度、稳步出售公有住房、推进租金改革等方面都取得了突破性进展，成绩显著。现在到了要实现由城镇住房旧体制向适应中国特色社会主义国情的、符合广大城镇居民心愿的新体制转变的重要阶段。当然还有一批难题要解决，要做好新住房体制诞生以前的催生工作。

---

* 本文源自作者手稿，原稿写于 1996 年 6 月，定稿时间为 6 月 30 日。作者为中国社会科学院社会学研究所住房制度改革课题组。课题组总负责：陆学艺；研究报告执笔：陆学艺、郑也夫、景天魁、张其仔。该文首次在中国社会科学院《要报》1996 年第 55、56 期（7月 24、25 日）摘要连载，后又分别公开或非公开摘要发表于《人民日报 内部参阅》1996年第 34 期（8 月 26 日）、《经济研究参考》1997 年第 10 期（1 月 11 日）、《中国新时期社会发展报告（1991～1995）》（陆学艺，李培林主编，沈阳：辽宁人民出版社，1997 年 8月）、《中国房地信息》1998 年第 2～5 期（2 月 15 日～5 月 15 日）等书刊。该文还摘要收录于《陆学艺文集》（陆学艺著，上海：上海辞书出版社，2005 年 5 月）和《中国社会结构与社会建设》（陆学艺著，北京：中国社会科学出版社，2013 年 8 月）。因为原稿较长，该文发表时均有不同程度的删改，本文现根据作者完整手稿整理，并依据后期公开发表的文献补充了手稿中缺失的少量文字。——编者注

** 本文是社会学研究所组建的住房制度改革课题组从 1996 年初开始，在全国多个城市进行了半年多的调查研究，于 1996 年 8 月写成的研究报告。初稿由张其仔、李春玲、景天魁、郑也夫等撰写，最后由我改写、定稿。成文后送交国家体改委住房领导小组，摘要部分在中国社会科学院《要报》发表，朱镕基、李铁映等同志作了批示。——作者 2013 年注

① 参见《必须把建筑业放在重要位置 城镇居民个人可以买房盖房——邓小平同志关于建筑业和住宅问题的谈话》，《人民日报》1984 年 5 月 15 日，第 1 版。

　　我们课题组是 1996 年 1 月成立的。半年来，我们调阅了大量国内外关于住房制度的文献，多次邀请经济学家、社会学家以及房改方面的专家学者和实际工作者进行座谈研讨，并到北京、上海、厦门、泉州、常德、娄底、太仓、吴县、无锡等城市实地调查。课题组在调研过程中得到了中国社科院领导和有关所、局的亲切关怀和支持，不少专家学者和职工把他们收集的文献和研究资料送给我们，把他们对房改的意见和建议告诉我们，使课题组的研究工作得以顺利进行。课题组经过多次认真讨论探究，集思广益，数易其稿，形成了这个研究报告。

一　住房制度与国家长治久安

　　（一）一个国家要长治久安，需要建立一整套适合国情的基本制度，如政治制度、经济制度、军事制度、文化制度等。支撑这些基本制度的，有一系列重要的体制和制度，如教育体制、科技体制、人事体制、土地制度、企业制度、住房制度等。住房制度是关系到人民生活幸福和社会安定的大问题。住房制度不仅是经济制度的一个重要组成部分，而且是社会制度的一个重要组成部分。"安居乐业"，安居才能乐业。把住房制度通过改革调适好，是实现国家长治久安的一个重要方面，也是实现我国经济社会可持续发展的重要方面。当今中国农村的住房制度——由农民自建、自居、自有，是符合我国的基本国情和广大农民心愿的。所以，农民的住房这些年来得到了极大的改善，并且还在得到继续的提高和改善，农民是满意的。国家没有多少投入，政府也没有费很多心思。相比而言，城镇居民的住房制度，由于历史原因，我们采用了国家无偿无期地划拨土地，公家出资建房、管房，行政无偿分配，居民只交纳极少房租的体制。国家投入了很大力量（现在每年约投入 1000 亿元），各级领导也花费了很大的精力，但城镇居民的住房问题解决得不理想。1995 年，全国农民人均住房 22 平方米，而城镇居民人均只有 7.9 平方米，还有约 400 万无房户，居民对住房问题有很多意见，由此也引发了多种社会问题。

　　（二）城镇居民的住房问题，在经济发达国家的发展过程中，都曾经造成过严重程度不同的经济、社会问题。在资本主义发展的初期，随着工业化的发展，大批农民进城，到工厂里做工，而资产阶级及其政府是不管工人的住房问题的。许多工人拥挤在工棚里，租住房产主的简陋的房屋，形成贫民窟。工人的居住条件十分恶劣，环境脏乱，疫病横生，还要受房主高额房租和高利贷者的盘剥，各种犯罪和治安案件大量增加，引起工人群众的强烈不满。再加上工人住宅区、贫民窟的疫病传染到富人区，引起了资产阶级内部的恐慌，解决城市工人的住房问题成为社会公众普遍关注的问题，形成了强大的社会舆论和压力，直接危及资产阶级政府的统治，政府才不得不管工人的住房问题。各国资产阶级政党为了拉选票，也往往会提出解决住房问题的许诺。例如，1919 年，英国政府直接干预住房问题，利用在全球各殖民地掠夺的财富，手中握有很强的经济实力，采取了由政府出资大量建房，再出租给工人以解决工人住房问题的办法。1931 年，美国政府才着手解决居民住房问题。政府专门召开住房会议，讨论解决城镇住房问题的方案。当时的美国总统胡佛说："没有什么东西比住房对于人民的幸福和社会安定更重要的了。"可见，资产阶级国家和政府从一介入住房开始，就是把住房问题作为社会问题，作为维护社会安定、维护资产阶级统治的问题来解决的。

（三）如何解决城市工人阶级的住房问题？19 世纪 70 年代，马克思主义的创始人之一恩格斯曾经与蒲鲁东主义者展开了一场很激烈的论战。当时，蒲鲁东主张要让工人自己拥有住宅，而恩格斯则极为反对。恩格斯在《论住宅问题》的著名论文中指出，要创建现代无产阶级，就必须绝对割断先前把工人束缚在土地上的脐带：除了织布机以外，还有自己的小屋子。在现代大工业和城市发展的情况下，提议把住房卖给个人是既荒谬又反动的。恢复住宅的个人所有权就是后退一步，是把历史的时钟倒拨 100 年，从而把现代工人豢养成像他的曾祖父那样狭隘和阿谀成性、俯首帖耳的奴隶。① 恩格斯首先是把住宅问题作为一个重要的社会问题来对待的。他关于住宅制度本身会影响无产阶级革命性的论述表明，如果把住房问题仅仅看成经济问题来解决，那就过于简单了。在 19 世纪 70 年代，恩格斯站在无产阶级革命家的立场，明确反对蒲鲁东主义者关于让工人拥有自己住宅的主张是完全正确的。正如他所指出的那样，在无产阶级革命的时代，如果让工人拥有住宅，就会削弱和消泯无产阶级的革命性，对无产阶级革命大业是极端不利的。

时至今日，我们所处的时代和恩格斯所处的时代已经不可同日而语了。我们已经建立了社会主义制度，工人阶级的先锋队——共产党已经成为执政党，我们现在面临的任务是要建设有中国特色的社会主义现代化国家。

---

① 参见《马克思恩格斯选集》第 2 卷，北京：人民出版社，1972 年 5 月，第 477、483 页。

我们所要关注的已经不是住房制度会不会影响无产阶级革命性的问题，而是要建立一个适合当今国情的住房制度，更好地调动工人阶级和城镇居民的积极性，实现社会稳定，发展社会生产力，使国家长治久安。

20 世纪 30 年代以后，资本主义国家大多实行了住房自有化的政策。美国政府还提出了一个"让每一个美国家庭拥有一个舒适的住所和适宜的居住环境"的口号。二战以后，居民住房自有化的步伐加快了，到 20 世纪 80 年代，多数资本主义发达国家的住房自有率都很高。如 1987 年，美国为 65%，日本为 63%，加拿大为 59%，法国为 51%。英国原来实行政府建房工人租房的政策，到撒切尔夫人当政时，也提出了住房私有化的口号，现在英国住房的自有率也已经超过了 30%。发达资本主义国家让工人拥有自己的住宅，对于维护资本主义社会的安定和维护资产阶级的统治起了一定的作用。我们是社会主义国家，在解决住房问题上应该有自己的思路和政策，但他山之石可以攻玉，他们的经验也可以为我们所借鉴。

（四）民以居为安，建立以自有产权为主体的住房制度，有利于减轻国家负担，有利于社会稳定。住房本身是商品，有双重性，它既是一种经久耐用的消费品，又是一种资产，有保值增值的功能。让城镇职工拥有自己的住房，他们就成了有一定资产的居民，他们的基本生活和心理就能稳定下来，就像农民有了土地使用权、经营权一样，就有了能经受某种程度经济波动的能力和基础。

回顾改革开放 18 年来的历程，城乡改革比较而言，农村改革比较顺利，城市改革则比较艰难，为什么？农村改革一开局，率先实行家庭联产承包责任制，把土地包给了农民，使广大农民得到了自主权和实惠，由此调动了亿万农民的积极性，农村产生了一系列变化。这些年农村的改革和发展也有波折，但农村社会基本是稳定的，农业是发展的，农村经济是不断发展的，农村形势是好的。1989～1990 年，国家实行宏观调控，将 1000 多万已进城工作多年的农民工清退回乡，这在任何国家都是很不容易做到的，是会引起种种问题的，但在中国农村却顺利地做到了，且相当平静，没有发生什么大的问题，靠什么？靠这些农民工在农村有 1.5 亩承包地，基本生活有保障，这 1000 多万人有经受经济风浪波折的能力和基础，社会是安定的，这是一个重要的经验。

与农村改革相对照，城市改革一波三折，步履维艰。国有大中型企业改革困难，机构改革困难，人事制度改革困难，医疗制度改革困难，养老制度改革困难，住房制度改革困难。物价体制改革也困难，党和国家最高领导人亲自决策，各级党组织和各级政府全力以赴抓物价改革，前后花了近 10 年时间，总算基本理顺了，现在还有几种主要农产品价格和公用事业的费用等尚未解决。回顾和总结 18 年来城乡改革的经验和教训是很有益处的。城市改革为什么困难？撇开其他方面，有两点值得注意。

一是要处理好给与取的关系。任何一项改革要取得成功，必须得到大多数人的拥护和支持，必须使大多数人得到现实的或看得见的利益，这样改革才有动力，才能取得成功。农村改革成功的奥秘就在这里，农民从改革中得到了自主权和实惠，而这几年城市改革对这个基本经验却运用得不够。医疗制度改革要让群众拿一点，失业保险制度改革、养老制度改革也是先要职工交一点，教育体制改革要群众为子女受教育多支出一点。包括住房制度改革，开始搞以提租为主的方案的时候，也是要职工先多拿一点。当然，这些改革从长远讲，对职工、群众都是有利的。但现实利益更能影响群众的积极性，加上工作又做得不到家，所以一些改革往往得不到多数群众的支持，迈步就困难了。

二是改革要考虑群众的承受能力问题。我们长期以来实行低工资（很多利益通过福利保障暗补给职工了），近些年来，有一小部分人是先富起来了，但大多数职工只是生活有了改善，还并不富裕，家底还是很薄的。据有关方面抽样调查，我国 1994 年城镇居民平均每户拥有彩电 0.86 台、电冰箱 0.62 台、收录机 0.73 台、照相机 0.3 台、自行车 2 辆，[①] 还有家庭用的家具和衣物，知识分子家庭还有些书籍，这些财物，即使按购买时的原值计算，家产总值也只有 2 万元上下。这样微薄的家产，在正常情况下，靠工资收入维持日常生活没有问题，但一遇到大的经济波折就难以抵挡了。而这种波折，在市场经济条件下，对于个人或家庭总是时有发生的。如企业改革，要优化精简职工，精简到 40 多岁的双职工就为难了，这一家庭被精简后靠什么为生呢？这次住房制度改革，通过各种形式，能使 75% 左右的职工拥有自己的住房，使大部分城镇居民有了安身立命的基础，那么上述被精简的双职工家庭也就有了经受经济波折的能力，有了回旋的余地。这样，对政府、对企业、对个人都是有益的。所以有人说，当今中国，在农村，通过改革把每人种一亩半地的土地制度调适好了，农村社会就基本安定了；在城镇，通过改革，把每家一间半房（一套单元住房）的住房制度调适好了，城镇社会也就基本安定了。许多改革和发展的文章，就可以在

---

① 国家统计局编《中国统计年鉴·1995》，北京：中国统计出版社，1995 年 8 月，第 263 页。

这两个基础上展开。

二　住房制度改革的目的是要建立新的住房制度

（五）住房制度改革的目的是要建立新的住房制度。原有的住房制度存在着严重的弊端，已不能适应经济社会发展的要求，亟须改革。在 1988 年以后的三次住房制度改革方案中都是这样认识的。

1988 年的第一次房改方案指出："我国城镇住房制度改革的目标是：按照社会主义有计划的商品经济的要求，实现住房商品化，从改革公房低租金制度着手……走出一条既有利于解决城镇住房问题，又能促进房地产业、建筑业和建材工业发展的新路子。"

1991 年的住房制度改革意见指出："城镇住房制度改革是经济体制改革的重要组成部分，其根本目的，是要缓解居民住房困难，不断改善住房条件，正确引导消费，逐步实现住房商品化，发展房地产业。"

1994 年的住房制度改革决定指出："城镇住房制度改革作为经济体制改革的重要组成部分，其根本目的是：建立与社会主义市场经济体制相适应的新的城镇住房制度，实现住房商品化、社会化；加快住房建设，改善居住条件，满足城镇居民不断增长的住房需求。"

应该说，三个房改方案关于改革目标的认识是逐步发展的，第三次方案最为明确，提出了要建立与社会主义市场经济体制相适应的新的城镇住房制度，还提出了七个方面的改革内容。三个房改方案的一个共同不足是没有把住房制度改革当作社会体制改革的一部分，从经济发展角度考虑得多，在社会发展方面考虑得少。大家知道，住房，既有经济属性，也有社会属性。住房制度既是经济体制的一个组成部分，也是社会体制的一个组成部分，所以住房制度改革，既要与经济体制改革相协调，有利于经济发展，又要与社会体制改革相协调，有利于社会的发展。

综观各国的住房制度，大体可以分为三种：第一种是既能实现经济的高效率，又能体现社会公平，实现社会稳定的住房制度；第二种是虽然可以实现经济的高效率，但不能体现社会公平，也就不利于社会稳定的住房制度；第三种是既不能实现经济的高效率，又不能保证社会稳定的住房制度。显然，第一种住房制度最为理想。我们进行住房制度改革，就是要建立这种既有利于促进住房生产的发展，实现经济高效率，又能体现社会公平，实现社会稳定的住房新制度，也就是要创造和建立一种适合中国特色社会主义国情的住房新制度。

（六）城镇住房制度改革的主体是城镇居民。我们设计的住房制度模式、住房制度改革的方案，一定要考虑到大多数城镇职工和居民的现实利益和长远利益，要为他们能够安居乐业，有利于工作、学习、娱乐，有利于赡养老人、抚育子女，有利于积累家资，能够安身立命着想。经过住房改革，经过若干年国家、集体和个人的努力，使每个中国家庭都有一套安全、卫生和自己满意的合适的住房。

三个房改方案都提到要实现住房商品化，这是正确的。几十年国内国外的实践证明，原来计划经济体制条件下，否定住房是商品的性质，把住房作为福利，作为实物分配，没能解决广大城镇职工和居民的住房问题。直观地看，城镇居民无偿或近乎无偿地分得了住房，每月只交纳很少的象征性的房租，似乎是得到了福利。但是，这种方式的代价过于沉重。第一，国家的财力总是有限的，无法满足所有城镇居民对于住房的主观需求，所以一部分居民（虽然是大多数）得到了住房，总是以另一部分人分不到住房为代价的。第二，这种无偿分配住房的方式，是要建立在分配者和被分配者都具有高度的政治觉悟的基础上才能做到公平合理的，而事实上又做不到。所以，正如1988年的住房改革方案中指出的："我国现行的住房制度存在着严重弊端。国家为城镇居民建房花了大量投资，但由于不能从机制上制约不合理的需求，城镇住房问题并没有得到缓和。住房分配上的不公正，已成为一个严重的社会问题。"第三，这种无偿分配的方式，是住房选择住房者，而不是住房者选择住房。所以除了少数人能够有限地选择住房外，绝大多数人只好分什么房住什么房，丧失了个人选择（商品）这个最起码的权利，所以要使大多数人满意是不可能的。第四，因为是政府和单位建房、分房，限制约束了个人为解决住房问题的积极性，使亿万城镇居民在住房这件个人和家庭的大事上不能发挥主观能动性，这个解决住房问题的最大的潜力发挥不出来，住房建设就永远满足不了需求，这限制了住房生产力的发展。所以，直到1995年，这种方式实行40多年了，城镇人均居住面积才7.9平方米。从总体上说，农民比城市居民穷，但1995年农民人均住房已达到22平方米。所以，这种住房的方式，真正吃亏的、受到损失的，还是城镇居民。

解决住房问题，要靠实现住房商品化。住房是商品，就像彩电、冰箱等耐用消费品一样，应该实现居民选择住房就像选购彩电、冰箱一样，根据自己的需要、爱好，根据自己的经济能力，选购或租赁适合自己的住房。

一个现代化国家的社会流动、职业更换、迁徙是经常发生的。所以，居民由于职业变动等原因，更换住所是平常的事。遇到这种情况，把原住房出卖或退租，到新的地点购买或再租住房，应该是很方便做到的。住房是商品，在商品面前，人人平等。居民要买或租大的、好的住房，就应该付出相应多的代价。经济力量达不到，那就只能买或租小一些、差一些的住房。相同的经济能力，甲居民宁愿买或租差一些的住房，同时购买彩电、冰箱享用；乙居民宁愿买或租好一些的住房而不买彩电、冰箱。鱼和熊掌不能兼得，这是公平的。住房比彩电、冰箱等耐用消费品更耐久，且具有保值增值的功能。邓小平同志在 1980 年就提出："城镇居民个人可以购买房屋，也可以自己盖。"① 应该制定相应的法律，保障个人拥有住房的权益，以调动个人和家庭买房、建房的积极性。现在城镇居民储蓄存款已近 2 万亿元，其中有一部分可以转到买房、建房上来，使住房也成为居民积累财富的一种形式。中国历来有藏富于民的传统。现在农村里农民对承包地拥有 30 年不变的使用权、经营权，可以对土地投资，可以购买自有的生产资料，有积累财富的方式。城镇职工、居民把买房、建房作为积累财富的方式，这样既解决了住房长期短缺的问题，又增加了社会安定的因素，这是一举数得的事情。

（七）改革开放以来，国家把住房建设的投资和管理等权力更多地放给了党政机关单位和企事业单位。1979 年以前，城镇住房建设资金 80% 以上来源于中央和地方政府的财政拨款，到 1993 年政府财政拨款只占 23%。单位逐渐成了建房、分房、管房的主体。从全国来说，除了上海以外，大多数大中城市的住房管理体制是由政府房管部门管理，公房约占 30%，由单位自管的公房为 70%。我国现在的住房制度，国家是名有实无，名义上全民所有的城镇住房有 30 多亿平方米，但都分散在各级各类的单位里；单位是名有实虚，住房是单位建的、买的，分房、管房都在单位，但一旦把住房使用权分配给职工（居民），单位的所有权、使用权、支配权也就虚了。个人是名无实用，名义上住房是公有的，但一旦分给了个人，不仅自己可以长期占用，而且实际上还可以传给子孙。

现在的公有住房实际是单位所有制。住房对于单位来说，既是一笔巨大的资源和财富，同时又是一个沉重的包袱。一方面单位拥有大量的房产，账面上的资产是很大的，当然是财富。有些单位还把可以分房作为吸引人

---

① 《必须把建筑业放在重要位置　城镇居民个人可以买房盖房——邓小平同志关于建筑业和住宅问题的谈话》，《人民日报》1984 年 5 月 15 日，第 1 版。

才的手段，把收回住房作为控制本单位员工的手段。但另一方面，单位负有向全体员工分配住房的责任，还要承担对已分配出的住房进行维修管理的责任，为此，单位为住房问题要付出了巨大的人力、财力和物力，牵扯了领导的很多精力，使人不胜其烦，苦不堪言。当然也有些人从中以权谋私，以权谋房，由此引出了很多纠纷。

住房的实权在单位，所以房改的关键也在单位。单位是房改的实际执行者和操作者，国家和政府的房改政策要通过单位去执行、实施。国家和政府在住房问题上要制定相应的政策，妥善处理好同单位的关系，协调好单位与单位、单位与个人之间的关系。几次房改，都因得不到大部分单位的认同、出现低价售房浪潮而受挫，这就是教训。

中国具有建房、分房、管房职能的党政机关单位、企事业单位有几百万个，国家要区别不同的情况，分类处理好各种单位的住房问题。同是单位但情况千差万别。从住房角度分析，可以分为四种类型。

第一种，有房有钱单位，多为中高层党政机关单位、大的企事业单位，或是经济实力强、经济效益好的中小型企事业单位。它们既有相当多的现有住房，又有后续建房的资金来源，本来无房缺房户就少，所以这类单位职工的住房问题比较容易解决，国家制定了明确的房改政策，转变住房体制也会比较顺利。

第二种，无房有钱的单位，多为近几年新办的公司、企事业单位，向职工支付较高的薪金，不承担分房管房的责任。这样的单位没有房改的任务。但是，有一个问题在房改中会被提出来，就是现在社会上有所谓"一家两制"的情况。丈夫在公司上班拿高薪，夫人在国家机关里工作，住廉价的房子。在房改时，提供住房的单位会向这些拿高薪的职工或所在的公司提出问题的。

第三种，有房少钱或无钱的单位，多为国有事业单位，或是原为经济基础和效益较好，现在经济效益差了，或者已经亏损的企业单位。这些单位的共同问题是没有继续为职工建房的资金和能力。在房改中，这种单位可以分别采取两类不同的解决办法。一类是原有住房较多，无房缺房户比较少，通过房改，可以把原有住房卖给住户，售得的资金，可用来继续建房买房，以解决无房缺房职工的问题。另一类是原有住房就少，无房、缺房户多，卖房所得解决不了无房缺房户的问题，这类单位只好另辟蹊径了。

第四种，无房又无钱的单位，多为基层的小型企事业单位，或是长期经济效益不好、长期亏损的单位。这类单位的职工住房问题本来就很困难，在房改中，这些单位的问题也最不好解决，这要由各地方政府予以特殊关注，采取具体措施解决它们的问题。

单位管房，是几十年计划经济体制的产物，实践已经证明，无论有房有钱的单位，还是少房少钱的单位都管不好房，不能解决居民的住房问题，既不能做到经济上的高效率，又不能实现公平，引来无穷的纷争和问题。第三次房改方案提出要实现住房社会化，这是正确的。房改目标和房改的结果，就是要使职工、居民通过市场、社会来解决自己的住房问题，而不是找单位、找领导来解决。房改的目标，就是要实现单位不再管住房。除了极少数大单位，如大学、特殊的科研院所等还要管一部分住房外，所有的单位都要把建房管房的权利和义务通过各种形式交给社会、交给市场，把住房的资源交出去，同时也把包袱放下来。单位把原来用在住房上暗贴给职工的费用转化为工资，发给职工，职工通过市场来解决自己的住房问题。当然，这个转变将要通过若干中介和过程，这就是房改的任务。

（八）住房制度改革的总体目标，是要建立与社会主义市场经济体制相适应的新的住房制度。在新的住房制度下，国家和政府在住房问题上的角色要转变，要从计划者、所有者、分配者、维修者、管理者转变为监督者、调控者。国家和政府要把统管统包数亿城镇居民住房的大包袱放下来。群众住房的问题是群众自己的事，交给社会管理、通过市场去调配。国家和各级地方政府根据国情、地情从宏观上制定合理的住房政策，建立起各类房地产市场，监督调控好市场运行秩序，居民群众通过市场解决自身的住房问题。

在新的住房制度下，国家和各级地方政府并不是完全不管住房。有两种人的住房还要管好：一是公务员的住房，他们在社会主义市场经济条件下，收入总体是偏低的，为了使他们能更好地为国家工作，政府要为他们提供带有社会福利性质的住房，也作为一种补偿，国际上很多国家都是这样做的；二是低收入的生活困难户的住房，各级政府要掌握一定数量的标准相对低一点的住房，向生活在贫困线以下的居民提供并收取相对低的租金，以便他们也能各得其所，这带有社会保障、社会救济性质。现在统计的住房困难户，有一部分经济上并不困难，他们可以通过市场和正常渠道解决住房问题，不在被照顾之列。[①]

---

① 本节最后一句原手稿中没有，现根据《中国社会结构与社会建设》（陆学艺著，北京：中国社会科学出版社，2013 年 8 月）第 23 页补充。——编者注

三 深化住房制度改革的必要条件

（九）住房制度改革是件难度很大的事。① 原有的城镇住房制度是计划经济体制的一部分，是 20 世纪 50 年代以来逐步形成的，是城乡二元社会结构的一部分，是为整个计划经济体制配套服务的。多年来已经形成了一个庞大的体系，有计划，有预算，有资金来源，有建房、分房、管房的机构和队伍，单位里都有一套分房用房的特有规则，几十年习惯成了自然，按惯性在运作着。这套住房制度多年来已经形成了政府与单位之间、单位与单位之间、单位与个人之间、个人与个人之间的利益关系，形成了各种错综复杂的利益格局。城镇住房制度改革，要改革这一整套体制和制度，要调整已有的各种利益群体之间的关系格局，难度当然是很大的。住房制度改革，涉及城镇居民每个人的切身利益，所以，是城镇居民普遍关心的大事。在城镇诸项改革中，多数改革只涉及一部分人的利害，所以只有一部分人关心。例如机构改革，只有党政机关和事业单位的同志关心；企业改革，主要是企业的干部职工关心。唯有住房制度改革，上至高层领导、部长教授，下至平民百姓、普通职工都是普遍关心的。住房制度改革，要公平合理地解决好绝大部分城镇居民的住房问题，使之各得其所，当然是件难度很大的事。有同志说，城镇住房制度改革，就像农村实行家庭联产承包责任制一样重要，一样受到普遍的关注。也有人说，"城镇住宅制度改革，或许是规模宏大的中国经济改革最困难的方面之一。它涉及中国的国民收入分配体制、金融体制、财政体制、企业制度、投资体制、土地使用制度与房地产开发体制等，是中国特有且其本身就具有相当的复杂性的重大领域的改革"。但我们在城镇住房制度改革前期，却对这项改革的重要性、长期性和艰难程度估计不足，没有把这项事关长治久安的重要改革放到应有的位置上，投入应有的力量，所以改革中的一些难题长期没有得到及时的解决。②

城镇住房制度必须改革，再困难也一定要改。所幸前些年已经做了大

---

① "住房制度改革是件难度很大的事"一句原手稿中没有，现根据《中国社会结构与社会建设》（陆学艺著，北京：中国社会科学出版社，2013 年 8 月）第 23 页补充。——编者注。

② "没有把这项事关长治久安的重要改革放到应有的位置上，投入应有的力量，所以改革中的一些难题长期没有得到及时的解决"一句原手稿中没有，现根据《中国社会结构与社会建设》（陆学艺著，北京：中国社会科学出版社，2013 年 8 月）第 23 ~ 24 页补充。——编者注

量的工作，取得了很多突破。现在要进一步深化改革，要以建立住房新体制为目标，我们认为有两个必要条件是必须准备好的：一是思想和舆论的准备，二是组织上的准备。

（十）住房制度改革是经济体制、社会体制的改革，必然要引起关于住房问题的传统观念、群众的消费观念等的变化。根据以往几年的实践，各阶层各种思想阻力是很大的。所以要进行好住房制度改革，必须实行思想工作领先的原则。做好房改中的思想工作，主要是两个方面：一是要有正确的住房制度的理论指导；二是在房改中遇到的种种思想阻力要能及时化解，保证房改工作的顺利进行。

到底要建立什么样的城镇住房制度？城乡是建立一个住房制度体系，还是像现行的一样分为两个不同的体系？如何沟通？未来社会主义市场经济体制下的住房是实行以自有为主，还是实行以租赁为主？现行的名义上国家所有、实际由单位掌握的住房向以职工居民自有为主转移，怎样做才是合理的？这是否就是所谓的国有资产流失？房改的目标是什么？是为了集资，还是为了更多更快地建房以增加住房？是为了解决无房、缺房户的困难，还是主要着力于建立住房的新体制？在现在低工资阶段，居民的住房消费额度是 5%、10% 还是 15%？定多少是合理的？将来的房地产市场怎样建立？是以国有为主，还是多种所有制并存？

这些问题在实践中已经提出来了，有些是深层次的理论问题，有些是在房改中常常遇到的实际问题。这些问题得不到清晰明确的澄清，房改就不能健康地进行。所以有同志说："现在房改是理论滞后，认识不能统一，这是制约房改深化的重要因素。"

十多年前，当农村实行家庭联产承包责任制改革的时候，全国上下各大报刊、党政部门的领导、农村实际工作者、经济学家、社会学家、著名学者都在议论农村改革，可以说是轰轰烈烈、有声有势。许多问题提出来了，在议论和争论中解决了，正确的理论总结出来了，得到了社会的共识，又推动了农村改革的深化。相比之下，城镇的房改，同样是关系到几亿城镇居民切身利益的大事，进行也十多年了，干部、群众在办公室、在家庭里，议论是很多的，但见诸大报大刊的却很少，很少有公开的争论，可说是一场静悄悄的改革。改革中许多问题提出来了，但议而不决，议而无"论"。十多年前提出的问题，现在还是问题，得不到澄清，从而也就妨碍了房改的进行，这应该说是一个教训。

现在要进一步深化住房制度的改革，建立住房新体制的问题已提上日程，应该调动和集中相当的科研力量，加强住房制度和房改理论的研究，特别要动员各方面的力量，加强房改的舆论宣传工作，把房改的目标、性质和意义，房改的方法和步骤以及各试点的经验，宣传得家喻户晓，造出声势，改革旧的福利房的观念，建立新的住房消费观，为推进房改做好思想准备。

（十一）建立一个具有权威性，并能实际运作的工作机构是深化住房制度改革的必要条件。房改涉及计划、财政、金融、国有资产管理、规划、城建、土地等各个部门的利益和工作，没有一个权威性领导机构去协调、统筹安排不行。房改是自上而下进行的，涉及许多单位和千家万户的利益调整，特别是现在的住房实际上是单位所有制，各系统各单位的领导，住房条件相对来说都是好的，有些还通过明的暗的渠道，多分多占了住房。房改首先会触动这部分同志的眼前利益，如果没有较高的觉悟，没有以大局为重的胸怀，要主动积极地推进房改就有相当难度。其实，就大多数住房者来说，他们住到了世界上租金最低的房子，得到了最便宜的服务，如果不讲清长远利益和现实利益的关系，不摆正国家和个人的关系，他们对房改也并不积极，并不像农民要求包地那样迫切。所以一定要有一个权威机构，从全局、从长远利益出发，适应社会主义市场经济的需要去筹划、推行这场重大的改革。因为房改是要破除一整套旧的体制，建立一个新的运行体制，要解决各单位及个人之间长期积累的种种矛盾和问题，可以说是一个巨大的系统工程，所以这个权威机构还必须要做调查研究、统筹规划、制定方案、部署协调、推动执行等许许多多工作，虚了还不行，必须是一个实际运作的机构。

现在国家有住房制度改革领导小组，有一个住房制度改革领导小组办公室，设在国家体改委里。到各省市就不同了，有的在体改委，有的在城建委。有的有机构，调查研究、规划方案、公积金管理、政策法规、组织宣传，房改进行得有声有色，井然有序；而有的则真的只有一个办公室，开开会，打印文件，照念照抄照转。到各地市（县）就更不同了，有的房改办公室有工作人员，但多数是兼职的，有的还只有块牌子。我们实地调查过一个市，房改办公室的同志都是兼职的，房改领导小组建了，还没有开过会，他们起草的文件印了，但都还没有讨论过。有的单位，不要说房租还没有提过，住在单位大院里的职工及其家属连自来水费和电费还都是由单位交的。

深化房改是一场硬仗，现在到了要转换机制的关键阶段，自上而下地把具有权威性、强有力的房改工作机构建立起来，真正运作起来，才能把这个世纪性的难题解决好。当前，首先要把三大市和35个房改试点城市以及地级以上约200多个中等城市的房改机构建立好（这是房改的实际操作机构），做好组织准备，这是深化房改、建立住房新体制的必要条件。

四 实现向新住房体制转变的步骤和主要措施

（十二）要深化房改，要实现向与社会主义市场经济体制相适应的住房新制度转变，现在第一位的工作，就是要选择一个恰当的时机，停止福利分房，终止新人新房进入旧体制。从此以后，实行一段新人新办法、老人老办法，待各种善后工作处理好，两种办法就可并轨实行统一的住房新制度。

经过十多年的房改，已经准备了各方面的条件，现在到了果断终止旧体制继续运行的时候了。从各地房改的实践看，无论提租也好，出售公房也好，如果不确定一个住房旧体制运行的界限，新建的住房继续不断地进入旧体制，新体制就建立不起来。我们调查过湖南的常德市、娄底市和福建的厦门市、泉州市以及其他一些城市的情况，有的公有住房已经出售90%，但干部和职工还在等着公家的福利分房。无房的人等着分房，房少的等着增加房，房差的等着分好房，政府和单位的包袱仍然放不下来。旧体制还在照旧运作着，住房市场建立不起来。

停止福利分房，终止住房旧体制的运作，这是件涉及千万人切身利益的大事（有些职工正等着分房），涉及建立住房新体制的开头，一定要严肃、认真地做好。

第一，要由国务院正式作出决定，具有权威性。

第二，全国要统一步调。今年4月沈阳市作出了终止住房实物分配体制，实行新房新制度的决定。这是带了一个好头。但全国各地也要适时实行，如果各地拖得太久，就会出现像烟台市等搞提租给补贴那样，孤军不能深入而遭挫折。

第三，要选择好适当的时机，全国统一实行。如1997年1月1日，或者是1997年7月1日。如果能同下一次工资改革同时进行，则更好了。房改本身是一项大的德政，选在我们党的十五大开会前或会后，也是适当的。

第四，停止福利分房，终止住房旧体制的运行以后，要做好一系列后续工作，新的住房制度才能逐步建立和运行起来。主要有以下几个方面：

①处理好住在公有住房里的职工群众同政府、单位的关系；②处理好在单位里工作多年但还未分到住房的职工，以及未来新进单位职工的住房问题；③建设好新的住房制度运作的基本条件；④处理好新旧体制间的衔接工作，建房不能停，房产市场不能停，住房公积金照常收……要在运行中做好新旧体制的更替，这要靠各地各市的房改机构的运筹安排。

（十三）妥善处理好政府、单位与住公房的职工的关系，并使这些职工在住房问题上与单位顺当脱钩，这是实现住房制度改革的最重要环节，这个问题处理好了，房改就成功了一半。1994 年，全国各类国有单位职工共10890 万人①，国有单位离退休职工 2249 万人，两项合计共 13139 万人，如平均每户以双职工计（大部分是双职工，虽有部分单身职工，但可与部分每户有 3 人以上的离退休者家庭冲抵），则有 6569.5 万户。现在国有各类公有住房 30 多亿平方米。1994 年，京、津、沪三大市平均每户住房建筑面积为 61.24 平方米，由此推算，则有 74.57% 的职工住公有房。当然，各个城市、各个单位不同，有的比例还大些，有的要小些，这只是个平均数，但有近 75% 的国有单位职工住公有房，这是个基本事实。

过去的住房制度，一般是按职位高低、级别高低、工龄长短来分配住房的。在大多数单位里，通常的情况是，职位高、级别高、工龄长的职工住房大一些、好一些，其他职工则依上述三项标准，住房条件依次递降。当然，在有些单位里，有少数人，通过各种途径，多占了住房，占了好的住房，这就是一些以权谋私、以权谋房者，职工群众最不满意的是这种现象。至于在城市与城市之间、单位与单位之间，同类职工住房条件有很大差别，这也是客观存在的。不过，从各方面的调查材料看，大多数单位里的住房虽不宽裕，但分配状况基本上相对合理。特别是在教育、科研等事业单位里，领导干部，大学校长、副校长同普通职工一样只住三间房的并不在少数，这也是个基本事实。

从这两个基本事实出发，制定住房改革的基本政策，解决好将近 75% 职工的住房问题，得到他们的认同和支持，房改就能顺利进行，新的住房制度就不难建立。

以往提高房租为什么推不开？因为那是要把已经给职工群众的福利收一些回来。"是从个人（职工）腰包里掏钱"，这一般是不容易做到的。看看现在的欧洲福利国家，财政顶不住了，提出要减少一些福利，结果触犯

---

① 国家统计局编《中国统计年鉴·1995》，北京：中国统计出版社，1995 年 8 月，第 94 页。

众怒，闹得满城风雨，社会不宁，就知道这是件难以办到的事，所以不成功。

后来搞出售公房，几次都以形成低价卖房浪潮而告终。几经周折，现在售房比较顺了，但也有些城市推不开。如南京市，据我们调查，直到今年 3 月公房还卖不动。多数人说"买房不如租房（便宜）"；有人说，买房是买个维修权；也有人说，不买怕吃亏，买了怕后患无穷（没人管维修）。以前出售公房，买卖双方交换的权利界限不清，卖方总有人说卖价太低了，公家有损失；买方觉着买不买一样，并未得到什么，还有人说是上当吃亏。

这次深化住房制度改革，目标是建立住房新体制。在新体制下，职工和居民住房自有率要占较大的比例，这是世界各国经历了多年实践和反复后的大趋势。对于近 75% 住公有房的职工来说，是买房还是继续租房，完全由个人及其家庭根据自身的条件和愿望，由自己做主。不过买房也好，租房也好，都要遵循社会主义市场经济的原则。总体而言，应该鼓励职工积极买房，各地实践的经验表明，只要把卖房后的条件定得合理、讲清楚，愿意买房的职工还是占多数。①

（十四）关于公房出售。住房是商品，公房的售与买，也同其他商品的市场交易一样，本质上是权利的转移。就国家和单位而言，是把已经分配出去但仍有名义的所有权、处置权的住房以优惠的价格卖给职工，实际是对过去工资中未完全含住房消费的补偿，给了优惠，② 同时也了结了同买房职工在住房问题上的关系。

就职工而言，付给了单位相应的房款以后，就得到了原来住房的占有、使用、收益、处置等权利，可以自己居住，也可以出售、出租、抵押、继承、馈赠或经营收益，即得到自己可以全权处置的产权。

以往的售房和买房之所以不怎么成功，就是因为双方的权利和义务不明确，产权不明晰，拖泥带水、藕断丝连。这次售房以后，就要明晰产权，买了房就是职工自有的。这样做，从长远看，既能减轻国家的负担，单位也能放下包袱，多数单位以后就不再管住房了，职工成为住房的主人，以后职工要增房减房，找市场不再找单位。职工自己有了房产，不仅可以使

---

① 本自然段最后一句原手稿中没有，现根据《中国社会结构与社会建设》（陆学艺著，北京：中国社会科学出版社，2013 年 8 月）第 28 页补充。——编者注

② "实际是对过去工资中未完全含住房消费的补偿，给了优惠"一句原手稿中没有，现根据《中国社会结构与社会建设》（陆学艺著，北京：中国社会科学出版社，2013 年 8 月）第 28 页补充。——编者注

用，而且可以保值增值，有了安身立命之所，"有恒产者有恒心"，也有利于社会稳定。

首先，关于售房价格。这是房改中争论最大、最难把握的问题，也是房改成功与否的关键之一。[①] 公有住房要出售，要买断，将来要能交换流通，要实现住房商品化，这已经争论不多了。那么，到底以什么样的价格出售是合理的呢？

有一些论者说，这些住房是国有资产，应该以市场价，至少要以成本价出售，否则就是低价出售，就是国有资产流失。

另一些论者说，几十年的计划经济一直实行的是低工资，低工资里并没有含买房的钱，现在的公房就是用应发而没有发的那部分钱盖起来的。例如一个工厂、矿山，原来是块白地，开始只有工棚，经过干部和职工群众几十年艰苦创业，工厂建起来了，生产了，上交了税利。住房也建起来了，这住房不也是干部职工劳动创造的吗？房改，要职工住房者再交钱买房，这合理吗？

有的论者说，俄罗斯1991年改革，政府一个法令，对干部职工的住房，在标准以内的，全部无偿归个人了。可以自用，可以出售、抵押、继承、经营，等等。我们同是计划经济下的住房，为什么我们房改还要职工自己出钱呢？

有人还提出了还房于民的要求，撰文发表在报刊上。

也有人说，同工龄的两个工人（或干部），一个有公房住，一个由于各种原因没有住上公房。前者享受了长期低房租的利益，现在又低价买房；后者以前的福利没有享受到，房改后还要以市场价买房，这是双倍的不合理。

住房制度改革，是要从原来计划经济条件下的住房体制转变为社会主义市场经济条件下的住房新体制，通过房改要了结几十年国家与单位、国家与个人、单位与单位、单位与个人、个人与个人之间在住房问题上的各种利益关系。房改既是经济体制的改革，也是社会利益关系的调整，单从经济上考虑，单算经济账，肯定是算不清的；解决住房问题，还必须考虑国家的整体长远利益，考虑社会各阶层的利益平衡，兼顾单位和个人的权益，所以一定要算政治账、社会账。在房改中，一定要提倡从国家发展、

---

① "也是房改成功与否的关键之一"一句原手稿中没有，现根据《中国社会结构与社会建设》（陆学艺著，北京：中国社会科学出版社，2013年8月）第28页补充。——编者注

社会安定的大局出发，调整各方面的利益关系，做到社会公平、基本合理。

从国家方面来说，有关部门要克服"放包袱"的观念，也要克服想通过房改回收资金的观念，更要克服既想把包袱放下，又想回收资金的观念。打个比喻，有人背了个大包袱，再往前走实在背不动了，想放包袱，轻装前进。但又一想，这包袱里有金银财物，很值钱，又舍不得放了，只好继续背着，路却无力再走了。高明的战略是，把包袱放下，阔步前进，而且包袱里的"金银财物"，不还都在国家里吗？[①]

我国改革开放 10 多年的实践证明，改革是要有成本的，任何一项改革的成功，都要付出相应的经济和社会代价。国外也有类似的实践，东欧、独联体诸国的房改，基本上是无偿地把公有住房转为居民自有了；英国 20世纪 80 年代初搞房改，把政府所有的住房，只作价 1/3 卖给个人了，但他们同时也把政府每年在住房方面的大量财政开支大幅度减少了。

我国现有的 30 亿平方米的公有住房，是一笔巨大的财富，也是一个巨大的包袱。通过房改把这个包袱放下来，还给社会，还给职工、群众，交给市场。回收的资金，用于建房（解决无房少房者的问题），用于管房（建立各种物业管理机构），用作建立新的住房体制的财政基金。据统计，1979 ~1995 年，国家用于城镇住宅的投资为 11380 亿元，加上其他方面的投入，这 16 年共建成城镇住房 25.5 亿平方米，约 4500 万套。据我们的估算，30亿平方米公房，如能以平均每平方米 400 ~ 500 元出售，可回收约 1.2 万亿 ~1.5 万亿元。再建 12 亿 ~ 15 亿平方米的新房（约 2000 多万套），解决现在无房、缺房职工的问题。这在理论上是可能的，但实践中还会有很多具体问题要解决，有关部门要统筹调剂用好这笔资金，这是我们房改转制的本钱。

从职工、干部个人方面来说，过去实行的低工资，并不含有全部住房消费因素。但要考虑到：第一，我国和苏联、东欧国家不同，他们的职工、干部住公有房的在 85% ~ 90%（1991 年俄罗斯人均居住面积为 16.8 平方米），我们无房少房户比例大；第二，我国现在正处在现代化建设时期，国家财力有限；第三，比起无房、少房的职工，有房户已经享受了多年低房租的福利。所以，在房改中，住公有房的职工，出一部分钱把住房买下来是合理的。

---

① 本自然段最后一句原手稿中没有，现根据《中国新时期社会发展报告（1991 ~ 1995）》（陆学艺、李培林主编，沈阳：辽宁人民出版社，1997 年 8 月）第 657 页补充。——编者注

国家要根据诸方面的因素制定出售公有住房的定价原则。1992 年有关部局制定了《商品住宅价格管理暂行办法》。房改中，出售已分配出的公有住房的情况是大量存在的，应该也制定一个定价管理办法，使各地各单位定价时有个依据，让职工群众也知道定价的原因。定价办法要规定某地某单位的公房出售价格，要有一定的批准程序，以防止前些年有过的低价售房再现。新定的公房出售价格的计算办法要简明，便于职工群众明白。买卖双方的权益要界定清楚，便于将来市场交换流通，有利于实现住房商品化。

经过几年的探索实践，现在各地执行 1994 年房改决定中关于稳步出售公有住房部分的 11 项规定，逐渐已为干部和职工群众所认同，各地定的卖房价格也逐步合理，抑制了低价售房，回收了资金，也符合职工的支付能力，为群众所接受。我们调查了 10 多个城市，感到有以下几个问题。

第一，目前售房时并行着三种价格：市场价、成本价和标准价。市场价主要指房地产公司出售的商品房价格，只有少数人买得起。在出售已住用公房时主要实行成本价、标准价。现在多数中小城市，成本价和标准价已经相当接近，而且标准价是反向定价（依买者的能力来定的），计算很复杂，外行人算不清，内行人说不清。所以我们建议二价归一，以后售房，都执行成本价。

第二，目前售房时，除按成新计算折扣外，对买者实行三项优惠，即工龄折扣、买已住房折扣和一次性付款折扣。这是基本合理的，但七算八算把政府对买房者实行优惠，以补偿以前低工资中未含买房因素的实质模糊了。所以在取消标准价之后，要强调工龄折扣部分，如每 1 年工龄可直接给 0.6% ~ 0.8% 的折扣，工龄越长，贡献越多，折扣越大，补偿也越多。国家还可规定，对离休干部、职工，对过去在革命战争和社会主义建设中有特殊贡献者、因公致残者、烈属等在售房时给予更多的优惠，明确这是国家对过去有贡献人员的补偿。[①]

第三，以前标准价售房，只给部分产权，双方权益界限不清，对以后住房流通不利，所以要做好两价的衔接工作，要由已买房者补交标准价和成本价的差额，以取得所买住房的全部产权。

其次，关于售房数量和标准。1994 年颁发的国务院房改决定第 18 条规定："职工按成本价或标准价购买公有住房，每个家庭只享受一次，购房的数量必须严格按照国家和各级人民政府规定的分配住房的控制标准执行，超过标准部分，一律执行市场价。"这个规定是合理正确的。从各地方单位的情况看，绝大多数职工住用的公房都在规定的控制标准以内，少数职工略有超过，极少数干部和特殊职工由于各种原因，有多占多住公房超过标准1倍乃至几倍的，这是不公平的，也是群众最有意见的，要在房改中解决好。在房改之前，需要对现有住房进行清查登记。厦门市把全市职工和居民的住房情况统一输入计算机，以便查检。这一做法比较有效，可以推广。这样可以避免在房改中一户占用几套或作弊的情况发生。①

第一，各单位在出售公有住房时，要按上述房改决定第18条执行。但现在的住房多数是单元套房，具有不可分割性，刚巧符合标准数的不多。各单位在实际执行时，可根据本单位的房情和多数群众意见，并得到上级房改部门的批准，规定一个上下略有浮动的比例，如10%。职工在买房时，原有住房在标准浮动范围以内的，均按成本价购置；如不足标准部分超过浮动比例，则单位应作相应补偿；如原住房超过标准和浮动比例，那么超过部分，就要按市场价付款。

第二，对于干部、职工过去占用超过标准1倍或占用几套、几处房的，单位弄清事实后，则应在这次房改中对多占用部分予以收回。

第三，房改决定明确职工按成本价或标准价购置公有住房，每个家庭只能享受一次。在房改中，一个职工家庭以成本价买了一次房，也就是已经享受了国家的优惠，了结了这个职工家庭在住房问题上同国家的关系。所以，在买房之后，这个干部、职工不论是职务升迁，还是工作调动，都不能再以成本价买第二次房。再买房，就要按市场价计算。

第四，现在已经发现有的干部、职工，在房改中通过各种关系和渠道，多次多处以成本价购买公有住房，这是不合理的，是不正之风，群众对此类现象意见很大。应由纪检、监察部门予以查处。上海市已经制定了处以上干部要申报住房占用情况的规定，这是防止这类现象发生的积极措施。有关部门应该制定房改纪律，要求干部、职工遵守执行，以保证房改工作的顺利进行。

---

① 自"在房改之前……"至本自然段结束部分原手稿中没有，现根据《中国新时期社会发展报告（1991~1995）》（陆学艺、李培林主编，沈阳：辽宁人民出版社，1997年8月）第660页补充。——编者注

（十五）关于租房和房租。在75%已住用公房的职工中，选择买房的是多数，但总有一部分人还选择继续租用公有住房，另外还有一些大的事业单位，如大学、特殊的研究院所，有一些住房楼是不宜也不能出售的，住在这里的职工，还得继续租住。

住房租金也要加快改革的步伐。第一个目标是要逐步达到成本租金，然后再向市场租金过渡。住房租金的改革，要同售房的进度基本保持一致。如提租进程过慢，就会出现卖房不如租房合算的情况，影响一部分人买房的积极性，于整个房改不利。

现在有两种提租的办法，一种是小步提租，不补贴。如北京，今年房租已提到每平方米1.3元，明年提高到每平方米1.8元，但不给补贴。另一种是提租发补贴，原来烟台等市就是采用这种办法。

现在还有人在主张提高房租，并使之达到成本租金的水平。如月租金每平方米12～13元，一套普通两居室（42平方米使用面积）的住房月租金为550元，同时给职工每月发原工资的20%～30%作为补贴，约每个职工每月补250元，双职工共500元。这样，就职工而言只要支付每月50元租金，同现在实际的房租相同；从国家和单位来说，一手把补贴发出去，一手又把大部分补贴收回来了。但这样一来，原来通过分配实物（住房）的暗补（据计算1994年国家和单位平均暗补每个职工925元）可以变为明补；原来只补贴给住公房的职工，约有25%的未住公房者没有得到，现在是每个职工都补到了，比较公平。这样有利于补足工资中应含的住房消费部分，以便于单位在住房问题上和职工脱钩，也有利于促进售房。这个方案有一定的代表性，世界银行的专家报告也有这种提租补贴的建议。

我们认为，这个方案从宏观上看是合理的，但在实际执行中，难题太多，不易操作。因为中国各地各单位的情况差别很大，特别是现在有许多企事业单位经济情况很不好，有的连工资都不能按时发，这样大额的补贴是很难筹措和发放的。所以，我们还是建议，采用北京等地提租不补贴的办法，但要研究如何同售房进度协调，现在买房的职工越来越多，应该加大提租改革的力度，否则房租过低会使买房者感到吃亏，等待观望，不利于整个住房制度改革的顺利进行。

（十六）关于对未住公有住房的职工实行补偿的问题。宣布停止福利分房之后，约近75%已住用公房的职工或买房或继续租房，他们在住房问题上的利益得到了妥善解决，还有25%的人怎么办（各单位比例不同，有的少些，有的还多些）？据我们调查，多数单位是按工龄作为分房的主要依据的，所以这些未住公房的职工，大多数是 30 岁上下的年轻职工，他们都在企事业单位的第一线劳动、工作，他们对于住房的要求都很迫切，或等着结婚，或等着有房子生孩子、养育后代。他们对福利分房期望也很高，但这些职工工资收入一般又不高。所以，对这类职工的住房问题要有个解决方案，使他们的利益事先有个安排，并且有个明确的说法，早出"安民告示"。这样做至关重要，有利于社会安定，也有利于这些单位的生产和工作，否则会引发社会问题。

我们研究，对这类职工的住房问题，有三种解决办法。

第一，对未住公有住房，单位按本地区或本系统的有关条例确认为无房户的职工，在实行停止福利分房的改革中，可根据职工的工龄（算到停止福利分房的年月止），每一年发给 1 平方米的有偿住房券，作为对他过去为国家劳动贡献而未享受住房福利的补偿。如果是双职工，都是 20 年工龄的，则可领取 40 平方米的住房券。以后这位职工在本单位住房公司（或社会上的住房公司）买房时，每平方米住房券可抵交 1 平方米的房价，各地区各单位可根据各自未来住房建设的情况，作出在若干年内可以兑现的承诺。

作出这种补偿的根据是，过去在计划经济条件下，发给职工的工资并未含购房费用（或租房费用），这部分费用留在国家手中，用以建房，再以无偿分配的方式分给职工居住，有部分职工未享受这部分福利，应在房改中发给住房券作为补偿。我们现有 30 亿平方米的公有住房，1994 年全国有 13139 万在职职工和离退休职工，工龄长的有 40 年、50 多年的，最少的是 1 年，平均以 20 年计，每年工龄约为 1.14 平方米。考虑到还有其他方面的因素，每年补 1 平方米是合适的。做了这样的补偿之后，也就了结了单位和职工在住房问题上的关系。

这种补偿方式，在有些独联体国家是这样做的，如哈萨克斯坦，1991年实行房改时，每个职工一年工龄可领取 400 库邦，职工可用库邦抵交购房款。一个有 21 年工龄的职工，用分得的库邦，可购买 27 平方米住房，超过部分要自己用卢布支付。

第二，运用上述补偿的原则，有同志建议，不补实物而补货币。据计算，1994 年国家通过暗补给每个职工在住房项目上的开支是 925 元，所以各地各单位在实行停止福利分房改革时，可根据各自的财力等情况，给无房职工每年工龄 1000 元左右的货币补偿。这钱不是现金，而是有价证明，不能在市场上流通，而是作为将来购房时抵交部分的凭证。单位对无房户职工做了货币补偿后，也就了断了单位与这些职工在住房问题上的关系。

第三，单位在停止福利分房时可宣布，无房职工将来从单位住房公司（或社会住房公司）购房时，仍可享受工龄折扣的优惠，即新购住房时，停止福利分房前的工龄仍按原来每年工龄 0.6%～0.8% 的折扣计算，所需金额由原管房单位补给。

第三种办法比较简单，容易同原来的售房方式衔接，但在未买房前，单位和这部分职工在住房问题上的关系仍未了结，时间会拖得较长。前两种办法给无房职工有明显优惠，比较干脆，一次就了结了单位和个人之间的关系，有利于新体制的运行。但不管用何种办法，对无房职工一定要做好公平合理的补偿，了结好单位与职工个人在住房问题上的关系，从此单位和个人在住房问题上就可脱钩。

（十七）实行新人新办法。凡是在终止福利分房后新参加工作的职工，单位原则上不再负责解决他们的住房问题，而是由他们自己通过市场来解决。过去政府、单位用于解决职工住房方面的各项支出，通过明补办法，全部纳入工资。纳入工资的办法有两种：一种是把它全部发给个人，另一种是通过公积金的办法，把它归入个人名下的同时，以公积金的形式存入个人公积金账户。第二种办法目前看更好一些，它有利于筹集建房资金，可以避免建房资金流失，也有利于政府宏观调控，不至于因为把原来暗贴在住房上的钱纳入工资后对宏观经济秩序造成较大的冲击。

新参加工作的职工通过市场买房或租房，在目前工资还比较低、市场房价又特别高（尤其是几个大中城市的房价过高）的情况下，要买房或租房都相当困难，所以在现阶段要有一些过渡的办法。要研究这部分职工买一套 56 平方米的住房的价格和其平均年收入比不超过 6∶1 的范围。就是说，要设法把市场房价调控到这个范围里，并通过银行系统采取抵押贷款等形式，使新职工能住上房。对租房的新职工，通过对市场的调控，使住一套两居室的住房，房租支出不超过其收入的 15%。各地区要根据各地的房情和职工收入水平，制定一些具体的过渡办法。①

（十八）建立住房开发经营管理公司，作为向建立适应社会主义市场经济体制要求的新的城镇住房制度过渡的一个中介。停止福利分房之后，出售公有住房的资金谁来管理？继续租住公房的租金谁收？出售给职工自有

---

① 以上 2 个自然段原手稿没有，现根据《中国新时期社会发展报告（1991～1995）》（陆学艺、李培林主编，沈阳：辽宁人民出版社，1997 年 8 月）第 664～665 页补入。——编者注

的住房和余下的公有住房谁来维修、管理？发给未占用公房职工的住房券谁来兑现？今后单位里新调进来的职工的住房谁来帮助解决？今后单位里职工的职务变更了，人口增加了，要求增加、更换住房找谁来解决？显然，这些问题一下子马上交给市场是不现实的。有条件的单位和系统成立住房开发经营管理公司作为过渡形式是比较现实的。1986 年常州市作为试点城市时就提出了成立这类公司作为过渡的具体方案。以后，有些地区和单位试验过，已经有了成功的典型，如天津重型机器厂等单位。

具有建房、分房、管房职能的单位，如中央和省的部委局机关、大中型企事业单位，都可以建立住房开发经营管理公司，有些可以按系统成立，如某市某区的文化、教育、卫生系统，也可建立系统的住房开发经营管理公司。

住房开发经营管理公司实行股份制，单位可把现有的房产部门的资财折价作股转给公司，公司实行独立核算，自负盈亏，原单位是公司的最大股东，但公司是法人，对外挂牌营业，独立经营。住房开发经营管理公司开头若干年的职责是：（1）负责处理了结单位和职工之间在住房问题上的关系，解决好历史遗留问题；（2）组织好公有住房出售给职工后的维修管理，组织物业公司进行专管；（3）管理好未出售公房的续租和出租工作，并进行房租改革，收管房租；（4）开展集资建房、售房和租房等业务活动；（5）负责安排在停止福利分房后进单位来的新职工按新办法购买和承租住房。①

住房开发经营管理公司成立后，单位把关于住房问题上的权利和责任都移交给公司，单位不再承担解决职工住房的职能，职工有住房问题直接找公司，不再找单位领导。

经过若干年，公司把单位与职工在住房上的历史遗留问题解决完了，社会上房地产市场也逐步建立起来了，公司就可逐步与原单位脱钩，原单位也可把原来控制的股份交给有关的国有资产管理机构，公司则融入全市、全地区的房地产企业，成为真正独立的房地产开发经营管理公司，实现社会化、市场化经营。

（十九）积极而稳妥地组建住房市场。据《中国统计年鉴》统计，1994年全国有房地产开发企业 24372 家，从业人员 66 万人，竣工房屋 11637 平

---

① 第（5）小点的内容原手稿没有，现根据《中国新时期社会发展报告（1991～1995）》（陆学艺、李培林主编，沈阳：辽宁人民出版社，1997 年 8 月）第 666 页补入。——编者注

方米，实际销售商品房 7230 万平方米，其中住宅 6118 万平方米，销售住宅总额为 730.5 亿元。[①] 初看，这是个很大的数目，但这些房地产公司多数是在 1992 年以后开设的，它们建的住房，多数是卖给单位的，直接销售给个人的商品住房是极少数，且多属高档住房，房价也高得惊人。

直接为普通职工和居民服务的房地产市场还没有形成。房改亟须进一步深化，特别是在宣布终止福利分房之后，就迫切需要这种房地产市场了。要组建一批不仅经营销售新建住房而且经管买卖旧有住房的公司，做城镇居民买卖住房以及出租和承租住房的中介。前几批房改中出售给职工和居民的公有住房，按一般规定，住用 5 年后可以依法进入市场，可以出售、出租，现在将陆续满 5 年期了，要有市场、要有公司、要有中介组织来实现这种卖和买、出租和承租的业务。这种业务活动开展起来，规模将是很大的，特别是在近两年及今后公有住房大批出售并满 5 年期后，这类业务将会更多，所以将有大批的住房公司和中介组织应运而生。上述单位组建的住房开发经营管理公司和各地各市原房产管理局及其下层机构转化的房地产公司将承担相当多的这部分业务，但这显然是不够的，所以必然还会涌现很多的住房经营公司，这将是很大的一个行业。

要形成社会主义市场经济体制的住房市场，除了有住房经营公司，还要有一系列配套的行业和环境，如金融、信贷业务、房地产的评估业务、法律公证业务等，也要相应地建立和发展起来。这个规模巨大的住房市场将要兴起，这是预料中的事。我们应该事先做好计划、组织、经济、金融、法律等方面的准备，事先规范好，使之一开场就能纳入社会主义市场经济体制和法制的轨道，避免一哄而起，无章无法，造成混乱。乱而后纠，乱而后整顿，损失就大了，这方面我们是有过教训的。

（二十）全面推行和完善住房公积金制度。1991 年上海开始实行住房公积金制度，5 年来，已取得了很大的成绩，截止到 1995 年底，已归集资金77.18 亿元，今年将超过 100 亿元；向单位和建房企业放贷 66.73 亿元，向居民购房建房放贷 6.62 亿元。实行住房公积金制度的主要功能有三项。一是有利于归集住房基金，加快住房建设的发展。上海市 20 世纪 90 年代以来每年住房建设需要资金 30 多亿元，1996 年一年就能归集 30 多亿元公积金，这在资金短缺的情况下对住房建设是一个极大的推动。二是通过政府和单

---

① 国家统计局编《中国统计年鉴·1995》，北京：中国统计出版社，1995 年 8 月，第 184、186、188 页。

位交纳另一个 5% 的住房公积金，实际就是把过去职工工资中应含而未含的住房消费部分，通过公积金的形式，部分地支付给了职工（根据各方面多年的测算，过去暗补给职工的住房消费支出约为工资的 15%～20%），这就为单位和职工了结住房问题上的关系做了准备。三是缴纳住房公积金的职工有权向公积金管理部门借贷购、建、修房的资金，有利于实现住房商品化。上海市 1995 年的个人贷款总额为 6.62 亿元，占总贷款额的 10%，还贷情况良好，所以上海今后准备大幅度增加给个人贷款部分。

1994 年第三次房改方案对上海的经验作了充分的肯定，并提出了要在全国全面推行住房公积金制度。1995 年，全国房改会议又重申了这一决定。现在，全国各地各系统都在推行这个制度，住房公积金的归集率正在大幅度提高。这对于深化住房改革，促进住房建设，向住房新体制转变确是有益的。

住房公积金制度也应在向全国推行中进一步得到完善，使之发挥更积极的作用。在现阶段要完善的方面有以下几个。①要通过各地政府和房改机构的大力推行，使公积金归集的范围尽可能扩大，因为这是建立住房新体制的一个支柱。上海 1995 年底参加公积金制度的单位有 33628 个，职工 463 万人，占职工总数的 98%。1994 年全国国有单位工资总额为 5177 亿元①，如果归集的面能达到 80%，那一年就可归集 400 多亿元的资金，对住房新体制的建立将是很大的财力支撑。②公积金的使用，一定要从严管理，以保护公积金制度的信誉，增强单位和职工缴纳住房公积金的积极性。现在已经发现，有些城市和单位有把公积金挪作他用的情况。要规定使用的原则是有利于向住房新体制的转换，而不能反过来强化旧的体制。③社会公平问题。现在公积金的运作方式是"低进低出"，即对缴纳公积金的职工实行低息，而对使用贷款的职工也实行低利率。对于既缴纳公积金，又使用贷款的职工来说，两相抵消是合理的；对于只缴纳公积金，一生中又从不使用此项贷款的职工却是在经济上吃了亏的，特别是对于那些缴纳了公积金，又买不起房的职工，他们本来就穷，这是不合理的。一项政策，既要考虑需要，又要做到合理，这样群众才会乐意接受。所以，我们建议在住房公基金管理中规定一条，对既缴纳了公积金，到退休时又始终未借用过公积金的职工，在退休返还全部公积金时，利息部分应按市场通行的银行存款利率计算发给，这样做是公平的，只有公平合理的政策才能得到多

① 国家统计局编《中国统计年鉴·1995》，北京：中国统计出版社，1995 年 8 月，第 108 页。

数人的拥护，才能持久。

（二十一）组织并建立住宅银行。住房制度改革是一项资金需求量很大的系统工程，需要财政、金融的支持和配套。随着住房改革的深化，特别是终止福利分房之后，新的住房体制要逐项建立并要实际运作，更需要住房金融的配套和服务，成立全国性的住宅银行已势在必行。各单位出售公有住房所得的资金和各单位汇集的住房公积金，这都是数以千亿元计的大笔资金，这是住房改革的本钱，需要按照国家的有关政策规范化地管好、用好。另外，住房制度的改革，必然促进住房建设的大发展，建房需要大笔资金，需要金融系统的支持并为之融资。终止福利分房后，广大职工和城镇居民要通过市场购房以解决住房问题，金融系统为居民提供国际通行的分期付款式的抵押贷款，将是实现广大居民购买自有房屋的主要形式。这样一种融资的安排可以提高居民购房的支付能力，从而使住房开发商、建房企业投在住房建设上的资金可通过向居民出售住房而顺利回收。要形成住房基金—融资建房—住房配套—购房贷款—建房款回笼—住房基金回笼这样的一种住房资金循环、周转机制。要组建的住宅银行就是实现这种资金循环周转的金融组织。所以建立住宅银行应该提到议事日程上了，组建住宅银行是非常必要的，也将是大有作为的。

（二十二）促进住房建设和建筑产业的大发展。住房制度改革的实质，是生产关系调整的一个方面。原来计划经济体制下的住房制度，束缚了住房生产力的发展，通过改革，转变成社会主义市场经济体制下新的住房制度，必将极大地推动住房建筑业的发展。1994年，全国城镇建筑企业共有25100个，从业人员1479.5万人，房屋竣工面积32383万平方米，其中住房约占70%，建筑业总产值4732亿元。[①] 对于拥有3.5亿城镇人口的大国来说，建筑业的这个规模是很不够的，不能适应广大居民群众对于住房日益增长的需要，1994年，城镇居民的人均居住面积只有7.9平方米。如果到2000年上升到32%（现在是28%），城镇人口达到4.16亿人，人均居住面积到9平方米，那还要建17亿平方米的住房，建设规模大约要比现在增大50%。这是个艰巨的任务，将会极大地推动住房建设的发展，使建筑产业像一些经济发达国家那样成为大的支柱产业。

住房体制的深化改革，将是住房建筑业大发展的契机，有关方面要规划好，抓住这个机遇，引导建筑行业健康发展，有些问题要解决好。

---

① 国家统计局编《中国统计年鉴·1995》，北京：中国统计出版社，1995年8月，第432页。

第一，在全国范围内停止福利分房之后，单位不再直接管职工居民的住房问题，不会像以前那样积极去筹措资金，张罗建房、买房，建筑企业、房地产开发企业就会失去最大的买主，而个人一时还形成不了大规模购买住房的能力，这样在新老体制交替的时候，很可能出现住房建筑业买方的大量减少，造成建筑企业、房地产开发企业的困难，有关方面事先要有所安排，以免造成损失。

第二，将来的建筑企业一定要适应住房市场发展的要求。从建筑企业的组成看，1994 年城镇的建筑企业共有 25100 个，从从业人员构成和总产值构成等方面看，国有企业和集体企业都占 99% 以上，联营企业、股份制企业、外商投资企业和私营企业都有，但这些非公有制经济加起来也不到 1%；而从技术装备水平、劳动生产率等方面看，后者却占优势。所以将来非公有制建筑企业将会有较大发展，未来的建筑行业将形成以公有经济为主体，多种所有制形式并存、共同发展的形势。

第三，将来的住房也将是多种形式的。邓小平同志就说过："农村盖房要有新设计，不要老是小四合院，要发展楼房。"① 农村盖房要有新设计，城市盖房更要有新设计，不能老是火柴盒、大塔楼、单元房。住房是亿万群众天天使用的场所，造什么样的房，怎样设计，要让住房的主人自己有发言权，不能老是我设计、你接受，我造、你住，要让居民自己有选择权。居民可以自己设计，也可以请设计师设计，自己建筑，这样将来的住房式样就会丰富多彩了。

第四，邓小平同志还说过："建房还可以鼓励公私合营或民建公助，也可以私人自己想办法。"② 通过多种途径、多种形式来解决居民的住房问题，应是我们在这方面的战略。不要都是由建筑企业造房、居民买房一种形式，也可公私联合建房，居民群众合作建房，居民自家建房。地方政府和单位要提供建房的条件，如划出一定的房基地，给予贷款和经济方面的优惠等，以充分发挥职工和居民群众在解决住房问题方面的主观能动性。真能这样做了，那么，城镇居民住房方面的这个世界性的难题，就不难解决了。诚如此，1200 多年以前伟大诗人杜甫所憧憬的"安得广厦千万间，大庇天下寒士俱欢颜"的理想，就能在我们这一代实现！

---

① 《必须把建筑业放在重要位置 城镇居民个人可以买房盖房——邓小平同志关于建筑业和住宅问题的谈话》，《人民日报》1984 年 5 月 15 日，第 1 版。

② 《必须把建筑业放在重要位置 城镇居民个人可以买房盖房——邓小平同志关于建筑业和住宅问题的谈话》，《人民日报》1984 年 5 月 15 日，第 1 版。

要像实行农村改革那样实行房改[*]

邓小平同志在改革初期,关于房改和农村实行包产到户的改革几乎是同时讲的,而且讲房改在先(1980 年 4 月 2 日),讲包产到户在后(1980 年 5 月 31 日)。^①但后来由于各种原因贯彻执行得不同,结果就很不一样。众所周知,农村自实行包产到户以后一通百通,发生了根本性的历史变化;而房改的指示直到 20 世纪 80 年代中期才传达,1987 年才开始搞住房租金的改革,10 年来也取得了很多成绩,但至今还未有根本性的转变,城镇住房制度未转到与市场经济体制相适应的轨道上。为什么?这个问题很值得研究。对比这两项改革的历程,很有意义,从中可以得到一些启示。

一 农村的土地制度和城镇的住房制度是现阶段保证我国社会稳定的最重要的社会保障制度

我们正在实现由计划经济体制向社会主义市场经济体制转变,正在构建社会主义市场经济体制的基本框架,而农村的土地制度和城镇的住房制度则是这个基本框架中的两根重要支柱。农村自实行家庭联产承包责任制,把土地的使用权交给农民以后,这 20 年,虽然几经风雨,但农业生产持续发展,农民生活逐步改善,农村社会是稳定的。因为每个农民都有土地使

---

* 本文源自作者手稿,原稿写于 1998 年 1 月 19 日。该文曾公开或非公开地摘要发表于中国社会科学院《要报(社会)》1998 年增刊第 6 期(1998 年 2 月 4 日)、《经济参考报》1998 年 2 月 10 日第 7 版、人民日报《内部参阅》1998 年第 11 期(1998 年 3 月 25 日)、《江南论坛》1998 年第 5 期(1998 年 5 月 15 日),发表时内容有删改。《人民日报》1998 年 4 月 6 日第 9 版以"优惠卖公房理所应当"为题摘要发表了该文部分内容。本文依据作者原手稿整理。——编者注

① 参见《邓小平年谱·1975~1997》(上),北京:中央文献出版社,2004 年 7 月,第 614~615 页;《邓小平文选》第 2 卷,北京:人民出版社,1994 年 10 月,第 315 页。——编者注

用权，即使遇到像外出打工、经商失败等挫折，他还可以回家种田，基本生活有保障，不会发生太大的问题。

城镇职工和居民就不同了。长期以来，我国实行的是高就业、高福利、低工资制，一直到现在，除小部分城镇居民先富起来之外，大部分职工和居民生活虽有改善，但并不富裕，家底还很薄，除了有一点家具、家电、家用衣物外，别无所有，真可称得上是"无产阶级"。正常情况下，他们靠工资维持日常生活，遇到企业破产、机构精简、优化下岗、工资减发停发，全家生活马上就大成问题。参照农村改革的经验，通过房改，使 70% 的城镇职工拥有自己的住房，大部分职工就有了安身立命的基础，遇到经济波折，就有了回旋余地。可以这样说，当今中国，在农村把每人一亩半田的土地制度稳定好，农村就基本安定了；在城镇通过改革，把每家一间半房（一套单元房）的住房制度调适好，城镇社会就基本安定了。这是两项最大的社会保障，在这个基础上，许多改革和发展的文章就可充分展开了。

二　农村改革的一条基本经验：改革要使大多数群众获得实际的利益。这样才能得到大多数群众的真心拥护，改革才能比较顺利地进行

农村改革把土地使用权分给农民，使农民得到自主权和实惠，所以农村改革就进行得比较顺。而城市改革则比较艰难，一波三折。为什么？恐怕在设计思路上有问题，总想通过改革从群众那里先拿一点，如教育改革、医疗改革、养老保险等，都是要从群众那里先拿一点，结果遭到了群众的抵制，进展就难了。中国古代的政治家总结过两条经验很值得注意，一条叫"不与民争利"，另一条叫"先予后取"，"将欲取之，必先予之"。农村改革运用这两条很成功，先让了一步，把收起来的土地使用权给了农民，结果调动了农民的生产积极性，大量农产品生产出来了，社会发展稳定了，农民得利了，国家从农村得到了比以前多得多的利益。

城镇住房制度改革要运用农村改革的这条基本经验。国家和单位要下决心把现有的名为公有、实已私用的公房中的绝大部分，以成本价并按工龄打折扣等优惠形式卖给职工，使绝大多数职工拥有自己的住房，实现居者有其屋。做到了这一条，大约可以使 70% 以上的职工得到实惠。有了这个基础，房改的其他方面，诸如提租，诸如住房商品化、市场化、社会化等就可以顺利进行了。

说到把公房卖给职工，意见就多了，近十年来一直争论反复了好几次，卖了又收，卖了又停，至今还莫衷一是。争论主要有两点。

其一，把公有住房卖给个人，这不是住房私有化吗？正是，住房是和彩电、冰箱一样的消费品。生活资料私有，同生产资料私有是两件事。实现住房私有化，符合马克思主义的原则。君不见，还是在"文化大革命"中，北京各部委单位几个月就实现了家具私有化，结果才有了今天的家具商品化、市场化和社会化，才有了这许多的家具厂、这许多的家具大世界、这许多的称心如意的新家具。

其二，把公房卖给个人，这不是化公为私、国有资产流失吗？不是。第一，现在的公有住房是怎么来的？我国从 20 世纪 50 年代初期实行计划经济体制以来，长期实行低工资制，工资中基本未含住房消费这一块，国家把工资中的住房消费这一部分作了隐性扣除，拿去造了房子再分给干部职工。把公有住房的来源弄清楚了，可以发现，工龄越长的同志，沉淀在公有住房中的份额越多，所以按工龄打折扣买房就是合理的。第二，从现实看，现在所谓公有住房实际都是职工私住的，对国家和单位来说不仅不是有收益的资产，而且，所收的低房租还不够管理和维修的费用，每年还要付数十亿元的补贴。把名有实无的公房作价卖给个人，实际是卸了大包袱。正像农村中原来集体所有、集体经营的土地一样，把使用权分了，好像后退了一步，实际是前进了。正所谓"后退一步天地宽"。

三　牵牛要牵牛鼻子，改革要抓住关键环节

农村改革从一开始就抓住把土地使用权分给农民这个关键，所以一通百通，以后进行的改革就比较顺了。城镇住房改革的关键是什么？城镇住房改革通过几年摸索，大家已经看得很清楚，房改关键是停止无偿福利分房。

这些年我们进行了提房租给补贴、折价卖房、提取住房公积金、合作建房、建设安居工程等，花了很大力气，取得了很好的成绩。但所有这些都只是打外围战，并未改变原有的城镇住房制度的格局。

不停止无偿福利分房，旧的住房体制的核心部分未变，新的住房制度建不起来，住房商品化、市场化、社会化的目标实现不了。

不停止无偿福利分房，新房不断进入旧体制，既增加国家负担，也增加房改难度，加大了房改的成本。

不停止无偿福利分房，还是由建筑单位建房，国家行政事业、企业单位买房分房，而单位买房并不在意房价的高低，只要能够筹集到经费，只要单位里要房的职工呼声高，你 2000 元一平方米也好、5000 元一平方米也好，他都要买。这样，住房这个商品的价格就不是真正由市场供需关系决定，商品房价偏高、偏低的问题就解决不了。

不停止无偿福利分房，广大干部和职工中无房的等着分房，有房的还等着分大房、好房。既然可以无代价分房，何必要花大笔的钱去买还要自己操心维修的商品房？广大职工的资金就涌去买汽车、家电、其他消费品了。商品房市场也就没有了最主要的顾客，商品房市场就形成不了。

不停止无偿福利分房，房改的关键一步没有迈开，就只能在原地打转，商品房市场就活不起来。所以，国家提出要把住房建设作为新的经济增长点已经一年半了，住房建筑业总是兴旺不起来。为什么？不是住房已经多得饱和了，也不是职工群众都无力购买住房，而是他们在等着分房。不断然停止无偿福利分房，住房商品市场就火不起来，住房建设这个新的经济增长点就长不起来。

四　房改同农村实行联产计酬责任制一样，关系到所有城镇居民的切身利益，涉及许多部门和单位的利益和关系。要改革旧体制，创立新的住房体制，需要一个具有权威性的领导机构实际运作，才能顺利进行

在农村改革初期，中央关于农村要改革的方针定了，广大农民要求改革的积极性很高，包产到户、包干到户等好形式在实践中创造出来了。但这是涉及农村人民公社根本制度的改革，上至部长、书记，下至支部书记、大队长，有的出于认识问题，有的出于本部门、本单位或自身的利益关系，不予支持甚至阻挠这个改革，一时议论纷纷，矛盾重重。群众说"下面改，上面放，中间有个顶门杠"，改革出现了中间梗阻。幸好有邓小平同志的有力支持，有万里同志领导的农委和后来的农村政策研究室的实际领导，调查研究，化解矛盾，统筹规划，组织协调，一年一次工作会议，一年一个中央一号文件，三年工夫，家庭联产承包责任制就在全国实行了。

城镇住房制度改革涉及 3.5 亿城镇居民的切身利益，涉及计划、财政、金融、城建、国有资产管理、规划、土地等部门的利益和关系，涉及几百万个行政、企事业单位同广大职工的利益格局，需要有一个中央领导直接

支持的权威性的实际工作机构来实际操作。例如前面讲到的要停止无偿福利分房，这着棋是非下不可了。选择什么时候停止？在什么时候宣布此项决策比较合适？如何对广大职工解释清楚这样做的原因，以及停止无偿福利分房以后的一系列工作安排？新的住房商品市场如何启动？住房建设这个新的经济增长点如何培育？都要由这个工作机构去做。

城镇住房制度改革是一件大事，事关国家社会长治久安和现阶段经济持续健康发展的大局，给予更多关注，投入更多的人力物力，把这件大事办好，是很有必要的。

深化房改和加快房建需要把握好的
几个重点[*]

深化城镇住房制度改革和加快住房建设，是建立社会主义市场经济体制的迫切要求，是保持国民经济持续快速健康发展的需要。根据当前实际，深化城镇住房制度改革的指导思想应该是：稳步推进住房商品化、社会化、市场化进程，逐步建立适应社会主义市场经济体制要求和我国国情的城镇住房新制度，加快住房建设，促使住宅业成为新的经济增长点，不断满足城镇居民日益增长的住房需求。为此，要注意把握好以下几个重点。

一是改革城镇住房分配体制。停止住房实物分配，逐步实行住房分配货币化，是城镇住房制度改革的核心。这是住房分配制度的一个重大变革，尽管有很多困难，但这一步非走不可。对现有住房要继续积极推进租金改革，促进公房销售，但提租要考虑同增加工资性补贴相结合；现有住房出售要考虑有利于推行新的售房政策，绝不能低价售房甚至半卖半送。这样做有利于保持政策的连续性、稳定性，减少社会震动，也有利于减轻国家、企业的负担，集中有限财力，迅速扩大对新建住房的需求，推进住房建设。

二是建立新的住房供应体系，大力发展经济适用住房。建设新的住房供应体系，是深化城镇住房制度改革和加快住房建设的重要保证。停止住房实物分配以后，国家和单位从住房建设和供应中逐步解脱出来，国家将对全社会住房建设进行宏观调控，引导市场满足不同收入群体对住房的需求，形成多层次的住房供应体系：对高收入家庭提供档次较高的商品住房，实行市场价，由市场供需进行调节；对中低收入家庭提供经济适用的商品住房，实行政府指导价，并根据当地居民收入水平规定建设标准；对最低收入家庭由政府提供廉租住房，主要从腾空的旧公有住房中调剂解决，租

* 本文原载《改革纵横》1998 年第 8 期，第 1 页，发表时间：1998 年 8 月 5 日。——编者注

金实行政府定价。建立新的城镇住房供应体系，重点是大力发展经济适用住房。要努力提高住房投资中用于经济适用住房投资的比重，加快经济适用住房的开发建设和供应。要采取适当措施，清理不合理收费，控制开发利润，尽可能降低经济适用住房的售价。要搞好住房的销售服务、物业管理和维护维修，为住户提供良好的居住环境。

三是扩大住房金融服务，促进住房商品化。发展住房金融服务是住房商品化的必要条件。停止住房实物分配以后，即使利用住房公积金和发放住房补贴，大多数居民一次全部支付购房款也有困难。因此，银行要为购买经济适用住房的职工提供个人住房抵押贷款，帮助职工购房，职工用未来的收入逐步偿还。这样才能推进住房分配货币化的进程。应取消对个人住房抵押贷款的规模限制，适当放宽贷款期限。伴随城镇住房制度改革，我国住房建设的投融资渠道也将发生重大变化。国家和单位过去用于建房的资金将主要作为职工的购房补贴，不再直接用于住房建设。长期以来，我国金融业的贷款投放几乎都集中在生产供给环节，很少直接面向消费需求环节。在我国大多数商品已经由卖方市场转为买方市场的条件下，扩大住房消费贷款，并由此促进居民消费信贷的发展，有利于产销良性循环，也有利于改善宏观调控。这既是住房制度改革的需要，也是深化金融体制改革的重要内容。

四是有步骤地培育和规范住房交易市场。健康的住房交易市场是住房商品化的重要组成部分。培育住房交易市场有利于住房资产流动，充分利用现有资源，满足人们不断变化的住房要求，促进住房产业的发展。居民用市场价格购买的商品房，可以直接进入住房交易市场。但是，职工以优惠价格或在单位补贴帮助下购买的公有住房如何进入市场，情况比较复杂。由于土地升值和级差地租，这些住房出售会出现高额的土地收益。如果这部分收入流入到个人手里，会造成国有资产严重流失和收入分配不公，引起群众不满。因此这部分市场的开放，必须采取积极、慎重、稳妥的方针。要在试点的基础上抓紧对上述问题进行研究，建立健全法规，建立准开、准入制度；纠正低价购买和多占住房等违纪行为；及时建立住房交易市场，加快住房商品化、社会化、市场化的步伐，使城镇职工和居民能通过市场得到自己满意的住房。

辽宁棚户区改造的经验值得总结推广[*]

辽宁省的棚户区改造成功，使 120 万民众搬进了新居，极大地改善了人们的居住条件。这是一项重大的民生工程、民心工程。为什么拖延了几十年的老大难问题，能在两年就解决了呢？主要有以下三点。

第一，这是辽宁省贯彻落实科学发展观，构建社会主义和谐社会的具体实践成功的体现。东北的棚户房、棚户区，已经有半个多世纪了。在计划经济体制条件下，实行的是"先生产，后生活"的方针，棚户区的居民多数是矿工、工人，他们为国家做出了很大贡献，但居住困难长期得不到改善。当时全国都在短缺经济的困境下，他们忍过来了。改革开放以后，国家的经济建设突飞猛进，经济有了很大发展，但是在有些地区、有些部门，在执行以经济建设为中心的政策的过程中，把经济发展强调到了唯一的地步，搞 GDP 挂帅，搞政绩工程，不惜牺牲农村发展，不惜牺牲环境，不惜牺牲人民生活的改善和提高，把改革发展的成本让一些弱势群体来承担。所以，像棚户区改造这类关乎群众切身利益的问题，往往就提不上议事日程，成为久拖不决的老大难问题。党的十六大以来，党中央提出了科学发展观和构建社会主义和谐社会两大战略思想，立党为公、执政为民的方针更加明确，随后又提出了社会主义现代化事业应该是人人共建、人人共享等一系列指导思想。辽宁省委省政府下大决心，下大力量抓棚户区的改造，正是认真贯彻落实这两大战略思想的具体实践，正是坚持以人为本、执政为民的体现。我们从这个典型事例中体会到，一个正确战略方针的提出，对于国家的发展和人民的福祉有多么重要。而科学发展观、构建和谐

---

  [*] 本文源自作者手稿，写于 2007 年 2 月。该文主要内容摘要发表于《人民日报》2007 年 2 月 13 日第 14 版、《辽宁日报》2007 年 2 月 14 日第 9 版，发表时题目改为《为什么几十年的问题两年解决了》，内容有增删或改动，现依据作者完整手稿整理。——编者注

社会正是现阶段改革和发展的正确方针，认真贯彻落实这个战略方针，就一定能把我国的各项事业推进到一个新的高度。

第二，棚户区改造成功，是1978年以来，我们国家实行一系列经济、政治、社会体制改革，逐步建立社会主义市场经济体制，为棚户区改造等创造了制度性环境和条件的结果。棚户房、棚户区，最早是在日伪时期搞的，计划经济时期扩大了。1979年，我到阜新调查考察过，我看了矿工们住在这样低矮、破旧、简陋的房子里，十分震惊，这实在比贫困地区农民的住房还要糟得多。为此，我专门向有关方面写过改造棚户区的建议，提出了诸如要增加财政拨款改善矿工居住条件等建议。但面对这样大片的棚户区、这么多需要改善住房的群众，真不知道国家要投入多少钱才能解决问题。实在说，在计划经济体制条件下，住房是公有的，职工住的是福利房，建房、分房、管房、修房都得靠国家，这100多万群众，都等着国家来解决，即使国家和省里有巨大的财力、物力，短期内也建不起这么多房来；即使建起来了，搞原来福利分房的办法，也不知道要花多大的人力才能公平合理地分到职工手里；即使群众满意地分到房了，国家还要花多少财力、物力来管好、维修好这些房子。这也是棚户房这个老大难问题久久得不到解决的体制性原因。现在好了，国家实行了社会主义市场经济体制，进行了住房制度的改革，实行了住房商品化、市场化，这就为棚户区改造创造了制度性的环境和条件。辽宁省这次棚户区改造，就是靠党委领导、落实责任，政府主导、市场运作，政策优惠、多方集资，公平公正、阳光操作等政策和措施，仅用两年工夫，就实现了规划、拆迁、施工建房、补偿、安置、回迁等各个环节，使120万群众住进了新房，旧貌换了新颜。

这样一项巨大的"民生工程""民心工程"，能在两年就胜利实现，原因归纳起来主要靠两条。一条是发扬了我党的光荣传统，那就是党委领导，依靠群众，充分发挥各级干部和广大群众的积极性，分工负责，群策群力。干部深入实际，了解群众疾苦，"动真情，办实事"，细致地做好群众工作。干部包片，党员带头，群众顾大局、识大体，积极支持配合，实现了和谐拆迁、公平分房。另一条是按照社会主义市场经济的规律，实现市场化运作。吸纳社会各方面的资本、企业招标运营，加快了住房建设速度，保证了质量。对群众实行拆一还一、适当补偿的政策，对低保户等实行特别的优惠政策，实现了"居者有其屋"，建立了与社会主义市场经济相适应的新的住房体制。使广大棚户区群众在新区里住得起、住得稳、住得好。

第三，党委领导、干部负责、政策得当、机制灵活、精心组织、扎实工作，是棚户区改造成功的又一个经验。像棚户区这样的老大难问题，在计划经济体制下，在财力还没有具备的条件下，要解决的确是很难的。现在体制改革了，经济财力也大为改善了，但在有些地区、有些部门，仍有不少群众翘首以盼要求解决的问题，还是久拖未解。辽宁省棚户区改造之所以成功，与辽宁省委省政府领导的重视程度密不可分。他们真正把这件群众最关心、与群众关系最直接、最现实的切身利益问题重视起来了，提到议事日程上来，下决心要解决，于是办法就有了，资金也筹集起来了，拆迁、搬家、造房、分房等诸多难题，迎刃而解，原定三年的任务，两年就完成了。

需要特别指出的是，省委主要领导的重视和决心，在棚户区改造中，起到了十分重要的作用。从棚户区改造的电视片中看到，辽宁省的主要领导，到任不久，就亲自深入棚户区调研和考察，目睹了棚户区群众居住条件的恶劣状况，促使他早下决心解决这些问题。在现行体制条件下，主要领导的作用十分重要。这就是群众总结的，千困难、万困难，第一把手重视了就不困难。真是这样。辽宁棚改的成功，辽宁省的主要领导真抓实干、克难攻坚，起到了十分重要的作用，这是要充分肯定的。

辽宁省棚户区改造成功，确是一个贯彻落实科学发展观，构建社会主义和谐社会的典型，是一项造福百姓、深得民心的善举，很值得总结和推广。现在这项民生工程还在继续进行，并且还有一系列后续的工作要做。我们社会科学工作者，应该深入到这样的中国特色社会主义现代化建设事业的第一线去，调查研究，总结经验，概括出一些规律性的认识，使经济社会建设事业又好又快地发展。要学习 20 世纪 50 年代老一辈文艺工作者的精神，深入北京市南城地区改造和建设的实践中去，体验生活，写出《龙须沟》这样的作品。

社区与社会组织建设

天津市千户居民户卷调查
工作卓有成效*

　　我国目前正处在由传统社会向现代社会的转型过程中，处在计划经济体制向社会主义市场经济体制转变的过程中。随着经济的发展，经济结构发生了很大的变化，社会结构也发生了相应的变化。中国正在发生巨大的社会变迁，城乡社会的面貌日新月异，人民生活日益改善，人民的生活方式、价值观念都在发生变化，同时也产生了种种社会问题。在这样的历史背景下，一方面，社会发展需要社会学；另一方面，这也正是发展社会学的最好时机，使社会学工作者有了用武之地。

　　天津市的社会学工作者在有关领导的支持下，在天津社会科学院的组织协调下，从 1983 年开始，进行了"天津市千户城市居民户卷调查"，这是一个大型连续性的社会学调研项目，已经进行了十年，取得了大量的数据和资料，为天津市政府改进工作、为人民办实事等提供了依据，而且为社会学研究积累了宝贵的资料，训练了干部，扩大了社会学的影响。我认为，就社会学学科建设和发展来说，一方面，要继续重视社会学基础理论和方法研究；另一方面，要重点加强社会学的应用研究和资料的积累。这既是当前社会发展的需要，同时也符合社会学学科发展的实际。为了社会学的繁荣发展，需要广大的社会学工作者深入城市和农村的基层，进行调查研究，去总结亿万群众在社会主义现代化建设过程中的新经验，了解新情况，发现新问题，积累大量的资料，并在此基础上，概括出新的理论，

---

*　本文源自作者手稿，原稿题为"一个心愿"，写于 1994 年 6 月 12 日。该文系陆学艺为《天津市千户城市居民户卷调查》（王辉主编，天津：天津社会科学院出版社，1995 年 1 月）一书撰写的前言，出版时有删节，且书名有变动。故本文根据作者手稿整理，现标题为本书编者根据前言内容拟定。——编者注

推动社会学发展。天津市的社会学工作者进行"天津市千户城市居民户卷调查",在这几个方面都带了一个好头,值得我们大家学习、效仿。《天津市千户城市居民户卷调查十年》出版前夕,王辉同志盛情约我写几句话,我表达一个心愿,希望今后能看到"廿年""卅年"本的出版。

发挥居民在城市社区自治建设中的作用[*]

　　社区自治是城市建设的重要内容。城市社区是城市人口的集中居住状态，是职业之外城市人口活动和居住的主要场所。城市社区包括五个因素：人群、地域、生活服务设施、特色文化、情感和心理认同。在现代化城市中，存在着相互联系的社会关系网络。一是由经济产业结构生成的经济联系纽带。这是以分工和专业化为基础的现代化城市社会的基本特征，经济联系为城市发展提供有效的支持能力。二是由行政等级构成的行政权力层次的纽带，它决定着公众社会生活的权利边界和有效的社会控制与社会秩序。这两条基本纽带决定了城市的发展水平和社会管理的效率，构成了城市发展的必要条件。但是这两个方面还不构成城市社会生活的整体。具备持续发展能力的经济积累和有效的社会管理只是城市生活的基础。城市生活的本质不是一个庞大的企业组织，而是一种多元化相互联系的社会生活方式；城市的实质不仅是经济中心，而且是文化中心、消费中心。与产业结构和管理相对应的是由社区关系构成的人们的日常生活联系的纽带，这是城市生活的本质特征，也是最终衡量城市综合发展水平的根本标志。日常生活联系纽带的特点就是社区中人们的直接互动关系。社区性人际关系的日常生活和交往状态是城市发展水平的充分条件，间接反映着城市的经济发展水平和社会管理的有效程度，反映着社区成员的经济积累和消费的联系，也反映着社区成员的主观价值偏好和群体特征，反映了社区成员在社区生活中的协调程度和主观满意程度。这样的关系结构，反映着城市的文明程度和综合发展水平，也构成反映城市生活质量的基本指标。没有经

---

　*　本文原载《光明日报》1996 年 10 月 18 日，第 8 版。该文系陆学艺在中共武汉市委宣传部与光明日报联合召开的研讨会"开展文明社区建设，提高城市文明程度"上的发言摘要。——编者注

济积累能力，城市的发展就没有可靠的物质基础和实力保障；没有有效的行政社会管理，城市的社会生活就不可能形成良好的社会秩序。要提高社区的生活质量水平，提高成员生活的主观满意度，还需要在经济积累和行政管理的基础上，在微观的直接人际互动层次上有效地增加社区成员的积极参与建设，这是社区自治的必要性和意义所在。

现代文明的"延伸地带"[*]

我国的农村正处在从传统社会向现代社会转型的历史时期，改革开放和社会主义市场经济的发展使农村经济结构、社会结构和人们的价值观念正在发生深刻变化。我国幅员广阔，各地的经济、社会发展状况差异很大，呈现多元、多层次的特点。因此，推动农村的现代化进程，解决好"三农"（农业、农村、农民）问题的一项基础性工作就是对各地的"地情"要有具体的、深刻的认识与把握，摸清其特有的发展条件、发展机遇和发展趋向，从而制定符合各地实际的发展政策，进而深化对国情的认识，为我国的现代化大业做出贡献。在这方面，社会学学科有其特有的优势，社会学学者大有可为，其中社区研究就是社会学学者认识和研究中国社会的行之有效的方法。在社区研究方面，费孝通先生及其他社会学老前辈做出了重要贡献，形成了很好的传统。改革开放以来，社区研究又进入了一个新的发展阶段，费老及其同仁所做的小城镇、乡镇企业和模式比较等研究，不但开辟了具有中国特色社会学研究的新领域，而且摸索出具有中国特色的农村发展的道路。但在具体的社区研究点的分布上，社会学学者在江南地区以及华北、西南等地区所做的工作比较多一些。东北地区是我国重要的工业基地，同时也是重要的商品粮基地，其农村发展有着许多独特的条件，需要学者们去研究，但是迄今为止，尚没有人在东北地区进行系统的、周密的社区研究，王雅林教授及其合作者张汝立完成的这部著作正好弥补了这方面的缺憾，为社区研究和农村现代化发展研究增添了一部新的力作。

王雅林同志当初确定这项调查研究工作同我也有一点关系。1991 年春

---

[*] 本文源自《延伸地带：昌五社区研究》（王雅林、张汝立著，哈尔滨：黑龙江教育出版社，1999 年 5 月），第 1～6 页。原稿写于 1998 年 2 月 8 日，系陆学艺为该书撰写的序言，现标题为本书编者根据序言内容拟定。——编者注

在天津开社会学年会时，我曾建议他选择一个点蹲下去，扎扎实实做几年农村调查研究工作。此后他果然这样做了，他和他的合作者坚持数度寒暑，深入肇东市昌五镇，走村串巷，不畏辛劳，以"每事问"的精神虚心求教，对所使用的资料务求真实，体现出了社会学学者的敬业精神。他们求真务实和虚心学习的工作态度赢得了昌五镇干部群众的信任，并得到市、镇领导的大力支持和配合，这就为他们的社区研究创造了良好的条件，并最终完成了这部凝结着他们艰辛的专著。通观全书的写作，我认为有以下几个突出的特点。

第一，资料翔实，可信度高。判断一项社区研究是否有价值，最基本的标准是看其所使用的资料是否丰富、扎实和真实可靠。但我们都能体会到，一项大型的综合社区研究所运用的资料要完全做到真实、准确，在我国目前的农村基层尚缺少文献资料积累和统计数据难免存在失真问题的情况下，确如作者在前言中所说的，说起来容易做起来极难。本书的作者在资料的收集与使用上采取了极为严谨的务求真实的态度，无论对数据资料还是对非数据资料都反复核对与验证，对不准确的资料，宁可不采用。特别突出的是，书中所使用的大多数资料都是通过开放型访谈、参与型与非参与型观察、个案调查等实地调查获得的第一手资料，这些都是一般性的走马观花式的社会调查所发现不了的和极具认识价值的，有些还运用社会人类学方法对具体的人和实物做了精细的描述，比如运用屯（自然村）名来考证昌五移民开发史就是生动的一例。运用实地调查法进行质性研究，必要条件是研究者对研究对象要有长期的体验与"琢磨"，而作者正是这样做的，对每一个专题都下了经年累月的功夫。昌五是一个具有近百年历史、4 万人口规模的镇，作者对全镇社会生活的各个方面都亲身进行实地考察，可见花费精力之大。正因如此，本书才为理论研究和实证研究提供了极具价值的经验性典型。

第二，描述与分析具有理论深度。本书的研究以描述与分析为主，但这种描述、分析又是以社会学的理论为指导的。本书的书名《延伸地带：昌五社区研究》就是作者依据发展理论和实践提出的新概念架构。作者正是运用这样的概念架构，去分析昌五及其所类属的现代文明的"延伸地带"在全球现代化进程中所处的时空方位及其特有的发展条件、发展动力和发展机遇的，并对设定的理论假说进行了检验，因此这种研究又始终是以理论为中心、为依托的。由于在研究过程中建立了理论与实践的互动关系，因此在具体资料上并不是事无巨细地罗列，而是经过了去粗取精、去伪存真、由浅入深、由表及里的提炼与加工，这就使描述、分析蕴涵着深刻的道理。书中对社区人口、家庭、组织、文化等的描述与分析就充分体现了这一点。我们并不认为在社区研究中对现状的描述与分析就是一种"滞后性"的、比对策研究和预测性研究低一等的研究。不同的研究类型具有不同的功能，具有不可替代性，即使是预测研究和对策研究也必须以重在描述与分析的经验性研究为基础。

第三，分析框架的建构具有很大的包容性。本书作者给自己提出的一项重要研究任务是全面揭示社区内部所蕴含的现代化发展动力资源。为此，本书从社会结构的各个层面对社区构成要素及其互动关系进行了剖析。但是，一个社区的"生活是纵贯的、连续的、全形的、动态的"①，因此要全面、深刻地把握社区发展的脉络，就必须适应社会生活的特点，建立起包容性强的分析框架。本书在社区研究上注意对各种理论范式的借鉴，采用能够把结构分析与过程分析、功能分析与行为分析、社会分析与经济分析等结合起来的分析框架，而在研究方法上又注意把定量分析和定性分析结合起来，并突出质性研究方法。另外，作者还较好地处理了实证考察与价值判断的关系。社区研究固然要建立在客观事实的基础上，但又不可能真正做到"纯客观"和"价值中立"。本书的研究正如作者在前言中所说明的那样，在几年的调查生活中，研究者同被研究者已建立起一种亲密无间的信赖关系，他们共同关注和参与昌五的发展。昌五人对作者的工作十分支持和理解，不但向他们提供"事实"，也向他们说出自己对课题所考察问题的看法，而研究者也不是简单地收集"材料"，同时还受到昌五人的感染，并自觉地融入社区发展的事业之中。因此研究者同被研究者常常是互为"局内人"的。本书提出的一些观点也往往来自昌五人对自己生活诠释的再诠释，这就使整个研究渗入了理解社会学的成分。作者同被研究者的这种关系并不妨碍研究的客观真实性，而且往往会揭示所研究问题的本质，换一种说法，社区人的价值态度也是"客观"的考察对象。

第四，较好地处理了微观研究和宏观研究的关系。本书所研究的是东北内陆的一个农村微观社区，对于一种微观研究来说，自然是考察得越细致、越具体越好。但是这种研究如果缺少宏观视角，缺少对一个更大区域乃至全国、全球发展的把握，那么研究者在进行微观研究时也不会深刻理

---

① 吴文藻：《西方社区研究的近今趋势》，载《吴文藻人类学社会学研究文集》，北京：民族出版社，1990年12月，第157页。

解与解释自己所研究的具体对象的内涵和象征意义。本书作者在研究昌五镇时自觉地建立起宏观和微观互动的认识过程，注意带着面上的问题到点上去思考，通过点上的研究揭示更具普遍性的问题，特别是东北内陆农村地区如何从传统社会走向现代社会的问题。反映在理论上则是把社区理论同发展理论的研究结合起来。但通过"特殊"诠释"一般"必须解决一些特有的难题，寻求有效的沟通方式。在这方面，作者的体会是：社区研究要避短扬长，主要着眼点应放在通过点揭示"面"的发展脉络上和把握发展的深层底蕴上，从而为解决"面"上的问题提供更深层的认识，而不是试图得出一般性结论，这种研究着眼点的确定是切实可行的、富有创造性的。作者在本书的结论中提出的一些关于农村现代化发展"机理"的问题也是富有启发性的。

农业、农村和农民问题是中国现代化最根本、最关键的问题。人们常说，没有农村的现代化就没有中国的现代化。因此，中国农村研究仍将是社会科学各学科研究的最重要的组成部分，我国的社会学学者也应该格外关注农村问题。王雅林、张汝立同志的这部专著就是在这方面取得的可喜成果，体现了作者立足本土为现实服务的踏实学风。特别是对于尚缺少系统的社区研究的东北内陆农村地区来说，本书尤其具有重要价值。本书提出了"延伸地带"这样一个很好的理论框架，把昌五镇放到全国和全球现代化发展的大背景下去考察。我国现代化的一个显著特点是融传统性、现代性和后现代性于一体，在这样一个现代化进程中如何解决我国农村，特别是中西部农村的发展问题，本书在这方面破了题，但还有待进行深入研究。本书对昌五镇做了大量精心的考察与研究，但如何吸收当代社会学理论与方法的最新成果，提高社区研究水平，促进社会学研究的中国化，在这方面也有大量的工作可做，本书已经迈出了第一步，我相信作者一定会做出进一步的努力。

社区服务是现代文明的重要标志[*]

大家知道，我们的社会正处于从计划经济向社会主义市场经济转化的时期，也处于从乡村社会、传统社会向城市社会、现代社会转型的时期。在这个时期，政府职能在变，企业单位职能也在变。原来统包统管的事，企业现在不管了。这些职工、居民原来依靠单位的观念很强，但现在如住房、医疗等很多单位不管了。有一个现象值得大家深思，一方面，改革开放 20 年来，经济发展很快，居民收入增加也很快，95% 以上的居民收入有了大幅度的提高；另一方面，大家还是不满意，意见不少。这集中体现在生产生活方式改变之后，社会组织的服务系统、条件没有跟上。所以，开展社区服务符合社会发展的要求。有些事情，政府不管了，单位不管了，总要有个地方管，产生社区服务的必然性、必要性是很清楚的。20 世纪 80年代初，这个问题在我国就已提出，而且在南京、武汉、上海、天津等大城市开展得比较好，现在已进入了一个新的发展阶段。应该说，南京市玄武区在社区服务方面有十多年的经验，是走在前面的。但就全国而言，社区服务的普及工作做得还是不够。我最近调查发现一个问题：在县城的社会组织方式上，过去城镇人口很少，居委会也不多。经过 20 多年的发展，一个县城甚至有些镇已有了 8 万、10 万甚至 20 多万城镇人口。据我在湖北的调查，现在县城依然叫城关镇，居委会仍然很少，已成为城镇人口的居民大多仍按村委会的方式进行管理。基层的组织制度明显存在问题。天津、武汉、上海、北京等地的社区服务工作是比较好的，尤其是南京市玄武区走在了前面。我认为，在这些比较发达的地区，已经有基础的地方，要大

---

* 本文源自《发展社区服务 推进社区建设——"南京市玄武区社区服务理论与实践座谈会"发言摘登》一文，载《光明日报》1998 年 11 月 4 日，第 8 版。本文仅收录其中陆学艺的发言摘要，题目是原文中的小标题。——编者注

力推广玄武区的经验。现在社会学界在谈到"社区"这个概念时都知道它最早是德国的学者提出的。而社区在中国到底指哪一块，对农村而言，县、乡、村三级，我主张是指乡，县太大，村不全。而城市则应指街道这一级。现在我国农村叫村民自治委员会，而城市的居民委员会还没有"自治"两个字。我认为城市自治可以试点推行。行政化的服务，就是说政府管社会，有好的一面，但基层社会更应靠自治。现在的居民成分已发生了很大变化，从定义上来讲，社区有一个主要性质就是"公众性"，像玄武区这样的地方是否可以搞一定的试点工作。

加强社区建设的理论研究[*]

"社区"是社会学研究的重要范畴，经由德国社会学家滕尼斯的理想型研究方法，它与"社会"在一起，构建了整个现代社会学。"社区"和"社会"的二分法不仅为社会学的分析奠定了基础，而且也为人类诠释社会现代化过程提供了分析架构。从"社区"到"社会"的发展过程，也就是人类迈向工业化、都市化和现代化的过程。

英国社会学家吉登斯说，全球化要求个人在世界范围内获得其自我身份。在全球化的进程中，自我认同已远远超出由地方社区时空轴线所组成的定位坐标，它力图在地方化和全球化的对立统一中重新确定自我。吉登斯同时提出，伴随着对自我身份重新思考的是对现代社会学研究对象的重新思考。

变化的客观世界诉求主观世界的变化，多彩的社会实践需要多样化的社会理论来诠释。中国社会学界必须对全球化挑战做出回答，以发展出能与世界对话的中国社会学，培养出中国的社会学家。

中国社会学界一定要关注中国正在发生的事情，以便获得发展的动力。现在社区建设正在中国热火朝天地进行着，中国的社会学工作者和社会工作者必须投身于这一伟大的社区重建工程，以社会实践为取向，加强社区建设的理论研究工作，以不滞后于实践，不辜负我们生逢其时的这个伟大时代。

加强社区建设的理论研究，有以下三个层面的意义。

第一是对中国社区建设实践有重大意义。任何实践，包括革命实践和

---

[*] 本文源自《中国社区建设：理论 政策 实践》（夏学銮主编，北京：中国文联出版社，2001年6月）序二，第3~4页。原稿写于2001年3月24日，系陆学艺为该书撰写的序言。——编者注

建设实践，都需要理论指导。当然，这里所说的理论是以实践和实证研究为基础的好理论。德国社会心理学家莱温说："再也没有什么东西能比一种好理论更实际的了。"好理论首先是实践性的某种东西，其次它又是高于实践的某种东西。正是理论的这种源于实践又高于实践的双重品质决定了它能够反作用于实践，指导实践。

第二是对社会学、社会工作这些学科本身的建设和发展有重要意义。社区建设是在中国社会环境中提出来的，它与国际上通行的社区发展有什么相同点？有什么不同？它对中国社会学和中国社会工作提出了哪些要求？只有加强社区建设的理论研究才能正确回答这些问题，才能为中国的社会学和社会工作找到自己的入口和出口。

第三是对培养社区建设的专门人才有意义。在理论和实践相结合的过程中，中国已经涌现出一批研究社区发展的理论专家，他们不是把自己关在象牙塔里的所谓"纯理论"研究家，而是面向实践、面向社会、面向群众，从实践中吸取营养，并为实践直接服务，使自己的理论研究与改变群众命运的实践息息相关，夏学銮教授便是他们中的一位。

从摆在我们面前的《中国社区建设：理论 政策 实践》一书来看，夏教授是一位具有学术创新精神的学者。作为民政部社区建设的顾问专家，他关于中国社区服务、社区建设和社区发展的许多观点颇具时代新意和参考价值。

革命导师马克思在《〈黑格尔法哲学批判〉导言》一书中曾经这样说："批判的武器当然不能代替武器的批判，物质力量只能用物质力量来摧毁；但是理论一经掌握群众，也会变成物质力量。理论只要说服人〔ad hominem〕，就能掌握群众；而理论只要彻底，就能说服人〔ad hominem〕。所谓彻底，就是抓住事物的根本。"①

抓住事物的根本，把理论贯彻到底，这就是夏教授所追求的。在《中国社区建设：理论 政策 实践》一书问世的时候，我说了上面的一些话，一为贺，二为序。

---

① 《马克思恩格斯选集》第1卷，北京：人民出版社，1972年5月，第9页。

社区建设将从城市到农村*

记者： 党的十六大报告中提出"全面建设小康社会"，根据中国现在的国情，您认为距这一奋斗目标还存在着哪些差距？

陆学艺： 现在达到的小康还是低水平的、不全面的、发展不平衡的。所谓低水平，是现在人均 GDP 只有 900 多美元，① 离世界中等收入国家还有很大差距，中等收入国家是 3000 多美元。所谓不全面，是指经济各方面的指标好一些，社会发展方面的指标就差，如科教还不发达，城乡差距还很大，大中城市都已达到小康，而农村还差很多。所谓不平衡，是指各个地区发展很不平衡。广东、上海、北京等已超过小康目标，但广大的中西部地区只是基本达到小康，有的省份还达不到小康水平。

现在仅仅是进入小康社会的门槛。我们讲小康社会，也有一个从低级到高级的发展过程。今后 20 年，全面实现小康目标，关键是要工业化和城市化。从各方面情况看，机遇很好，总体来说实现目标是可能的。

记者： 也就是说，今后 20 年，全面建设小康社会，它的难点不在于城市，主要在农村。您知道，小康社会是物质文明、精神文明和政治文明的统一，是一项综合指标。农村如何实现这一目标，达到共同富裕？

陆学艺： 先说农村经济，要实现农村经济翻两番，很不容易。我们先看一个数字。2001 年农民年人均收入是 2366 元②，翻两番是人均 9400 多元。要达到这个目标就要大力发展农村经济和农业经济。更重要的是要使农村劳动力向二、三产业，向城镇转移，要减少农民，才能富裕农民。再

---

* 本文原载《中国社会报》2002 年 11 月 22 日，第 4 版。该文系该报记者采访陆学艺的访谈录。——编者注

① 国家统计局编《中国统计年鉴·2002》，北京：中国统计出版社，2002 年 9 月，第 51、612 页。

② 国家统计局编《中国统计年鉴·2002》，北京：中国统计出版社，2002 年 9 月，第 343 页。

说农村政治，实现村民自治是民政部门的主要工作之一。近年来，农村在政治民主方面有了令人瞩目的成效，在国际上有很大影响。如何解决村民委员会和乡（镇）政府之间、村党支部和村委会之间的矛盾，在政治上更加民主、更加和谐是我们今后的目标。在社会方面，民政部在扶贫、救灾、救济方面做了很多工作，将来的任务还很繁重。随着经济的发展，城乡差距缩小，东西差距缩小，民政部门在扶贫工作上的任务会越来越轻。今后，农村要发展社会救济和社会福利事业。有条件的地方，要探索农村养老、医疗保险和最低生活保障制度。在农村富裕起来以后，那时民政工作的重点将从城市社区建设转移到农村社区建设并且会越来越红火，农村的精神文化生活也会越来越丰富。

记者：在全面建设小康社会中的过程，如何处理城市和农村、富裕人群和贫困人群之间的矛盾？

陆学艺：我认为，今后20年经济上翻两番，还是可以做到的。我想难点一个是城市化的问题，大量的农业人口怎么向城市转移，这是最大的问题。我们农村经济光靠务农，增加农业产量，没有大量的农村人口向城市转移，就很难完成城市化的进程，就很难实现现代化。农民进城了，就业问题是另一个重要的问题，这是我国全面建设小康社会的难点，也是重点。党的十六大所讲的，就业是民生之本。扩大就业是我国当前和今后长时期重大而艰巨的任务。我们现在经济建设的措施就是走新兴工业化的道路，通过技术进步，通过信息化，走信息工业化的道路。要全面发展农村经济，推进城镇化，加快城镇化的进程。要大力发展农村社会事业，实行合理的社会政策，实现共同富裕，实现社会全面进步，这是一个很长的历史过程。

温州社区建设的经验和主要特征[*]

对每个人来说，最熟悉的莫过于自己周遭的生活环境，它们就是家庭和社区。可以说，在我们一生中，与自己最密切的，除了家庭之外，就是社区。如果说家庭是社会的基本细胞，那么社区就相当于社会的胚胎，后者就是从前者中孕育而成的。由于社区与家庭对社会和个人来说有着如此重要的意义，所以，社会学在诞生后不久，就将社区纳入自己的重点研究范围。德国著名社会学家滕尼斯的成名之作就是研究社区的，也正是他最早提出了社区这一概念。这个概念由此延续至今，不仅成为社会学一个重要概念，而且已经为普通大众所熟知。滕尼斯是从历史演变的角度理解社区与社会的关系：社区是工业化前人们生活的共同体，在那里，人们以情感为纽带，彼此往来非常频繁；而工业化、市场化扩大了人们的活动范围，专业分工、利益关系改变了人们的生活方式，社区也就开始式微，进入了社会时代。从实践来看，将社区与社会做如此的划分，显然太机械，与事实不符。社区与社会并不是前后相继的关系，而是并存和包容的关系。20世纪上半叶，美国著名的芝加哥学派就是以调查美国工业化后芝加哥社区的状况而出名的，他们的研究表明，即使经历了工业化，社区并没有式微，而是以各种方式继续存在。当然，滕尼斯对社区的一些特性的把握一直为后来的社会学家所认可，比如相对于社会而言，社区更富人情味，人际关系更密切。后来的社会学家并没有把社区与社会对立起来看待，而是认为，社会是由人、家庭、社区、组织、群体、阶层等社会结构因素组成的。

显然，社区与社会息息相关，可以说社区是社会的缩影，社会是社区

---

[*] 本文源自《活力社区：温州城市社区建设研究》（张纯洁著，杭州：浙江大学出版社，2005年1月），第1~4页。该文系陆学艺为该书撰写的序言，现标题为本书编者根据序言内容拟定。——编者注

的扩大，社区如何发展，直接影响到一个社会的发展。社区与社会的关系正如胚胎与肌体的关系，前者发育不好，势必意味着社会这个肌体不会健康发展。由此，世界各国在二战后再次意识到社区建设对重建社会的重要性，联合国也把社区建设作为社会发展的一项重要内容看待。同样，20世纪90年代以来，我国也兴起了社区建设运动，各地推出了各种各样的社区建设规划，在实践中取得了一些成绩。人们势必会问：为什么我国会比其他国家晚了几十年才重视社区建设呢？为什么到了20世纪90年代我国才需要社区建设呢？实际上，早在20世纪30年代，以晏阳初、梁漱溟等为代表的乡村建设者就已经开始在我国农村开展社区建设运动了，后来由于战争、政治等原因，乡村建设运动并没有继续下去。回顾历史，我们将会看到，当社会处在巨大的转变时期，人们对社区建设就会有着巨大的需求，社区建设也就会应运而生。之所以这样，是因为在巨大的社会转变过程中，人们对社会的依托也会受到挑战，因此就不得不从社区层面重构对社会的依托。1978年以来的改革开放，给我国社会带来的变迁可以说是前所未有的，快速的工业化、市场化、城市化等变迁，无疑冲击着人们原有的社会关系、社会依托、社会认同、生活方式乃至价值观念，重建新的社会关系和社会依托又成了人们的需要，显然社区建设又恰逢其时地被提出来，并受到人们的欢迎和重视。

当然，在快速的社会转型时代，如何推进社区建设以满足人们的需要、更好地促进社会和谐发展，不是一项简单的工作，需要进行大量的调查和研究，从理论和实践两个方面进行深入的探讨，并据此来指导当前我国的社区建设。我国地域广阔，各地社会经济发展水平很不相同，而且还有着各种各样的社会文化传统，这就决定了不能以同一个模式去搞社区建设，各地应该根据自身的条件设计社区建设，当然，这并不否认各地有些经验可以相互借鉴。摆在我们面前的《活力社区：温州城市社区建设研究》一书就是这样一本探讨特定地区社区建设的著作。我很欣赏张纯洁同志的探索精神，特别是作为一个地方行政领导，他根据自己切身的工作经验，不为大量的具体工作事务所累，花如此大的精力和时间去思考社区建设，我相信他会在工作上有更大的收获，会更好地推进他的工作。

本书作者把温州城市社区建设作为研究对象，想必会引起更多的读者关注。改革开放以来，温州模式已经闻名国内外。我们只知道温州人很能赚钱，温州经济发展走在全国前列，但是我们对温州的社会，特别是温州城市社区建设，知之甚少。《活力社区：温州城市社区建设研究》一书把温州的社区建设经验呈现给读者，使我们对温州有了更好的认识和了解。在这本书中，我们除了看到温州的社区建设并没有脱离全国的轨迹以外，还可以看到一些对其他地区很有参考价值的经验，其中最重要的一条就是社区自主能力。我们知道，社区的一个最主要的特征就是自主能力。社区之所以为人们所重视，是因为人们在那里可以找到自己所需要的并能发挥自己能力的东西，因此就有了社会归属感。但是，我们在一些地方看到，社区建设成为一种行政强力推行的做法，没有很好地挖掘社区原有的自主资源，没有激发人们自主参与的动力和精神。我们从《活力社区：温州城市社区建设研究》中看到，不少社会力量自觉地投入社区建设，兴办各种社区服务机构，大大丰富了社区的内涵。当然，在社区建设中，离不开政府的作用，关键在于如何把政府的作用与社会的自主能力有效地结合起来，真正把社区构建成人们的社会皈依之所。从更大的意义上看，社区建设好了，那么，我相信和谐社会也就自然建设好了。因此，构建和谐社会，从社区建设开始，无疑是一个很好的切入点。而在社区建设中充分动员社会自主力量，就能使社会更和谐。

当然，社区建设不是一个简单的问题，相当复杂，因此，也不是《活力社区：温州城市社区建设研究》一书所能完全解决的，而且还有许多值得深入探讨的问题。我相信，只要作者持之以恒，不仅把社区建设作为自己的工作对象，而且继续将其作为研究对象，相得益彰，那么不但会取得更好的工作业绩，也会取得更多、更好的研究成果，为我国社区建设、构建和谐社会做出更多的贡献。

宁波市江东区建设"人文社区"的实践具有鲜明的理论特色和重要的现实意义[*]

胡锦涛总书记多次强调，树立和落实科学发展观，必须在经济发展的基础上，推动社会全面进步和人的全面发展，促进社会主义物质文明、政治文明、精神文明协调发展，其中包括人的全面发展。社区不仅是人的居住场所，也是人发展的重要环境。文明有序的社区对于促进经济发展和社会进步，维护社会稳定，提高居民生活水平，有着十分重要的作用。

20世纪90年代以来，宁波的社区建设取得了显著的成效，在全国社区建设中处于先进水平，一大批国家级、省市级文明社区的涌现，成为近几年宁波城市建设的一个亮点。初具规模的城市社区不断吸纳并整合各种社会资源，健全社会的基层组织，营造日益温馨的家园气氛，为宁波经济社会的发展和稳定做出了重要贡献。

近几年来，随着中国社会民主化进程的加快，人的价值、权利和尊严受到越来越多的关心和尊重，"以人为本"的人文精神也受到越来越多的关注，逐步融入普通人的日常生活，成为衡量社会进步的一个重要的标尺。宁波市江东区在这方面做出了积极的探索和实践，尤其是在社区建设方面。2002年初，中共宁波市江东区委就在五届十二次全会上明确提出建设"人文社区"的设想，第二年又围绕江东建设宁波市现代化新中心城区这一目标，进一步提出了实施以"服务人、关爱人、教育人、凝聚人"为核心内容的人文社区工程，[①] 精心打造人文品牌，有力地促进了全区政治社会安定

---

[*] 本文源自《人文社区——构筑和谐社会的基石》（陈正良、戴志伟、龚桐主编，宁波：宁波出版社，2005年6月），第5~6页。原稿写于2005年3月7日，系陆学艺为该书撰写的序言，现标题为本书编者根据序言内容拟定。——编者注

① 陈正良、戴志伟、龚桐主编《人文社区——构筑和谐社会的基石》，宁波：宁波出版社，2005年6月，第25页。

和经济持续快速健康发展。

　　江东区通过"人文社区"工程的实施，对"人文社区"的基本内涵提出了一个初步的架构，即：用"人文社区"的思想统率城市社区建设工作，将现有的社区建设成以人为本，充满人文关怀，提供人性化服务，功能设施齐全，能较好地满足社区居民的物质和文化需求，使广大人民群众对社区有较强的认同感、归属感，有利于人的全面发展的民主自治的新型社区。其核心就是围绕"服务人、关爱人、教育人、凝聚人"，体现人文精神展开的：服务人——主要体现为社区服务的不断完善；关爱人——主要体现为对社区的人民群众尤其是弱势群体的关心；教育人——主要体现为公民道德纲要的贯彻落实；凝聚人——主要体现为激发居民参与社区建设的热情。通过这一系列扎实有效的工作，着力提高居民的整体素质，不断提高精神文明的创建水平。

　　"人文社区"工程的思路和理念不但包含社区理论的一般内容，而且符合社区建设的基本原则，同时与党的十六届三中全会提出的"以人为本，全面、协调、可持续发展的科学发展观"的要求和十六届四中全会提出的"建设社会主义和谐社会"的要求完全吻合。因而宁波市江东区所提出的"人文社区"工程，不仅具有鲜明的理论特色，而且具有重要的现实意义。

　　本书围绕社区建设，以"服务人、关爱人、教育人、凝聚人"四个方面为核心内容，全面解读宁波市江东区在"人文社区"建设方面的具体做法，可以为我国社区理论的研究者和社区建设的实践者提供一些有益的参考。

要重视农村社区建设[*]

农村建设不光是经济问题，还有一个社区问题。据我调查，农村村民小组一级组织，全国许多地方都是名存实亡，是个空档，没人管事。一个村里面有很多公共事务，比如修桥铺路、环境卫生、民间纠纷、文体活动等，乡（镇）和村委会管不过来，村落里需要有人管。江西开展农村村落建设，以"五老"（老干部、老党员、老复员军人、老教师、老农民）为骨干，把热心于公益事业的人组织起来，成立"一会五站"，较好地解决了这个问题，这是一件很好的事情，是一个创举。

---

　* 本文源自《农村社区建设——江西省农村村落社区建设历程》（罗筱玉主编，北京：中国社会出版社，2007 年 1 月）第 179 页《专家学者对江西开展农村村落社区建设的评价》一文。本文仅收录陆学艺的评价，现标题为本书编者根据本文内容拟定。——编者注

社会形势与社会发展

建立社会发展报告制度十分重要[*]

国民经济要持续、稳定、协调地发展，这是党的十三届五中全会达成的共识，也是对新中国成立40年正反两方面经验的总结。从社会发展的历史经验来看，经济和社会是一个整体，不仅经济内部要协调发展，经济和社会诸方面之间也要协调发展。

经济发展是社会进步的基础，但经济发展并不等于社会进步。经济增长本身并不是目的，它的目的是满足人民的物质生活和文化生活的需要。而且，从根本上说，经济的发展并不是由纯经济行为决定的，经济的背后有许多非经济因素在起作用，如果不把社会进步始终作为经济工作的出发点和归宿，把以经济为中心片面地理解为经济的单项突进，那就很可能造成"有增长而无发展"的状况。

中国的社会发展现在正处在一个"社会转型"时期，即在社会主义制度下，由自给半自给的自然经济向有计划的商品经济转化，由农业社会向工业社会转化，由乡村社会向城市社会转化，由经济文化不发达国家向现代化国家转化。在这一大转变时期，从社会结构到社会行为、从社会体制到社会观念都在发生或快或慢的变化。而且，中国的社会转型和体制改革几乎是同步进行的，其间必然出现各种摩擦、矛盾和冲突。因此，就更加有必要强调社会发展的全面、稳定和协调。

从我国经济在"六五"、"七五"计划期间的发展来看，如果今后10年没有大的反复，经济翻两番的目标有希望超额完成。经过10年的努力，20世纪80年代我国国民生产总值增长1.36倍，今后只要有6%的年增长率就

---

* 本文源自《中国社会发展报告》（陆学艺、李培林主编，沈阳：辽宁人民出版社，1991年11月），第1～7页。原稿写于1991年5月5日，系陆学艺为该书撰写的前言，现标题为本书编者根据前言内容拟定。——编者注

可以实现翻两番的目标。人们现在担心的是经济与社会能否协调发展。有可能出现经济发展了，生活得到了改善，但由于城乡矛盾显化、机制摩擦加剧、社会分配不公、社会问题增多等，社会的不安定因素增加。未来 10 年，若有问题，恐怕很可能是出在经济与社会的协调发展方面。经济搞不上去，会影响社会稳定和整体发展，而社会不稳定和其他方面发展滞后，反过来也会制约经济的发展，影响经济目标的实现。

从国际经验来看，发展中国家在走向现代化的过程中，都存在经济和社会协调发展的问题。很多发展中国家虽然经济有了明显增长，有些石油出口国家的人均国民生产总值甚至超过 10000 美元，但与此同时，却存在着医疗水平低、文盲人数多、婴儿死亡率高、贫富极为悬殊、环境污染严重、政变和动乱频繁等问题，结果严重阻碍了现代化进程。

关于经济和社会协调发展的问题，我们党从 20 世纪 80 年代初期就已经注意到了。1982 年 12 月，第五届全国人民代表大会第五次会议正式通过，把我国五年计划名称改为"国民经济和社会发展计划"，增加了"社会发展"的内容和指标。党的十二大、十三大 也都把改善和提高人民生活作为我国 20 世纪末到 21 世纪中叶的战略目标。但问题在于，经济发展方面有许多硬指标，有一套较完整的描述体系和评估体系，而社会发展虽然从"六五"计划开始就被列为重要目标，但直到"八五"计划这一项仍是比较"软"的，其指标体系，大的框架总的来讲还不够完整、不够系统，没有像经济问题研究那样深入细致，也没有像经济学那样有一个科学体系。

在《中华人民共和国国民经济和社会发展十年规划和第八个五年计划纲要》中，党中央提出要在 20 世纪末使全民生活达到小康水平，这是一张鼓舞人心的宏伟蓝图。但是，如果仅仅注意经济增长，即使国民生产总值达到人均 800 美元，而市政建设、社会保障、教育、医疗卫生、交通、就业、社会秩序等方面跟不上去，也不能算是真正的小康水平。经济的各个环节要按比例发展，社会的各个方面也都要按比例协调发展。

经济与社会协调发展，说到底是生产力和生产关系、经济基础和上层建筑的相互适应，也就是"两个文明一起抓"，物质文明和精神文明建设相互适应、相互促进、相辅相成。具体来说，有下面几点值得注意：一是在抓经济的同时，要注意使科技、教育的发展与之成比例同步发展，现在财力不够，科技和教育所占的比例还达不到应有的水平；二是经济发展要与政治体制、民主法制的改革结合起来，政权建设、法制建设要与经济建设相协调；三是经济建设要与思想文化的发展相协调，要抓好文化建设、精神文明建设；四是经济发展与社会政策、社会改革相协调，社会保障、社会保险要跟上去。社会政策与具体的经济政策相比更为重要，如果社会政策出现失误或者在经济上出大问题，就会耽误和影响相当一段时间的经济建设。比如人口问题，人口政策上的失误，增加了经济建设的压力，这些年搞计划生育，少生 2 亿人，经济才缓过劲来。由此可见，与经济政策相比，社会改革、社会政策的研究尤其需要加强。

今后 10 年是我国社会转型和社会发展十分关键的时期，在深化经济体制改革的同时，社会改革的步伐也要跟上去，特别是要搞好城乡管理体制改革、住房体制改革、医疗制度改革、待业保险制度改革、养老保险制度改革、组织人事制度改革、工资制度改革等。如果没有社会改革的配套，经济改革也难以深入下去。

正是基于上述这些方面的思考，社会学研究所的部分同志在 1990 年春天提出，为了使对社会发展状况的描述、分析和评价有一套比较完整的科学体系，我们应凭借社会学的整体性、综合性和系统性的学科优势，学习国务院发展研究中心每年发表经济发展报告的做法，组织力量广泛收集资料，对我国的社会发展状况进行综合研究，逐步建立起对社会发展状况进行描述、分析、评价、预测的框架，发表"中国社会发展报告"，以供社会各方面了解社会现状，把握社会发展态势，为领导和决策部门提供咨询和参考。这个建议得到了中国社会科学院科研领导同志的赞许。为此，专门成立了"社会发展综合研究"课题组，并把这个课题列为 1990 年中国社会科学院重点项目。

1990 年 3 月，"社会发展综合研究"课题组正式成立，成员主要是中国社会科学院社会学研究所的研究人员，同时也有国家统计局、国家教委、中国社会科学出版社和北京市农村经济研究中心等单位的同志。1990 年 3 ~ 5 月，课题组开了三次研讨会，集体讨论"中国社会发展报告"的理论框架并形成写作提纲。因为这个课题的综合性质以及要求实现的目标在我国社会学界还未有过，具有一定的探索意义，所以难度是比较大的。一是社会发展的含义宽泛，我国社会发展的指标体系还在形成中，"中国社会发展报告"到底应该包括哪些内容，这是需要探讨的；二是如此众多的资料应该怎样收集；三是"中国社会发展报告"40 年来从未发表过，我们应从哪一年做起。经过几次集体讨论及与有关部门同志探讨、商酌，大家大致达成了共识。

社会的总体发展，应该包括经济和非经济两个方面。我国从第六个五年计划开始，计划内容总是提国民经济和社会发展两个方面。鉴于经济发展状况的年度报告制度已经建立，"中国社会发展报告"着重强调非经济方面的社会发展内容。经过反复研究，确定报告的内容为：（1）社会发展总体报告；（2）社会政策；（3）社会结构；（4）城乡关系；（5）人民生活；（6）教育；（7）科技；（8）人口；（9）家庭；（10）社会保障；（11）医疗卫生；（12）社会秩序；（13）资源和环境；（14）少数民族；（15）宗教事务；（16）社会心理。可以说，社会发展的基本内容都有了，但确实还没有囊括社会发展的全部内容：有的是我们已经考虑到了，如文化体育的发展等，但由于研究力量和资料收集等原因，本报告暂缺了；有的还有待研究。"中国社会发展报告"应该形成一个包括社会发展基本状况的科学体系。我们现在这个框架是初步的，需要继续探讨修改，使之逐步臻于完善。

国家统计局从1983年开始制定社会统计指标体系，1985年第一次公开出版《中国社会统计资料》，以后又分别于1987年和1990年出版了第二本、第三本，这3本书，为我们提供了大量丰富的素材，为社会发展的宏观定量分析提供了依据。另外，在研究过程中，我们还得到了公安部、民政部、教委、科委、计生委、民委等单位的支持和协助，他们提供了有关方面的资料和数据，使研究工作得以顺利进行。

开始，我们设想，"中国社会发展报告"直接从1990年度搞起，但在研究过程中发现，由于过去还没有类似的报告，一开头就是1990年的年度报告，这无论是对作者行文还是对读者了解发展状况都会产生困难。所以，大家商定，本次报告，叙述的是1978年党的十一届三中全会以来的社会发展状况，并以此为基础，以后再逐年发表年度报告。

《中国社会发展报告》是集体智慧的成果。1990年上半年讨论出报告框架之后，大家分别去收集资料并写作，以后又集体讨论多次，数易其稿。其间还专门就总报告的主体部分——转型社会问题做了3天研讨，取得了较为一致的意见。1991年春节后，总报告和各分报告作者陆续完成初稿。这些报告的执笔人是：李培林（总报告），姜晓星（分报告之一），樊平（分报告之二），李国庆（分报告之三），朱庆芳（分报告之四、十二和附录），吴士辉（分报告之五），丁辉（分报告之六），沈崇麟（分报告之七），杨善华（分报告之八），曹贵根（分报告之九），冯西光（分报告之十），张荆（分报告之十一），王春光（分报告之十三），王震宇和王春光（分报告之十四），石秀印（分报告之十五）。参加本报告总体设计和讨论的还有方明（他是发起者之一）以及沈原、谢寿光、王颉等同志，陆建华同志参与

关于社会形势研究的几个问题*

一 社会形势的概念界定

社会形势是相对经济形势而言的。讲形势，应该包括社会形势。过去，我们一般只讲政治形势、经济形势，在战争年代，也重视分析军事形势。转入以经济建设为中心后，注重讲经济形势，这当然是应该的。但就整个社会发展来说，应该包括经济发展和社会发展。当我国解决了温饱问题，进入从实现第一步战略目标向实现小康战略目标迈进的时候，社会发展问题日益重要，经济发展、社会发展要同步、要协调，逐渐为人们所认识。单纯的经济增长、经济发展战略已经被公认是片面的，经济和社会应该同步协调地发展。经济发展是中心、是基础，这没有问题，但社会发展为经济发展创造好的社会环境，而且经济发展归根到底是为社会发展服务的，是为了满足人的物质文化的需要，是为了人的全面发展。

历史的经验和教训表明，我们在分析经济形势的同时，也要分析社会形势。在现阶段，经济形势是基础、是决定性的，但社会形势也很重要。一般说，经济形势好，社会形势也好，但在特定的时期、特定的地域内，经济形势好，社会形势却不一定好，两者发展不同步、不协调，甚至在某种特殊的情况下，会出现社会动荡、社会不安定，影响、阻碍乃至破坏经济的发展。这在国内、国外都有历史例证，都有教训。

所以一个国家、一个地区在分析研究经济形势的同时，也要重视社会形势的分析，这样才能对整个形势有一个清醒的认识，随时调整经济发展

---

* 本文源自作者手稿。该稿系陆学艺于 1992 年 6 月 11 日为"社会形势分析与预测"课题组工作会议开幕会上的讲话撰写的发言稿。——编者注

和社会发展的关系，使之相互稳定，持续、协调地发展。

社会形势应该包括哪些内容？怎样来判断社会形势是很好，还是基本好，或是不好呢？社会形势是社会整体运行状况外在的、客观的表现形式。

我想第一个重要内容就是，社会稳定与否是判断社会形势好坏的一个首要的标志。一个安定的社会，一般是社会各个组成部分（包括社会成员、各个阶层、各种社会组织、各个社区、各个地区），都在某种历史和文化决定的利益格局中平衡、协调地运行。一旦这种运行机制、运行格局被打破，社会出现不协调、不安定，就需要调整协调，如果调整失效，就会出现社会不稳定和社会动乱。所以一个稳定、健康的社会，一定有一个良好的运行机制，本身能进行利益格局的调整，能不断产生稳定的因素、稳定的关系，政府有比较好的调控手段，能协调社会各组成部分的利益和关系，协调经济、社会发展的关系，不断排除不稳定因素，使社会安定地运行。

判断社会形势的第二个重要内容是社会发展、社会进步的效率和速度怎么样。这里就要谈到社会稳定和社会发展的关系问题。社会稳定并不是我们的最终目标，我们的目标是社会发展、社会进步。社会稳定的目的是要使经济社会发展得到最好的环境和条件。如果社会安定了，但经济、社会不发展，是停滞的，那也不能说社会形势好。

说社会形势好，是说这个社会发展得好，社会进步得快。这个是可以用各种社会指标来衡量的。我国的社会科学界这几年在社会指标方面已经取得了很可喜的成果。采用的社会指标体系，也逐步得到社会各界的认同，如一般采用社会结构、生活质量、社会秩序等若干个指标。

我国目前正处在由传统社会向现代化社会转型的过程之中。这十多年来，社会进步、现代化指标提高得很快，这是我国这十年来社会形势好的标志。

这里有两个实际的例子可以作为例证。

从世界银行的发展报告看，我国的经济发展水平在全世界一百多个国家中，按 GNP 排列，处在 100 多位，排行是很落后的。但是世界一些国际著名学者用社会发展指标排，我国的社会发展水平是比较好的，一般都排在第 60～70 位。如我国的平均预期寿命、成人识字率、婴儿死亡率均居世界平均水平之上。根据朱庆芳的计算，我国社会发展水平排在世界第 70 位。

为什么会有这种矛盾状况？一方面，世界计算 GNP 采用美元汇率计算的方法不全面，加上我国统计 GNP 的途径同国际通用标准不一致，导致过低计算了我国的 GNP 数字，所以排在后面。另一方面，这反映了我们国家社会主义的优越性。我国是社会主义国家，经济发展水平总体来说还比较低，但是我们实行以按劳分配为主体的分配形式，社会比较公平，相对资本主义国家来说，贫富悬殊不大。例如，人均饮食卡路里并不高，但居民生活得都比较好，所以营养状况还是比较好的；医疗条件也得以普遍享受，居民平均寿命较长；受教育的机会也比较均等……所以成人识字率就高；等等。

第二个例证是，这几年我国一部分农村发展比较快，主要是指四"边"地区：沿海边、大中城市边、大中型工矿企业边和边境开展边贸地区，约1亿人口的农村真正先富起来了。从统计数字看，这1亿人口的经济收入和经济物质生活已经赶上甚至超过了城市居民的平均水平。但是他们中的一部分人，还愿意农转非，还走后门要到城市来。我们许多干部、工人和知识分子，虽然眼红那里农村的收入，但大多数还是不愿下去。什么原因？因为那里的社会发展水平还是低，学校、医疗环境、文化都还不行。

判断社会形势如何，还有第三个重要内容，就是要看社会改革的形势怎么样。

社会要长期稳定，社会发展进步得好，要使已有的社会结构、社会利益格局、社会运行机制不断得到调整和完善，这就要靠社会改革。特别是我国现阶段正处在社会转型、社会结构变迁的过程中，社会改革的作用就更加明显，社会改革的意义就更加重要。

目前正在进行的社会保障体制改革、住房制度改革、医疗体制改革、科技教育体制改革，乃至物价改革、工资改革等，都可以说是社会改革。应该说，改得难度都很大，进展不是很顺利。但改革的呼声很高、要求很强烈，上下是一致的，所以也可以说是社会改革的势头很好。

第四个重要内容是社会心态。

二　决定社会形势好否的基本要素

社会形势是这些基本要素的函数，是因变量，自变量是哪些，要弄清。

第一，是中央决策，党和政府的行为。社会控制手段如何？领导经验如何？党风问题。主要包括：（1）一般可视为社会控制系统同被控制对象之间的关系，调控的关系，调控的有效性与合理性；（2）社会总体目标合理性与社会各阶层对总体目标的认同程度。

第二，经济运行的状况，经济发展与效益。

第三，改革的合理程度与改革力度。

第四，社会各阶层、各地区之间的关系。社会组成部分（各社会成员、群体、社会组织、社区、地区、知识分子、青年、学生、宗教、民族等）的利益结构是否合理。

第五，舆论导向，社会思潮，价值观念，社会心态，社会期望。

第六，国际大气候，政治、经济形势。

第七，社会秩序，社会治安（犯罪率、安全感）。

第八，突发事件，热点问题，敏感问题，非正常的社会运动（宗教、民族、青年学生）。

三 社会形势的研究方法和步骤

这是一个新领域、新课题。

（1）没有现成的理论分析框架。

（2）资料比较分散，需要收集、整理、分析。

（3）还未形成分析研究的机构、队伍。

意义在此，难点也在此。

课题组做初步的分析（逐步扩大、成熟）。

（1）形成目前的分析（逐步扩大、成熟）。

（2）这次会议大家来分析，在分析框架上形成共识，大家提供分析看法，初步对1992年的形势进行总分析，需要形成若干个分报告，分工。

（3）大家回去继续就上述两方面做工作，每月在社科院举行报告会。

（4）9~10月召开第二次形势分析会。拿出总体分析报告，出"1992年分析和1993年预测"分题报告初稿，讨论明确总体分析理念，提出修改意见。

（5）会后接着修改、定稿，10月底交稿。

（6）11月统稿、定稿，12月出书。

（7）明年再讨论第二年的分析与预测。

开展社会形势分析与预测研究是
一项开创性的研究[*]

　　《1992—1993 年中国：社会形势分析与预测》（社会蓝皮书）一书，今天和大家见面了，正式向社会发行了。这是中国社科院社会形势分析与预测课题组数十名专家和学者一年来调查分析研究的结果，也是院内外各方面的同志和朋友，特别是中国社会科学出版社积极配合、大力支持的结果。

　　今天，我代表课题组讲一下这本书研究的内容、研究的过程、研究中遇到的问题和今后的打算。

　　1992 年 1 月，江流副院长在召开政法社会学科片的所长会议时提出，根据党中央关于社会科学研究应该结合实际，为实现国家经济繁荣、社会全面进步的第一步战略目标服务的要求，政法社会学科片应该研究社会发展、社会全面进步方向的问题。随着经济改革、经济发展的变化，社会发展方面的问题越来越突出，这方面需要研究。是否可以像经济学科片每年搞一本经济形势分析与预测的书那样，在政法社会学科片也组织力量，通过调查研究推出一本关于社会形势分析与预测的书，供党中央、国务院等决策部门作参考，给社会各部门提供一批资料。

　　在江流同志的亲自主持下，课题组于 1992 年 2 月正式成立，4 月召开了第一次工作会议，对社会形势的研究内容、方法和分工做了初步的讨论和安排，之后分别在 1992 年 6 月、8 月、11 月召开了几次分析讨论会，到 1993 年 2 月初，开了最后一次形势分析和定稿会。会后，课题组的同志们又做了进一步的加工、修改，2 月 20 日全部稿子交出版社，出版社信守合

---

　　*　本文源自作者手稿。该文稿系陆学艺于 1993 年 4 月 20 日在《1992—1993 年中国：社会形势分析与预测》（江流、陆学艺、单天伦主编，北京：中国社会科学出版社，1993 年 3 月）一书首发式上的讲话稿。原稿无题，现标题为本书编者根据发言稿内容拟定。——编者注

同，于 3 月 30 日即出了书。从江流副院长提出这一任务到这本书出版，前后共花了 14 个月的工夫。

这本书可以说是一项开创性的研究，难度是比较大的，我们首先遇到的问题是：社会形势研究些什么内容？

以往我们的研究，多数集中在经济形势的分析，经过多年的研究，大家对经济形势比较熟悉，已经有了一套公认的分析研究框架。例如，讲经济形势，就是讲经济增长速度、GDP 增长率、工业发展问题、农业发展问题、社会固定资产、投资总额、基本建设投资、商品零售额、零售物价指数、年末银行存款、贷款余额以及财政收支情况等。但社会形势怎么分析？研究哪些内容？我们经过反复的讨论，最后形成了以下共识。我们这一项研究，是为我们国家现代化建设、为实现第二步战略目标服务的，是要研究经济发展的社会环境，支撑经济发展的非经济因素，社会政策、社会条件对经济发展的影响，经济发展和社会发展的相互关系，以及两者之间是否协调的问题。社会形势是指包括经济增长在内的社会整体发展的状况和态势。经济发展是社会发展的基础，而社会的全面进步，是经济发展和社会发展的最终目标和内涵。

最终，我们确定了这一研究课题主要研究以下几个方面。

第一，研究社会稳定状况。关于社会是否稳定的问题，是稳定、基本稳定，还是可能不稳定；会不会出大的、中等的乱子，还是小的乱子。这是从中央到基层大家都最关心的问题，也是经济建设能否顺利进行的最基本的条件、最基本的社会环境。这是本书研究的重点。

第二，研究社会进步和社会发展。社会稳定并非我们的最终目的，其目的是要为经济建设提供一个较为安定的社会条件，使经济建设更好地进行，实现社会全面进步。社会发展包括教育事业的发展，科技事业的发展，文化事业、体育事业、医疗卫生事业等的发展，以及人们生活水平的提高。社会进步包括第一、二、三产业的变化，城乡关系的变化，人民生活水平的提高，以及人民生活质量的提高等若干方面。

第三，研究社会改革。我们目前正处在由农业社会向工业社会、由农村社会向城市社会转化，由经济较不发达的国家向现代化国家转型的时期，同时也处在实行了 40 年的计划经济向社会主义市场经济体制转型的时期。随着经济体制的改革和形势的快速发展，社会体制必须做相应或超前的改革。例如，劳动人事制度的改革、劳动工资和分配制度的改革、科技教育制度的改革、医疗卫生制度的改革、社会保障和社会保险制度的改革，以及住房制度的改革等。这些社会改革和社会政策，必须与经济发展、经济体制改革相配合、相协调，否则就会影响或阻碍经济改革和经济的发展。正是社会保障体制的滞后，使得企业和事业单位的用工制度改革不能落实。

第四，研究社会心态和社会心理。社会价值观的取向是积极向上的还是颓废的，对改革是拥护支持的还是持旁观以及消极的态度，对形势的发展是乐观参与的还是怀疑的、等着瞧的。说到底是研究当代人的精神面貌，研究人心向背的大问题，这无疑也是很重要的。

我们的研究主要围绕这四个方面来进行，试图通过社会稳定、社会进步、社会改革和社会心态这四个方面的资料来描述当前的社会形势。

通过对1992年各方面社会形势的分析，我们得出了以下几个判断性的意见。

第一，1992年经济发展和社会发展进入了一个新的发展阶段，这个阶段的突出标志是邓小平同志的南方谈话和党的十四大。这个新阶段的特点如下。

（1）社会主义市场经济体制正在全国逐步建立起来。

（2）产业结构、就业结构、城乡结构等都在发生迅速和巨大的变化。

（3）对外开放是从沿海向沿江、沿边和内陆发展的。

（4）随着经济的发展，人们的生活逐步改善，已开始从温饱走向小康。

（5）改革已经从经济领域扩展到社会领域，要求社会进行配套改革，使经济和社会协调发展。

第二，同经济迅速增长一致，1992年社会发展进一步加快，并取得了很好的成绩。据统计局的计算，社会发展的总指数增长了12%，社会发展的十个领域发展得都很好，是近几年最好的一年。我们预计1993年社会发展方面的形势仍会保持好的势头。一般来说，头年经济形势好，第二年的社会形势会更好。

第三，1992年社会形势比较好，社会秩序稳定。1992年初，邓小平同志在南方谈话中指出，要进一步解放思想，扩大改革开放，抓住机遇，加快发展。这深得人心，得到了全国各地干部群众的热烈响应，促进了经济的高速增长，带动了各项事业的发展。从各方面资料分析，我们预测1993年社会形势仍能保持基本稳定，但也存在一些值得注意的不稳定因素。这主要是1992年下半年以来，一些地区和一些部门不顾自身的条件，片面攀比速度，盲目扩大建设规模，多上项目，出现了开发区热、基建热、经商热、下海热、股票热等问题，并引发了如下问题。

（1）农村大量土地被占，农业得不到应有的重视，农民收入增长缓慢。农民负担加重，"打白条"损害了部分农民的利益。有些地区干群矛盾紧张，老百姓有怨言；有的地方农民冲击乡政府，包围县政府，出了一些小的乱子。

潜在的一个大的社会问题是日益增多的农村剩余劳力。现在每到春节，就有大量的农民工流动的潮流，今年是 5000 万人，明年估计会是 6000 万人。实际部门和学术界的评价不同，一方说是"盲流"，另一方说是自觉的流动，但要引发一系列社会问题，这是事实。

（2）由于各地争上项目、攀比项目，争上的多是加工工业，扩大基建，使原材料、建筑材料涨价，钢材已涨一倍。扩大了进口，外汇缺少，美元汇率已达一比八点多。信贷失控，人民币发多了，物价上涨，引发通货膨胀，引出居民的抢购，现在已有购黄金、名牌电器的。这是另一个不稳定的因素。

（3）居民之间的差距、城乡差距、东西部差距在进一步扩大。这种趋势随着市场经济的发展还在扩大，这是个大的社会问题。特别是东西部矛盾，西部贫困地区，多数是少数民族地区。据统战部的统计，3000 万在贫困线以下的人口中，少数民族人口有 2000 万。

（4）社会治安状况令人担忧，经济犯罪的大案要案增加，一些丑恶的现象，如卖淫嫖娼、吸毒贩毒、黑社会团伙、车匪路霸有扩大之势，人们出门缺乏安全感。

这几个方面的问题都应该引起我们的注意，要采取适当的社会政策、经济政策予以化解，保持社会稳定，为经济发展创造一个有利的环境。据此，课题组还分别提出了一些政策建议。

我们这本书一共由 19 篇文章组成，其中前 2 篇是综合性的报告，后 17 篇是分门别类的专题报告。我们试图从各个侧面来描述社会形势，使读者有一个比较完整明晰的概念，对社会稳定、社会发展、社会改革、社会心理的概念有一个了解，供领导部门决策时参考，供教育、理论研究部门和实际工作的同志参考。

前面说过，这是一项探索性的研究，我们虽然努力了，但是我们自己还感到不够满意，今后要继续努力，使这项研究逐步完善。

第一，对社会形势的分析研究，还有待科学化、系统化。我们设想今后要像分析经济形势那样，逐步形成一个大家公认的分析框架。对社会形势的几个主要方面都要有一些量化的指标，使人们一目了然，并使之可以对比分析。如社会稳定，是否可以用物价上涨指数、失业待业率、社会人口流动状况、刑事犯罪率等指标来表述；社会进步，是否可以用城乡结构、就业结构、产业结构、社会保障覆盖率、人民生活质量指数等指标来表述；社会发展，是否可以用科技、教育、文化、体育、医疗卫生等指标来表述。

第二，有关社会形势分析的方面，还需要尽可能周全。除了这本书的17 篇分报告外，我们认为应增加科技、教育、文化事业等方面的现状研究。

第三，由于这是第一本，初次推动这项工作，没有经验，加上工作没有抓紧，这本书到 1993 年 4 月才同读者见面，晚了一点。1994 年的第二本力争在上年 10 月、11 月就定稿，年内能见到书。

这些是我们的努力方向，也是下一年工作的设想。

我们虽然有了开头的这第一本，但今年的工作难度仍然是很大的，任务是艰巨的。好在经过一年的工作，我们已经形成了以江流副院长为首的院内外专家学者合作共事的一支队伍，大家团结协作、共同探索，已经积累了一些经验，这也是课题组的一项成果。我们相信，在院党委、院领导的支持下，在各局、各所同志的支持下，在中央有关部门的支持下，我们这项研究一定会取得更好的成绩。我们努力争取今后一本比一本好。

今天来了很多方面的领导和同志，以及新闻单位的朋友，你们见多识广，请你们对本书多提宝贵的意见。

谢谢大家！

要重视社会形势的分析与研究[*]

历来我们比较重视和经常分析研究经济形势，并由此相应地采取政策措施，引导经济持续稳定协调地发展，这是完全正确、十分必要的。但是这还不够，我们还应该重视和经常对社会形势进行分析和研究，并由此采取相应的社会政策和措施，以便引导整个经济社会协调发展，全面推进社会主义现代化事业。

所谓社会形势，是包括经济增长在内的社会各构成部分整体运行状况的综合性表现，因经济另有专门的分析，这里所讲的社会形势是指经济以外的社会系统运行的形势，就当前来说，应主要分析研究以下四个方面。

第一，我们应该经常分析社会环境，社会秩序是否稳定。随着经济的迅速发展，经济结构发生了明显的变化。同时，社会结构也在发生迅速的变化，人与人之间的利益关系在变化，一些新的阶层产生了。有些阶层的经济地位和社会地位都提高了；有些阶层的社会地位提高了，但经济收入仍很差；有些阶层经济地位提高了，但社会地位还很低。地区之间的关系也在变，这些年，东部、南部发展很快，中部、北部次之，西部发展较慢，差距就大了。城乡之间的差距拉得很大，引起农民大量地往城市跑、往发达地区跑。阶层之间、地区之间、城乡之间发展不平衡、有矛盾，这是客观现实存在，不可避免，但要有一个"度"，有一定的界限，超过了这个"度"，就会引起社会冲突、社会不安，乃至出现社会动荡等严重状况。社会的安定是经济发展、经济增长的最基本的条件。一个国家如此，一个省、一个市、一个县也是如此。所以，我们要经常分析社会环境方面的问题，经常分析研究社会稳定等方面的形势。要防患于未然，不能等到有了问题再被动处理，代价就太大了。

---

* 本文源自作者手稿，原稿写于 1993 年 10 月 8 日。——编者注

第二，我们应该经常研究社会事业发展、社会进步方面的问题，分析经济发展和社会发展是否协调的问题。无疑，经济发展是社会发展的基础和条件，所以经济应该优先发展，但是经济和社会必须协调发展，经济发展不能长期脱离社会发展而孤军独进。例如，经济要发展，就要求教育事业发展提供人才的支持，要求科技事业发展提供先进技术的支持，要求社会分配的公平和社会保障事业发展作为保障。所以，社会发展了会促进经济的发展，而社会事业长期滞后，就会阻碍经济的发展。

第三，我们应该经常分析社会改革方面的形势，抓住机遇，推进社会改革。大家知道，我们现在的社会结构、社会事业体制、社会组织、社会福利、社会保障等都是在计划经济体制下逐渐形成的。而我们已经明确要建立社会主义市场经济，原有的社会事业体制同市场经济发展已经发生了很多矛盾，已到了非改不可的地步。但是怎么改？改成什么样？哪个方面先改？什么时候改？却有很大的学问。选择或决策不当，都会引出大的麻烦。在这里，确定符合国情的社会发展目标模式，当然是最主要的。例如，我们应该建立什么样的社会阶层结构体制、什么样的教育科技体制、什么样的住房制度、什么样的社会福利保障制度，这些都是需要从长计议的。美国社会学家科尔曼曾经说过，现代社会组织的设计和创建需要科学认识的指导，就像现代建筑是设计师与工程师运用其科学知识的产物一样。如果社会科学不能指导新的社会基础的创立，就像缺乏力学理论而建造的摩天大厦一样，无法满足居住者的需要，而且最终将彻底倒塌。

适应社会主义市场经济发展需要的社会事业体制的目标模式选好之后，选择什么样的时机实行改革，何地先改、何地后改，何项先改、何项后改，也都是至关重要的。例如，经济改革中的物价改革，开始选在 1988 年改，花了九牛之力，结果流产了。1993 年再改，未花很多力气，物价关就闯过了。现在的住房制度、社会福利保障制度、医疗保险体制、城市公用事业体制等的改革，各方面要求改革的呼声都很高，条件也在逐步成熟，关键是要审时度势，选好改革的时机和突破口，下决心进行改革，所以我们要经常分析研究社会改革方面的形势。

第四，要研究社会心理方面的形势。社会各个阶层的心理状态是经济社会改革和发展现状的反映，同时也是社会形势的重要组成部分。农民、工人、学生、干部和个体经营者等社会各个阶层都在想什么？快乐为什么，忧愁为什么？喜欢什么，厌恶什么？拥护什么，反对什么？这些都是我们应该经常了解和掌握的，并要据此制定相应的政策和措施，以解决、消除那些群众忧虑和反对的东西，支持群众欢迎、希望的事物成长。现在社会上已经有了一些调查社会心态的机构和单位，用新的科学的调查方法，做了一些比较好的调查，但还不够经常、不够系统，影响力也不大。国家应该在这方面有所投入，建立相应的机构做经常、全面、系统、准确的社会心理调查，这是很有必要的。去年夏天，中国社会科学院社会形势课题组同国家统计局合作，对 2 万多人做了一次社会心态方面的问卷调查，从中了解到农民最不满意的两件事是：社会治安变差和农民税费负担过重，这是反映了当前农村基本情况的。多年来，国家花了很大力气解决"打白条"和农民税费负担过重问题，农民是满意的，但农村社会治安问题依然严重，有些地方，农民出门没有安全感，这是亟待解决的问题。

分析研究社会安定、社会发展、社会改革和社会心理这四个方面的状况，在当前可以基本判断社会形势的特点，可以从错综复杂的诸多社会现象中获得一个总体的判断，并可预测未来发展的趋势，以此来指导我们的工作，以推动经济的繁荣和社会全面进步。

要正确处理好改革、发展和稳定的关系[*]

就当前来说，稳定应该提到最重要的议事日程上来。为什么？

第一，从历史经验看，改革、发展、稳定是统一的，发展是目的，改革是动力，稳定是实现改革和发展的条件。

我们的目标是要建设有中国特色的社会主义，列身于世界先进民族之林，成为繁荣富强的现代化国家。当前我们处于社会转型时期，要从传统社会向现代化社会转化，由农业社会向工业社会转化，由乡村社会向城市社会转化，由封闭社会向开放的社会转化，由单一的同质的社会向多样化社会转化，由人治社会向法制社会转化。这是所有现代化国家都经历过的。

我国特殊的情况是，在实现上述转化的同时，我国还要实现从计划经济体制向社会主义市场经济体制的转化。

我们是在这样两个转化的背景下搞建设、搞现代化的，即在社会转型的同时还要实现体制的转换，所以任务非常艰巨，困难相当多。要搞现代化，1978 年前的那套计划体制显然不行，所以必须改革，不改革就没有出路，不改革就不能发展。但我们又是这样一个 11.8 亿人口的大国，计划经济搞了 30 多年已经形成了，从经济到政治、到社会、到文化思想的庞大体系，改革不可能一蹴而就，只能一步一步走，要有一个渐进、深化的过程。不改革不行，但改革步子跨大了也不行。记得改革初期有个科学家总结说，当时中国就像一大篓螃蟹挤在一起，互相叉着，谁也动不了，真不知怎么办好。一篓螃蟹不好办，解决办法有两个。一是把篓子彻底撕开，这样螃蟹也就各走各的，四处分散，就乱了。中国的办法，是在篓子上开个口子，一个一个往外放，放出来一个活一个，放出来一批活一批，但方向都朝着一个口，活而不乱。苏联搞政治公开化，搞休克疗法，结果翻了车。

---

* 本文源自作者手稿，写于 1994 年 3 月 15 日。——编者注

历史经验告诉我们，我们原来是一个一穷二白的国家，要建设成现代化国家，发展也是一个漫长的过程。我们的各级领导、我们的群众都希望把经济建设搞得快一点，我们穷怕了，不甘落后，总想快，但经济发展是有规律的，是有比例的，只能按客观规律办事。你主观想快，搞"大跃进"不行。1958 年想搞 1070 万吨钢，结果损失惨重。所以，发展要有一定的顺序，要按客观经济规律办事。我们中国社科院院长胡绳同志在《中国共产党的七十年》一书中总结了 40 年来的经验教训，指出新中国成立后我们犯过几次"左"的错误，主要表现一是在政治上搞阶级斗争扩大化，二是在经济上盲目追求超过现实可能的高速度，[①] 我想这个总结是非常恰当的。

所以改革也好，发展也好，要掌握一个度，就是要适度，这个度是很难掌握的，这就是领导者的艺术。但有一条基本的原则，就是要保障政治稳定、社会稳定，没有稳定的政治社会局面，那改革和发展就没有了基础。这一条在全国来说如此，对一个地区也是如此。不要说一个国家乱了（苏联就是如此），一个地区乱了，这个地区的改革发展也就谈不上了，折腾一次要倒退好多年。而且由此引发更大范围的不稳定，损失就更大了。怎么来判断是不是超过这个度了呢？美国的社会学家做了个研究，他们提出了一个指标，叫作社会警报指标，一个国家或一个地区的失业率和通货膨胀率相加，如果超过 12%～15%，那么这个地区就可能出现不安定问题，这叫警报指标。当然出不出现问题，出多大的问题，还要看其他社会条件，如国际国内其他方面的形势，有没有导火索、发起人、突发事件，等等。但据历史统计，大小动乱往往是在这种状况下出现的。

第二，从当前面临的局势看，也要把稳定放在最重要的位置上。

改革、发展、稳定，三者是统一的，但它们不是平行的，不是齐步前进，实践表明，我们在领导这场伟大的转化的时候，要审时度势，根据国际国内的形势，某一个时候要强调某一方面，重点抓某一个环节。像 1978 年，不改革就不能前进的时候，则重点要抓改革，要以改革开路，促进发展，那时我们在十一届三中全会以后率先抓农村改革，全力以赴，破除人民公社"三级所有"的那套，把农民的积极性调动起来，把最大的生产力解放出来，促进了农业的大发展，为以后的发展奠定了基础，也为进一步改革奠定了物质和精神基础。当 1991 年经过两年的整顿有了雄厚的基础的

---

① 参见中共中央党史研究室著、胡绳主编《中国共产党的七十年》，北京：中共党史出版社，1991 年 8 月，第 648 页。——编者注

时候，邓小平同志在 1992 年春适时地提出了要"抓住时机，发展自己"，提出了"发展才是硬道理"的著名论断。① 由此推动了全国新一轮的建设发展的高潮，使我们的各项工作大大向前推进了一步，出现了这几年风景这边独好的大好形势。

这几年我们的经济建设取得了举世瞩目的伟大成就，我们的经济又上了一个新的台阶，成绩卓著，这是首先要肯定的。但是，我们也不用讳言，我们在前进过程中也出现了一些问题。

从经济上说，经济发展快，比例需要调整。从经验看，农业与工业的关系，发展速度协调应是 1∶3，农业增长 1，工业增长 2.5～3 为好。超过了，农业这个基础支撑不起，这几年连续两年超过 1∶5，有些支持不了，如棉花就出了问题，昨天有的同志讲了这方面的问题。

还有，基础工业，如电、运输、能源，已经引起相当多的矛盾。由于基建项目上得太多，钞票发得太多，引起通货膨胀，物价上涨得相当厉害，这是相当多的人民群众不能接受的、有意见的。

从社会上说，不仅经济内部的工业、农业，基础工业和加工工业要按比例协调发展，经济和社会也要协调发展。经济发展需要科技，需要人才，需要发展教育、发展科学研究，还需要建立社会保障机制、住房制度、新的分配制度，在这方面积累的问题也不少了，引出了很多矛盾。例如，这几年城乡差距拉大了，东西部之间的地区差距拉大了，同一地区内不同行业、不同单位之间的差距拉大了，个人之间的收入差距也拉大了。

这些产生的不平衡，已经在部分地区、部分单位里出现了社会不安定的因素，这是我们要特别注意的。要防微杜渐，及时解决这些问题，保证政治、社会的稳定。

从改革上说，需要配套，需要消化。在这几年的大好形势下，酝酿多年的财政、税收、金融、物价等改革措施，这些大的举措已经出台了，有的今年要出台。这些改革的措施，对我国的发展将会起到很好的作用。改革说到底是利益的调整、权力的调整。这样一批大的政策的改革，在这样大的国家里，出台不容易，真正贯彻落实、实施更不容易，而且可能会引起一些社会矛盾。

邓小平同志说，对于我们这样发展中的大国来说，"总是要在某一个阶

---

① 邓小平：《在武昌、深圳、珠海、上海等地的谈话要点》，载《邓小平文选》第 3 卷，北京：人民出版社，1993 年 10 月，第 375、377 页。

段，抓住时机，加速搞几年，发现问题及时加以治理，尔后继续前进"①。我认为，现在就要对上述问题及时加以治理。治理的目的，是保持社会的稳定、经济的稳定，以便今后更好地发展。

第一要保持经济稳定，使经济健康发展。朱镕基同志最近说，稳定市场，平抑物价，是当前处理好发展改革和稳定之间关系的关键。他还提出要严格进行"两控"，即控制国有资产投资规模过快增长，控制消费基金的过度膨胀，要抓好农业和"菜篮子工程"。加强对市场物价的调控，近期要采取一系列措施平抑物价。通过这些措施把经济稳住，这是最主要的，是社会稳定的基础。要采取一系列反通货膨胀的措施，真正把今年的物价增长控制在 10% 以内。

第二要缓解社会矛盾，保持社会稳定。要针对群众最有意见、最不满意的问题，解决一批。如去年解决农村中农民最不满意的"打白条"问题、负担过重的问题，这是很得人心的。

现在主要的问题是什么呢？主要是这样的"三风"和"一潮"。

一是涨价风（此处原稿未展开。——编者注）。

二是浮夸风。1992 年以来各地的浮夸风又有滋长，而且刮得相当厉害。比速度，比产值。各地的乡镇企业产值越报越多，去年有 18 个省上报乡以上工业当年增长 50% 以上，其中 11 个省增长 60% 以上，4 个省增长 80% 以上，最高的一个省增长 102%。这是违背常识的。要真有这样高的速度，那还用奋斗吗？1993 年农民人均纯收入是 921 元，比 1992 年纯增长 137 元，名义增长 17.5%，实际增长 3.2%。② 但是这股风还未引起注意，也未刹住，反而还在刮。老百姓说，现在的数字是干部估出来的，叫作"官出数字、数字出官"，还有种说法是"报喜得喜，报忧得忧"。我们党吃浮夸风的亏是很大的。这股风要刹住，吹牛要纳税，不能让吹牛的人升官。

三是腐败风。去年中央开展了反腐败斗争，这是很得人心的，经过这几个月的努力，也有了很大的成绩。反腐败斗争中揭露出来的问题，也是很严重的。我们现在有 50 万名县处级以上的在职领导干部，按照中央的部署，这些干部应通过民主生活会进行自查自纠，自己检查交代了各种问题的共有 117440 人，这是个很大的数字，几乎占了这类中高级干部的 20%。

---

① 《邓小平文选》第 3 卷，北京：人民出版社，1993 年 10 月，第 377 页。
② 参见《中华人民共和国国家统计局关于 1993 年国民经济和社会发展的统计公报》，1994 年 2 月 28 日，http://www.stats.gov.cn/tjsj/tjgb/ndtjgb/qgndtjgb/200203/t20020331_30007.html。——编者注

据我们了解，在交代问题的这些干部中，有些是在一些大案、要案中牵扯到了，不检查不行；有些是被小偷偷了，被牵出来的。这些问题是够严重的，但这类问题多数还不是直接涉及群众的。群众意见更大的，引起群众不满的，将来很可能引发社会不安定问题的，是我们一些直接同群众打交道的干部和职工的不正之风，如工商、税务、公安、民警，等等。

另外，还有一个"民工潮"（此处原稿未展开。——编者注）。

这"三风一潮"是最大的社会热点问题，也是解决的难点问题。有同志说，这些风潮很可能引出问题。这些问题解决好了，社会就安定了，如果解决不好，甚至愈演愈烈，那就可能出现社会不安定的状况。

第三，从未来的发展看，也应该把稳定放在重要的地位。

改革开放 15 年了，我们已经取得了很大的成绩，经济发展了，社会进步了，更主要的是我们在改革上、在发展上都已有了比较成熟的经验，连国外都在总结我们取得如此好的成绩的奥秘所在。也就是说，我们已经上路了，路已经蹚出来了。如果说，开头几年我们是"摸着石头过河"的话，那么我们现在已经有了相当的经验和理论指导了。

我们在很多方面已经追上或超过了世界平均水平。我们只要按照邓小平同志建设有中国特色的社会主义理论，继续深化改革，促进发展，那么我们实现现代化的目标已经指日可待了。我们应该稳步前进，只要保持 7% ~ 8% 的增长速度，1958 年毛泽东预想的超英赶美的愿望是可能实现的，而且已经为期不远了。美国有人算是 2010 年，有人算是 2015 年，中国的 GNP 将超过美国。

但要有一个条件，就是社会要稳定，政治要稳定，不出乱子，这是最基本的一条。我们更应珍惜目前得来不易的社会稳定的局面。所以我认为，现在正确执行"二十字方针"①，正确处理改革、发展、稳定三者的关系，应该把稳定放在最重要的议事日程上。

---

① 正确处理改革、发展与稳定关系的"二十字方针"是党的十四大以后党和国家总揽全局的指导方针。1994 年 1 月，江泽民在全国宣传思想工作会议上明确提出"抓住机遇、深化改革、扩大开放、促进发展、保持稳定，是今年全党工作的大局"。此后，这二十个字就成为党中央总揽全局的、长期的战略指导方针。参见《十四大以来重要文献选编》（上），北京：人民出版社，1996 年 2 月，第 648 页。——编者注

中国国情与当前的社会形势[*]

这两个都是大题，今天介绍了哥本哈根会议，就没有时间都讲了，侧重讲当前社会形势。

一 关于国情

当前的国情，从动态方面讲，我们国家由于经济的高速增长、经济结构变化，社会结构发生了变化。我们的社会正处于从传统社会向现代社会转变的时期，我们国家正在从农业社会向工业社会转化，正在从乡村社会向城镇社会转型，正在从单一的社会向多样化、多元化社会转化，正在从封闭社会向开放社会转化，我们国家正在逐步变成社会主义现代化国家。

就现代化国家而言，所有的现代化国家都经历过上述由传统向现代社会转型的过程。不同的是，我们在实现社会转型的同时，要实现从计划经济体制向社会主义市场经济体制转轨，这是中国历史形成的，是特有的。这两种转化结合在一起，就使得我们国家实现现代化的过程特别复杂、特别困难，问题也特别多。从动态方面讲，这是我国当今的基本国情。

总的来讲，是变化，迅速的变化。经济结构在变，经济体制在变，社会结构在变，社会体制在变，整个环境在变，人的思想在变，价值观念在变，连语言也在变。出国几年归来，好多新词、口头语听不懂了，打的、面的、扎啤、大款、大腕、走穴、穴头、大包干、农民工、民工潮、浙江村、打工、打工仔、外来妹、农民企业家、CD、多媒体、大礼拜、小礼拜、车匪路霸、集资、打白条、打绿条、买单、扫黄打非，等等。有些词是会

---

   *   本文源自作者手稿。该文稿系陆学艺于 1995 年 3 月 27 日在中国社会科学院演讲的讲稿。——编者注

留下来的，有些不久就消失了。世界在变，中国在变，变得越来越不认识了。变是当前的一个重要国情。要在变动中把握国情，引导向正确的方向变。

二 关于当前社会形势

社会形势，这也是个新词。过去大讲形势，讲军事形势，讲经济形势，却没有讲过社会形势。最早毛泽东主席在 1947 年作过题为"目前形势和我们的任务"的报告。当时讲形势，主要是讲军事形势、政治形势。新中国成立以后，讲形势与任务，多数情况下主要是讲经济形势。十一届三中全会以后，拨乱反正，确立以经济建设为我们党的中心工作，在一段时间里，讲经济形势当然是主要的，也是上上下下大家最关心的。我院的经济学科片由刘国光、李京文同志主持编著了《中国经济形势分析与预测》，从 1991 年开始，每年召开 2~3 次经济形势分析会，在头年年底出版来年的《中国经济形势分析与预测》。这是一项探索性的研究工作，受到了中央领导、有关部门和学术界的欢迎，在实践中发挥了很好的作用。

随着经济改革、经济发展，社会发生了很大的变化。人们的利益结构格局发生了变化，社会结构变了，社会事业也在相应地发展，社会体制也要求变革，各种社会问题大量增加了。1991 年，由社会学所组织、编写出版了《中国社会发展报告》一书，受到了社会的特别欢迎。

1992 年，江流同志提出是否可以组织编写一本像《中国经济形势分析与预测》那样的关于社会形势分析与预测的报告，他同我和单天伦同志商讨。经过认真讨论，我们决定成立以江流同志为首的"社会形势分析与预测"课题组，以社会学、法学、政治学、民族、宗教、人口六个所的同志为主，组成并吸收中央各部委有关部门的同志参加，课题组从此开展工作。

社会形势分析与预测的研究很重要，这是经济发展软的环境。经济发展要继续前进，与社会发展的关系越来越密切，越来越受到各方面的关心。这项研究难度是比较大的，因为大家对经济形势比较熟悉，社会各界进行了多方面的研究，资料特别是统计资料比较齐整，比如 GNP、工农业总产值、固定资产投资率、社会商品零售总额、通货膨胀率、物价指数、居民收入和农民纯收入、银行存贷余额、财政收支等，都是有数的，这些数字标志着经济形势的走向。

社会形势表现在哪些方面？能不能用量化数字来表示？所以我们这个

课题组第一次会议是从讨论和界定"社会形势"这个概念开始的。社会形势包括哪些内容？从哪些方面来分析和判断社会形势？用哪些数字和形式来表示社会形势的好坏？这些问题是逐步解决的。我们一面研究一面编写，在大家的努力下，1993年我们出了第一本社会蓝皮书（《1992—1993年中国：社会形势分析与预测》），受到了国内外的欢迎和关注。1994年出了第二本，1995年出了第三本。从总体上说，这项研究在逐步深入，书的质量在逐年提高，书的框架结构也在逐步完善。如1995年这本书，我们是把形势分为四个部分：一是关于全国社会形势的总体分析；二是关于本年度社会方面大家关心的重大热点、重点问题；三是各社会主要领域部门的形势，如人口、劳动、人事、公安、宗教、民族等；第四部分是各主要社会阶层和界别的动向，如工人、农民、知识分子、学生、妇女、青年、私营企业主等的状况。这个工作还要继续做下去，使这本书逐步臻于完善。

三　社会形势分析的主题

下面讲讲我们是怎样来分析社会形势的，同时也谈一下当前的社会形势。

经过研究，我们把社会形势分解为以下五个方面的内容：（1）社会是否稳定；（2）社会体制改革的形势；（3）社会事业发展的形势；（4）社会各阶层的动向；（5）社会心态、社会风气、社会文化层面的形势。

1. 社会稳定方面的形势

这是大家最关心的。上层关心社会稳定不稳定，这是大局中的大局。老百姓关心，各个阶层关心，国外也非常关心。政治家关心，企业家更关心。积累数十年的经验，没有安定团结、社会稳定的政治局面，经济建设和社会事业发展都无从谈起。

所以，我们这本书把社会稳定与否的分析作为最重要的内容。1993年，我们判断是基本稳定，1994年预测是总体稳定，1995年我们通过问卷调查预测来表达，有近64%的各阶层认为1995年社会是稳定的，但也潜伏着不安定的因素（5.61%的人认为很稳定，58.33%的人认为基本稳定，23.28%的人认为不大稳定）。

从总的形势看，第一，我们现在正处于经济高速发展的时期，经济增长快，社会事业进步快，各阶层的人民群众大多得到了实惠，增加了收入，改善了生活水平，人们的生活质量在逐年提高，所以大多数人是拥护十一届三中全会以来"一个中心、两个基本点"的基本路线的。基本路线已经深入人心,这是社会稳定的根本保证,是绝大多数人拥护的。

第二,从"文化大革命"使经济到了崩溃的边缘,绝大多数人生活得不到改善的切身体验,以及苏联解体、东欧剧变造成的社会不稳定、经济倒退、人民生活水平下降的教训可知,只有社会安定,才有经济发展、社会事业进步和人民生活改善。搞乱了,谁也没有好日子过。人心思定,人心思稳,这是大局。谁搞动乱,谁破坏安定,谁就不得人心。

第三,现在国际形势格局于我有利。20 世纪 90 年代初苏联解体、东欧剧变之后,冷战格局结束,新格局正在形成。各主要国家都面临一连串国内国际的问题,这是一个难逢的发展本国经济和社会事业的好时机。我们要抓住这个机遇,尽快地发展自己。

所以,整个社会越安定,越有利于经济建设。经济发展了,有利于各种社会事业的发展和加强,更有利于社会安定。社会安定了,才能谈得上改革。而在我们国家,改革越顺利就越有利于社会安定。

改革中最大的课题,是要把政治和经济分开。经济按市场经济规律运行,这样即使政治上有什么波动,也不至于影响经济生活的正常运行,社会就相对稳定了。

经过这 16 年的实践,"一个中心、两个基本点"的基本路线已经有了成效,打下了一个好的经济、政治思想基础,人民生活改善了,综合国力加强了,也有了一定的防止和抵御社会不稳定的物质条件。而且,大多数人对这条路线满怀希望,满怀信心,相信这样改下去,这样走下去,许多问题是会得到解决的。

我们的经济学科片去年①预测,未来 15 年（1996~2010 年）经济维持 8%~9% 的增长速度,预计到 2010 年我们的国民经济生产总值将跃居世界第三位,仅次于美国和日本。而国外的一些机构和专家,他们比我们还乐观,他们用购买力平价计算,认为我们现在的 GNP 总量已位居世界第三,到 2010 年将超过日本,而仅次于美国,而且不久还会赶上美国,他们比我们还乐观。

我去年在日本一个国际学术会议上讲,过去 16 年虽然成绩很大,但未来 16 年将取得更大成就,在中国整个发展史上更重要。这 16 年平稳地过了,经济继续增长了,社会主义市场经济体制真正建立了,经济社会协调

---

① 指 1994 年。——编者注

发展，社会事业也有了相应的增长，那么中国就进入了世界先进民族之林的平稳增长期了。

据我观察，我们国家未来 15 年的发展计划是能够实现的，目前国际国内总的形势于我发展有利。从 1840 年至今这 150 余年，目前的形势是最好的，我们遇上了一个百年难遇的好机会。100 多年来诸多爱我中华的仁人志士梦寐以求的强国富民的理想，将在我们这一代实现。我们的国运是好的，我们这一代人是幸运的，所谓生逢盛世，我们是赶上了。总的趋势是稳定的，而且我看会长期持续下去。大问题不会出，小问题不断，议论纷纷，这是主流。没有问题、一片光明才怪。要防止出大动乱，对这种大问题要采取正确的政策，促进社会和解，解决各种问题。

当然，社会不稳定的因素还是存在的。如这些年的不正之风，贪污受贿，腐败堕落，权钱交易，以权谋私，走私贩私，假冒伪劣，社会秩序混乱，犯罪率上升，大案要案增加，杀人抢劫，车匪路霸，卖淫嫖娼，黑社会团伙……这些都是浮在表面上的，已经被人们注意到了，但我们还要看到社会结构性的一些问题在恶化，这些问题是不安定的根源。

从亚洲近现代几个发达国家和地区的现代化经历看，它们在经济高涨的同时，社会差距在缩小，如日本、新加坡、我国台湾地区，而我们却相反。这十多年来，我们在经济高速增长的同时，城乡差距、地区差距、产业之间的差距，以及个人之间的差距却在扩大。

（1）城乡之间，1978 年农民和城市居民的收入比为 1：2.33，到 1984 年缩小为 1：1.7，1985 年后扩大，到 1993 年扩大为 1：2.54。

（2）地区之间，东部沿海经济发达地区和中部西部欠发达、不发达地区的差距在扩大。资源、资金、人才和劳动力都在往东流，孔雀东南飞，麻雀也在向东南飞。以贵州省和沿海的广东省为例，1980 年两省人均 GDP 是 1：2，现在已扩大到 1：4。云南一个县同珠海一个区比，一个人均 GDP 是 172 元，另一个是 5100 元，相差 29 倍。

（3）同一个城市、不同的行业差距巨大。外贸、外资经济、银行、税务、计划、工商、劳动人事等行业或系统都有钱。

（4）同一个单位，不同的个人，经济收入也大不相同，差距很大。就社科院来说，老干部、老知识分子，新来的大学生、研究生，无工资外收入的，生活是比较困难的，而出国的，有稿费收入、讲课收入的则不同。

这些差距，看来到 2000 年还会扩大，但是，要采取大政策逐步解决。例如，地区差距、收入差距等，可以通过财政转移支付、所得税、消费税、遗产税来调节。两极分化不能再扩大，而是要抑制，这是社会稳定的基本条件。

2. 社会事业的发展和社会事业体制改革的形势

总的来说，我们这些年经济增长快于社会事业的增长，社会体制的改革滞后于经济体制的改革。这是本来如此的，世界其他国家也是如此发展过来的。经济是基础，只有经济发展了，才有条件发展社会事业。但是社会事业的发展不能长期滞后于经济发展，否则就会阻碍经济的发展。总的来看，我们的社会事业的发展、社会事业体制的改革是滞后的，晚了 5 ~ 10 年。

例如，我们的社会保障体制的改革就晚了。国有企业改革要裁人，企业要有用人的自主权，但新的社会保障体制未改，你就裁不了人，该破产的企业不能破产。

现在的户口制度，城乡分隔二元结构。城市需要发展，需要建设，农村有剩余劳力，会逐步被城市吸纳。但户口制度未改，像发达国家那样的吸纳方式不行，只能用招民工的办法，这就引起了"民工潮"，引起了其他的社会问题。

住房制度的改革。现在是计划经济体制下的住房，如果不改，住房是单位的，要调动就存在住房的问题。进，没有住房不行；出，对方不给房子不行。这种办法只有国家有房子，都等着改建、新建。这么大的北京，何时才能更新改造完呢？

城乡分割的体制。严格限制大城市，合理发展中等城市，鼓励发展小城市，严格限制农转非，这个方针符不符合世界潮流？将来发展趋势就是城市化，而且是大城市化。1993 年中央决定要改革小城镇户籍制度，网开一面，务工经商的农民可以到小城镇去落户，引起了积极的反响，效果很好，但有的省就是不放。

医疗卫生制度的改革。医药费成倍增长，病人还得不到好的治疗。

教育制度的改革。我们是反着的，大学是免费的，中小学要交些钱。这两年正常的学费不多，但私立中小学收费很高，家里有一个小学生要花好几万元。我们的社会发展各方面都达不到世界平均水平，达不到中等发达国家的水平，所以我们的人均 GNP 处于世界后列，但 GNP 总量处于第 68 ~ 70 位之间。唯有高等教育太差了。接受高等教育的人数占适龄人口的比重，欧美为 33%，中等收入国家为 16%，低收入国家为 4%，我国只有 2%。按人才预测，2000 年国家需要受过高等教育的人才 5000 万人，现在高校只能培养近一半。初中级人才也缺。

所以，一个错误的社会政策耽误的不是二三年，而是一代人、几代人。这些社会体制不改，社会事业发展不起来，也办不好，反过来又影响经济的健康发展。好在这些方面的改革已经提到议事日程上来了，有的已经在改，而且取得了初步的成效。

3. 社会心态、社会观念方面的形势

人的价值观的变化，应该说变化是很大很大的。积极的东西也比较多，但社会舆论却对此评价不高，看负面的东西多一些。总体来看，很多人有世风日下、今不如昔的慨叹。例如，一段时间里，居然有"一切向钱看"的观念在流行；现在又有"金钱不是万能的，没有钱是万万不能的"这样的说法。

我看这方面的问题要用历史唯物主义的观点来分析。这表明经济基础变了，但是上层建筑和意识形态还未相应地跟上来，所以产生了种种矛盾。这方面将会有一个长的适应过程。

例如，改革初期，农村实行大包干，搞包产到户，大大争论了一番，吴象概括为"阳关道"与"独木桥"的争论。那时多数人还是主张要走集体经济的"阳关大道"，而大包干、包产到户是"独木桥"。又说，为了要从深山老林中转出来，走上"阳关大道"，只能先走"独木桥"。后来实践证明，挽救中国农业、解决12亿人口吃饭问题的是这个大包干。"家庭联产承包责任制"被誉为中国农民在中国共产党领导下的伟大创造。

乡镇企业发展起来的时候，也是争论得不可开交。说乡镇企业争原料、争市场，挖社会主义墙脚。说农民不务正业，以小挤大，以落后挤先进，是不正之风的根源……实践证明，这是有中国特色的农村工业化的必由之路。

市场经济体制，1980年邓小平同志就提出来了，但直到1992年南方谈话才正式公之于众，得到社会的认同。

但这方面的负面的、消极的东西确实有。如现在这一代学生出来，对于工作的态度，对于人生、对于家庭、对于国家、对于集体的态度，确有不如20世纪50年代、60年代的学生的地方。现在的年轻教师居然有旷课的现象。所以现在有的部门、有的地方正在开展世界观、人生观的教育和讨论。

要重建文化、重建价值体系，这是我们社会科学工作者、文化工作者和人类灵魂工程师面临的巨大任务。全盘西化不行，恢复传统文化，请孔夫子、孟夫子回来也不行。我们原来那一套社会主义模式的东西已不再适应，新的有中国特色的社会主义的价值体系还没有建起来。

人民日益增长的物质文化需要同落后的社会生产之间的矛盾是当前我国的主要矛盾。目前我们的经济已经满足一部分了，虽然还是缺钱、缺住房，但最缺的是文化。中国人要读书的需求，为什么教育不能满足？解决这个问题将是一个比较长的历史过程。

可持续发展观是经济社会协调
发展观的升华[*]

中国的发展观经历过两次大的变化：一次是由强调经济发展到强调经济社会协调发展；另一次就是由重视经济社会协调发展到可持续发展。

党的十一届三中全会以前，我国搞以"阶级斗争为纲"，全党、全国人民的工作重点放在政治上，经济工作为政治服务，处于次要地位。十一届三中全会拨乱反正，全党、全国人民的工作重心转移到了经济上，一心一意搞经济建设，这对于改善人民的物质生活条件、打好我国经济基础起了很积极的作用。但只顾搞经济建设，也产生了一些不良后果，我国在经济发展的同时，社会事业和精神文明建设没有得到同步推进，社会发展严重落后于经济发展，影响到经济发展的后劲和社会的长治久安。就是在这种背景下，我国开始由片面强调经济发展转向了重视经济社会协调发展。

由强调经济发展到重视经济社会协调发展的这个转变发生在 20 世纪 80 年代初期。1982 年，第五届全国人民代表大会第五次会议通过的第六个五年计划的名称改为"国民经济和社会发展计划"，增加了社会发展的内容。当然，其起源可以追溯到国际上。只是我们所说的经济社会协调发展有其特定的含义，它突出强调在发展经济的同时，要求社会全面进步；并且还提出，在进行物质文明建设的时候也要重视精神文明的建设，其基本内容就是我们所说的"两手抓，两手都要硬"，两者不可偏废。1986 年，中共十二届六中全会专门讨论通过了《关于社会主义精神文明建设指导方针的决议》。

---

* 本文源自《中国新时期社会发展报告（1991～1995）》（陆学艺、李培林主编，沈阳：辽宁人民出版社，1997 年 8 月），第 1～4 页。该文系陆学艺为该书撰写的前言，现标题为本书编者根据前言内容拟定。——编者注

可持续发展观，在国际上成为一种比较普遍的思想，是 20 世纪 80 年代的事情。我国引入这种思想观念是在 20 世纪 80 年代后期，很快就得到了社会的认同；到 20 世纪 90 年代，中国政府的有关文件就开始使用这一表述。1992 年联合国环境与发展大会以后，中国政府制定了《中国 21 世纪议程——中国 21 世纪人口、环境与发展白皮书》，并在 1994 年召开的中国 21 世纪议程高级国际圆桌会议上正式出台。1995 年，在中共十四届五中全会上，可持续发展战略被列为我国社会主义现代化建设的重大战略。1996 年初，第八届全国人民代表大会第四次会议明确指出，要在我国的"九五"计划和 2010 年远景目标中，贯彻可持续发展的战略方针。

可持续发展观不是对经济社会协调发展观的否定，而是一次升华。可持续发展和经济社会协调发展是互为补充、相辅相成的，当然也有深刻的差别。在我看来，经济社会协调发展观，无疑比单纯追求经济增长要全面完整，强调社会的全面进步，强调以人为中心的全面发展，但它仍忽视了人和自然、环境的关系。随着工业化、现代化时代的到来，经济高速增长，社会也进步了，但环境问题日益严重，大气污染、水污染、环境污染，臭氧层被破坏，酸雨面积扩大，森林减少，耕地沙漠化，生物物种急剧减少，人们的生存环境越来越恶劣。有专家指出，人类一方面在创造高度文明，另一方面在毁灭自己的文明。如果不解决好人同自然的关系，不解决好环境问题，人类将生活在幸福坟墓之中。

可持续发展观，就是在这种理性反思背景下出现的。它强调要在满足当代人需求的同时，又不损害子孙后代的生存发展。它把经济问题、社会问题、环境问题综合起来考虑，体现了共同性、公平性、持续性的原则。它使我们负起了一种道义上的责任，从而为经济社会的协调发展，为保护环境、合理利用资源提供了坚实的基础。这种发展观对我国的经济增长方式实现由粗放型向集约型转变有重大的意义。只有在可持续发展观和可持续发展战略的指导下，我国才可能实现经济方式的转变。

我国的发展模式，正在向可持续发展模式转化，这一转化的完成还有一个过程。在我们的社会中还存在很多不符合可持续发展的因素，需要我们做出艰苦的努力。当前主要是实现两个转变：实现由计划经济向社会主义市场经济转变和实现由粗放型经济增长向集约型经济增长转变。这是我们当前的重要任务，也是我们在未来相当长的一段时间里的艰巨任务。

《中国新时期社会发展报告（1991~1995）》，是继我们 1991 年发表《中国社会发展报告》之后的第二本发展报告。原来，我们设想 1991 年以后，要逐年发表社会发展的年度报告，结果情况有了变化。1992 年，有关领导指出，要研究社会形势，并且决定每年出一本"社会形势的分析与预测"，这样从 1992 年起，我们已连续出版了 5 本年度的"社会形势的分析与预测"。鉴于此，社会发展报告成为一个中期的研究项目，计划每五年撰写一本。

参加这本发展报告的研究和撰写人员以中国社会科学院社会学研究所的中青年研究人员为主，同时邀请了部分国家部委的研究机构和大学的学者参加。这些撰稿人是：李培林（总报告），杨帆（分报告一），孙力、郑维东（分报告二），张宛丽（分报告三），樊平（分报告四），刘应杰（分报告五），陆建华（分报告六），朱庆芳（分报告七、附录），沈崇麟（分报告八），杨善华（分报告九），杨宜勇（分报告十），孙炳耀（分报告十一），杨东平（分报告十二），王春光（分报告十三），张西明（分报告十四），单光鼐（分报告十五），黄平（分报告十六），谭深（分报告十七），石秀印（分报告十八），刘兵（分报告十九），陆学艺、郑也夫等（分报告二十）。全书由李培林、黄平、陆建华统稿，陆会平、胡刚承担了许多事务性工作，中国社会科学院科研局给予此项课题重要资助，辽宁人民出版社的领导和本书责任编辑李英健先生给予了大力支持，在此一并致谢。

"两会"代表、委员说新闻[*]

举世关注的今年①"两会"已经圆满闭幕。借"两会"期间代表、委员齐聚京城之机，我们就社会主义现代化建设的过程中新闻传媒应扮演的角色、发挥的作用、存在的问题、亟须改进的方面等问题，走访了一些代表、委员，听听他们说新闻。

"报道要更实、更近、更深、更活"

陆学艺（第八届、第九届人大代表、中国社会科学院社会学所所长、研究员）：新闻应在贴近群众、贴近实际方面下点功夫。应多了解与老百姓生活相关的事，了解老百姓的呼声、要求，通过新闻报道，促其解决。今年春节期间，中央电视台报道了上海市图书馆在春节期间为读者服务，吸引了许多市民利用假日去浏览、借阅图书的兴旺景象，与北京图书馆放假七天的冷清情况做了鲜明对照，引起了社会的反响。很快北京图书馆就做出了全年 365 天向读者开放的决定。这就是利用传媒的力量，为老百姓做了好事、实事。

新闻报道还应在深入上下功夫，记者应多搞点研究，搞点深入的、跟踪的调查。曾有一位外国学者来访，在谈到北京有 300 万流动人口时，他问这些流动人口住在哪儿，我们也答不出来。300 万人在一个大城市，如果记者能抓住这些问题进行深入采访、调研，可以写出一篇好文章来。在一些群众关心的问题上应多搞些跟踪调查，搞得深一点，不仅说事，还要说清

---

* 本文原载《中国记者》1998 年第 4 期，发表时间：1998 年 4 月 15 日。该文系记者对若干"两会"代表的访谈，本文仅收录其中陆学艺的发言摘要，并采用《中国记者》原文标题。——编者注

① 本文中指 1998 年，下同。——编者注

来龙去脉。应抓住一两个长期解决不了的问题深入研究，而不仅是到处点一下。在建立市场经济的过程中，会发生很多翻天覆地的变化，新闻应该有一些能给人留下深刻和长久印象的东西。

记者不仅要懂新闻，对经济、法律、社会这几项中至少应有一项是很熟悉的。在新旧体制的碰撞中，会有不少新冒出来的问题，缺乏这些知识就无法抓住新闻。对一些大家已经感受到的问题，你能抓住，报道出来，大家就会愿意看。

经济社会发展的新阶段，
新形势，新任务[*]

海报中已经写过了，今天我为大家讲的是经济社会发展的新阶段、新形势及我们社会学的新任务。

第一个问题是如何看待我国社会经济发展到了一个新阶段。我们刚刚庆祝完新中国成立50周年，这50年来我国发展很快，北大发展也很快，这些材料可能大家也已经看到了，取得的成就是很大的。在这里向大家提供一个数据，18世纪70年代，即美国建国、华盛顿当总统时，我国处于"乾隆盛世"，是最发达的时候，虽然没有全面科学的详细统计，但拿今天的标准即GDP来说，那时我们国家占世界的1/3，那时中国应该是第一世界。但从"乾隆盛世"以后，中国国力就开始下降。

1840年，西方国家入侵以后，我国境况一年不如一年。到1949年，世界的GDP是5万亿美元，中国的工农业总产值为466亿元人民币[①]，约相当于全世界的0.8%。据1997年统计，全世界的GDP是28万亿美元，中国是7.48万亿元人民币[②]，约为世界的3.2%。虽然与发达国家相比还有很大差距，但说明50年来我国有了飞速的发展。

这几年我们的经济遇到了一些问题，不再像前几年发展得那么快了，这些问题主要的表现是1997年以后，我国经济处于疲软状态，工农业产品卖不出去，产量有些没有增长，反而下降了。如何看待这些问题呢？主要

[*] 本文原载文池主编《在北大听讲座——思想的力量》，北京：新世界出版社，2000年6月，第257~274页。该文系陆学艺于1999年11月在北京大学演讲的录音整理稿。该文还收录于陆学艺《"三农"新论——当代中国农业、农村、农民问题研究》，北京：社会科学文献出版社，2005年5月。——编者注

[①] 国家统计局编《中国统计年鉴·1983》，北京：中国统计出版社，1983年10月，第16页。

[②] 国家统计局编《中国统计年鉴·1998》，北京：中国统计出版社，1998年9月，第55页。

是因为我国经济发展到了一个新的阶段。

先让我们回顾一下我国的短缺经济阶段。你们这一代可能不知道，20世纪60年代时，买任何东西都需要"票"，比如布票、粮票。生活用品很短缺，不仅是中国，其他社会主义国家也是这种情况，处于短缺经济状态。经过这20年的改革开放，我们这种短缺的状况已经解决了。经济上由卖方市场变成了买方市场。改革开放后，那时说"顾客是上帝"，多数人不理解是什么意思。现在这几年，大家都知道，我们需要的一些基本的几大类的用品已经不缺了，不仅不要票，还有人找上门来向你卖东西。有一个统计，1998年，我们生产的610种商品中，有403种是供求平衡的，206种是供过于求的，只有一种商品——棕榈油还需要进口。所以现在基本上没有买不到的商品，并且很多商品的价格都下降了，这对消费者来说是有利的，但对工厂、对政府来说是不利的。以前的几十年里，我们一直都处于短缺经济状态，虽然东西少，但我们有办法，可现在东西多了，却没有办法。这是我讲的第一点，即我们的经济发展到这样一个新的阶段的第一个表现。

第二个方面是我国的经济正在从计划经济向市场经济转化。改革开放后，我国逐渐实现了这种转化，这在农村中尤其显著。改革开放开始时，农村就是从改革计划经济开始的，如包产到户、乡镇企业。现在我们的这种转变已经有了很大进展。我向大家介绍一些数字：1997年，农产品的市场化程度是77.2%，工业品的市场化程度是68.3%，劳动力的市场化程度是60%。按计委经济研究所的估算，我国现在总的市场化程度为50%。这50年中，我们的计划经济有其优越性，但也犯了很多错误。以前的"文化大革命"、"大跃进"、三年困难时期，现在看来，都是大错误。但我想，实行计划经济本身的错误不一定比这些错误小，我们现在经济上出现的很多困难都与计划经济有关。当然，计划经济在一定时期、一定条件下是有其好处和作用的，不能笼统地说计划经济就是不好，在灾难或战争时期，计划经济能发挥其作用，集中力量办大事。比如我国1976年的唐山大地震、1998年罕见的大洪水，那还是计划下的行政力量起了作用。这些好的方面首先要肯定，但计划经济也有很大缺陷。首先从计划经济的来源看，计划经济来源于对资本主义初级阶段的总结，是通过对资本主义社会大生产的缺陷的总结而得出经济要实行公有制，要实行计划经济，无政府主义不行，只靠市场不行。但计划经济在实践中出现了很多问题，以苏联为例，它在十月革命以后曾经实行了一段战时共产主义政策，但实行以后发现，这样下去是不行的，经济发展不能只靠行政命令，它首先会遭到农民的反对，所以后来又实行了新经济政策。苏联一直实行的是计划经济体制，这套体制现在分析起来有很多问题。首先，计划经济不可能计划人们生活需求的产品。人们的需求是多样化的而且是不断发展变化的，有的爱吃大米，有的爱吃玉米，有的爱吃面包，有的爱吃面条。但计划经济则把人们的需求简单化了，只单纯地计划人们需要多少粮食，需要多少油。拿穿衣服来说也一样，我们那时，别说冬天，夏天的衣服也基本一样，不是蓝的就是白的，这些在现在看来根本无法满足人们的需求，现在的时装就有无数款式，人们早晨、中午、晚上穿的衣服都各不相同。以前我们都想不通为什么一位来访的女教授来开会要带那么大一个皮箱，现在才明白了，原来不同的时间、场合要穿不同的衣服。另一点，计划经济下没有好的激励和奖励机制，工厂中干不干一个样，干多干少、干好干坏也一样。这种体制，短期可行，特殊条件下可行，但长期实行是不妥的。我们现在的国企有很多问题，很多是由计划体制带来的。现在，国外的人很不理解我们社会中的一种"58、59"现象。这种现象是指某企业的领导辛辛苦苦、克勤克俭干了一辈子，到了58岁、59岁，快退休时，就出现了贪污现象，这不是一个人两个人的问题，而是成了一种社会现象，因为他的付出与收入不平衡，到了临退休了，要捞一把，于是出问题了。所以，计划经济这一套是存在很多问题的。对于俄罗斯来说，它实行计划经济的时间更长，问题也就更多，它现在已明确宣称是资本主义了，但真的要转变过来，是很不容易的一件事。

对于计划经济，我的总结是：第一，它把人养懒了；第二，它把人养傻了。大家都知道，俄罗斯是出过很多名人的，无论是文学家、思想家，还是艺术家、科学家。但这几十年来运用计划经济这一套办法，却把人养傻了。举个例子，俄罗斯的第二大城市列宁格勒，现已更名为圣彼得堡，这也是它原来的名字。俄皇彼得一世时，为了在全国实行改革开放而把首都迁到这个地方，当时这里还是一个渔港，花了很大的力量建成了一个大城市，为了纪念他，故称为圣彼得堡。彼得一世当时主张实行改革开放，请了大批西欧的工匠、建筑学家来设计圣彼得堡。我到圣彼得堡去看，它的建筑风格真是多种多样，非常漂亮，无论是冬宫还是夏宫，都金碧辉煌，一些主要街道，几乎没有一幢房子是一样的。但是往郊区一去就大不相同了，因为那是1917年十月革命后建的。上次去，我们的一个处长说："所长，你看，这个地方和咱们北京一样。"我说："你说错了，不是它和北京一样，而是北京和它一样，咱们是跟苏联学的。"那些房子几乎没有什么风格，只要能住就行，莫斯科的一些建筑也是这样。我们北京的一些宿舍也几乎都是这样。搞了这几十年以后，都没有建筑师了，只是建筑匠，几乎所有的建筑都是一样的，都是火柴盒、积木块式的。所以，我认为俄罗斯的演变，除了政治原因以外，从经济上来看，是因为这套机制不如别人。这是计划经济最根本的问题所在。

我们中国较早地注意了这个问题，1978年以后实行了改革开放，已经在逐步解决这个问题。但这个改革是需要一个过程的，不能实行苏联那种"休克疗法"，不可能在一天之内就完全转变过来。不过，现在俄罗斯也并非像我们所说的那种饥寒交迫的状况，它原来毕竟是超级大国。中国有句话叫"瘦死的骆驼比马大"，就说明了这一点。莫斯科的生活与北京相比还是要好一些的。比如，它的地铁四通八达，非常方便，大约有200多个车站，而北京的地铁只有20多个车站。当然，可能俄罗斯的一些边远地区，生活状况不是这样。

我一直都不能理解为什么俄罗斯的土地那么辽阔，人口比咱们少几倍，竟养活不了自己，40%的粮食需要进口。有一次我就问他们这个问题，他们告诉我，实际上他们的土地没有分，只是挂了个名而已。我问："为什么不分呢？"他们说："那怎么分呢？土地有好有坏，怎么能公平？我们现在正在争取组织一个评估委员会，对各个农庄的土地进行评估。"（笑声）我说："哪有那么麻烦？我们的土地早就分完了。"他们很不理解，问："土地有好有坏，怎么能公平呢？"我说："我们三天就分完了。把土地分成几块，好坏搭配，一家一份，如果还有意见，就大伙'抓阄'啊！"（笑声）最后还要强调一次，计划经济的确是把人养懒养傻了，使工人不会做工，农民不会种地，更重要的是培养不出合格的、优秀的干部。计划经济那套体制真是把人养傻了！

我国经济发展新阶段的第三个方面是我国正在由工业化向城市化转变。国家的发展包括很多方面，最根本的有两条：一是工业化，二是城市化。在西方资本主义国家发展时，工业化、城市化、现代化这三个过程是同时进行的。工业化的同时，农民大量地进入城市，也就城市化了。在中国，由于计划经济体制，我们有一个城乡分隔户口制度。所以在我们工业化时，农产品进城了，农民却不准进。经过这20年来的改革开放，以及20世纪50～70年代的发展，我们的工业已经上来了。但在20世纪50～70年代，毛主席在世时，他总觉得农产品产量上不来，是因为农村劳动力太少了，所以，不但不允许农民进城，而且还让城市里的知识青年和其他人口到农村去。但自从把地分给农民以后，粮食大量增产，农村出现了剩余劳动力，地不够种了。就像农村中常说的："三个月种田，一个月过年，八个月打工挣钱。"挣不到钱的地方就要钱，即赌钱。乡镇企业又加快了工业化的步伐。但许多制度改革了，户口制度却不改，所以从农村中进城的叫农民工，农村中的工厂叫乡镇企业，这也是中国特有的。有很多国外的教授问我什么叫乡镇企业，能否给它下一个定义。这真的很难说清楚，乡镇企业是中国特有的。我国的工业化和城市化很不一致，所以，有些东西尤其像城市化是很难搞出中国特色的。不知道这里有没有大一的学生？不知道你们入学时是否转了粮油关系？现在根本都不知道粮票是什么了，竟然还在转粮油关系！我曾经写过一篇文章指出当前的经济问题单靠经济本身来调整是不行的，应该依靠调整社会结构来改善经济状况，这当然是我们社会学家的任务！为什么要调整社会结构呢？我给大家说几个数字：1996 年全世界城市人口占比为 45.5%，1999 年中国城市人口占比为 30.4%，相差 15.1 个百分点。这意味着什么呢？即在我国工业化水平达到中期阶段时，我们的城市化还处于初期阶段，我们的社会结构与经济结构极不协调。现在生产的很多东西是为城里人生产的，比如农民下地穿不了皮鞋，农民家的笼子里有鸡、地里有菜，也用不上电冰箱，难道他会把鸡放到电冰箱冷冻几天再吃吗？（笑声）我国现有 3.4 亿个家庭，其中有 2.3 亿为农户，但现在只生产 1200 万台电冰箱还卖不出去，这 2.3 亿农户都买城市用品吗？而且他现在也没钱，所以有 70% 的人消费不了这些用品，现在商品滞销与此有很大关系。所以去年①党的十五届三中全会就专门讲了"小城镇，大战略"。我的家乡在江苏，他们现在提出了"先富先进城"。人们流传一种说法叫"大富进大城市，中富进中等城市，小富进小城市"，现在是请农民进城了。这就是我所说的我国正由工业化向城市化转变。

　　第四个方面是我国已经实现了由温饱阶段向小康阶段的转变，正在由小康社会向现代化社会转变，这将是一个比较长的阶段。现在人民的生活水平已逐步提高，特别是沿海的某些地区，正在向富裕的社会转变。邓小平提出了"三步走"战略，2000 年基本就可以实现第二步了。但这只是"基本"，我们曾提出要在 20 世纪末解决贫困问题，但目前还有 4200 万贫困人口，要想完全解决的确是很困难的。1996 年我国自己统计的人均 GDP 为 760 美元，1997 年世界银行报道说达到了 860 美元，处于世界 GDP 的第

---

　　① 此处指 1998 年。——编者注

7位。世界银行的统计历来比我们高，为什么会相差100美元呢？世界银行定的标准是人均785美元及以下是贫困低收入国家，786～3125美元为中等收入国家，3126美元及以上为高收入国家。它给中国定出这个水平不知是否与中国要"入世"有关，这个不太清楚，但中国承认是中等低收入国家，很正确嘛，860美元比3125美元差得还很远。总的来说，我们已达到这样一个水平。中国的一些大城市如北京或上海可以说是中等收入了，但我国70%的人还在农村，要真的说已全部实现小康了，也不很恰当，只能说基本实现，就全国说是正在向现代化社会转变。

第五个方面是我国正从以经济发展为主向经济社会协调发展转变。原来以经济发展为主，1978年以来平均以每年递增9%以上的水平发展，这是很好的。但经济与社会的发展应该是同步的、协调的。不能经济发展了，社会依然落后，就像依然存在户口制度、城市化滞后一样。不能经济发展了，教育、科技、文化跟不上。1997年以后，中央领导已经看到了这个问题，而且现在的经济实力也有能力去发展社会事业了，"科教兴国"也受到了重视。各种社会事业都是相对落后于经济的。拿教育来说，我不是教育部门的人，说话可能会随便一些。这几年，我们的两个"基本"搞得不错，但高等教育却落后了，越来越不得人心。我们中国历来重视教育，曾有一项调查，问一位贫困地区的妇女最大的愿望是什么？她说最大的愿望是希望自己的孩子上一所好学校。所以说我们国家是有这个传统的，家长宁可借钱欠债也希望孩子上学，这是一个很好的传统。但我们的教育系统恰好在这一点就卡住了，就不让你上！我们的教育落后到什么程度了呢？我专门查了一些资料：国际的社会指标中我国各项指标都在中等发达国家以上，唯有大学教育比印度都落后得多。像你们千锤百炼能考进来很不容易，而且现在不仅考大学难，考高中都困难，一个现代化国家的教育是不能这样的，教育部门要转变观念，改变目前高等教育落后的状况。今年①教育工作会议上，国家规定要扩大高等院校招生，多招收33万人。这是大得人心的，受到了社会的普遍欢迎。但还是难以满足学生和家长的需要，也不能满足社会发展需要，但总算有些缓和了。除了教育，还有其他各个方面，因为时间关系，暂且不谈了。

另外一点，对社会事业管理体制的改革也远远滞后于经济改革。比如，我们现在的教育机制问题，有人抱怨说教员不够是产生问题的原因。在国

---

① 此处指1999年。——编者注

外，教员与学生的比例是 1∶16 或 17，而在国内则接近 1∶8，怎么会是因为教员不够呢？国外的教授一星期要开两三门课，而国内教授有的都不给本科生上课。学校教育体制中，各种后勤人员等非教学人员的比例有的都超过了教学人员的比例，这是教育机制问题。此外，我们的科技机制、社会保障制度等也都需要改革。以上是我国经济社会发展新阶段的几个表现。

上面我所说的是我国向好的方向发展的一面，下面要谈一下我国面临的一些新问题。因为时间关系，只能简要谈一些。

第一个问题是经济方面的。过去我们是计划经济、短缺经济，现在情况都反过来了，就很难处理了。商品不是不够，而是太多了，卖不出去。物价不仅没涨，反而一直在下降，这怎么办？我们国家采取了很多措施，比如扩大内需，但成效都不大。说个笑话，这也是事实。前几年我国是省长负责"米袋子"，市长负责"菜篮子"，因为那时东西不够啊！国外的省长是不管这些事情的。去年秋天，有一个省的副省长到北京来，我问他："你们那里今年的情况怎么样？"你猜他怎么回答？他说："弄不好今年粮食又增产了！"（笑声）现在竟然为增产发愁了。所以，现在是东西太多难以解决，这是一个问题。

第二个问题是农民收入上不去。全国 70% 的农民只买 39% 的东西，可见农民的收入状况不佳。所以我说现在的城乡差距不是在缩小，而是在扩大。依我看，现在的市场活跃不起来，就因为这 70% 的人没钱。1996 年以后，统计年鉴表明，我国的农产品基本没有增加，棉花产量反而减少了，农产品的价格也在频频下降，总量增加，单价降低了，增产没有增加收入，农民的钱从哪儿来呢？另外，这几年，乡镇企业也一直在滑坡，生产的商品因市场疲软卖不出去。这几年，"民工潮"也"潮"不起来了，最多的时候为 6000 万人，现在不多于 5000 万人。国家目前关了很多小造纸厂、小纺织厂等，其中大部分工人是农民工。所以，这几年尤其是在中西部地区，农民的收入是不断下降的。

第三个问题是我们的收入差距扩大。据有关统计，日本、韩国等国在经济高速发展时期，居民收入差距是缩小的，而我国的收入差距却在扩大。表现在：一是城乡差距扩大；二是区域差距在扩大；三是行业差距扩大，金融、电力等行业的收入很高，人们中间流传一句话，说现在嫁人要找"五行一保，两电一草"，"五行"指中国人民银行、中国银行、中国工商银行、中国建设银行、中国农业银行，"一保"指保险公司，"两电"指邮电、电力公司，"草"指烟草。这反映了行业之间的收入差距。

第四个问题是社会风气的恶化。现在贪污、腐败等问题也比较严重，因为时间关系就不多说了。

怎么看待这些有利与不利的方面呢？我觉得首先要肯定这些年来的成绩。我们取得的成绩是巨大的，但也犯了很多错误。现在我们面临着很多新的问题，这些新问题就要用新的方法来解决。但这个解决及转变是要有个过程的，不能太快，不能像过去那样搞"高指标"。

最后谈一下我们社会学面临的新任务。第一，我们所面临的这样一个时代，正是我们社会学家大显身手的好时机。历数古今中外的各个社会学大家，他们的发展契机大多是社会发展中的某个特殊的阶段。而我们中国这两代社会学家面临的正是这样一个特殊的阶段，我们亲身经历了中国从一个传统农业社会向现代化社会转变的全过程，这对社会学的发展是非常有利的，我们应抓住这一时机。老外来中国做研究，很少有在大城市做的，大多是到农村去，因为他们想研究这个社会转型的变化过程，这种过程在他们国家现在已经看不到了。所以我们当代社会学家的第一个任务，就是要通过各种形式把现在社会的变迁记录下来。例如，1949年什么样，1978年什么样，现在什么样，这是社会学记述的功能。北大现在正在做口述史的研究，如革命情况、分土地时期与人民公社时期的情况等。第二，社会学家要参与到现代化过程中去，现在我们的改革面临很多问题，社会学家有责任、有义务去研究解决这些问题，如科技怎么改革、教育怎么改革、宣传怎么改革、城市化怎么搞、城市应当怎么管理，但切勿研究得过大过空，要实事求是，一个问题一个问题地具体地进行研究，拿出改革的措施和方案来。第三，社会学学科本身的队伍和学科建设，比如，社会学本身的制度建设及交叉学科的研究等。因为时间关系不再多说，但我想对于社会学家来说，这三个方面任何一个方面都是很重要的，搞好了都是大有作为的。

新阶段、新形势和新任务 *

——当前的社会发展形势与社会保障

感谢安徽省社会保障研究会同志的邀请，省人大吴主任又写了信，再忙也得来。我同安徽有缘，有段时间我在安徽上过学。

我们刚刚庆祝完新中国成立 50 周年。新中国成立 50 年来，我们的国家取得了举世瞩目的伟大成就。中国人民真的站起来了，在世界上越来越受到各国政府和人民的注意，这是我们 50 年来在中国共产党领导下奋斗的结果。

18 世纪 70 年代，美国独立，华盛顿当总统的时候，那时我们正当康乾盛世，国民生产总值约为全世界的 1/3。但是乾隆时到了顶峰，闭关自守，妄自尊大，错过了工业化浪潮，让欧洲人拔了头筹。我们落后了，1840 年鸦片战争后，中国沦为半殖民地半封建社会。外受帝国主义的瓜分掠夺，内有军阀混战，乱了 100 多年。

到了 1949 年新中国成立时，我们当年工农业产值只有 466 亿元，① 当年全世界的 GDP 近 5 万亿美元，我们只占世界的 0.8%，而我国人口占世界的 1/4。

经过 50 年的奋斗，特别是近 20 年的奋斗，我们崛起了。1997 年世界的 GDP 为 28 万亿美元②，我国为 74462 亿元③，合 9003 亿美元，占世界的

---

* 本文源自作者手稿。该文系陆学艺于 1999 年 11 月 12 日应安徽省社会保障研究会邀请在合肥所作演讲的讲稿，该研究会主办的《社会保障研究简报》1999 年第 13 期（1999 年 12 月）印发了该演讲的录音整理稿，未经演讲人审阅，文字错漏较多。本文主要依据陆学艺手稿整理，但第四部分手稿过于简略且不成文，故依据录音整理稿进行了补充。——编者注

① 国家统计局编《中国统计年鉴·1981》，北京：中国统计出版社，1982 年 8 月，第 17 页。
② 参见刘洪主编《国际统计年鉴·1999》，北京：中国统计出版社，1999 年 12 月，第 82 页。
③ 国家统计局编《中国统计年鉴·1999》，北京：中国统计出版社，1999 年 9 月，第 55 页。

3.2%。如果按购买力平价计算，中国的 GDP 约占世界的 6%。当然我们的人口占世界的 21%，按人均计算，比发达国家低，但已接近世界平均水平。

因为经济实力和综合国力大大增强了，我国在世界上的地位也日益提高。我们的成就是伟大的。但是我们的问题也很多，特别是近几年经济发展速度趋缓，市场疲软，销售困难，城市下岗失业人员很多，农民收入增长不上去，环境恶化，腐败屡禁不止，社会治安状况不太好，出现了、遇到了许多前所未有的新问题，大家议论纷纷。会上讲成就，会下讲问题，有些同志甚至忧心忡忡。怎么来认识当前的形势，团结群众，提高斗志，明确我们的任务，我讲几点看法。

一

我们的经济社会发展到了一个新的阶段。

1998 年 10 月，中国共产党第十五届三中全会的公报中说："当前我国的改革和发展正处于一个非常关键的时期。"[1] 后来，中央的领导和学者都提到我国目前的经济社会"进入了一个新的阶段"，"目前出现的问题，是阶段性变化的反映"。怎么来认识这个阶段性变化？所谓新阶段，是说我们的改革发展到了一个坎上（门槛上），好比三进大院，我们进了一个院子，现在跨进了第二个院子。这个新阶段有如下一些表现。

第一，我们的经济发展到了一个新的阶段。我们已经告别了长期困扰我们的短缺经济，转到相当一部分商品供过于求，多数商品已经由卖方市场转为买方市场、由追求数量到追求质量讲求效益的新阶段。

"短缺经济"这个概念是东欧匈牙利学者科尔内提出来的。他总结了苏联、东欧和中国社会主义经济建设的经验和教训，指出商品短缺是社会主义计划经济国家的通病：商品品种稀少，数量短缺，供给不足，不能满足人民群众的需要。原来俄罗斯是欧洲的粮仓，粮食是传统出口产品。但自从搞了集体农庄之后，打击了农民的生产积极性，不久就粮食匮乏，以后成为粮食进口大国。20 世纪 50 年代初期，我国也是粮食的传统出口国，自从搞了合作化，特别是人民公社、"大跃进"，接着是三年困难时期，1961 年就开始进口粮食，一直到 1984 年包产到户大丰收之后，才变成有进有出，

---

① 《〈中共中央关于农业和农村工作若干重大问题的决定〉学习辅导讲座》，北京：人民出版社，1998 年 10 月，第 35 页。

近几年是纯出口国。

工业产品更是短缺。20 世纪 60 年代以后，几乎什么都要用票。粮票、布票、油票、自行车票、手表票、缝纫机票等，靠这种限制消费的办法来勉强维持温饱。

改革开放，农村包产到户，把土地交给农民经营，仅仅几年时间就解决了农产品供给问题，了不起啊！城市改革，工业改革，开放市场，办三资企业、乡镇企业，工业化步伐加快，工业产品也大量涌现。我们在大量出口的同时，国内供应也十分丰裕，每个百货公司都有几万种商品敞开销售。1996 年农业大丰收，粮食涨库，各种农产品滞销，同时工业品也卖不动了。据内贸部统计，1998 年下半年，全国 610 种商品中有 403 种供求平衡，有 206 种供过于求，占 1/3，供不应求的只有一种。今年统计，供过于求的品种有 484 种，占 79.3%。

这表明我们的工农业生产发展到了一个新阶段，就是从原来追求产量、数量已经转向要同时提高质量，不能笼统地讲增加生产，而是要讲为市场生产提高质量，要以追求经济效益为目标了。

第二，我们正在由计划经济体制向社会主义市场经济体制转变。到目前为止，已经进入确立社会主义市场经济体制基本框架的新阶段，市场经济体制的运行规则基本确立（在买卖双方）。现在回想起来，我们从改革一开始，就是走市场化方向。包产到户就是解放农民，搞市场经济；乡镇企业一建立，就是突破计划经济，搞市场化的。邓小平同志在 1979 年就讲要搞市场经济①，由于考虑到一部分同志思想认识有个过程，一直到南方谈话，邓小平同志才公开申明社会主义也可以搞市场经济。近 20 年过去了，据计委经济所测算，1997 年，我国农产品的市场化程度为 79.2%，工业品市场化程度为 68.3%，服务产品的市场化程度为 45.1%，一、二、三产业的市场化总体水平为 61.7%，但资本市场化程度为 17.2%，土地市场化程度为 22.5%，劳动力市场化程度为 70%，所以我国 1997 年总的市场化程度为 50%，这两年又有发展。所以，可以说至今我国社会主义市场经济的基本框架已经建立，但还需要完善。当然，这已经是了不起的成绩了，可以说是我们进入新阶段的一个标志。

现在看来，50 年来我们做过很多好事，也有很多建设社会主义的经验可以总结。但也犯过几次大的错误，一个是"大跃进"，一个是"文化大革

---

① 参见《邓小平文选》第 2 卷，北京：人民出版社，1994 年 10 月，第 236 页。

命"，都给我们国家和人民造成了巨大损失，这是大教训，已经总结过不少经验了，大家已经认识到了。其实我们在这50年中曾经学习了苏联，搞了个过分集中的计划经济体制，这也是个大错误。这一点我们总结得还不够，现在还在束缚着我们的头脑和生产力的发展，影响着、阻碍着经济社会的发展。我今年两次到俄罗斯考察，两相对照、比较，有些看法。

计划经济的提出。马克思、恩格斯总结资本主义初级阶段的问题，看到了私有制和社会化大生产的矛盾，看到了生产的无政府状态造成周期性经济危机，损害人民利益，提出要用公有制和计划经济来取代它，当时只是一种设想。列宁搞过一段，不行，转用"新经济政策"，还未来得及总结，他就逝世了。斯大林接着搞，最后形成了一个中央集权靠行政指挥的计划经济体制。

这个体制在一定的特殊时期，如遇到战争，遇到特大自然灾害是有效的，在和平时期建设中这一套不行。它有本质的缺陷，主要有两点：第一，信息不准，亿万人的需求因个人喜好不同，千变万化，靠计划是包不过来的，即使有最现代化的计算技术也不行，没有办法准确预测。计划跟不上变化，以此为依据，供给永远满足不了群众的需求。第二，它没有激励机制，不能充分发挥亿万劳动者、干部和职工的积极性和创造性。在这种体制下干多干少一样，干好干坏一样，干和不干一样，全凭觉悟良心干事。你进了企业、单位，只要听话就行，生老病死全包了，没有一点压力。工人、干部都很舒服，无忧无虑，无竞争。但人是要有人管的，人与人是不同的，这种体制，对少数人（有觉悟有能力的人）行，对多数人不行；短期行，长期不行。在天灾人祸来临时，加上指挥得当，许多大事干出来了：战争、唐山地震、长江大水，都干得很漂亮，可歌可泣。但搞起基础生产、技术革新就不行了。苏联为什么红旗落地了，根本原因是经济竞赛失败了。苏联曾经辉煌过。但20世纪70年代后期以后，美苏争霸，经济顶不住了，败下阵来。列宁当年讲过，社会主义最终战胜资本主义要靠劳动生产率，是竞争的结果。劳动生产率不如它，经营管理不如它，科学技术不如它，长期的傻大黑粗，短缺经济使人民勒紧裤腰带，竞赛失败了。不要怪人，要怪这套计划经济体制。这套计划经济体制把人养懒、养傻了。20世纪五六十年代的伏尔加轿车、212吉普、图104飞机，都是先进的，那时日本没有轿车。40年过去了，伏尔加还是伏尔加、212还是212，这就落后了。

1999年初，我带了两个年轻人，到莫斯科、圣彼得堡考察了20天。圣彼得堡是彼得大帝要改革开放决心向西北方迁都而建的海滨城市，建都时他请了法国、德国、意大利的设计师建了这座城市，非常漂亮。在老城区几乎没有一幢房子是一样的，涅瓦河两岸、涅瓦大街到现在看还是很现代化的。几乎每幢房子都有装饰雕塑，尤其漂亮的是冬宫、夏宫和斯莫尔尼宫。但一到新区，苏联成立后建的房子，千篇一律，都是板楼，火柴盒子，莫斯科的房子更是如此。到了一条街，我们的一位处长指着这些房子说，这条街和北京一样。我说你错了，是北京的街和这里一样，我们是照抄人家的。这些建筑只用了两张图纸：一张是塔楼，一张是立着放的火柴盒。几乎没有建筑师，只能说有建筑匠！

房子只要能住，招待所只要能睡，东西只要能用就行，食品只讲能填饱肚子，不讲美观，不讲舒适。就是这样还不够，东西非常短缺，排长队是经常的。因为东西少，又是长官说了算，特权、腐败是不可避免的。这样的体制，老百姓怎么能满意？所以，叶利钦这些人一起来，一道命令，几千万共产党组织就解散了！这是教训！

苏联不是打败了希特勒，有一段辉煌时期吗？我也思考过。20 世纪五六十年代苏联曾经盛极一时，成为欧洲霸主、超级大国。如果这个计划体制确实不培养干部，不培育人，那么这些伟业是谁干的？靠两次战争。第一次是十月革命，以及后来的国内战争，这培养了一代干部。战争能培养选拔干部，靠拍马奉承上不来，要靠真本事。这一代干部支撑了 20 世纪 30 年代的重工业的建设，经济基础是这一段打下来的。第二次是伟大的卫国战争，1941～1945 年这场战争，培养了一大批干部，20 世纪五六十年代的辉煌是靠他们领导人民干出来的，以后就不行了，现在这些人物没有了。我们看叶利钦不行，老百姓也说他不行，但没有人能取代他。这次开会，俄罗斯科学院哲学法学部的秘书请我们喝酒，公开说，我看是没有办法了，我们只有一条路，就是"进口"一个邓小平来管。波罗的海沿岸三国现在的总理都是从外国回来的，管得不是很好吗？

其实，我们的计划经济体制也有这个问题。不仅不培养干部，而且连熟练的工人也培养不出来。现在许多工厂，工人多数都不学技术，不必学，跟着晋级。所以，许多绝活没有人干，不少技术要求高的活没有工厂能接。我们的汽车不行，不是设计不行，是零件不行。进口件越多越好，原因是如果有 10% 的人不好好干，马虎，这个车就不行了。卖的时候说进口 80%，向上报的时候说国产化 80%。

所以计划经济体制不改不行。

而要改革计划经济体制，搞了几十年要改也很不容易。叶利钦好似一个武夫，找几个年轻人，丘拜斯、盖达尔等，请了美国人来，下一道命令，休克疗法，实行市场经济，以为就行了，结果弄得一团糟，国内国际已公认失败了。这次我去俄罗斯参加中俄经济学家研讨会，会议主席利波夫院士的主题报告开门见山地说：这是理论的缺陷和实践的失败。原来设想实行市场经济，物价涨 4 倍就把价格理顺了，现在涨了 1000 倍还未理顺。改革 8 年，GDP 下降了一半。他们充分肯定了中国根据国情进行渐进改革的经验，在宴会上说他们上了美国人的当。

对比之下，我们的市场取向的改革是成功的。我们从计划经济体制改革起，而且鼓励创办乡镇企业、个体私营经济、三资企业，形成增量的发展，现在已成气候了。当然国有企业改革还是很艰巨的。

我们的改革正是坚持了市场经济体制的方向，这是中国特色社会主义的一个方面，是成功的经验。这项改革的经验，一是生产不断发展，没有大的空白；二是社会稳定，人们逐渐达成了共识。我们已经有了基本框架，而且全党、全国人民达成了共识，沿着这个方向走下去，会逐步完善的。所以说我们已经到了从计划经济体制向社会主义市场经济体制转变的新阶段。

第三，我国正处在由以工业化为主逐步向城市化、现代化转化的新阶段。由传统社会向现代化社会发展，关键有两条：一是要实现工业化，二是要实现城市化。从发达国家发展的历程看，工业化和城市化是同步的。我国因为特殊的国情，20 世纪 50 年代开始实行计划经济体制，与此相适应，建立了一个城乡分治的户籍管理制度，城乡间居民不能自由流动。而且，因为供给方面的原因，严格限制农转非，限制大城市的发展。

到 1978 年，我国近 10 亿人口中有近 8 亿在农村，城市化率只有 19%。改革开放以后，农业发展了，工业发展了，但户口不能流动。所以，农村办起了乡镇企业，出现了中国特有的农民工、农民企业家和农民技术员，等等。20 年来，我国的经济经过改革发展得很快，二、三产业发展得很快，1998 年，GDP 中第一产业只占 18.4%，第二产业占比达到 48.7%，第三产业占比达到 32.9%，已经到了工业化的中期阶段。但我国农民仍占绝大多数，城市人口只占 30.4%，农民占 69.6%[①]（安徽 6000 万人口，只有 20% 的城市人口）。

[①] 国家统计局编《中国统计年鉴·1999》，北京：中国统计出版社，1999 年 9 月，第 56、111 页。

这就是说经济结构变了，社会结构没有相应地变。城市化严重滞后于工业化，这就带来了一系列的问题。农民想进城，户口制度不允许，即使在城里打了 10 多年工，还是农民工，由此引起了种种问题。

因为城市不发展，第三产业没有载体，所以也发展不起来，影响了产业结构、经济结构进一步现代化。国外 [三大产业的位序] 一般是按一二三、二一三、二三一、三二一 [的顺序] 变化，我们则长期停留在二三一阶段，阻碍了社会的进步。

因为城市不发展，最终也限制了经济的发展。这几年这个问题就明显突出了。首先是消费品卖不出去，市场疲软。我国现在城乡差距很大，三个农民才有一个居民的购买力。按我们的统计，我们的工业品并不多。1997年度，人均不过 800 斤粮、70 斤肉、17 米布、80 公斤钢、1 吨煤，只达到世界的平均水平，与发达国家和中等发达国家的差距还很大。1997 年生产电视机 3513 万台（其中彩电 2643 万台）、电冰箱 986 万台、洗衣机 1257 万台[①]，面对 3.4 亿个家庭（农民 23402 万户），这点产量是不够卖的。1997年城乡居民三大件拥有率在 73% 以上，而农民的彩电、冰箱、洗衣机的百户拥有率只有 27.3%、8.5%、21.9%，可见家电的市场还很大，企业的产品怎么会卖不出去呢？

[但消费品就是卖不出去] 为什么？因为工业品生产主要是针对现代城镇居民的。农民地里有菜，笼子里有鸡，栏里有羊、有猪，用什么冰箱？没有自来水，用什么洗衣机？电费也这么贵，买电器就不合算。要下地，穿什么皮鞋？打什么领带？所以要发展城市化，让农民进城来，生产方式、生活方式一变，许多东西就卖出去了。

这说明加快城市化发展是当务之急。党的十五届三中全会取得了共识：认为发展小城镇是一个大战略。当然还有很多问题要解决，只进镇，县城能不能进？中等城市怎样？大城市严格限制，行不行？进城的具体政策怎样？

但城市化浪潮已经来了，我们正在由工业化向城市化转变。国外 [城市化率] 超过 30%，[人均 GDP] 超过 1000 美元就是加速发展期，这一点我们要充分地估计到，要引导，不要堵，也不要起哄、刮风，要顺其自然地完成这个任务。

第四，我国正由低收入国家逐步向中等收入国家转变，正处在由基本

① 国家统计局编《中国统计摘要·1998》，北京：中国统计出版社，1998 年 5 月，第 104 页。

实现小康和小康社会向富裕型小康社会转化的新阶段。邓小平同志在 20 世纪 80 年代提出了"三步走"实现现代化的发展战略。第一步实现温饱，解决全国人民吃穿问题；第二步到 2000 年实现小康；以后再用几十年时间达到中等发达的现代化国家的水平。第一步我们在 20 世纪 80 年代中期就实现了。20 世纪 90 年代初，国家统计局等有关单位提出了实现小康社会的 16 个指标。经过这十几年的奋斗，全国平均水平已基本实现了［上述指标］。其中一条重要指标是农民人均纯收入达到 1100 元（1990 年价格），到 1998 年，全国农民人均纯收入已达到 2162 元，［按照 1990 年不变价格计算］约为 1061 元，其他大多数指标也大部分达到了。安徽去年农民人均纯收入为 1863 元，折合 1990 年价为 914 元，达到 83.1%，也可说已基本达到了。到 2000 年是可以［完全］达到的。

所以，去年①党的十五届三中全会前，江泽民同志到南方视察，提出沿海地区农村要率先实现现代化的任务，这是很及时的。看来这个发展是梯度型的，先在东部沿海，再中部，再西部。就全国而言，2000 年实现小康是没有问题的，下一步就是向现代富裕型社会转变了。

1997 年世界银行的报告称，中国已经是中等低收入国家了。世界银行统计，1997 年中国的 GDP 为 10553 亿美元，位于世界第七，排在美、日、德、法、英、意后面，人均 GDP 为 860 美元，属中等低收入国家。按照世界银行的标准，人均 GDP 在 785 美元以下为低收入国家，786～3125 美元为中等收入国家，3126 美元以上为高收入国家（另外，按照它的购买力平价计算，中国的人均 GDP 已经达到 2200 美元，已接近日本，位于世界第二）。

这是事实，我们是在一年一年地前进。即使按 7%～8% 的速度，我们在 2010 年再翻一番，2020 年再翻一番，这是可以预见的。到那时真的超过日本、超过德国是可能的。就大部分地区来说，我们已经超过小康，正在向现代化国家转变。到上海、深圳、北京、广州、大连这些城市看看，到苏南、杭嘉湖、闽东南、珠江三角洲农村看看，现代化的城市和社会已经像样子了。所以外国人说中国不是发展中国家。但中国 70% 的农村，中部、西部还相当落后。中国真要富起来，还要有一个很长的过程。建设一个现代化的大国，没有几十年、上百年是不行的。

第五，中国正由以经济建设为主逐步进入经济社会协调发展的新阶段。20 年前，党的十一届三中全会拨乱反正，全党工作确定由阶级斗争为纲转

①　此处指 1998 年。——编者注

到以经济建设为中心的轨道上来，以后又确立了"一个中心，两个基本点"的基本路线。20年来，我们执行这条基本路线，取得了伟大的胜利。今后我们还要继续执行这条基本路线不动摇。就发展阶段而言，前十多年，我们主要解决经济问题，解决人民的吃饭穿衣问题，所以首先进行农村改革，进行经济体制的改革，把经济发展放在第一位，这是完全正确的。今后经济建设、经济发展仍然是第一，这不能动摇。但经济发展一定要和社会发展相协调。有第一，一定要有第二，第一不是唯一。经济发展的目的是社会的全面进步，社会发展也为经济建设提供动力和保证，两者是相辅相成的。一般是经济发展在先，紧跟着是社会发展。社会结构、社会发展不能长久地落后于经济结构的调整和发展，否则社会会产生矛盾，反过来阻碍经济发展。

在这个问题上，我们的认识有些跟不上，我们在这方面的工作至少落后了5～10年。

（1）经济结构调整了，社会结构应该做相应的调整，使之相互协调。前面说过，我们的经济发展了，结构调整了，但城乡结构没有跟着调整，被二元结构、户籍制度限制了，所以造成了目前城市化严重滞后于工业化的状况，引发了很多问题（1992～1993年农民非常想进城，买户口也要进来，可是我们政策把城门紧闭，错过了这个好时机。1998年开始启动［户籍制度改革］，农民犹豫了，不如那时踊跃了）。

（2）经济的发展要求社会发展相协调、相配合。社会发展包括科技、教育、文化、卫生、环保、社会保障等事业，它们要与经济发展相协调。经济发展是龙头，要一马当先、万马奔腾，而不能单骑突进、孤军深入，那是长久不了的。我们一再讲科教兴国，但科教就是兴不起来。科教兴国前提是要国兴科教、省兴科教。要有好的政策、强的投入。邓小平同志20世纪90年代初就总结说，改革开放的一个失误是教育落后了。但我们有些部门还不觉悟，文过饰非，把这个战略指示解释为政治思想教育落后了，使这个很重要的指示没有落实。

中国是有尊师重教传统的，老百姓很重视教育。我们做过调查，在全国对数千名贫困家庭妇女做调查，问她们第一位的愿望是什么？85%的人都希望让子女接受好的教育。但我们的教育部门就是不听群众的呼声。这些年管得严而又严。自己没有力量办大学，也不许社会民间办大学，不许大学自己扩招新生，文凭要由教育部发。听到全国有一股办大学的浪潮，不是因势利导，而是硬砍下去，而且大砍高中。所以前些年不仅上大学难，上高中也难，使我们的社会发展中这项指标比印度还落后。国内上大学难，那就到外国去上，一年几十亿美元流失了。老百姓称它们是计划经济的最后一个堡垒。

今年教育工作会议，在中央领导的亲自干预下，总算开了个口子，今年扩招33万大学生，而且开放民办大学。今年又要扩招研究生。这是大得人心的明智决策。要讲两个文明一起抓，讲精神文明建设，不是扫扫地、唱唱歌，关键的是要把教育搞上去，要提高人民的素质，根本的一条是要提高教育水准。科研，还有社会保障，我们也滞后了。

（3）经济要发展，就要改革原来的计划经济体制；要发展社会事业，也必须改革社会事业的体制。计划经济体制是渗透到方方面面的。搞经济建设靠大锅饭不行，搞社会事业靠大锅饭也不行。这几年经济体制改了，但社会事业体制的改革滞后。实在说，这些年科教文卫体等方面，社会事业体制基本上还是计划经济时期的体制。有所改动，但多数基本未做大的改革，不能适应市场经济发展的要求。还拿大学来说，一个大学，万把学生，教员3000～4000人，员工4000～5000人，基本上是1∶1。一个学校里师生2万人，加上家属4万～5万人。一个大院里，占地几千亩，到处是房子。一个校长，生老病死、衣食住行都要管。附中附小、医院、托儿所、商店、银行、邮局、书店、派出所、校卫队，除了火葬场什么都有。学校办社会，校长实际是个市长，哪有心思办好教学。1个教员，教2～3个学生（国外平均要教15个左右的学生），钱总是不够。最近国家定了要办10所超级大学（国际水平的），北京是北大、清华，国家今年要给3亿元，明年6亿元，后年9亿元重点扶持。这些钱怎么花？一部分提高教师工资。要出个方案，在这近万人的教职员工中挑1000人实施高额奖金，在工资外每年奖金5万元、4万元、3万元、2.5万元、2万元、1.5万元，三六九等。消息一公布，全校哗然。清华由领导和人事处定，名单有了。北大把名额分到系里，民主评议，三榜定案，吵得不亦乐乎。北大评不成，清华也不好公布，社会也议论纷纷。尤其是外校，人大、师大怎么办？清华以此到处挖人，把人大的社会学系主任挖去了。人大校长告到教育部，以后怎么干？所以，大学不从根本上按社会主义市场经济要求改，是办不好、办不下去的。

诸如科技部门改革、工资改革、文化体育体制改革、住房制度改革等，都要相继提到日程上来，有些已经启动了。好在有了新的认识，中央领导认识到了，这个改革还要坚持下去，假以时日，是会改好的。经济社会要

协调发展，这个新阶段已经到来了，但任重道远啊！

<h1 style="text-align:center">二</h1>

我上面讲了五个方面，来说明我们现在已经到了社会主义经济社会发展的新阶段。新阶段我们也遇到了许多新问题，上面主要是从成就方面讲的，其实我们遇到的问题也很多。

首先是经济发展上遇到了一些新的问题。1992年以后，GDP的增长速度逐年下降，已从1992年的14.2%下降到1998年的7.8%。特别是1997年以来市场疲软，销售困难又加上亚洲金融风暴，出口受阻，更是雪上加霜，市场普遍不景气。国有企业改制，许多企业停产、半停产，工人下岗失业，人数逐年增多，1998年登记失业率已达3.1%，下岗待业人员超过1000万人。物价下跌，生产资料指数已连续23个月下跌，生活资料指数也在下降。国家采取了七次降息鼓励消费和投资，至今未见大效。国家拨款1000多亿元，大搞基本建设，支撑经济，但这一切收效却很少。多数人认为目前中国主要问题是通货紧缩。过去我们对经济过热、物价猛涨有办法，现在到新阶段遇到了新问题，怎么解决这个问题呢？东西少了，我们有好多办法。现在多了，怎么办？

其次，中央这几年一直把农民增加收入作为农村工作的目标之一，但1996年以来，农村遇到了新问题。农民收入增长困难，增幅逐年减缓，1996年为9%，1997年为4.6%，1998年为4.2%，1999年更困难。这是统计局的数据，我调查的数据比这还严峻。1996年丰收了，但当年粮价就降，实际收入并没有增长9%。

（1）1997年、1998年、1999年，农业产品总产量并没有增加，但粮价降了30%，棉价降了46%，猪肉、水果、蔬菜、鸡蛋的价格都降了，农民哪来增收！

（2）乡镇企业近几年遇到极大困难，产品销不出去，不少企业关门或改制了，农民工资收入和利润减少了。

（3）城市不景气，大量辞退民工，民工大批回乡，"民工潮"已潮不起来，民工在城镇的收入大量减少，按平均一人一年收入2000元计，几百亿元没有了。

（4）国家从大局出发，关了"五小""十小""十五小"，小钢铁、小水泥、小炼油、小玻璃、小造纸等，这些都是农民搞的，这里的老板、工人的收入都付之东流。

（5）农村合作基金会的清理，也使一部分农民收入减少。

（6）1998年水灾以后，中央和地方明令禁止砍伐森林，这也直接影响到农民收入。

从以上六个方面看，农民这几年不是增收，而是减收。所以农民没有多少钱花，也就不能实现工业化。1997年国家就提出要扩大内需，开拓农村市场，至今见效甚少，原因是这几年农民收入有了问题，所以农村兴旺不起来。70%的人口只购买39%的商品，70%的人口只有19.8%的储蓄。农村出了问题，反过来使城乡市场萎缩、萧条，东西卖不出去，这是目前经济问题的主要症结。

再次，改革开放20年来，我们已经由一个单一的按劳分配、收入十分平均的状况转变为收入分配多元化、收入差距拉大。城乡之间、地区之间、部门之间、产业之间、企业之间、单位内部人与人之间收入差距日益扩大。好的一面是过去太平均，基尼系数只有0.2，这几年又拉得太大，基尼系数已达0.35。从日本、韩国、我国台湾地区的经验看，经济高速增长阶段，收入分配是逐渐均衡的，而我们是逐年扩大的。一是过去太平均，二是我们这几年政策上的原因，有些政策出台晚了。我现在正在做社会分层的研究，拥有百万家产的已经有400~500万户，总的来看是合理的。

据银行部门统计，1997年我国有33963万户，其拥有金融资产75737.9万元，户均2.23万元，人均6126元。但仔细分析就有了［资产的分层］。据银行内部统计，这3亿多户可分为四层。

第一层，金融资产在20万元以上的有441.52万户，占总户数的1.3%，但拥有全部金融资产的31.5%，户均54.03万元，人均142447元。第一层1.3%的储户，户均金融资产在54万多元，加上其他财产，都在百万元以上。

第二层，有2513.28万户，占总户数的7.4%，拥有28.5%的金融资产，户均8.59万元，人均23595元。第一层、第二层只占总户数的8.7%，却拥有60%的金融资产。

第三层，共16166.48万户，占总户数的47.6%，拥有37%的金融资产，户均1.73万元，人均4762元。

第四层，有14841.92万户，占总户数的43.7%，拥有3%的金融资产，户均0.15万元，人均421元。这第四层在平均线以下，主要是农民和城市贫困阶层，这部分人共5.4亿。他们在温饱线上下，哪有钱来购买东西。

具体的分析，我们还在做。8.7%的人拥有60%的金融资产，这是很不合理的，人民群众是不满意的。当然仅此还不足以说明全部问题，因为银行未实行实名制，有相当一部分大户是公款私存。除此之外，贫富悬殊是事实，群众很不满意。所以，累进制所得税、遗产税要抓紧出台。

最后，社会风气不正，贪污、行贿、受贿、以权谋私、权钱交易、走私贩私、腐败堕落屡禁不止，且有愈演愈烈之势。对此，群众是最不满意的。早几年，是有"红眼病"的问题。经过这几年，老百姓对真正的勤劳致富、守法经营致富的人能接受了，但对以权谋私、内外勾结、一家两制、贪污腐败、行贿受贿，还是很不满意的。

据有关方面做的民意调查，群众最关心的、认为最严重的社会问题如表1所示。

表 1　1995 年和 1999 年群众最关心、认为最严重的社会问题

1995 年	1999 年
社会治安	廉政建设
通货膨胀	失业下岗
廉政建设	社会治安
子女教育	养老问题
住房改革	住房改革
社会保障	环保问题
港台问题	通货膨胀

据我看，当前政府和主要干部最关心的是经济问题和通货紧缩问题。何时能走出这个困境？

三

问题当然还很多，我们怎么来认识新阶段、新任务，怎么来解决这些问题并继续前进？我谈几点认识。

第一，新阶段来之不易，这是我们20年改革开放的伟大成就。这些成绩是我们过去定的奋斗目标，是先辈们梦寐以求的，现在真的在我们这一代实现了，而且超过了我们的预期。大家想想合作社时期宣传的幸福生活前景：楼上楼下，电灯电话；耕田不用牛，点灯不用油；一日三餐饭，饭后一水果，逍遥如神仙。现在都实现了，大大超过了。

我这样一个教授、厅局级干部，1985 年第一次出国，到日本做了第一套西服，第一次打领带，第一次见到高速公路、超级市场，到四星级宾馆用牌子当钥匙开门不会开，真是刘姥姥进了大观园。吃方便面省下点钱买了第一台彩电。仅仅 14 年工夫，不是都有了吗？

　　过去最高领导人、各级书记最操心的是抓农业、抓粮食，解决吃饭问题，毛主席提出"以粮为纲"，陈云说"手中有粮心中不慌"，周总理、李先念等领导人一生操劳就想解决人民的温饱问题。但他们的方法不当，温饱问题在他们手里没有解决。这不能完全怪他们，没有他们打下天下，没有他们 30 年的奋斗，就没有今天的 20 年，不要苛求他们。毛泽东使中国人民站起来了，邓小平使中国人民富起来了，但还不够富，还有新的问题要解决。我们在他们的基础上，有了今天，新的历史阶段，我们要解决我们这一代的问题。

　　第二，当前出现的一些经济社会问题，是前进中的问题，是新阶段的新问题，党和国家正在解决这些问题。过去东西少，现在东西多了，怎么办？依我看多比少好解决。因为东西还并不是真的多，离物质极大丰富还有很大差距。目前的问题是计划经济造成的后遗症。继续市场化、现代化，继续深化改革，调整经济社会结构，这些问题是可以解决的。

　　我们的问题，还是心太急。还是想快，总想一步赶上人家，而且是追求高档、豪华，风气也不太好。其实，这是急不得的，改革是渐进的，调整要一步一步地来，现代化是一个长期的过程。我们也有个适应过程。高速公路你会建吗？家电你会用吗？电子计算机你会使吗？电脑的功能还有很多未开发、利用。

　　有人把问题夸大了。会不会爆发全球危机、经济危机？有人说，现在像美国 1929 年前夕。这是乱讲，不会的。这些经济问题会好起来的。中国的经济学是政治经济学。这条路线是对的，只要政治不出问题，经济就不会出太大问题。国家如此，各省市也是如此。

　　第三，经济问题如此，政治问题、社会问题也如此。要看到现在党风不正、贪污腐败已经很严重了，要正视、要下决心解决这些问题。而且这些问题正在解决，我相信是能够解决的。不要把问题夸大得过于严重，不要听国内外反共分子的攻击，动摇我们自己的信念。我是理直气壮地写明了：共产党是光荣、正确、伟大的党，现在还是。我们是有本钱、有条件说这个话的。天下是共产党领导下统一的。没有共产党，就没有新中国；没有共产党就没有今天中国的繁荣富强。这 20 年，中国的经济翻了两番多，

181

增长了 5.4 倍，这个功绩举世瞩目。日本、韩国、我国的台湾和香港地区没有这么大，他们经济起飞的时候，产生了多少个资本家？我们的财富总量比他们的多，我们有一个大官成为资本家，家产几百亿、几千亿元的吗？

我们可以自问：你贪了没有？你占了没有？你给共产党抹黑了没有？我自问没有！绝大部分干部是好的，这句话还是可以说的，还是对的，这个估计要有！共产党内出了一些败类，特别是有些同志家教不好，子女沾光是有的。不都在清理吗？该抓的抓了，该杀的杀了。共产党廉洁奉公、为人民服务的旗帜没有丢。

党风会逐渐好转的，要在新的条件下按照市场经济的规则来规范。光靠觉悟还不够，要有新的政策，立新的规矩！我对干部队伍的判断是：绝大部分人是好人，但能人不多。有心为百姓办事，但本事不大。这是个问题，所以要学习啊！要竞争啊！

第四，中国的经济和社会的前途是无限美好的。我经常参加一些国际会议，接待外国朋友，也出国去考察。奇怪的是外国朋友对中国的评价比我们自己高。他们对中国社会主义前途充满信心，日本人、俄罗斯人、美国人、欧洲人对我们的中国特色社会主义道路很称赞。他们说，你们变化太快了，不能想象。你们不是发展中国家。我想对他们说，你们只看北京、上海是不行的，我们的农村还很穷。他们估计 21 世纪是中国的世纪。

照此发展，中国在 2030 年绝对数赶上美国是可能的。反共的人喊"中国威胁论"，是因为中国真的有东西了，真的强大起来了。我们还有发展余地，主要是市场，外国人看中的也是这个。欧美已没有多少余地了。问题是我们的路线不能动摇，我们在新阶段要有新政策。在这个历史发展的新阶段、新形势面前，我们一定要有新的观念，制定适合国情的新的政策、新的工作方法，才能把工作做好。

一要用适合社会主义市场经济体制的新观念去规划工作，去制定政策，办各种事业。千万不要再用计划经济的老观念、老办法，否则办一件事就要赔一件事，事倍功半，吃力不讨好。1992 年以后我们又不自觉地办了不少蠢事，还是老毛病复发。农村种什么、怎么种，不用你管了，管一件赔一件。办公益事业，办自来水，办电，都是如此（比如，有一个水电站，原来有 20～30 个人管，却赚不了钱，连贷款都还不上。后来让一个人包了，一共只有 8 个工人，每年上交 280 万元，还有盈利）。

二要有经济社会协调的观念。经济是中心，是第一位的，但社会发展一定要跟上。我们社会事业体制跟不上，还是计划经济那套。在这方面要下些功夫，是得人心的。加快教育事业的改革和发展，多办高中、多办大学。中心小学要扩大，不能村村办学。加快科技、文教卫的改革和发展。

三要用城市化、现代化、城乡一体化的观念改革二元社会结构。中国要现代化，农民和居民的二元结构是不行的。没有农村的现代化，也就没有中国的现代化。只有减少农民，才能富裕农民。所以要加快城市化的发展，要敞开城门让农民进来。不要再搞歧视农民的政策，如不准农民这个，不准农民那个，上学也分城乡划分数线。要城乡一体化。

四要树立可持续发展的观念，要保护资源、环境。中国人多地少，这点资源要倍加爱护，环境很重要。现在的生活质量不仅是吃穿住。我们同别国差就差在环境上，空气、水被污染了，北京看不到蓝天，10月13日空气是5级。水是茶色的，地下水也污染了，长江也污染了。

五要有现代化意识，用现代化观念武装自己、教育群众。现代化不仅是高速公路、摩天大楼，关键是要有现代化的观念、生活习惯。这要靠教育，靠提高人的素质，靠人的现代化。环境造就人，人也造就环境。新加坡、我国的香港创造了华人最好的现代社会的环境。准时、衣着得体、讲话文明，都是文明的体现。大声说话，不顾别人，是不尊重别人。现代化其中一条就是尊重人。现在硬件建设起来了，看来并不难。难的是管理好这个社会，把软件建设好。

四

关于社会保障研究会工作，我提几点建议。我看了你们的报告和材料。上午省人大吴主任、省总工会高主席都讲了。研究会这几年确实做了很多工作。据我所知，我们安徽社会保障研究会办的比较早，也确实办的比较好，能够协调在座的同志们在一起开展研究工作，做出了很多成绩，省里很重视，各部门也很支持，对省里社会保障工作有贡献。关于研究会今后的工作，我讲几点建议。研究会首先要研究课题，只有这样才能研究实际问题、办好事。上午省社联马书记是这样讲的，我也很赞同。我讲这么几点意见。

第一点是要用市场经济的办法来推动社会保障这件事。不是说办研究会，是说搞社会保障。社会保障是个大事，是稳定器，是安全阀，尤其在当前社会转型期间。今年江泽民总书记说过在城市要以此为大。几千万工人下岗，他们跟农民不一样，这涉及社会稳定的大局，我们要把社会保险、社会保障几个方面的事情做好。我们研究会研究这件事情，参与这件事情，要给政府出主意，提建议，提供情况，这些都是我们研究会应该做的。这对整个安徽大局、对全国大局是起作用的。所以要做出这个贡献来。但办社会保障本身，我们原来的那套办法要改。我们在计划经济下，城市里面特别是国有企业、机关事业单位的社会保障，跟国际上的保障水平基本差不多。现在看来，我们是没有那样的力量保障的。

从国际标准上看，就是政府不要大包大揽。不要什么都管起来，要靠多种形式，对不同对象可以采取不同的方式。研究会曾到新加坡考察过，都知道还是要将中国传统的一些好办法继承下来，还要发挥家庭养老的机制。比如说家庭养老，新加坡有这条政策，如果是三代同堂住在一起，住房可以便宜 20% ~ 30%。他们到北京介绍经验时说，有了这一条，从政府来说是合算的，可以免盖很多养老院。所以要采用多种形式来进行，不要政府什么事都包下来。现在靠单位包下来也不行。当前失业下岗是大问题，不要包下来，再就业不能只到铁饭碗那儿去，私营企业、个体企业都是就业渠道。广东就业就无大问题。另外，保障的标准也不能高。现在北欧的保障水平是相当高的，从摇篮到坟墓，不干活的人收入比我们要高得多，不干活的人还是舒舒服服的，这就把人养懒了。英国国内也是搞了这一套，但他们在我国的香港就不搞了。在香港，许多 70 岁、80 岁的人还照样工作。如果他不买保险，社会也不会管他。我们也要这样，不要把城市保障这一块标准搞得太高。

第二点是在你们的研究题目里，我建议你们可列个计划，要动员各种力量参与搞社会保险，甚至可以像国外那样请"义工"帮着做。将来遗产税一出台，很多人可以把钱放到养老院，去办慈善事业、办科教事业。遗产税早晚要出台，收入差距太大了。利息税是对每个人的，遗产税主要是对特别有钱的人的。

搞社会保障要老人老办法，新人新办法。国家已经规定为离休干部的，减少他们的收入是不可能的，但是要逐渐过渡到市场经济这个轨道上来，当然还要过渡到全社会统一的社会保障上来。另外，不排除个别办得较好的企业另搞一套保障。在国外，如丰田等企业都有自己的一套保障措施，他们有这个力量、有这个财力搞，可以不用管它。

第三点是社会保险资金的管理使用很重要，要研究如何把已经筹集上来的社会保险基金管理好，要管理出经验来。这方面也是中央未解决的事情。

第四点是建议为农村社会保障立个题目，不要按照城市的办法去搞。能否吸收农业厅、农委一起研究。关于农村社会保障的问题，将来城乡早晚得一体化。

第五点是建议研究会吸收建设厅同志参加，研究住房改革问题。住房是最大的社会保障、最大的改革。我用了一年时间做了关于住房改革的研究，后来有些观点也被有关方面采纳了。当时李铁映同志分管这件事，我们的观点他是接受了。住房改革在城市是所有人都关心的。分土地是所有农民都关心的，没有一个不参与。城市改革不同，工厂改革我们有的同志就不太关心，医疗改革关心的人多一点，但也不是人人都关心，如个体户就不关心。唯有住房改革，上至将军、部长，下到工人、办事员都关心。现在国家每年要花一千亿元投到这里面，投完以后，最后落个挨骂。领导干部最难办的事就是分房子，它比涨工资还厉害，折腾得你够呛。老的要，小的要，汽车司机也要，没有不要房子的。过去分房子的办法是不行了，要改。怎么改呢？我当时建议，不如痛痛快快地改，不要拖泥带水，不然改了以后还有土地使用税等问题。我认为在这点上要给老百姓一点实惠。在俄罗斯，你住了房子就统统归你，你想卖就卖，想住就住，想拆就拆，咱们现在还有百分之几十的使用权问题。框框条条太多。如果这件事弄好了，改革就痛快了。

农村的改革为什么那么成功？万里总结了两句话：一是有了自主权，二是有了实惠，给了好处。有些同志说，现在城市改革，就想掏我们的腰包，教育改革你得掏钱，医疗改革你得掏钱，社会保障你也得掏钱，这个百分之几、那个百分之几，加起来快到百分之十，甚至百分之十都不止，所以老百姓有意见。唯有住房改革不一样，与其包袱背在身上，不如痛痛快快给老百姓，卖掉了就不用管了。但有一条，不能一家买3套、5套，要按政策规定办理。这样中国就会有相当一部分无产者变为有产的劳动者。现在工人如果下岗了，特别是42～50岁的这个群体，他们长身体时遇到困难年代，上学时遇到上山下乡，就业时只能凑合找个单位，现在40来岁叫他下岗，他们家里什么也没有，但如果把房子给他们就不一样了。在北京的下岗工人，如果有两间房、三间房的，他可以出租一间，一个月就1000多块。实在不行，他可以把现有房子卖了，回山东、河北老家，干什么都行，他就变成有产的劳动者了。关于住房改革我写了一篇文章，文章里有这么一句话："农村的一亩半地，城市的一间半房，这是最重要的社会保障。"在这个基础上你去搞什么改革都行，你给了他家里10万、20万元财产，让他交个 300 元、500 元，他就不会骂你了。城市改革要给工人、给居民一点好处。当时李铁映同志看了文章后说："农村社会保障是土地，城市社会保障是住房。"所以，我建议研究会列个题目。当然要做的事情还很多，我就出这个题目。

安徽是我们改革开放特别是农村改革的先锋，包产到户、包干到户的发源地，在全国是做出了成绩的，我想研究会在有些课题研究上要做点突破。经验往往都从下面来的，我们搞社会保障不要只按文件来，上面怎么说下面怎么做，有好多是可以搞点创造性的东西的，这样才会做出成绩来，给社会做出更大贡献。

尽快把合肥建成现代化的城市[*]

当前我们遇到一些问题，这些问题是综合性的，所以解决的办法也应是综合性的。中央前不久召开了十五届四中全会，对国企改革作了部署。今天北京提前召开经济工作会议，会有一些新的决定。前面我讲过了，这些问题正在逐步解决，是一定能解决的。

经济的问题光用经济办法还不行，要用经济社会的办法。前面说过我们的社会结构没有及时随着经济结构的变化而变化，社会结构的调整严重滞后于经济结构的变化。具体来说，主要是城市化严重滞后于工业化。要调整社会结构，加快城镇化的步伐，来推动经济问题的解决。

安徽省委决定要尽快把省会合肥建成现代化大城市，合肥市委决定召开"城市发展与现代化"的研讨会是非常正确的，是符合潮流的，是符合经济社会发展要求的，是符合广大群众特别是农民群众的要求的，一定会取得重大的成功，我预祝这个会议成功。

我谈几点看法。

城市是现代化、现代社会的载体。没有大城市，就没有现代化的经济、现代化的市场、现代化的文化教育，就不能造就现代化的人才，就不能熏陶和提高科技人才的素质。

前面说过，工业化、城市化、现代化是三位一体、同步发展的，我们这些年经济已经上来了，但城市化因为有计划经济和户口制度卡着上不来，不能同步，这样现代化就缺了一条腿，产生了问题，最终使工业化、经济发展也受阻了。过去卡户口，是因为东西少，供应不上，就不能农转非。

---

* 本文源自作者手稿。该文稿系陆学艺于 1999 年 11 月 15 日在安徽省合肥市"城市发展与现代化"研讨会上的演讲稿。原稿题为"新阶段的新任务"，因与作者在安徽社会保障研究会的演讲题目相近，本书编者根据演讲内容改为现标题。本文涉及的相关省市经济社会数据源自作者调查过程中获得的资料和访谈记录。——编者注

现在东西多了，你不放开户口，不发展城市化，就是自己限制自己，最后把经济也卡死了。

全国如此，安徽尤其如此。全国1989年城市化率是30.4%，安徽只有20%的城市人口，6127万人中只有1200万城市人口。改革开放20年，各地发展是不平衡的，有的上得快，有的上得慢，原因是多方面的。

几个搞得好的省份，除上海、北京以外，广东、山东、江苏、浙江上得快，位次往前放。从人均GDP产值说，除三大直辖市外，浙江第四，广东第五，福建第六，江苏第七。安徽1998年人均GDP排第二十，GDP总量排第十四，而人口排第八。广东上得最快。它地级市最多，20年几乎增加了一倍。新增中山、东莞、深圳、珠海、汕头、潮州、汕尾、揭阳。地级市已有21个。山东也是，新增威海、日照、莱芜、东营。江苏1997年增加了泰州、宿迁。浙江人口比安徽少近2000万，但地级市同安徽差不多，小城镇特别发达，城市人口占比已超过40%。

安徽有6127万人，如果第一步加快城市化，达到全国水平，可以有700万农民进城，城市人口占比达到31%，仅此就会使排位移到3~4位。第二步达到世界水平45.5%，再有1000万农民进城，那么安徽离现代化就不远了。

安徽抓城市化，就要先抓合肥的大城市化。省委已经做了决定。回良玉讲得很正确，安徽需要中心城市，首先把合肥建成大城市。尽快把合肥建成现代化的城市，这是省委省政府的决定，是深化改革、扩大开放的决策。这是安徽振兴，再造合肥辉煌的客观要求，也是市场经济发展的必然趋势。既是全市人民的心愿，也是全省人民的心愿。要抓住这个千载难逢的好机遇。市委也有部署规划。要建成经济中心、工业城、科技城、园林城、卫生城。我转了两天，看到已经有大城市的框架了。

我讲几点具体意见。

第一，首先要把合肥市建设成为安徽的政治经济中心，提高经济总量，这是把合肥建成现代化大城市的基础。合肥已经有很好的工业基础，商业也比较繁荣，但总是觉得还不够。今后工业要发展，但主要要从商贸上打主意，从第三产业上打主意。要发展高科技工业园区，发展商贸。长江集团建立起来了，做了一件大事，有利于农业产业化发展。城市发展带动农村，就要从科技经济等多方面带动。综合商场不少了，但专业商店还少。经济还要扩大。

提一点具体意见。首先，经济商业要相对集中，建筑要相对集中，要有个合肥的形象。最近我去了一次香港，他们的经验值得研究，1000 平方公里，600 万人，流动人口进出 100 多万人。但它 150 多年集中开发了 18%的面积，主要建筑集中在中环到铜锣湾、湾仔一带，高层建筑一栋挨一栋，面对维多利亚港实在壮观，多数的银行、商业办公楼都集中在那几十平方公里的地方。好处是壮观，人气旺，商贸气息浓，楼与楼间是相近的。其实上海也是，先是外滩，现在是陆家嘴，只 10 年工夫，就很像样子了，这就是上海。美国纽约的曼哈顿，华尔街都集中在那里，日本就建在新宿区。合肥市建了上百栋高层建筑，但太分散。要制定一个政策，高层都要集中建，一是那里的地皮贵了，政府有收入；二是集中了人气，财气就旺；三是形象好。田园式的小桥流水人家不行。

其次是要支持发展大的企业集团，发展名牌产品，如美菱、荣事达、芳草等。一个地方要有一些名牌拳头产品，合肥的名牌要多，要有大市场、百年老店。

第二，要把合肥建成教育文化科技中心。一个现代化大城市，不仅要有摩天大楼，那是外表，而且要有现代的教育文化科技，要有文化底蕴，未来是科技时代，要科教兴国、科技兴市。50 年来合肥科技有了很大发展，在中部的省（区、市）中是比较突出的，中国科技大学、中科院合肥分院、安徽大学、合肥工大，等等。有个学者说大学不仅要有大楼，而且要有大师。中国科技大学等单位，是为合肥增光添色的，而且将来是发展的基础，后劲靠它们。

在计划经济、短缺经济时代，中央的大学在地方上不受重视，得不到支持，关系都不好。有远见的地方领导，一定要重视它们、支持它们，并从它们那里得到支持，有些支持是无形的。这些单位的名望比城市还大，天津的张立昌到欧洲访问，说是天津市市长，欧洲人说不知道天津市，但是一说南开大学就都知道了。其实，就像哈佛大学、麻省理工，大家都知道。

厦门很特别，全国文化素质修养最好的是厦门，大学与地方关系处理得也好，陈嘉庚建设厦门大学、集美学校，起了极大的作用，要多支持几个陈嘉庚。

大学还不够，要把已有基础的办成名校，还要办一些重点小学，要支持民间办，办高中，办职高，挖掘社会潜力，这是最得民心的，而且是发展经济的另一种形式，是第三产业，现已提出教育产业化。

学校要培养人才，要吸收人才。安徽是出杰出人才的地方，有人才、有文化基础，名人馆中 50% 是阜阳的。还有很多人才在外边发展。广东这几年发展得快，有一条就是重人才、挖人才、靠人才、靠民工，发展起来了，总量第一。要制定些好政策，吸引人来。让安徽人回来，中国科技大学的毕业生回来就不得了了。要有文化，有人才，文化气氛浓，文化底蕴厚，才能长远。

第三，建议合肥发展旅游业，这也是文化建设的一部分。安徽是旅游中心，有黄山、九华山、琅琊山，但旅游不仅是名山大川，光靠那个不够。要有城市旅游。香港并没有什么大山大川，但建了海洋公园、山顶花园和大屿山大佛，旅游业兴旺，年收入几百亿港元，带动了各种第三产业。旅游业是未来的大产业。中国经济越发展，旅游业越兴旺。不仅是国际客人，主要是国内客人，双休日，这次不是有了五一假期、十一国庆长假、春节放假三天，这一次国庆七天，全国旅游景点爆满。

游过了名山大川，就是游城市、田园旅游了。合肥有很好的人文景观，逍遥津、包公祠、李鸿章故居等。几个开发区的项目，董浦水库再加以修缮就好了。安徽 6000 多万人，交通方便了，上海人、江苏南京人、浙江人也会来的。

李鸿章故居是办了一件好事，有远见。这人是个有争议的人物，我看是一分为二，他是"破房子"的"裱糊匠"，无回天之力。但他是个人才，中国的现代化不能不记得这个人。开个学术讨论会，展开评论宣传是可以的，也能扩大合肥的影响。刘铭传、丁汝昌等也可以讨论。

要从开始就注意好环境、空气、水，西部要大片地建设，十年树木，森林要发展，这是财产。

第四，关于建设大城市的几个政策问题。要建设现代化大城市，现在有些政策要改革，现行的体制是计划经济遗留下来的，是不利于建设大城市的（原来是限制城市发展的）。一是要用社会主义市场经济的思想来指导大城市的建筑，原来那一套已行不通了。二是要下大力气建大学。建一条环路，上至省长，下至市长，各级政府，全力以赴，好不热闹。这类事，在市场经济条件下是建设局的事，何用主要领导操心？

讲几点具体的。

第一条是住房制度改革。已经改了十年（邓小平同志在 1980 年 4 月 2 日实际是先讲房改，后讲大包干），改得还不行，影响建设。孙中山有句话："耕者有其田，居者有其屋。"我们这些年实行计划经济，福利分房，低价房租，国家花大量的钱，结果是群众有意见。住房问题不如农村解决得好。全国居民人均 12 平方米，农民人均 22.5 平方米。

住房改革搞好了是最得人心的，现在是大包袱。要考虑到几十年的低工资，工资是不包括买房钱的，这块是扣下来了，所以严格地讲，不全是国家的。如马鞍山原来是个小镇，40 年建起来了，给国家做了大贡献，工人建设了厂子，同时也建了房子，交了利税和产品了，这是工人干部的财富，低工资留下来的。现在考虑到，还有一部分职工无房，住房让职工交些钱，买下来是合理的（苏联是一纸命令，归个人了，标准内定）。不要再留一手，卡着，这是不利的。给了个人，使工人成为有产的劳动者，社会就稳定了。

为什么城市改革几年都不怎么成功？不像大包干那样灵，那样受人拥护。每项改革都是想从百姓处要点钱，教育、医疗、社保，等等。房改是给职工一份财产，这样有了房产，70% 的人都有了，少则十几万元，多则几十万元。这样再改，职工就受得了了。你失业了，有房子可以卖，可以换，不就有条路了？否则一下岗只有向你组织要。所以我说过，让农民有一亩半地，职工有一间半房，天下就太平了，什么改革都有条件了。这是最大的社会保障。否则还是无产阶级，只好找市长，没有条件找市场。

现在房改各地都在搞，建议合肥市带个头，使住房真正市场化、商品化、社会化，使市场活起来，真正成为经济建设的新增长点。

第二条具体意见，吸引农民进城。建设合肥大城市，靠谁？主要靠这 120 万合肥的干部和职工。合肥要扩大，靠谁？就是靠农民。要制定相应的政策，吸引他们进城来，城市化已经有共识了，但具体政策不落实。城市化建设小城镇，已提出一年多了，动静不大，不是农民不想进来，主要是不得其门而入。

各地的实践表明，先进来的、想进来的、能进来的是先富起来的农民。全国有几十万元、几百万元的户，有很多。上亿元、上千万元的也不少。大富进大城市，中富进中等城市，小富进小城镇。合肥在全国就是中等城市，可吸纳一批几十万元至百万元的先富起来的农户，打开城门，欢迎他们到合肥来住，来经商办厂。

我们现在讲开放，眼睛主要盯着外国人、境外人，提供优惠，各种条件，各种倾斜政策。这是对的，也取得了成效。但另一手要对国内、要对农民开放。3 年吸引 10 万 ~20 万全国、全省的先富农民进来，每人平均带 10 万元进来，就增加了几十亿元。这是很大的力量。有些可以进合肥来，有些可以进周围小城镇。

要解决些什么问题呢？（1）来了有地方住，有做买卖的场所，划一片地，工商放开登记。（2）他家里承包的土地、宅基地不要收。（3）户口不要歧视，什么黄印户口，卡人家，制造矛盾。（4）子女上学，是农民最大的愿望。

这些问题要创造性地解决，是大战略，要有配套措施。安徽是出了大包干的，搞出来上面就会来总结，政策出在下面。希望合肥在城市化问题上出政策，做出成绩来。

新世纪中国社会发展的展望[*]

我讲两个问题：（1）20 年来中国社会发展的基本状况；（2）对未来 20 年中国社会的展望。

一　中国社会发展的基本状况及其评价

改革开放 20 年来，我国取得了世人瞩目的伟大成就，GDP 翻了两番还多，人民生活极大改善，使我国的综合国力大大增强，国际地位提高了。以社会学理论来总结：我国正处于由传统的农业、农村社会向现代化的工业化、城市化社会的转型中。20 年来加快了转变的步伐，第一个十年解决了温饱，第二个十年基本实现小康，从现在开始，在向中等发达的现代化社会转变。现在中央正在准备开十五届五中全会，讨论制定"十五"计划，基本指导思想就是如何制定好正在实现的第三步战略目标的规划。如果说，以前的工作是实现现代化的基础准备的话，那么现在正在迈入现代化社会（上海、深圳、广州等地已经可以说进入现代化社会了，人均 GDP 3000 美元，第三产业超过 50%）。

从发达国家现代化过程已走过的道路来总结，搞现代化基本就是两条：一是工业化，二是城市化。我们也是在搞两化，不同的是，西方发达国家在搞工业化、城市化的时候，本来就是市场经济体制。我国不同，从 1978 年以后，我们要实现现代化的时候，同时要实现从计划经济体制到社会主义市场经济体制转变的任务，不改革原来的计划经济体制，经济发展不了，社会也发展不了。

---

*　本文源自作者手稿，该文稿系陆学艺于 2000 年 2 月 18 日在中国社会科学院法学所演讲的讲稿。——编者注

　　一个社会转型，一个体制改革，两个东西交叉在一起，又在这样一个发展很不平衡的大国中进行，就使我们的工作难度大大增加。回顾一下，20年来我们在改革上花的力量要比发展多得多、难得多。所以出现的问题也特别多，为什么产生了许多不可理解的事？如"端起碗来吃肉，放下筷子骂娘"。这么好的生活，还有这么多意见。从这两个转变同时进行的理论中，可以得到解释（经济好，房子多了，无偿、低偿地分房子，还是不满意。分到的不满意，他同别人更好的比；分不到的更不满意）。

　　因为计划经济体制渗透到了方方面面，要一步一步地改革，有些还一时改不了，有些受认识上的束缚，有些客观上还有难度。如计划经济下形成的城乡二元社会结构、户口制度、经济社会关系、科技教育体制，这样就使我们的发展出现了许多不同于发达国家在市场经济条件下进行现代化的状况。有的是中国特色，有的是畸形发展，如民工潮。现代化国家搞工业化，农村劳动力大量进城，农民变为工人、职员，成为居民，城市发展了，第三产业也发展了。中国不是，包产到户后，农产品出来了，农村剩余劳动力出来了，但户口制度卡着，不能进城（认识上限制城市化），只好自己办乡镇企业，异军突起，容纳了1.25亿劳力，还有多余。城市大发展，也需要劳力，一个拉，一个推，20世纪90年代就出现了大量农民工。干了多年，户口不能动，于是冬去春来，形成了民工潮。这几年大城市往外推，限制排斥外地民工，致使今年春节牛奶无人送，商店开不了门，煤球无人送，感到缺了外地人不行。

　　现在国家好起来了，20年改革发展有很大成绩，这首先要肯定，这是第一位的。有很多经验可以总结，如以经济建设为中心，渐进式改革。先解决经济问题，再进行政治体制、社会事业体制的改革，处理好改革、发展、稳定三者的关系。改革是动力，发展是目标，稳定是前提。但也要总结一下教训，还是有许多不尽如人意的地方。

　　从发达国家走过的道路来看，经济、社会要协调发展，社会结构要与经济结构相适应，我们因为有二元社会结构，所以发展是畸形的。表现在社会结构与经济结构发展不适应，至少相对滞后5～8年。

　　这次"十五"规划提出要实施五大战略，要进行战略性的调整：（1）经济结构大调整的战略；（2）西部大开发的战略（这是区域结构调整）；（3）城市化发展战略（社会结构协调）；（4）科教兴国的战略（经济、社会的协调，三产的发展）；（5）可持续发展战略（人与自然的关系）。

　　这五大战略的实施关键是要抓好改革。国企不改革好，经济上不去；

西部开发，不改革财政等方面的体制不行；城市化的关键是改革户籍制度，户籍限制了大城市发展；科教兴国战略，还是体制问题；可持续发展，这是我们的资源环境与人口的协调，水——最大的问题，空气——生活质量的问题。还是要改革。改革是动力，是开路先锋。按社会主义市场经济的体制去实施这五个方面的战略，中国的前景是很美好的。

二　未来中国社会改革的展望

未来 10 年、20 年到 30 年，还是社会转型与体制转型的阶段。十四届三中全会设计了 2000 年建立社会主义市场经济体制的基本框架，以及 2010年建成完善的社会主义市场经济体制。现在看来，再有 10 年，计划经济体制改革完成还很不容易。所以主题还是改革和发展。还是要处理好改革发展与稳定的关系。如"十五"规划提出五大战略的实现，首先要进行改革。

（1）经济结构的调整，基础是要进行大中型国企的改革，三年扭亏，实现了，还不是改好了；要建立现代企业制度。处理好国家与企业、企业内部干部与职工的关系等问题。

（2）西部大开发，区域结构的调整与改革，处理好中心与边缘的关系，财政体制中转移支付的实现，政治上有民族问题，经济上有资源问题，等等。

（3）城市化，户口制度的改革，身份制；发展城市化的方针改革，严格限制大城市，适当发展中等城市，积极发展小城镇；城市管理体制的改革；社区同街道委员会的调整；社会保障体制改革……

（4）实施科教兴国战略，经济、社会协调发展，制定促进第三产业发展政策。教育体制改革，调整高中生、大学生比例。改革大学管理体制，中央审批大学，省批大专。大学的管理行政化问题严重，现在又要搞十所部级、副部级的学校。

（5）可持续发展战略，重视人口、资源与环境问题。人口政策、计划生育是有成绩的。我们人均资源不足，经济发展要从资源型向知识型转变。水资源和环境管理问题，企业经营管理引起的环境问题。

改革是动力，目标是从计划经济体制改为社会主义市场经济体制，主要改革有哪些？依我看，当务之急是要健康发展、要改革。

（1）改革户籍管理制度，改革"城乡分治，一国两策"的状况，调整城乡关系，加快城市化步伐，实现城乡一体化。一个社会主义市场经济体制的国家，全国必须形成统一的市场，使各种生产要素合理配置。现在的户籍制度，限制正常的社会流动，阻碍城市化发展，城乡比例失调，这是目前经济领域在产品并不富裕的状况下出现过剩、疲软的主要原因。一个现代化国家，怎么能搞"一国两策"？对农民实行不同的政策：经济上，对农民实行不同的价格（如用电价、水价、电话、公路……）。就业上，认为有田种就是自然就业，不管农民就业；民工进城了，加上种种限制，实行歧视政策。在社会上，教育、医疗、养老、劳保都不同。这是造成经济问题、社会问题的主要原因。

（2）改革就业体制。计划经济下的铁饭碗制，是苏联、中国国企搞不好的主要原因，把人养懒了、养傻了，养得一点能耐没有，不学技术，不求上进。人没有一点压力是不行的。临时工一转正就不干了。为什么校园、林道这么脏，因为正式工人不干活。户籍制度一改，按市场经济要求用工，自找门路，炒鱿鱼是正常的。真正的工人队伍起来了。就业体制正在改，国企减员增效，有3000多万人下岗。这将是一个比较长的过程，一定要改过来。

（3）分配制度要改，工资制度要改。20年来，工资制的改革是不成功的。越改，制度内的工资越平均。1962年我进所时，潘梓年的工资是360元，我42元，打字员36元，最高最低差10倍；1999年，我最高，是1400元，最低的是420元，最高最低差3~4倍，如果把坐班费、伙食补贴、过节费一样发，只差2~3倍。如果加上第二、第三职业收入，差别要大些，自己也弄不清。总理每月也只有1500~1600元。实际差别很大。这种工资制是不合理的，既不是按劳分配，也不是平均分配。江平说，现在写稿不如讲课，讲课不如办案子。讲课一次1000元，金融课有5000~8000元的。开会，出席了，有拿1000元的。现在中小学教员每月工资300~400元，北大、清华教授每月拿3万~5万元。五花八门，引出毛病的根源。不改革不行了。

（4）公务员体制要改。规模太大了。

（5）社会保障体制要改。从单位保障过渡到社会保障，有一个长过程。目前的社保覆盖面太小，农民无缘，很不合理。

（6）改革财政体制。1994年改革很好，但省以下安排不好，向上倾斜，乡财政空虚。乡镇以下的中小学教员都变成民办了。

（7）改革社会事业管理体制。改革学校管理体制，太集权了。

（8）改革政治体制。实行分级管理，中央—省—地（市）—县（市）—

乡—村，分6级。处理好中央和地方关系。

（9）舆论监督机制改革。现在光靠纪检监察，自上而下监督不行，一定要有自下而上的监督。新闻监督不可少。当官的有的是好的，也有坏人，群众无一点办法。官是要由兵管的。

改革应是全方位的。目标是建立社会主义市场经济体制。不仅是经济体制、经济运行要按经济规律办，社会事业也要按社会主义市场经济体制的规律办，法律体系也要适应这种状况。

总体来说，社会发展随着经济的发展在不断进步。前20年改革，经济在前，社会在后。社会结构调整、社会事业发展、社会体制改革滞后了，现在在被推着前进。自发要变成自为，认识要逐步提高。随着经济发展，科教、文化高潮正在到来，城市化在加速，社会事业在发展。未来20年，社会发展将加速，实现社会全面进步，前景是很乐观的。

中国经济社会发展新阶段面临的形势和任务[*]

一 中国的经济社会发展到了一个新阶段

目前，中国的经济社会结构正处在重大历史性变迁的过程之中。主要是两个方面，一是中国正在由传统的以农业为主的乡村社会向现代化的工业化、城市化社会转变，二是正在由计划经济体制向社会主义市场经济体制转变。前一种转变，学术界称之为社会转型；后一种转变，学界称之为体制转轨。这两种转变交织在一起，又是在这样一个各地区发展很不平衡的大国里进行，呈现了纷繁复杂的种种社会经济现象，引起了国内国外的许多议论。但是，无论是20年来中国在各方面取得的巨大成就和进步，还是20年来中国社会产生的种种问题和困难，都可以从中国正处在这两个转变的历史过程中得到说明。这是认识当代中国经济社会的基本视角。

第一，中国的经济正在高速发展之中，进入了工业化中期阶段，正在由农业社会向工业化社会转变。从1978年到1999年，中国经济高速增长。1978年的GDP为3624亿元，1999年为82054亿元，[①] 除去物价因素，GDP平均年递增9.5%，超过了原定翻两番的目标。中国的改革从农村开始，农村实行家庭联产承包责任制，得到了农民的拥护，调动了农民的积极性，农业生产连年获得丰收。1978年全国粮食总产3.048亿吨，要靠进口粮食

---

* 本文原载《学海》2000年第4期，发表时间为2000年7月10日。该文是在陆学艺于1999年11月应安徽省社会保障研究会邀请在安徽合肥和同月在北京大学所作的两场演讲内容的基础上整理、修改而形成的论文。本文收录于《"三农论"——当代中国农业、农村、农民研究》（陆学艺著，北京：社会科学文献出版社，2002年11月），第519~529页。本文涉及的相关省市经济社会数据源自作者调查过程中获得的资料和访谈记录。——编者注

① 国家统计局编《中国统计摘要·2000》，北京：中国统计出版社，2000年5月，第14页。

维持温饱，到 1996 年全国粮食总产超过 5 亿吨，[①] 从此，我国解决了粮食问题。各种农产品产量也是逐年增长的。近几年，包括粮食在内的各种农产品都自给有余，由卖方市场变为买方市场。

农业总产值逐年增加，但由于第二、三产业发展得更快，所以，农业在整个国民经济总产值中的相对比重是下降的。在 1978 年的 GDP 中，一产占 28.1%，二产占 48.2%，三产占 23.7%，到 1998 年，一产占 18.4%，二产占 48.7%，三产占 32.9%。[②]

20 年来，中国的工业持续高速发展，1978～1999 年，工业增加值每年递增 11.71%。现在许多工业品的生产，已超过了社会的需求，由卖方市场变为买方市场。据 1999 年国内贸易部统计，在 610 种主要商品中，供求平衡的占 1/3，供过于求的有 483 种，占 2/3。当然，在工业产品中，高新技术产品占的比重还是很小，但中国已经实现了由农业社会向工业社会的转变，进入了工业化发展的中期阶段。

第二，中国正在由乡村社会向城市社会转变。1978 年，中国的城市化率只有 18%，82% 的人口生活在农村里。这 20 年中国的工业化发展很快，但由于原来计划经济体制下实行严格的户口管理制度，形成了城乡分割的二元社会结构，农民不能自由向城镇迁徙，所以出现了工业化和城市化不同步、城市化严重滞后于工业化的情况，由此引发了种种问题。但工业化、城市化是一种趋势。20 世纪 80 年代中期以后，各地的市和镇大量兴起。1978 年，全国只有 2780 个建制镇和 342 个市，1998 年已分别增加到 19060 个和 664 个[③]。1998 年，中国城市化率达到 30.4%，比 1978 年提高 12 个百分点。[④] 经济的发展还要求加快城市化进程，特别是广大农民迫切要求进城，改变生产和生活方式。1998 年政府提出了"小城镇、大战略"的规划，经过一年多的实践，各地城市化的步伐正在加快。因为我国现行的统计口径把进城打工、经商但户籍还在农村的人口仍统计为农村户口，所以，事实上，现在我国的城市化水平要比统计局公布的高一些。有学者估算，现在中国实际的城市化率为 35% 左右。政府正在酝酿对户籍制度进行改革和出台相应政策，今后 10～20 年将是城市化的加速发展期。

第三，中国已经基本实现了计划经济体制向社会主义市场经济体制的

① 国家统计局编《中国统计年鉴·1999》，北京：中国统计出版社，1999 年 9 月，第 395 页。
② 国家统计局编《中国统计年鉴·1999》，北京：中国统计出版社，1999 年 9 月，第 56 页。
③ 国家统计局编《中国统计年鉴·1999》，北京：中国统计出版社，1999 年 9 月，第 3、377 页。
④ 国家统计局编《中国统计年鉴·1999》，北京：中国统计出版社，1999 年 9 月，第 111 页。

转变。早在 1979 年邓小平同志就提出社会主义也可以搞市场经济的问题。①
农村改革实行家庭承包经营、发展乡镇企业，都是以市场为导向，冲击计
划经济体制的。以后的国有企业改革，流通体制、价格体制等的一系列改
革，都是由计划经济体制向市场经济体制逐步渐进地改革的一部分。1992
年，党的十四大正式提出要建立社会主义市场经济体制，以后这种转变就
加快了。1994 年，党的十四届三中全会正式提出，到 2000 年要建立社会主
义市场经济体制的基本框架，2010 年要建立完善的社会主义市场经济体系。
据国家宏观经济研究院经济研究所的测算，1997 年，我国农产品市场化程
度为 79.2%，工业品为 68.3%，服务产品为 45.1%；一、二、三产业产品
的市场化总体水平为 61.7%，但资本市场化程度为 17.2%，土地市场化程
度为 22.5%，劳动力市场化程度为 70%。1997 年中国的市场化程度约为
50%。这三年又有大的发展。所以，我国社会主义市场经济的基本框架已经
建立，但还需要继续完善，还要进一步改革，市场化程度还要继续提升。

第四，中国已经基本实现了小康社会的目标，进入了向现代化社会过
渡的发展新阶段。改革开放初期，邓小平同志就提出了三步走的发展战略：
第一步解决温饱问题；第二步实现小康；第三步达到中等发达国家的现代
化水平。1999 年，我国 GDP 为 82054 亿元，人均 6517 元，按汇率折算为
788 美元，② 真正达到了邓小平同志在 20 年前提出的目标。如按国际上另一
种购买力价格来折算，就大大超过了。这人均 788 美元，是就全国平均水平
说的，而在东南沿海，在大中城市，如上海、广州、深圳等长江三角洲、
珠江三角洲一带，人均 GDP 已达到 3000 美元，有约 2 亿左右的人民的生活
水平已相当富裕、相当现代化了。当然，发展还很不平衡，我们至今还有
约 4000 万人口处于贫困状态，还未解决温饱问题。所以我们还只能说现在
全国已基本实现小康社会，今后 30~50 年，是由小康社会向中等发达的现
代化社会过渡的发展阶段。

二　中国经济社会发展面临的新问题

中国经济社会进入了一个新的历史发展阶段，这将会在经济、政治、

① 参见《邓小平文选》第二卷，北京：人民出版社，1994 年 10 月第 2 版，第 231~236 页。
② 国家统计局编《中国统计摘要·2000》，北京：中国统计出版社，2000 年 5 月，第 14、33、
140 页。

社会生活中引起很大变化，出现许多新的现象和新的问题。

第一，经济发展遇到了新问题。1993年以后，GDP的增长速度逐年下降，已从1992年的14.2%，下降到1996年的9.6%，1997年的8.8%，1998年的7.8%，1999年的7.1%。① 特别是1997年以后，市场疲软，工农业产品销售普遍困难，60%以上的商品供过于求，从卖方市场转为买方市场。加上亚洲金融危机，出口受阻，许多企业停产、半停产，亏损严重。国有企业改革困难重重，工人下岗约2000万人（已有1000多万下岗职工重新就业）。物价下跌，生产、生活资料价格指数连续20多个月下降，三年内国家连续七次降息，鼓励投资和消费，着力开拓市场，扩大内需，但见效不大，由通货膨胀变为通货紧缩。从1998年起，国家采取扩张性财政政策，搞基本建设投资，支撑经济增长，但带动社会投资不多。今年，国家还要继续采取扩张性财政政策，进行基础设施投资。

第二，农业连年丰收，农产品销售困难，农产品价格大幅下降，乡镇企业效益滑坡，农民增加收入成了问题。1996年农业特大丰收，粮食总产超过5亿吨，从此彻底改变了粮食供应短缺的局面，消除了美国世界观察所所长布朗教授1994年提出的"谁来养活中国"的惊恐议论。以后3年各种农产品又连续丰收，弄得仓盈库满，粮食、棉花等农产品都大量积压，销售不出去。近几年，国家投资修建了仓库，还是放不下，有些只好露天堆放。农产品价格直线下降。1996年1月，大米、小麦、玉米三种粮食平均价格为每斤1.0355元，1999年11月下降为每斤0.7075元，降幅为31.7%。其他棉花、油料、菜、果以及肉类、禽、蛋等产品的价格也都大幅下降，农民收入因此减少很多。加上乡镇企业正在改制调整，产品销售不畅，无论是经营者还是职工的收入，大部分都是减少的。因为城市经济不景气，大量辞退外来民工，也使农民进城打工的收入大量减少。

从这几个方面看，这三年农村是增产不增收，有些还减收，特别是以农业为主要收入来源的地区，多数农民的收入是减少的，农民负担又减不下来。1997年，国家就提出扩大内需、开拓农村市场，至今扩销不了，原因不是农民不需要商品，而是无钱购买。现在全国总人口中，农民占69.6%，但只购买了39%的商品。

第三，经济发展了，经济结构调整了，但社会结构没有相应调整，社会事业没有相应发展，社会事业的管理体制没有相应改革，使经济社会不

---

① 国家统计局编《中国统计摘要·2000》，北京：中国统计出版社，2000年5月，第19页。

能协调发展。按一般发展规律，工业化、城市化应该是同步的，但因为我国的计划经济体制条件下形成的二元社会结构、户籍管理制度没有及时改革，阻滞了城市化的发展。1998 年，我国的工业化已达到了中期发展水平，但城市化率只有 30.4%，低于 1996 年 45.5% 的世界平均水平，也低于不少发展中国家的城市化水平，城乡比例失调。有学者计算过，如果我国能调整政策在若干年内使城市化水平达到 45.5% 的世界水平，那将有 1.8 亿农民进入城镇，将会创造巨大的生产力和消费，现在许多经济、社会问题就可以得到解决。所以说目前城乡比例不当是最大的比例失调。

这 20 年，我国经济高速发展，成绩巨大，教育、科技、文化、卫生、环保、社会保障等社会事业都有了发展，但与经济发展相比则相对滞后，没有相应地发展，由此产生了种种社会问题，也影响、阻碍了经济的更好发展。以教育为例，早在 20 世纪 80 年代末，邓小平同志就说过，改革开放以来，一个失误是教育落后了，但没有引起足够的重视。[①] 我国的基础教育办的是比较好的，问题主要出在高等教育上。我国有尊师重教的优良传统，群众十分重视子女的教育。我们曾对全国 1000 户贫困家庭妇女做过一个调查，问她们第一位的愿望是什么？85% 的人回答是要让自己的子女接受最好的教育。现在很多家庭强烈希望自己的子女上大学，这是一个非常好的社会发展动力。但 1985 年全国只有 1016 所大学，到 1997 年还只有 1020 所大学，当然在校学生规模扩大了一些。政府垄断办大学，严格限制民间办大学，到现在省级政府也只有批准办大专学校的权力，而没有办大学的权力。到 1997 年，我国只有 370 万大学生，1997 年适龄青年上大学的入学率只有 6.5%，远远低于 16.7% 的世界平均水平。所以这几年出现了高中生出国留学的潮流，人才和资金大量流失。1999 年政府公布增加招收 30 万大学生的决定，使当年招收的大学生比 1998 年增加了 46%，2000 年还要增加 20 万招生名额，这是个明智决策。

要发展社会事业，必须改革社会事业的管理体制。原来被计划经济体制渗透的方方面面，现在已按市场经济的要求改革了，而许多社会事业的体制还没有改多少，在这方面是滞后了。还以大学为例。一个大学，学生万把人，教员 1000～2000 人，各种职工 2000～3000 人，有的学校汽车司机就有 100 多人。学校一般占地上千亩，到处是房子。学校里除了教学楼，还有大量学生和家属宿舍楼、附小、附中、商店、银行、医院、派出所。学

***

① 参见《邓小平文选》第三卷，北京：人民出版社，1993 年 10 月，第 290 页。

校对教职员工的衣食住行、生老病死都要管，学校办社会，校长实际是个市长。这怎么能够办好大学，教好学生？现在大学正在改革，其他如科技部门，文化、体育、医疗体制，住房制度和社会保障制度都要改革，都要从原来的计划经济体制模式，按社会主义市场经济的运行规律改过来。

第四，发展很不平衡，城乡之间、地区之间、部门之间、产业之间、企业之间、单位内人与人之间的差距正在逐渐拉大。20 年来，中国的经济发展很快，人民生活普遍改善，但发展却很不平衡。好的一面是，1978 年前分配方式单一，平均主义盛行。那时的基尼系数只有 0.2，对生产力发展不利，经过这些年已逐步改过来了。问题的另一面是这些年差距又拉得太大。

城乡之间的差距。1978 年，城市居民的收入和农民的收入之比为 1∶2.3，1984 年曾缩小到 1∶1.7，但 1985 年以后又有所扩大，到 1998 年为 1∶2.6。如果加上城市居民还有如教育、医疗、社会福利等方面的隐性补贴，有学者估算实际差距大约为 1∶3.9。

地区之间的差距。我国是个大国，东西差距本来就很大，本来就有"上有天堂，下有苏杭"的富庶江南，也有"苦甲天下"的陇东地区。1949 年新中国成立以后地区差距有所缩小，而这 20 年，地区差距又扩大了。东部沿海各省市越来越富，加速发展，西部诸省市也有发展，但发展相对缓慢，收入差距拉大了（如表 1 所示）。

表 1　西部、中部、东部人口、GDP 占全国总额百分比的比较

单位：%

地区	1998 年地区人口占全国比例	GDP 占全国比例		
		1978 年	1993 年	1998 年
西部	23	16.7	15	14
中部	36	30.7	27	27.9
东部	41	52.6	58	58.1

20 年来，三大地区人口变动不大，但人均 GDP 的差距拉大了。如以 1997 年人均 GDP 最高的上海市和最低的贵州省比，上海为 25750 元，贵州为 2215 元，上海是贵州的 11.6 倍，[1] 而 1978 年只有 4.9 倍。

部门、产业之间的差距。1978 年前，部门之间职工的收入有国家调控，差距很小。20 世纪 80 年代中期以后，差距迅速拉大，一些垄断行业、新兴

---

① 国家统计局编《中国统计年鉴·1998》，北京：中国统计出版社，1998 年 9 月，第 65 页。

产业部门，如金融、烟草、电信、电力部门收入增长很快，各种福利、奖金很多，而一些传统产业部门，如冶金、煤炭、纺织等部门的职工收入增长就相对缓慢。企业之间的差距还表现在，同一产业内不同的企业，发展快和好的，职工收入就多，反之就少。

个人之间的差距。同一企业、同一单位正式职工工资差别很小，福利是一样的，但有些人有第二职业的收入，额外的奖金和其他收入很多，个人之间的收入就非常悬殊了。据有关学者估算，现在全国拥有百万元人民币财产的约有 500 万户。这些富户大多集中在东部沿海诸省市，中部、西部也有，但数量少得多。

这些差距的存在和发展引出了很多社会矛盾和社会问题。如何使国家的收入分配政策既能激励生产和经营的积极性，又能保持相对合理的差距，使经济社会稳定协调持续地发展，是我们面临的大课题。

三　当前经济社会发展要解决的几个问题

20 年来，中国经济社会发展的成绩巨大，举世瞩目。与此同时，遇到的问题也很多，有些是原来就有的，有些是新产生的。社会矛盾也很多，各种议论很多。这都可以从我国正处在社会转型和体制转轨这两个大的历史性转变的阶段来说明。实践要求我们不仅要说明这些问题，而且要解决这些问题，使社会继续前进。邓小平同志早就指出："发展是硬道理。"中国的问题，说到底还是个要继续发展的问题。经济要继续发展，社会要继续进步，靠经济发展推动社会进步，在发展中逐步解决目前存在的问题。好在 20 年来，我们已经摸索出了一条有中国特色的社会主义现代化道路，已经有了一定的物质基础，也积累了比较丰富的经验。目前，政府正在制定第十个五年计划，将会有一些新的举措和新的政策，经过五年、十年，使我国的现代化事业再向前推进一步，上一个新的台阶。

第一，通过深化改革，调整结构，推动经济持续发展。我国经济总量还很小，1999 年的 GDP 按汇率计算，只有约 1 万亿美元，人均更少，只有 788 美元。就大的方面讲，发展经济目前要解决两个大问题。一是要继续加快国有大中型企业的改革。据有关学者计算，现在国有大中型企业，占用了约 2/3 的经济社会资源，而在创造财富中的贡献，只占 GDP 的 1/3。如何把国有大中型企业改革好，使之减少亏损，增加实效，是当前要着力解决的问题。二是要从各方面调整结构，增加有效需求，使目前已经过剩的大量产品和过剩的生产能力得到有效利用。据统计分析，我们的工农业产品人均、户均量都不大（如人均只有 400 公斤粮食、19 米布），1998 年才生产 1060 万台冰箱、1207 万台洗衣机、3497 万台彩电。① 面对 3.4 亿个家庭，这些商品却卖不出去。这要研究调整结构、扩大消费问题，使经济能正常运转起来，加快经济发展。好在今年第一季度已有好的开头，有了回升的希望。

第二，调整社会结构，加快城市化步伐。因为各种原因，我们城市化滞后，现在各方已有了共识。解决经济问题光在经济内部调整结构已经不行了，现在社会结构不合理，城乡差距太大，要通过调整社会结构加快城市化步伐，去掉关卡，让农民进城来。据测算，现在一个市民的消费水平等于三个农民的消费水平。所以如果我们改革户籍等制度，使城市化加快，每提高城市化水平 1 个百分点，就可以拉动 GDP 增长 1.5 个百分点。让农民进城来，现在争论已经不大了，但让农民到哪里去，现在有三派观点：一是小城镇，二是中等城市，三是大城市或特大城市。我认为除了像北京这样几个特大城市外，大、中、小城市和镇都应该向农民放开。还是按市场经济规律办事好，哪里该发展大城市、哪里该发展中小城市，由市场经济发展的要求来定，不要人为地划框。把城门打开，让农民自由选择。

第三，农村发展问题。改革是从农村开始的，农民是拥护改革开放的。农业生产是好的，用占世界不到 10% 的耕地，解决了占世界 21% 的人口的吃饭问题，这是了不起的大事。但近几年农业增产不增收，有饭吃，没有钱花，负担减不下来，社会矛盾增加。我想现在应主要解决两个问题。一是要创造条件，让一部分农民离开农村到城镇去。农民贫穷，主要是农民人太多，资源太少，农村要不了这么多人。现在的农业生产力，1 个劳动力种 1 公顷地，全国只要 1.3 亿劳力就足够了，其余都可以转移出去。如能在几年里减少 20% 的农民，农业产量不会减少，农民就可以增加 25% 的收入。二是要尽快解决"城乡分治，一国两策"的问题。这是在过去长期计划经济条件下形成的。在经济方面，所有制、流通方式、分配方式、就业、税赋等政策，农民与城市居民是不同的；在社会方面，教育、医疗、劳保、养老、社会保障诸方面，农民与居民也是不同的。如用电，城市和农村就是两个政策，同电不同价。居民生活用电每度只要 0.3 元多，农民则要 0.6 元以上，甚至有的地方要 1 元多，社会主义市场经济要求城乡市场是统一的，现在这种"一国两策"的局面必须改革。

---

① 国家统计局编《中国统计年鉴·1999》，北京：中国统计出版社，1999 年 9 月，第 441 页。

第四，教育、科技、文化等社会事业应该加快发展，社会发展的管理体制要加快改革。现在只有 1000 多所大学，这两年扩大招生深得民心。但就这样，还是只有 10% 的适龄青年可以入学，比世界平均水平还差将近一倍。这方面还要加大力度，办法有两条：一是有关部门要解放思想，放手让各省、各地和社会各界来办大学，不要把办学校的权力再垄断在手里；二是要改革大学的管理体制，按社会主义市场经济的要求办，不要学校办社会，而要社会办大学。那样，现有的 1000 多所大学再扩大招生规模应该是不会有多少问题的。其他如科技、教育、医疗、文化事业也有这类问题，也要加快改革，加快发展。

第五，建立和完善社会保障制度。过去的社会保障制度有很大缺陷。一是对城市干部、职工的保障水平很高，国有单位的职工生老病死都有保障，但覆盖面小；农村则靠人民公社实行"五保"政策，所以覆盖面也很小。二是过去的社会保障是通过单位来实现的。改革以后，单位变化了，有的改制了，有的不景气，有的破产了。但过去形成的企业积累都通过上交利税交给国家了，现在无力保障。20 世纪 80 年代以后就进行了社会保障体制的改革，现在国家设立了劳动和社会保障部，工作有了很大成绩。但是问题还很多，要建立包括养老、失业、医疗等方面比较完善的社会保障体系，还有许多工作要做，这是对社会起稳定作用的基本条件。

当前中国社会形势分析[*]

我今天主要讲两个问题：第一个问题是我们怎么来分析形势，当前的形势怎么分析好；第二个问题是当前的形势。前面是铺垫，后面讲一讲当前的形势是怎么样的。

一　怎么分析形势

分析当前的经济形势跟社会形势，常常是这样的情况：老师在讲台上讲的形势很好，你们看报纸也很好，电视看的更好，但是到了宿舍里面，几个好朋友在一起就不太好了，讲哪个地方工资发不出来，哪个地方农民包围了乡政府，哪个地方工人在市政府门前静坐了，等等。反正这个形势，我们看到的跟听到的不一样。怎么来看？因为咱们这个社会比较复杂，所以有些人总听到好的，有些人总听到不好的，怎么来看，我教给你们一个方法。

前年我到日本去，日本的东京，有一个中国社会科学的研究会，他们请我作报告。事前我也了解了一些情况，咱们的留学生一般看两份报，一份是咱们大使馆给留学生发的《人民日报》的海外版。海外版这八版差不多都是好的，很少有一两个差的，95%都是好的，哪个地方通车了、哪个地方发现大油田了、哪个地方大厂又投产了等，都是好事情。同时我们在那里的留学生还能收到台湾的"中央"日报。这个"中央"日报第二版就是大陆版。那个上面就糟糕了，都是坏消息。他们说老师你看这两份报纸是

---

　　*　本文源自陆学艺《"三农"新论——当前中国农业、农村、农民问题研究》，北京：社会科学文献出版社，2005年5月，第347～369页。该文系陆学艺于2002年6月14日在北京师范大学研究生院所作学术讲座的录音整理稿。本文涉及的相关省市经济社会数据源自作者调查过程中获得的资料和访谈记录。——编者注

怎么回事呢？哪个是真的，哪个是假的？我说《人民日报》讲的肯定是真的，"中央"日报讲的也不是假的。我说中国 960 万平方公里，12 亿多人，一天要发生多少事情啊。《人民日报》（海外版）八版一天几百条消息，不用造假，肯定是真的。何况还有 5% 是不好的消息。这个"中央"日报百分之百都是坏的。我说你们这两边的消息都得看。光看《人民日报》，咱们中国三年就赶上日本了，你要光看"中央"日报、只信"中央"日报，就麻烦了，中国共产党三年就得垮台，这肯定都是不对的。我说，你两边都得看。我说，你们在这里的学生，咱们大陆的学生可以既看到好的，又看到不好的。我们一方面是看报纸、听电台讲的都是好的，另一方面在宿舍里、家里会听到不太好的消息。所以我说，你们得学会全面地看问题。

就是说，现在你们怎么看这个问题，现在分析形势好还是不好，怎么来看待这个问题，我给你们出个方法：一分为二，全面地看问题，这是一般的方法。我们从社会学的角度讲，现在中国正处在两个转变之中。一个就是从传统的农业、农村社会，向一个现代化的、工业化的、城市化的社会转变。这个咱们叫社会转型，或者叫转型社会。我们社会正在转型，这个词，是我们社会学家从国外翻译过来的。这个词，咱们有些领导还不认，说这个词不好，社会要转型转到哪儿去啊？就怕转到资本主义那里去了。我们社会学每年要出几十个题，现在社会转型时期什么农村问题，转型时期什么家庭婚姻问题。这个转型不好听，就改成新时期，反正是新的了。

我们正处在一个从农村、农业社会向现代化、工业化社会的转型过程中。这个转型，所有的现代国家、发达国家都经历过。200 年前、300 年前，英国和所有的欧洲国家，他们都是农业社会，不可能像现在这样。他们怎么转过来的？现在，咱们也在搞工业化、城市化、现代化。实现这个转型，一方面经济发达了，社会进步了；另一方面生产力、生产关系、生产方式和生活方式大转变。在农村，原来是太阳出来干活、太阳下去休息，现在是八点钟上班、下午五点钟下班，这个生产方式和生活方式都变了。另外，社会财富增加，社会的贫富差距拉大了。过去《资本论》讲走向两极分化。我们现在看到的好多社会矛盾、社会问题跟这个社会转型有关。国外有一本书专门研究这个，就是在转型时期要产生大量的社会问题。现在他们已经转回来了，是另外一种形势了。我们现在产生的是 18 世纪欧洲产生的这些问题。现在这些资料已经不多了，你们在座的一定看过欧洲批判现实主义的那些小说，《红与黑》《九三年》等，你们从那里看到的小说里的主人公，与现在我们北京、上海的部分人物是很相像的，有似曾相识之感。你们看看，转型社会产生的这些人物和那些社会病，现在我们这里也有了。我们现在正在解决这些问题。

第一，现在的社会问题，一方面是工业化、城市化，高楼大厦在建，高速公路在建；另一方面，社会产生很多问题，大家又不太满意。在这里可以说，现在的经济要比20年前好得多。我们的经济增长了，社会发展了，社会进步了，可是社会问题也多了，这是事实，这是社会转型病的表现。欧洲在工业化的早期也出现过这些问题。

第二，欧洲这些国家，美国、日本这些国家在转型的时候，向社会化大规模的市场经济转变，现在讲全球化。恰恰在这20年，我们一方面搞工业化、城市化、现代化，大规模高速的发展；另一方面，我们还要实现由原来的计划经济向现在的社会主义市场经济转变，所以我们叫体制转轨。这个转变叫我看，产生的社会问题不比社会转型产生的少，而这些问题他们是没有的。我可以给你们举一个例子，我们接待外宾，好多词他们听不懂，如"民工潮"。什么叫"民工潮"？就是农民工的潮。什么叫民工呢？农民身份的工人是也。这个"农民工"，大概你们英文老师不太好翻译，这个词有没有？"农转非"，农业户口转为非农业户口，叫农转非，这个词英文里也是没有的。再如"打白条"，老外说这个"打白条"是什么意思啊？还有说"卖批文"，批文能够卖？我说这个批文可值钱了，现在还值钱。20世纪80年代初期，有些人靠卖批文发了大财。咱们的《新华词典》可能也没有这个词。老外要是到中国来学习，就比较困难了。什么叫"买户口"？户口值多少钱？县城里的户口值3000元，一般的中等城市是8000元。买到北京户口要多少？北京户口是3万元、5万元。这个太值钱了。所以你们能把户口转来，这太值钱了。

这些问题里面还有猫腻，受贿的事有很多。评职称这是计划经济留下的。我当所长最头疼的是两件事。一件就是评职称，这个到现在还没有解决。还有一件是分房子，现在不要分了。这分房子里面的学问大了。造房子比较容易，但分房子比较难。分房子三年都分不了，得吵啊。这些问题，都是跟转轨有关系的。

这两件事情及本来存在的问题，加在一起，就成三个问题了。为什么现在一方面成绩是大量的，另一方面问题也是大量的？光讲问题可以讲三天三夜，光讲成绩也可以讲三天三夜，都是很大的。所以你们要知道我们现在社会处在这个背景下，正在转型，正在转轨，我可以说一切好事都从这里出来。你不搞工业化、不搞现代化，还是在原来的农村里面、在生产队里面，出门要请假，没有粮票吃不了饭，那个日子是不好过的。现在没有这个事了。但是另一方面，现在把它放开了，现在社会进步了，问题也出来了。可以说一切的好处都可以从这两个转变来说，一切的毛病、一切的问题也都是从这两个转变生发出来的。所以，这两点你们在分析咱们国家当前问题的时候，可以作为背景。一方面我们处在传统的农业社会、农村社会向现代社会、工业化、城市化的转变中，由此产生一系列的好的方面，同时也产生一系列的问题。还有一个方面，我们正在转轨，这个肯定是好的，计划经济再搞下去，我们就没有饭吃了。所以，我想这个问题跟成绩都可以从这里得到说明。我想你们看待现在的问题，如果要分析的话，要善于分析形势，这一点一定要注意。这是铺垫。下面我就讲现在的形势怎么样。

二　当前的形势怎么看

我今天讲社会形势，作为一个研究，第一个问题讲当前的经济形势比较好，相比较而言，社会形势不太好，这是第一句话。第二个问题讲的是当前的城市形势，特别是大中城市的形势比较好，相对而言，农村形势特别是中西部的农村形势不太好，我重点讲第二个问题。第三个问题是地区的形势，我们现在把国家分成三块，东部是从大连、辽宁沿着海一直到广东，这些东部沿海形势比较好，中西部特别是中部形势不太好。

（一）当前的经济形势比较好，社会形势不太好

现在这个经济形势是比较好的。因为我国现在大概仍保持平均7%、8%的增长速度，而当下全世界都处在低速、负增长的时候，我们还能保持7%、8%的速度在走，肯定是好的。前几年外国说的比我们还好，21世纪是中国的世纪，加入WTO之后，中国要变成制造业的中心，全世界的大部分产品是由中国生产出来的，中国怎么样怎么样，多少年赶上日本，多少年赶上美国。这两年风变了。我们中国还是中国，高速增长还是高速增长。但从美国发起，一些大学教授出来，说中国靠不住，中国的经济高速增长是假的。一些有名的教授讲7%、8%不可能。他们说至少是虚报了3个百分点。你看从1997年到2001年，四年工夫涨了接近29%了，但是能源消耗没有增长，也就是说电、煤、石油这个消耗量没有增长，他这个说法怎么来的呢？只有增长没有消耗怎么回事呢？他有点儿根据。我们这边也有一

些说法。但是有一条我可以说大致是这样的，中国的事情叫我看，你要是说有虚假的，确实有。气象学家的"度"、统计学的"数"都不准。凡是经济不太好的地方，工资发不出的地方，一般都是虚报，都是报得多。东部沿海地区、发达地区的经济增长一定是很高的，当然是少报了。所以我这次到南京去，他们说苏南是"缩水"的，苏北是"注水"的。

还有一个问题，现在比较困难的是东北，国有企业还是占优势。如果国有企业虚报的话，虚报是要纳税的，吹牛要纳税。现在你向国家报 1 万元，收你 1700 元的增值税。国有企业反正是八路军跟新四军的关系，都是公家的，真的假的还是出不去。像浙江、苏南、广东这些地方私有的、私营老板较多，老板可不行啊，老板多报 1 亿元，1700 万元钱没有了，他得掂量掂量，估计不会假的。所以凡是发达地区据我了解，那确实不是假的。我可以告诉你们，现在东部沿海这十个省份的总量的增长都超过 50%。你们去算吧，它占 1/3 的地盘，可能土地还不到。所以 50%、60% 的地方没有吹牛，30%、40% 的地方吹牛，估计就扯平了。

搞经济学的看哪个地方经济繁荣、哪个地方好不好，看两条，直观的。一条看那个建筑工地的塔吊多不多。凡是到处是工地，肯定这个地方是兴旺的，国内如此，国外也是如此。到处工地在建、大楼在建。你看你们现在大学的形势很好，我来过几次，来一次你们搞一个楼，都在造，这个形势好。师大的形势好，人大在建，北大也在建，也是有这个形势。凡是没有建筑工地塔吊的地方，一般是不行的。对一个国家来说也是这样的。给你们说一个故事，2001 年柏林的市长到上海去访问，跟上海的市长交谈，后来他们传出来是这样的，因为欧洲我也去过，一般说他不像咱们这样要实行城市化，它城市化已经达到 70%、80% 了，已经几百年的房子都在那里了，而且好多地方不建高楼了，所以他没有什么建筑。柏林的市长说，我们现在柏林这个形势真好啊，现在有 50 个地方、50 个工地在建大楼，50 个工地已经不少了。我们这位市长说，50 个工地对我来说，我一个区都不只 50 个。这样一说吓了柏林市长一跳。上海每天 5000 个工地在那里建，真是这样的。第二个看饭馆。饭馆里面吃饭的人多，这个地方就兴旺。如果饭馆里面没人吃饭了，那就不行了。现在北京、上海，你看饭馆越开越大。浙江人都开大饭馆，上海最大的饭馆、南京最大的饭馆都是浙江人开的。所以我说经济形势比较好。

下面我要讲中国的社会形势。

第一点，我们现在经济结构变了，社会结构没有相应改变。社会结构当然有好几个方面了，我只讲一点，社会结构里面很重要的一条就是城乡结构。经济结构现在我们已经知道了，我们现在的经济 GDP 里面，第一产业只占 15% 多一点，说明我们已经到了一个工业化的中期水平；但是我们的城市化率到 1999 年还是 30% 多一点，① 这不行，30% 的城市化率叫初级阶段，所以我们现在城乡矛盾很突出。我们要研究一般的发达国家走过的道路，他们的工业化、城市化、现代化是三位一体的，搞工业化的时候农民进城，城市化搞起来，工业现代化。我们由于计划经济，户口制度的原因，社会保障方面的原因，所以在搞工业化的时候没有城市化。原来粮食不够了，就限制户口。现在粮食够了，这个户口制度还是滞后，到现在没改。有些省份改了，但是全国还没有改。所以现在就出现了城乡不协调。出现了很多词，比如说"农民工"，现在农民进城打工叫"农民工"，当了企业家就叫"农民企业家"，当了医生就叫"赤脚医生"，当了老师叫"民办老师"，自己办学叫"民办教育"。原因是，户口身份没有变。开始的时候，我们领导总是滞后一点，就是说他老不肯放开户口。我说，我们这个经济光是按经济学家的话讲不行。产业结构调整，调整来调整去，东西还是卖不出去。我说，你们这个招，应找社会学家来出。什么道理呢？就是说因为现在粮食多了，你去种棉花，棉花又多了，那你种蔬菜，现在蔬菜也多了，就种水果，现在水果又便宜了，西瓜大概卖七八毛了。我前几天到农贸市场买荔枝三块钱一斤，这个在 20 世纪 80 年代的时候，都要十几块钱一斤。芒果以前几十块钱一斤，现在也是两三块钱一斤。现在东西多了怎么没招了呢？我可以告诉你们一些数字，我们现在在国家统计全国有 610 种主要商品，比如说粮食、棉花、汽车、棉布，这些主要商品共 610 种，1997年的时候 2/3 是过剩的，供过于求。今年年初的统计，82% 的产品是供过于求的，就是卖不出去。现在讲买方市场，原来是卖方市场，这是个转变。我们那个时候在大学里，我是 1957 年进大学的，到了 1960 年吃饭得拿粮票，那时粮食问题是很大的。买件毛衣都要凭票，而且这个票到百货大楼还得看售货员，她没有好脸，不是像现在进去买这个买那个，这是买方市场。现在东西卖不出去，要我们计算的话，不应该卖不出去。就是说，现在国际上的经济学家在算，人均 GDP 要 3000 美元才能出现买方市场，我们现在才 1000 美元，就卖不出去了。你从统计上看看，数据上能看出来，

---

① 2001 年我国第一产业占 GDP 总量 15.1%，城镇人口占总人口的 37.66%。参见国家统计局编《中国统计摘要·2002》，北京：中国统计出版社，2002 年 5 月，第 16、34 页。

2001 年我们生产了 1300 万台洗衣机、1300 万台电冰箱。[①] 我们有多少家庭呢？我们有 3.5 亿户[②]，所以老外盯着这 3.5 亿户，每户买一件，就 3.5 亿件。现在都在降价，叫"跳水价"。跳水了，不要命了。空调降价、彩电降价，就是没有人买。为什么呢？这就是城乡结构不合理的缘故。现在城市里调查，有的家庭有两个、三个电视机，所以 100 户就有 120 多台电视机了。特别是洗衣机、电冰箱，农民不要说现在没有钱，有钱也不买。农民要电冰箱干什么？地里有菜、鸡笼子里有鸡。把鸡杀了，放在电冰箱里冰冻后再吃，对不对？这不叫城市化，他不到城市里来他不会买电冰箱的。何况那个地方还没有电，有电的没有水，有水的更不要洗衣机。到井里面打水，再放到洗衣机里洗？所以，我跟经济学家讲，现在我们社会学家就说你要调整社会结构，你把户口放开，让农民进来，不要那么卡着。有些市长请我们去做顾问、作报告，我说我在全世界走了那么多国家，没有哪个国家的市长不是找人家来住，只有我们中国的市长批条子，你进来得我给你批，所以东西都卖不出去了。我说，现在最大的毛病就在于城乡关系不协调，社会结构不合理。这是我讲的第一点，社会形势不太好。

第二点，社会事业跟不上经济事业的发展。社会事业就是教育、体育、科技、文化等事业，反正不属于经济的都可以叫社会事业。咱们不说别的了，就讲教育吧，教育跟不上。前几年就是不让办教育，是没有钱办，也不让人家办，到现在为止，我们办大学还必须得教育部批准。江苏省这么大的省、山东省这么大的省，就这么几个大学，只能办大专，成人高校可以，办大学我不批。这个权力就是这么大。到现在为止，这个大学里面要建一个社会学专业必须得教育部批。所以，到现在社会学系大概不超过 60 个。但是这几年开了一个口子，说社会工作系省里面可以批，省教委可以批。这个是老子跟儿子的关系，大兄弟跟小兄弟的关系。大学校长跟省教委的这些厅长够不上兄弟的，批起来就不容易了。所以现在一打听，全国的社会工作系已经超过 100 个了。你想想这个事情。原来我们这个大学在这种管制之下办得少，现在的大学不能适应国家的需要。我们的大学到 1999 年扩招了，这几年经济高速发展，感到大学生不够了，所以现在大量地扩招。扩招现在还有一些问题，叫我说还是没有完全放开，我觉得要更放开一点。

① 国家统计局编《中国统计摘要·2002》，北京：中国统计出版社，2002 年 5 月，第 115 页。
② 国家统计局编《中国统计摘要·2002》，北京：中国统计出版社，2002 年 5 月，第 34 页。

我们现在大学落后到什么程度呢？我这里有几个数，给你们念一念。18岁到 25 岁适龄青年 100 个人里有多少个大学生？得看这个国家的大学办学水平了。1996 年，全世界的水平是 16.7%，就是 100 个人里有 16.7 个人可以上大学。这是全世界的平均数，包括发达国家、不发达国家都在里面。咱们中国是多少呢？1996 年的时候是 5.7%，印度是 6.9%，印度的大学生比例也比我们高。这几年我们上来了，接近 10% 了。韩国是 60.3%，韩国为什么发达，你看有这么多大学生啊。泰国 20.1%，新加坡 38.5%，加拿大 90.2%，墨西哥 15.3%，美国 81%（是基本上都可以上），巴西 12.3%，乌克兰 40.6%，俄罗斯 44.5%，英国 49.5%，澳大利亚 75.6%，法国 51%，德国 44.4%，意大利 41.4%。这是 1996 年的数据。[①] 现在还在发展，我们现在大概接近 10%，你想我们差了多少？由于大学生收得少，所以高中也不是说都能够上的，包括北京。北京这两年有所改善，前几年的高中，特别是普通高中很难上。1998 年，我还当所长的时候，也是这个时候，我的办公室主任向我请假，说所长我请一个礼拜的假。当所长的离不开办公室主任。副所长可以请假，办公室主任很多事情都得给我办的。我说你什么事要请一个礼拜的假？他说我的闺女考高中。我以为考大学难，我说考高中有啥事呢，还得请一个礼拜的假？不准。他跟我好多年了，他说你不知道，北京现在考高中比考大学难。后来我一了解，确实是这样的。北京每年初中毕业生 15.5 万 ~ 16 万人，前些年能够上普高的就 5.5 万人。大部分人去考职业中专、旅游学校、服务学校等。这个家长他跟我们还不一样，他上山下乡，自己没有上过大学，所以拼了命也要让自己的子女上大学。孩子也不愿上职高、中专。这就是我说社会事业落后于经济的需要的一个例子。当然其他的，医疗、卫生、体育、文化也落后，所以咱们足球踢个零，我看也是没办法的，你本来就不重视。体育叫我来说，这些社会事业里面还是发展得快的，也还算是好的。当然其他的，文化、医疗、科技，哪个事业都跟经济不相协调，这是我讲的第二点。

第三点，就是社会管理跟经济管理比较而言也差。这个管理是这样的，我们大楼盖起来了，高速公路修起来了，马路也越来越宽了。特别是马路，北京市就是因为管理不行，所以还是堵。今天我来的时候就堵在路上了，那个出租车司机也急。管理当然不光是领导管理、管理人员的管理。管理本身还有被管理的人，比如汽车司机，或者走路的人，他与现代化管理要

---

① 刘洪主编《国际统计年鉴·1999》，北京：中国统计出版社，1999 年 12 月，第 518 页。

符合。北京、上海这些地方，从硬件来说跟国外差不了多少了，但是就管理来说，就软件来说，那差得太远了。第一是交通，就是管不好。我国的首都都七八个区了，像北京长安街这样的大街，那边到石景山，这边到通县，一条线笔直，有的地方12车道，这样宽的马路中国也只有这一条，这么直。而我们的出租车司机在路上说，哪里有警察那个地方就堵，这里有警察这里就堵，真是这样的。出租车司机特别怕警察，看到警察在那里就开慢了。学校也是这样的，现在我们的楼越造越高，越造越漂亮，但是到里面去一看，地上也好、黑板也好，就是差这个管理问题。我们的管理跟不上。这是第三点。

第四点，经济体制、管理体制的改革。社会事业的管理叫我说基本上没有改，只是略有改变。就讲我们的科研单位、教学、医疗，要说完全不改也不是的，但是基本上没有改。要说严重的还是"吃大锅饭"的问题。我们的国家机关、我们的大学、我们的科研机构，这些我是有体会的，基本上没有改，还是凭良心干活，"大锅饭"。大学也是这样的，也有点儿改进。比如说我1957年进北大，北大那时是相当漂亮的，树要比现在多得多。我们那时是在图书馆里面念书的，图书馆打扫得很干净，图书馆还有校工，桌子都擦得干干净净，那叫窗明几净！1958年以后就不行了，学校就乱套了。到"文化大革命"就更不得了了，把我们的老师、教授都派去打扫厕所、打扫卫生，校工就是工人阶级了，就变监工了。现在要离了农民工，学校、单位就没法过了。因为我们这套体制没有改，他只要不转正，这个人就好好地干，一转正就不好好干了。我是深有体会的。我当所长的时候，有一个小伙子早来晚走，干什么活都行，后来有复印机，复印是他，后来打字也是他，那真是干活。干了六七年，这个也来说，那个也来说，说转正吧。转正了他就不好好干了，要开除他，领导没有这个权力了，这是体制问题。咱们的教育机构、科研机构基本上是凭良心干活。不像是工厂里面，减员增效，我把人减了，效益增上去。这个体制没有改，所以社会事业方面的改进不太好。这四个方面加起来，经济社会还不是协调发展。经济上去了，但是社会事业跟不上去，没有协调发展，我看已经在影响经济发展了，所以我们一再呼吁人口制度、人事制度要改，大学的教育制度要改。这是我讲的第一个问题，经济形势很好，社会形势相对而言要差一些。

（二）城市形势比农村形势好

城市形势很好，或者叫比较好，相对而言，农村形势，特别是中西部的农村形势不太好。城市形势你们都看到了，特别是大城市、特大城市——北京、上海，那要我说是相当现代化了，一年一变样。西四环那边我好久没去过，这一看，当年我们上学的那一带都变了。不要说全国的面貌了，北京几个月不出去，你再出去就有点儿晕了，真是在变化。过去我当所长每年要接待几批外国人，来了以后，到北京，我们领着他转一下，到北大、到人大，到颐和园、到长城转一转，第二个到上海转一圈，再送到杭州，玩了一圈，然后再送到深圳，再回来座谈。他们说你们哪是发展中国家，比发达国家也不差啊。我说中国人好面子，都是叫你们看好的。我说现在只有两个礼拜我就这么给你安排了，你要是两个月，我就给你另外安排了。我说北京只要往西走100公里，出了太行山，到那边你去看吧，就差50年了，再往西那就差100年了。

大中城市这几年的变化，我们都不能想象。其实，上海比北京还好、还快、还现代化。这是我讲的城市。农村可不妙，特别是1997年以后。《中国改革报》现在有一个编辑叫李昌平，他说了句话我印象深刻。他说"农村真穷、农民真苦、农业真危险"，这个话不假。他在下面当了好几年乡党委书记。现在城市这一块，这几年改革开放确实是有成绩的。那么农村这一块儿呢，20世纪80年代确确实实很好，但是现在中西部农村，大部分以农业为主的地方，这个问题就比较严重了。中央这几年对农村的任务是三句话：第一句话，千方百计增加农民收入；第二句话，千方百计减轻农民负担；第三句话，保证农村的社会稳定、社会安定。1996年以来，或者是1997年以来，这三句话，要我看落实得都不好，特别是中西部。

第一，收入上不去，而且不光是上不去，还在那里减少。这几年明明是减少了，不说减少，说今年农民收入增长幅度减缓。我就说，这是怎么回事呢？因为总量没有增加，1996年咱们的粮食总产量1万亿斤，后来粮食卖不出去，过剩了。现在的粮食总产量在9200亿~9300亿斤，[①] 总量没有增加，每斤粮食的价格，1996年，北京的大米卖1.8元、1.9元、2元一斤，现在1.3元、1.4元一斤，最好的1.5元一斤，东北大米。我刚才讲

---

① 1996年粮食总产量50454万吨，2000年46218万吨，2001年45264万吨。参见国家统计局编《中国统计摘要·2002》，北京：中国统计出版社，2002年5月，第107页。

了，蔬菜的价格降了，鸡蛋、猪肉的价格也降了，他们的收入怎么会增长呢？还说增长速度减缓?！后来，他们跟我们讨论，说我们统计也是经过调查的，也不是瞎说的。我说是什么道理呢？人还增加了，产量没增加，单价又便宜了，这个钱怎么会增加呢？他说所长你看看，我们说农村人均净收入，不光是农业啊，还有做买卖的呢，还有打工的，这些收入不是增加了吗？这样我就没法说了。在城里打工，一年带回来两三千块钱，有做买卖的一年挣两三万了，人均不是增长了？后来我们找到一个统计数据，就是说中国现在没有第二、第三产业收入的农民是占多数的。这个数字是多少呢？2000年的数字是62%，既不打工，也没有第二、第三产业收入，也不做买卖的，62%，占大头。这一部分人，收入没有增加。我说你们将来得有这个本事，不能只看平均数。他们说把这个词说好听了，人家领导也愿意。说减少收入不好听，就说是增长速度减缓。所以我说，你们这是以平均数来掩盖大多数。平均数是增加的，大多数收入是减少的。现在农村里的大多数人，62%的人这几年不光是没有增加收入，还减少收入了，而这些恰恰是以农业为主的中西部地区的实情。

第二，负担下不来。因为这个很明显了，这个负担竟是往上涨的。为什么呢？计划生育、民兵训练、教育、干部工资、拥军优属，这些都是有增加没有减少的。经济上不去，收入上不去，负担下不来，这是农村社会的特点。干部现在也没办法了，就得去收钱。这边农民没有钱，就拉你的牛，抱你的电视机，这不就引起矛盾了嘛。所以，农村的各种事件不断地发生。有的电视台、有些地方的记者，都在盯着乡村干部，说你看减轻农民负担，你们不出钱，而且大吃大喝，讲了好多。我们下去一看，现在的乡村干部也很难的，这个事情不怪他们。因为这是必然的，计划生育不能不搞，拥军优属不能不拥。现在乡村干部主要负担的中小学教育，干部一百多人，中小学教员加起来二三百人。在南方乡镇企业好的地方，发这些工资都成问题，一个人一万元，一个县，二三百万元。有些地方没有乡镇企业，或乡镇企业搞的不好的地方，他没有钱给你发。有个小卖部、小饭馆，只有这些东西，他能收什么税，能收上来一百万元？只有向农民要，一要这个矛盾就有了。所以现在乡村干部，有些地方只好借高利贷，这个问题就比较大了。要我看，中西部农村的问题比较大，这个问题需要上面财政体制跟管理体制来解决。打工的人多了，第二、第三产业的人多了，可能会解决一些问题。

总的来说，农村社会这几年，特别是中西部农村，农民的负担重，他们就穷了。农村也是有问题的，现在差距是拉大了，这是个问题，所以我们正在呼吁要解决这个问题。一般是在现代化、工业化的过程中，差距是缩小的，特别是"二战"以后，日本以及韩国、新加坡等"四小龙"，他们现代化的时候，差距都是缩小的。我们在 20 世纪 80 年代以后是扩大的。我给你们说几个数。现在农民的人均收入跟城里人收入大概是这么一个比：1978 年是 1∶2.34，就是农民挣 100 元钱，城里面的人平均挣 234 元；到了 1984 年，是农村先改革，城里还没有改，比是 1∶1.7，农民挣 100 元钱，城里人挣 170 元钱；这几年，1985 年以后，差距逐渐拉大，到了 1999 年，是 1∶2.79，就超过 1978 年了；2001 年超过 1∶2.9，就是农村挣 100 元钱，城里挣 290 元钱。[①] 这是统计上的数据，农民这一块有虚的，就是说还不一定到这个数，城里人这一块收入有缩小的问题。农村的孩子上学要交钱的，咱们城里的不用交。城里还有医疗保险，还有社会保障，到冬天还有暖气费，还有这个那个的，所以，加起来现在实际上是 1∶4，这个差距越拉越大。所以，引起的矛盾就越来越多了。从购买力来讲现在大致是这样的，三个农民买的东西还不如一个城里人买的东西多。如果要把农民的收入提上来，现在这些东西不够卖的。国外一般说收入比 1∶1.5 是比较合理的，因为农村里面有一些开支要比城市里少。所以，现在要解决农村问题，我一直呼吁要解决"三农"问题。现在到底问题在什么地方，到底怎么解决？现在都在呼吁解决这些问题，我想我们研究这方面的问题是个很大的问题。问题是积累下来的，现在这个问题是很大的。要这么下去，城乡差距越来越大是会出问题的。这是我讲的第二个问题。

（三）"东中西"的形势差异大

中国的形势，东部的形势比较好，中西部特别是中部的形势不太好。东中西部关系，实际上还是城乡关系。要我看，西部的那些城市，特别是那些省会城市跟东部也差不了多少，你说西安、重庆、成都、兰州一定比天津、济南差多少？要我看，差不了多少。但是农村的差距就大了，而农村搞不好，城里好多问题也解决不好。所以，中西部农村的问题，实际上是城乡差距的反映。现在的体制要改主要改哪儿呢？现在这些体制在东部也有。

东部发展得是真快。我最近到江苏回老家。报纸上已经不宣传了，但

---

① 国家统计局编《中国统计摘要·2002》，北京：中国统计出版社，2002 年 5 月，第 91 页。

是统计学还在搞，还是有百强县。第一个百强县是顺德，第二个是南海，都是广东的。第三、第四、第五、第六、第七都在苏南，江苏的，百强县90%都在东部。江苏的第一昆山市是全国的第三。昆山是苏州市下面的一个县级市，这里搞商品经济、市场经济一定要争第一。这里第一个搞县级开发区。现在北京有开发区，大连有开发区，而昆山1984年、1985年就搞开发区了。现在这个开发区厉害了，光是台商就有1800家。到什么程度呢？现在我看财政可能超过宁夏这一个自治区了。这里每天到位1000万美元的投资，因为台商是1800家，还有不少大公司，这是第一。第二，一天出口1000万美元的商品。它现在出口不是什么大蒜、萝卜等，是出口手提电脑、数码照相机、数码摄像机，一天1000万美元。第三是一天1000万元的税收，财政收入1000万元。60万人（当然实际上还有外地人），一年36亿元。可能宁夏也没有36亿元，宁夏、青海、西藏等省区肯定不到36亿元。

2001年下半年在上海开了一个会，会上热议的两句话说明了东西部关系，是很典型的。对农村来说，20世纪90年代，农村无论是发展还是改革都不如80年代。1997年以后，中西部农村一年不如一年。是为什么呢？我刚才讲了，1996年是最好的一年，农村收入最高的一年，那年增加9%。但是1997年以后，产量下去了，价格下去了，收入也下去了。所以，这个问题是积累下来的。第一句话，整个20世纪90年代上海的形势大大地好于80年代，这是事实，1991年开发浦东嘛。第二句话，1995年以后上海一年比一年好。这后面的两句话，第一句话是真的，肯定就是这样的。我们上海人务实，这第二句话也是真的，你们到上海看看就知道了。这两个两句话都是真的。这边一年年好，那边一年年差，这不就是分化了嘛。所以，我觉得这个问题需要调整。

现在城乡差距差到什么地步呢？现在看生的病就知道你是城里的人还是农村里的人。现在城里的人得的病——高血压、心脏病、高血脂、高胆固醇、糖尿病，简单地说，就是富贵病。20世纪60年代没有这些病。农村里面你得的是肝炎、肺结核、肠胃炎、疟疾，等等。昨天，我在中央党校开会，我说你们的树这几年长得这么大，他们说不是的，说银杏树都是买来的。从哪里买的？从农村买的。现在城里绿化，不是嫌慢嘛，城里的领导说要栽大树。城里有钱，大树哪里来？从农村里来，这个资源都往城里面走。但是"农转非"，农民不许进来，这是有问题的。改革开放是从东部开始的，搞优惠政策，现在发展起来了，一部分地区先富起来了。最近中央说开发大西北，在西部造铁路、造高速公路、西气东输，这些都在搞。

现在中部麻烦了，什么叫中部呢？那边是黑龙江，到内蒙古，河北、河南、山西、陕西、湖南、湖北、江西、安徽到广西，你去看好了，都是以农业为主的。我们到那里去调查，他们说，现在财政困难，东部有优惠政策，西部有优惠政策，也都开发了，就是我们这里没有。后面这句话就不好听了，说"我们不是'东西'"，既不是东，也不是西。

现在主要是两个问题，一个是经济社会没有协调发展，一个是城乡没有协调发展。所以我想往后的这几年，经济社会要协调发展，城乡也要协调发展。

我讲到这里。你们有什么问题，我回答你们。

回答提问环节

提问：你刚才说到城市农村的差距在加大，你能不能介绍一下基尼系数？

陆学艺：现在大家都在算，各算各的。现在大概超出 0.4，这是肯定的。但是到底是多少呢？因为现在中国的数据不完全，另外，这个差距实在太大了。如果是单个跟单个算，现在的数据并不完整。现在有人说 0.456、0.458，有人说每年增加 0.1，这些都不一定准。到底超过多少，现在说法不一，反正我说肯定是超过 0.4 了。

提问：您刚才已经分析了中部和西部的差距、城市和农村的差距，这些都需要协调，这里面协调的主体是谁？是中西部本身作为协调的主体，还是说由政府作为主要的协调主体，这两者由谁去协调？

陆学艺：从国家来说，当然是政策。现在我看，无论是人口政策、财政体制，有些政策不太合理，有些是合法的但不合理。比如说，现在的财政政策我就觉得不合理。作为政府、国家来说，应该说是三个层次，不是说凡是中部都不行，现在中部也有一些地方很好，只能大体说是这样的。东部也不都好，也有不好的地方。协调的主体，我看不能笼统地讲是某一个，要互动嘛。要我说，政府应该为主。

提问：现在中国经济处在转轨这么一个时期，我的问题是这样的，就是说在这个转轨过程中，咱们国家的工会组织应该怎么调整？因为现在大家都明白，从上到下，工会在维护职工权益方面好像很不得力。因为出了好多事，咱们经常看报纸、看电视，出了好多不应该出现的事。假如说工会能够站出来，替工人群众说句话的话，不会出现这种情况。您怎么看这个问题？

陆学艺：工会当然要根据市场经济的变化有一定的变化。现在确实应该根据发生的情况有一些变化。现在的问题往往是一个群体、产业也在转型，有些产业整体行业不好，所以工会要发挥作用，领导、职工、工会，这三者都得调整，不是某一个地方的事。

提问：能否谈谈社会分层问题？

陆学艺：这个事情比较敏感，另外我们院里有些争论，内部还在争。无非是这样的，我们的书你们大概看了，都知道我们把12亿人分了十个阶层，分了以后反应很强烈了。作为我们搞学术的人来说，本来是个好事。这个书、文章写出来，最怕既没有人骂你，也没有人夸你。我现在倒是比较幸运，就是既有人骂，也有人夸。这是一个好事。但是这个好事也关系一些重大问题了，所以这也有些麻烦。国外的记者也好，国内的记者也好，凡是采访我的，我都拒绝。因为也奇怪，你觉得跟他没关系的，他却来找你。后来我想这是怎么回事呢？房地产公司让我去讲，这跟你没什么关系啊？讲中产阶级这个房子发展多快啊，怎么样，我应该造哪个阶层的房子？银行也来找，行长培训班说陆老师你来讲。我说存款都是一样的，你找我讲什么？他说我得知道私营企业到底怎么发展，中等社会阶层怎么样啊……，这是出乎我们意料的。我们估计会有一些反应，但是反应这么强烈没有想到。这个问题是到了一个需要讨论、需要解决的时候了。大家都很关心，因为我们一直是两个阶级、一个阶层，要么是工人阶级，要么是农民阶级，要么是知识分子。现在都说变了，变成什么样了？特别是我该排老几？我看到公共场所里有人说，你是老几啊？这个说我是老三，那个说我是老四。现在我们麻烦的有两件事，我们把工人排在老八，总工会不干了，说我们工人阶级是领导阶级啊，你怎么把它排在老八了呢？我说这个跟政治没有关系。这是根据我们的定义，是以占有的经济资源、政治资源、文化资源为标准嘛。我说根据这个，你看看工人现在占有多少资源？他占有多少经济资源、多少文化资源？我说我们这个排法是有根据的，我们讨论了三年才这么排出来的。

还有一个大的批评我们的，帽子最大的也是这个。说你怎么讲阶层的？那阶级还有没有啊？阶级斗争还有没有啊？马克思的法宝——阶级分析——你还要不要呢？这个就厉害了。我们说，我们也是根据经济的分析，我们还是按照马克思主义来做的，只是说原来的阶级分析不够。我们以前讲工人阶级，要按原来的定义我们都是工人阶级，城里的人都是，知识分子也是工人阶级的一部分，那领导干部更是工人阶级了，你说城里的人还有哪一个不是工人阶级？医生也是，教员也是，警察也是，警察也有工会啊，你说哪个不是？农村里面都是农民。这个分层非常必要。为什么我觉得我们的分层还是有必要的？因为新中国成立以后，我们套用了苏联的"两个阶级、一个阶层"的说法，这个东西对我们处理具体的经济社会政策非常不利。没有区别，都是工人阶级，农村里面都是农民阶级。农民阶级也分化了，我在1989年的时候，把农民分为八个阶层。我们讲千方百计增加农民收入，减轻农民负担，我说农民分化了，你讲千方百计增加农民收入，农民是8.7亿人，你说增加哪部分农民的收入，减轻哪部分农民的负担？你现在是笼统的。减轻农民负担，减100块钱，就是870亿元。叫我说，现在富起来的那部分，不是减轻他的负担，而要增加他的负担。农村里面现在有汽车的、已经盖洋楼的，这一部分人你收他1000元钱，他都给得起。减轻农民负担，减轻收入少的农民的负担，比如种棉花、种粮食，这几年收入减少的这些农民要增加他的收入、减轻他的负担。所以应该是这么分，这是非常重要的，制定具体的政策要根据这个。

我们的统计，特别是沿海地区，我们的粮食分得很清楚，有大米、小米、玉米、小麦、高粱，多少多少斤，多少多少袋，而且大米中有一等、二等、三等，分得很清楚；鱼的生产有平鱼、带鱼，什么都分得很清楚。人就不分了？所以这个分层是非常需要的。

另外，我们下一步要讲社会流动，就是为什么变成这样？实际上，一方面是人变了，另一方面社会的流动基础也变了。假如现在我处在第七、第八或者第九位，我周围是什么样的，我应该往哪方面努力才能向上流动？我的流动渠道是什么样的？我们这本书是12月1日发行的，到第二年1月30日，我到国际网站上点击看了一下，相关的评论已经有3000多条了，骂的人也有很多，说我们好话的也不少。社会分层，这是个很重要的、要解决的问题。

提问：您在从事"三农"研究的时候，怎么样处理您得到的数据？因为根据我的经验有一些数据不真实。你们研究的时候，面对这些数据的时候，是怎么处理的？不仅仅是阶层的，您在研究"三农"问题的时候，有一些官方的数据、资料，往往跟事实有很大的出入，我不知道你们通过什么途径了解农村的真实情况？

陆学艺：这是个学问，这是中国的大学问。判断这个是真的还是假的，这个数据是靠得住还是靠不住，这是个大学问。中国人如果不会这个判断，就不能说是有学问。最后的办法就是做个案。根据我的经验来判断，这个数据是可用不可用，是可靠不可靠。你若是搞工业统计的，就要知道工业数据，你必须去一两次那里。如果是要做农村研究，就要到农村去。我是当了三年县委书记的，我就知道这个数据是怎么出来的。所以哪些是真的，哪些是假的，这个我心里有数。这个没有办法，数据比较要靠经验，不然的话，你没法判断。有的文章我拿过来一看，笔迹都是一个，都是一个人写的。中国的数据相当一部分，说农村收入多少多少，好多都得你去看。统计学已经做过很多数据了。你们记得，2000年全国人民代表大会期间，各省的省长报告里面的数据都在《经济日报》上登了，这个地方11%，那个地方11.2%，那个地方12.3%，最后加起来的平均有问题。比如说云南的低于8%，其他省的统统超过8%，但是加起来平均8%，这个数据你怎么来的？《经济日报》干过这么一件事，你也不能说《经济日报》是假的，他把各省的省长报告都拿来了，说是8%，这个数字准吗？所以数据的判定要作为一门学问，最好到实地去考察，光靠数据是不行的，特别是各省报的那更不行了。

提问：高校扩招情况下，受惠的是哪一部分人？有没有实际的数据？

陆学艺：这几年我们没有在大学做调查，你们1999年以后扩招跟1999年以前的差别在哪儿，不知道。现在这些档案也不好拿。大学校长不点头，我们也调查不了。

提问：您主要是讲一些基本问题和基本的现象，背后的内在原因究竟何在，以及您的解决方案是什么？您能否告诉我们一个分析社会经济形势的办法？现在感觉只是一个结论。

陆学艺：这个事情确实不是一个半钟头能够解决的问题，原因我多少也说了一些。我在前面讲了，现在就处于这么一个阶段。我们客观地来分析，当然原因可以讲是政府的原因，是国家处理这个问题的原因，可以讲是文化积淀下来的原因，也可以讲是计划经济留下来的原因，这不是一句话、两句话能说清楚的。我就是根据大致的形势来给你们讲一些问题。

提问：您能不能简单地说一下十个阶层？

陆学艺：第一个阶层是领导干部。第二个阶层是经理人员阶层，包括国有企业的经理、私营企业的经理、外资企业的经理。第三个阶层是私营企业主。第四个阶层是专业技术人员阶层，包括工程技术人员、教授、中小学教师、研究员、律师、医生、演员等。第五个阶层是办事人员阶层。第六个阶层是个体工商户，就是个体劳动、个体工商户阶层，就是说他们是小老板。第七个阶层是商业、服务业、流通领域里的工人，就是服务人员，是第三产业的劳动者。第八个阶层是产业工人阶层，就是现在讲的工厂的、交通运输的。第九个阶层是农业劳动者阶层。农民工是放在前面的第七、第八个阶层里面的。第十个阶层是城乡的失业、半失业贫困阶层。

提问：人为的阻力在哪儿？

陆学艺：我主要讲的是体制问题，人为的因素各个地方不同。从体制上来说，这些问题还是要从体制上来解决。人为的因素也有，包括领导层对一些问题的认识，受原来框框的束缚，跟现实不符。比如讲城市化，要按照现行的文件，跟实际上的做法是有区别的。又如我们到现在为止，要严格限制大城市的发展，适度地发展中小城市，积极发展小城镇，为什么这么说呢？就是说城市户口到现在不肯放。过去是户口不够，现在是卖不出去，你还不把户口放开。他会说再来一个 1960 年怎么办呢？所以到现在为止，公安部的改革方案都通不过。原来是卖方市场，现在是卖不出去了。如果现在城市人口能够达到世界的平均水平，我们现在生产的这些东西就不够卖了。如果是大旱 3 年，粮食不够了，怎么办呢？有这个问题。我想这个主要是思想障碍。

中国社会发展新思维[*]

具有伟大历史意义的党的十六大提出了在 21 世纪头二十年全面建设小康社会的奋斗目标，十六届三中全会又对深化改革、完善社会主义市场经济体制作出全面部署，并就实现我们的宏伟目标提出了新的思路、新的构想以及新的政策和措施。我认为最重要的一点，就是经济与社会要协调发展。今年以来，国际形势复杂多变，国内遭遇突如其来的"非典"疫情和地震、干旱等多种自然灾害。在严峻挑战和困难面前，我国人民万众一心，奋力拼搏，改革开放和现代化建设仍然取得了新成就。首次载人航天飞行圆满成功，标志着我国的综合国力和科技实力进一步增强。可见，我国经济发展、民族团结、社会稳定，全面建设小康社会开局良好。然而，我们也应当清醒地看到，我国的社会结构没有得到相应、及时的调整，社会公共事业没有得到相应的发展，管理体制还相当落后，城乡发展差别较大，伦理道德建设进行缓慢，法律制度尚未健全。我们要清醒地看到经济社会发展存在的矛盾和问题，同时我们一定要着眼当前，立足长远，用改革和发展的办法认真加以解决。

一

综观各发达国家社会的发展轨迹，一个国家或地区要实现现代化，主要是两大方面，一是经济要繁荣发展，二是社会要全面进步。经济发展和社会发展的关系十分密切，相辅相成，二者不可偏废。就经济和社会的关系来说，第一，经济发展是社会发展的基础。因此，经济应该优先发展，

---

  * 本文原载《江西师范大学学报》（哲学社会科学版）2004 年第 1 期，发表日期为 2004 年 2 月 25 日，成稿日期为 2003 年 11 月 2 日。——编者注

是第一位的，只有经济发展了，才能为社会发展提供物质条件，也只有经济发展了，才会提出相应的社会发展的需要。例如，经济要继续发展，产业要升级，就要提出对于教育、科技、文化等方面的要求。但是，经济增长并不等于社会全面进步。既定的经济总量，在不同的经济体制、发展战略和政策目标下，人们实际得到的福利和社会总体状况可以有重大差异。第二，经济和社会要协调发展。我们的目标是经济发展和社会全面进步，就是坚持以人为本，树立全面、协调、可持续发展的社会发展观，促进经济、社会和人的全面发展，从而实现全面小康。由于社会是一个整体，经济发展不可能长期脱离社会发展而孤军独进，必然要求社会发展与之相配合。社会发展既要为经济发展提供环境和条件，也可以满足经济发展本身不能满足人们的多方面的需要，所以社会发展了，会促进经济发展，如果社会发展滞后，不能与经济发展相协调，就会阻碍经济发展或使经济畸形发展。第三，社会发展是经济发展的目的。因为发展生产和一切经济活动，归根到底都是为了满足人们日益增长的物质文化需求，是为了改善人们的生存环境和提高生活质量，是为了促进人的全面发展。

二

经济发展和社会发展的关系是随着生产力水平的变化而变化的，大致可以分为三个阶段。第一，以经济发展为主的阶段。这个阶段生产力水平低，劳动产品少，只能初步地解决人们的温饱问题，满足人们的基本物质生活的需求。第二，经济发展和社会发展并重即协调发展的阶段。这个阶段生产力水平已有了较大的提高，温饱问题已经基本解决，社会剩余产品增多，人们对物质生活以外的精神文化需求、全面发展的需求越来越迫切，经济发展对科技、教育、社会环境提出了要求，也为社会发展提供了条件，于是社会发展加快，经济社会协调发展成为这个阶段的主旋律。第三，社会全面进步阶段。经济高速发展以后，社会发展内容日益丰富，人们对社会全面发展提出了越来越高的需求，经济发展将服从于、服务于社会发展，实现社会全面进步。总的来说，在整个现代化建设过程中，社会发展的比重将不断增大，社会发展的地位会不断提高。

改革开放以来，我国的经济发展取得了重大的历史性成就。2002 年国内生产总值达到 102398 亿元，比 1980 年增长 4 倍多，年均增长 9.5%，经济总量已居世界第六位，人民生活总体上达到了小康水平。这是社会主义制度的伟大胜利，是中华民族发展史上一个新的里程碑。在这二十多年中，我国的经济发展取得了如此辉煌的成绩，是非常了不起的。现在的情况是随着温饱的解决和改革不断深入，许多旧的矛盾解决了，但不少新的矛盾又产生了，经济发展中的一些社会问题日益凸显出来。诸如失业、贫困、教育、医疗、社会公正、社会保障和腐败等社会问题越来越严重了，这些问题的解决，不能仅靠发展经济，而要通过做到经济与社会协调发展，经济社会与人的全面发展，物质文明、精神文明、政治文明协调发展才能实现。只有这样，才能保证经济持续发展，实现社会全面进步，达到全面建设小康社会和实现国家现代化的宏伟目标。

从总体上看，我国现在已经越过了以经济发展为主的阶段，进入了经济发展社会发展并重、经济与社会协调发展的阶段。但是由于种种认识和体制、结构等方面的原因，直到现在我国的社会发展还没有取得应有的进步，经济虽然发展了，但社会发展滞后了，经济和社会发展并不协调，由此产生了一系列的社会问题，这不仅影响了人民群众生活质量的提高，而且也阻滞了经济更加健康稳定快速地发展。具体表现有以下几点。

第一，经济发展了，经济结构调整了，但社会结构没有相应地调整过来。社会结构包括的面比较广，有人口结构、就业结构、城乡结构、地区结构、阶级阶层结构等。就以就业结构、城乡结构来说，2001年，国内生产总值95933亿元，其中第一产业占15.2%，第二产业占51.1%，第三产业占33.6%。这表明，我国已经从以农业为主的社会转变为以第二、第三产业为主的社会，已经达到了工业化中期阶段。但是，在2001年我国73025万就业人员中，第一产业占50%，第二产业占22.3%，第三产业占27.7%。这还是工业化初期阶段的就业结构，占半数的劳动力滞留在农业中。2001年，我国总人口是127627万人，其中乡村人口占62.3%，城镇人口占37.7%，城市化率为37.7%。[①] 2000年，世界城市化率为48%，我国与之相差10多个百分点。我国工业化水平已达到中期阶段，但城市化率处在较低的水平，城市化严重滞后于工业化，城乡关系严重失衡，很不协调，许多社会问题由此产生，阻碍了第三产业和各项社会事业的发展，也直接影响了国民经济的发展。

第二，经济发展了，但教育、科技、文化、医疗卫生、环境保护等社

---

① 国家统计局编《中国统计摘要·2002》，北京：中国统计出版社，2002年5月，第16、35、40页。

会事业没有相应地发展，社会事业发展严重滞后于经济发展，很不协调。仅以教育和卫生事业为例。应该说，改革开放二十多年来，我国的基础教育是做得比较好的，基本普及九年制义务教育和基本扫除青壮年文盲的工作很有成绩。但是高中阶段教育、职业技术教育和高等教育发展很不理想，没能适应经济发展的需要，也不能满足广大人民群众强烈希望子女接受较好较高教育的要求。1998年，我国普通高等学校在校大学生只有360万人，高等教育的毛入学率只有6.7%，而根据世界银行统计，1996年，全世界适龄青年高等教育的毛入学率是16.7%。1999年，国家决定大学大规模扩大招生名额后，这几年大学有了较快的发展，2001年普通高校本科在校学生达到719.1万人，加上成人高校的大学生456万人，总数达到1175.1万人①，高等学校学生的毛入学率达到13%，但还是低于世界平均水平。2000年，我国人口平均受教育年限不到8年，仍有9%的成人是文盲。这样的教育水平，当然不能适应经济发展的需要。我国的医疗卫生事业，虽有了一定的发展，但也滞后于经济发展的要求，不能满足人民群众的需要，特别是医疗体制不合理，城乡之间分布很不平衡。据卫生部基层卫生与妇幼保健司的资料，87%的农民完全是自费医疗。原来农村的合作医疗体系，绝大部分解体了，农村缺医少药的状况十分严重。很多农民好不容易脱贫了，全家只要有一人得了大病，马上就返回贫困，多少年解脱不了。2000年，5岁以下儿童死亡前的治疗状况城乡差距很大，农村夭亡的孩子56.6%是死在家里的，而城市91.3%的孩子是死在医院里的。世界卫生组织在2000年的《世界卫生报告》中指出，全世界191个国家的卫生系统排名，中国为第188名。这与我国经济实力在世界排名第六的地位实在不相称。这次"非典"疫情突袭，幸好首先暴发在城市，加上政府采取了诸如限制民工和大学生返乡等断然措施，防止了疫情的扩散，如果"非典"在农村传播起来，目前农村的这种医疗卫生体系是防治不了的，后果不堪设想。

第三，经济发展了，但社会管理却相对落后。社会管理跟不上经济社会事业发展的要求，各类事故频发，造成人、财、物的莫大损失。一个国家或地区要实现现代化，不仅要有现代化的经济建设，要有现代化的各类基础设施建设，还一定要有现代化的管理。也就是我们通常讲的"硬件"要现代化，"软件"也要现代化。应该说，改革开放这二十多年，许多城市建设起来了，高楼大厦、豪华宾馆、宽广平坦的马路、各种名目的广场，

---

① 国家统计局编《中国统计摘要·2002》，北京：中国统计出版社，2002年5月，第162页。

铺草坪、种大树，绿化美化，硬件都相当现代化了。有一些城市，真可以同发达国家的大城市媲美，但就是社会管理跟不上，交通拥堵、上班路远、公共交通不便，儿童上学、老年人就医困难，环境脏乱差，空气污染，饮用水不干净，噪声嘈杂，乱哄哄的并不适合现代人居住。就拿公路交通来说，1949年全国公路通车里程只有8.07万公里①，到2000年已经增加到140.3万公里②，增长16.4倍，不仅是县县通公路，而且基本上实现了乡乡通公路，有的省市到村的道路也都通了，真可说是成绩巨大。近几年公路等级明显提高，路况也大为改善。1988年才开始有高速公路，到2002年，全国已有高速公路2万多公里，跃居世界第二位。但是交通管理却相当落后。我们现在每年投入公路交通建设2000多亿元，绝大部分都投到建造新路上，而公路交通如何科学管理、如何培训司机、如何教育群众遵守交通规则等方面，则很少有人力财力的投入。姑且不论城市交通堵塞不畅，交通资源并没有有效利用，就以交通事故来说，2002年共发生交通事故773137起，死亡109381人，受伤562074人，损失折款332438万元。③我国目前煤矿产量16亿吨，约占世界总量的1/5，但每年矿难死亡的人数约占世界的1/3，重要原因之一是管理混乱。2002年河南省煤矿矿长审核考试结果显示：乡镇煤矿矿长年审合格率只有49%，8000多名矿长中，高中以上文化的不到10%，有的连最基本的安全常识都没掌握。④目前，我国各种原因自杀的人每年达24万人，且农村自杀人数呈上升趋势，多数是由社会管理问题造成的。所以有人说现代化事业是三分建设、七分管理，这是很有道理的。

第四，经济体制改革了，但是管理体制改革阻力重重。已经基本建立了社会主义市场经济体制，但是社会事业的管理体制基本上还没有按社会主义市场经济体制的要求改变过来，存在的问题不少。我国的各级各类学校、科研院所、文化单位、医疗卫生机构等事业单位大多数是在20世纪50年代以后逐步建立起来的。那时实行的是计划经济体制，多数实行的是国有制，少数是集体所有制，旧中国遗留下来的各种事业单位，也都按公有制的模式改造过来了。整个事业单位按照计划经济体制的要求运行。行政

---

① 国家统计局编《中国统计年鉴·1986》，北京：中国统计出版社，1986年10月，第362页。
② 国家统计局编《中国统计年鉴·2001》，北京：中国统计出版社，2001年9月，第510页。
③ 国家统计局编《中国统计年鉴·2003》，北京：中国统计出版社，2003年9月，第830页。
④ 《中国矿业报》2003年9月18日。

化的体制，机构庞大，人浮于事，规章制度僵化，投入不少、成果不多，运行成本很高，效率低下，服务质量差，人民群众很不满意。

改革开放以来，党的工作重心向经济建设转移，实行计划经济体制向社会主义市场经济体制转轨，通过一系列经济体制改革，已经逐步改变为按社会主义市场经济体制的规则运行。教育、科研、医疗、卫生、文化、体育等事业单位，虽然也进行了多次改革，取得了一定的进展，但从总体情况看，整个事业单位的体制改革并没有取得根本性、实质性的进展，并没有按社会主义市场经济体制的要求改变过来，同目前经济发展、社会进步要求不适应的矛盾越来越大。

社会事业管理体制改革的难度比较大。有相当多的国家级科研、教育、文化、医疗单位就像国有大企业一样，长期按行政计划经济体制的规章运作，已经形成路径依赖，问题庞杂，积重难返。加之国家把主要精力放在经济体制的改革上，无暇顾及，这些单位自身也进行了一些小改小革，但是因为缺乏动力和外部压力，单位内部各种群体的利益难以调整，所以，也是改改停停，收效甚微。最近北大提出对青年教师实行分级淘汰的合同制，限定申报职务、晋升的次数，原则上不留本校毕业的博士当老师。优胜劣汰，优化教师队伍，应该说是一项事业单位人事制度的重要改革，但是遭到不少人的非议，校内外反应强烈，至今莫衷一是，改革方案施行很难。国家级事业单位的改革迟迟缓行，各地的事业单位也基本上是按兵不动。上行下效，还是吃大锅饭，低效运行。20 世纪 90 年代以来，企业改革，减员增效，国家行政机构也搞精简，压缩编制，许多人就拥到事业单位，照发工资，使事业单位的编制继续膨胀，冗员越来越多。有一个地方的科研单位，全体职工不足 150 人，行政、办公人员过半，仅司机就有 7个，作为科研单位，身为主体劳动者的科研人员反倒是少数，处于弱势地位，这样怎么能有好的科研成果呢？其实这种状况在事业单位是比较普遍的。据国家统计局统计，2000 年，全国有普通高校 1041 所，专职教师 46.3万人，在校学生 556.1 万人，专职教师只占职工总数的 41.6%。这在国外是罕见的。2000 年，每个教职工平均只负担 5 个学生，每个专职教师负担12 人，[①] 而美国每个大学教师负担 17 人，日本更多。而且这些国家的大学里专职教师是主体，职工很少，社会化服务的教职工负担的学生更多，相

---

① 国家统计局编《中国统计年鉴·2003》，北京：中国统计出版社，2003 年 9 月，第 718、719 页。

比而言，我们高校的效率是很低的。

<h1 style="text-align:center">三</h1>

毋庸讳言，我国目前的经济发展和社会发展是不平衡的，已经很不协调。我们没有在以经济发展为主的阶段解决温饱问题之后，适时地转入经济发展与社会发展并重、经济社会协调发展的阶段；没有在经济产业结构已经调整的条件下，及时地调整社会结构，调整城乡结构，调整地区结构。在经济体制改革取得了相当成功之后，我们没有对一些社会体制、社会政策适时进行改革和调整，如户籍制度、城市化政策和社会保障制度等，以致出现了上述社会结构同经济结构不协调，社会发展事业滞后，社会管理、社会事业管理体制落后等问题。现在，经济社会发展不协调的问题凸显了，经济发展很快，社会发展缓慢、滞后（至少滞后 5 ~ 8 年）。我们历来是主张两条腿走路的，现在是一条腿长、一条腿短，这是走不快的。经济社会发展不协调，已经直接影响到经济的健康、稳定、快速发展，如城市化滞后于工业化、农村剩余劳动力不能适时地转化为第二、第三产业的职工和城市居民，农民的收入就提高不了，购买力上不来，内需就扩大不了，第二、第三产业的发展就快不起来。经济社会发展不协调，广大人民群众对于教育、科技、文化、医疗的需要得不到满足，公共服务不能普遍惠及广大群众，就会滋长不满情绪，引发诸多的社会问题，产生社会不稳定的现象。现在是到了强调社会发展，强调经济社会协调发展的时候了。

第一，要进一步明确把经济和社会协调发展作为国家发展的指导方针。党的十一届三中全会决定把工作中心从阶级斗争转移到以经济建设为中心的轨道上来，实践证明这是完全正确的。今后要全面建设小康社会，经济建设还是中心，是第一位的。但经济建设不是唯一的。仅有经济发展是不够的，还一定要有社会发展。前面说过，比较而言，社会发展是滞后了，形成了现在经济社会发展不协调的局面。今后，要特别强调社会发展，强调社会结构的调整、社会事业的发展、社会管理水平的提高和社会事业体制的改革。

考虑到要全面建设小康社会和目前的国情，是否可以把党的十一届三中全会确定的坚持以经济建设为中心，适时改为坚持以经济建设和社会发展为中心，不断解放和发展社会生产力，促进社会全面进步。这是因为：其一，从长远讲，社会发展、社会全面进步将越来越成为社会主义现代化建设和国家发展的主要内容；其二，从目前的国情看，社会发展滞后于经济发展，经济和社会发展不协调（包括城乡不协调、地区发展不协调、人与自然的不协调），这是我们当前要解决好的社会整体发展的主要矛盾。国家全面进步要强调坚持经济和社会协调发展的方针，各级地方政府建设也要强调坚持经济和社会协调发展的方针。在相当长的一段时间里，不少地方政府把经济建设强调到唯一的程度，把经济建设、经济发展作为硬指标、硬任务，社会发展作为软指标、软任务甚至到了可有可无的程度。所以今后检查考核地方政府、干部的成绩，不仅要有经济发展的硬指标，也要有社会发展的硬指标。只有坚持若干年，才能把这个经济和社会协调发展的问题解决好。

第二，要继续深化改革，统筹城乡发展。统筹城乡发展，是解决"三农"问题的根本途径，也是加快社会发展的必由之路。我们要积极探索城乡发展的新路子，抓紧出台户籍制度改革、城乡关系、社会保障体制改革等政策，加快城镇化步伐，以调整社会结构、城乡关系。目前还在实行的城乡分割的户籍制度，是 20 世纪 50 年代为适应计划经济体制的要求和粮食等工农业产品严重短缺的状况而逐步形成的，是不得已的权宜之计。现在实行社会主义市场经济体制，经济极大地发展了，工农业产品绝大多数已经供大于求，这个户籍制度早已过时，早就应该改革了，主持这项工作的公安部门已经拟定过多次改革方案，但囿于传统的旧观念，囿于要保护少数人和一些部门的利益，还是迟迟出不了台。此事不宜再拖了，应该改革了。改革了户籍制度，对 9 亿农民是一种解放，农业剩余劳动力才能顺利地转向第二、第三产业，向城镇顺畅地转移，农民工问题才能从根本上得到解决，增加农民收入、解决"三农"问题才有希望，城镇化步伐才能加快，社会结构才能得到调整，目前存在的城乡差距、地区差距扩大的趋势才能得到遏制。当然，要解决这些大问题，还要有其他经济社会政策相配套，但户籍制度改革是关键，是瓶颈，要抓紧解决。

现在各地都在按照党的十六大提出的统筹城乡经济社会发展的精神，探索创造解决"三农"问题的方法，这些经验很值得我们去总结和推广。

第三，国家和地方政府都要扩大对社会发展方面的投入。目前政府投资过度偏重于经济建设，而对社会事业的投入偏少，这种格局必须改革。一个市场化国家，其厂房、设备、基础设施等经济项目应该主要靠企业、靠市场筹资、集资，政府的财力应该主要投入教育、科研、文化、医疗卫生、环境等社会发展和公共事业。改革开放前，我国是个实行计划经济体制的国家，重经济轻社会，重工轻农，重城市轻乡村，长期如此，造成了种种不协调。现在已经从计划经济体制转变为社会主义市场经济体制，这种格局应该改变了。但积重难返，已经形成路径依赖了，改起来比较难，所以决策领导部门一定要转变观念，下决心，改变这种硬件投资过硬、软件投资过软的格局。实践已经证明，重经济发展轻社会发展的结果，是经济成本过高，经济效益低下，事倍功半。因此，我们要下决心，逐步改变这种硬件过硬、软件过软的格局，这样不仅可以使教育、科技、文化、医疗卫生等各项社会事业得到发展，人民群众的多种需求得以满足，经济效益也能稳定提高，这是一举两得、事半功倍的好举措，何乐而不为呢？

第四，要改革社会事业管理体制。改革的目标是要建立一个同社会主义市场经济体制相适应的、城乡一体化的、按社会主义市场经济规律要求运作的、有利于调动各方面积极性的社会事业管理新体制。前面说过，现行的社会事业管理体制是非改不可了。国家要组织一定的人力物力，通过周密地调查研究制定方案，自上而下与自下而上相结合地进行改革，要像对经济体制进行改革那样，对社会事业管理体制进行全面改革。要像改革经济体制那样，敢于闯，敢于试。例如，在事业单位的所有制和经营形式等问题上，有的可以继续实行公有制，有的可以实行公办民营，也可以民有民营，有的可以实行股份合办的社会所有制，动员社会各方面的力量来办社会事业，有些原来计划经济体制下设立的禁区要逐步向社会开放，改变目前政府独家包办的格局。一般来说，经济项目是挣钱的，社会事业项目是花钱的（当然有部分社会事业可以产业化，是第三产业的一部分，也是可以挣钱的）。这个钱要运用得当，用得合理，用得公平，用得有好的社会效益，使人民能够普遍享受到服务。这就必须对现行的社会事业管理体制进行改革，这就必须有制度创新，建立起一个与社会主义市场经济体制相适应的新的社会事业管理体制。

经济发展和社会发展相协调，经济管理体制和社会事业管理体制相匹配，相辅相成，相得益彰，诚能如此，我国的经济就能够更加健康、稳定、快速地发展，社会各项事业就能得到蓬勃的发展，实现社会的全面进步，全面建设小康社会的历史任务就能更加顺利地实现。

走向全面、协调、可持续发展的中国社会[*]

——2003～2004年中国社会形势分析与预测

2003年是全国人民在党中央领导下，落实贯彻党的十六大精神，全面建设小康社会的第一年。改革开放以来，经过25年以经济为中心的建设，中国已经实现了社会主义现代化战略部署的第二步，总体上达到了小康水平。2002年11月召开的党的十六大，全面总结了基本经验和教训，进一步阐述了"三个代表"重要思想，提出了全面建设惠及十几亿人民的小康社会，使经济更加发展、民主更加健全、科教更加进步、文化更加繁荣、社会更加和谐、人民生活更加殷实。2003年是落实贯彻实现党的十六大精神的第一年，年内经济持续快速增长，社会各项事业有了进一步的发展，人民生活水平继续提高，社会稳定向上。

一 全面、协调、可持续的新发展观的提出和实践

（1）2003年春天召开的两会，选举产生了新一届国家和政府的领导人，党的十六大开始的新老交替进程顺利完成。一年来，新的党政领导班子继

*　本文原载《2004年：中国社会形势分析与预测》（汝信、陆学艺、李培林主编，北京：社会科学文献出版社，2004年1月），第1～12页。该文系中国社会科学院"社会形势分析与预测"课题组为该书撰写的总报告，课题组负责人：汝信、陆学艺、李培林，报告执笔人为陆学艺，原稿写于2003年11月9日。该文曾被中国社会科学院《要报》2003年第93期、94期连载（2003年12月25、26日）、《要报 领导参阅》2004年第3期（2004年1月25日）刊载、《人民日报 内部参阅》2004年第3期（2004年1月16日）刊载，公开摘要发表于《管理世界》2004年第1期（2004年1月20日），并被人大复印报刊资料《国民经济管理》2004年第3期（2004年3月）转载。该文收录于《陆学艺文集》（陆学艺著，上海：上海辞书出版社，2005年5月）、《"三农"新论——当代中国农业、农村、农民问题研究》（陆学艺著，北京：社会科学文献出版社，2005年5月）、《中国社会结构与社会建设》（陆学艺著，北京：中国社会科学出版社，2013年8月）。——编者注

往开来，统筹安排国内外各项工作，推进全面小康社会的建设，表现出亲民务实的良好作风，赢得了国际国内的普遍认同。2003年初，新领导集体的西柏坡之行，表明了新的党政领导集体继承和发扬党的优良传统，振兴中华，把社会主义现代化事业建设好的决心。2003年初，国务院出台了关于保障和维护农民工合法权益的文件，针对部分单位和一部分雇主克扣、拖欠农民工工资，在就业、子女上学等方面的歧视性做法，做出了要求改正的明确指示，此举得到了数千万农民工的普遍欢迎。2003年4月，大学生孙志刚在广州被无端收容，在收容所受到虐待，被殴打致死，经媒体报道后，引起社会公愤。国务院专门召开常务会议，决定废止收容遣送条例，对流浪乞讨人员实行救助服务，革除了一项弊政，社会各界反应热烈。

（2）两会前后，各省市自治区也实现了党政领导班子的换届，新一届领导班子朝气蓬勃，各地出现了新的建设热潮。国务院所属部委进行了新一轮调整和精简。1998年的政府机构改革，主要是裁并和精简。2003年的改革着力于职能转变，以适应市场化的要求，强化了经济调控、市场监管、公共服务和社会管理等方面的作用。如撤销经贸委，改计划和发展委员会为发展和改革委员会，内外贸合并，成立国资委、银监会、电监会等。

（3）经济持续快速健康发展。从1988年、1993年、1998年等的实践看，领导班子换届年一般都是经济高速增长年。2003年初，同样也呈现了快速发展的迹象，这一方面是换届之后，地方上各级新班子有快上的要求，另一方面也因为国民经济已调整多年，前期大量投入的基础设施和设备更新等建设已投入使用，发挥了作用，还有因美元贬值，外贸迅猛增长的带动，以及国内比较富裕阶层购车和居民买房等新的消费增长的推动。2003年第一季度经济增长9.9%，比2002年第四季度提高3个百分点，全年经济增长速度将达到8%以上。

自2002年冬在广东出现"非典"疫病以后，于3月传延至北京，到4月中旬呈突发之势，引起部分居民恐慌。有关方面囿于陈规，没有及时采取相应措施，疫病继续蔓延至华北一带。在情况紧急关头，党中央采取了断然措施，撤换了卫生部和北京市的主要领导人，成立了全国防治"非典"指挥部，下达了抗击"非典"动员令，群抗群防，经过两个多月的艰苦奋斗，终于战胜了"非典"这个疫魔，世界卫生组织于2003年6月解除了对中国的禁令。"非典"的突然袭击，虽然主要在北京和华北等地区，前后只有两个多月，但对2003年的经济发展造成了严重的损害，特别是对旅游业、商业服务业、航空、运输业、建筑业和部分制造业造成了莫大的损失。第二季度的经济增长降到 6.2% 。好在经济增长的潜力很大，所以第三季度就恢复到 7.8% ，第四季度发展更快。2003 年是 1998 年以来发展最快的一年，经济形势向好，这为提高人民生活水平、缓解一部分社会问题和实现社会安定奠定了良好基础。

（4）"非典"的突袭和抗击"非典"，是 2003 年度发生的一次特殊而重大的公共卫生危机事件，痛定思痛，其中的教训也为社会各界所关注。正常的政治、经济、社会生活因疫情而被打乱，反映了社会管理制度的严重疏漏。危机期间，为防止疫情向农村地区蔓延而采取了许多特殊措施，虽然扛过一劫，但深层次的问题引发了全社会的反思。其中之一是从一个侧面论证了党的十六大指出的，经过 20 多年的奋斗，我们实现的总体小康目标，还是低水平的、不全面的、很不平衡的。尤其是在社会事务领域，管理意识落后、管理水平不高已经是多年的事实。所以抗击"非典"取得决定性胜利后不久，中央就提出要贯彻经济社会协调发展、城乡协调发展、区域协调发展、人与自然和谐发展的方针。

（5）2003 年 10 月 15 日，我国首次发射神舟五号载人飞船。16 日凌晨，宇航员杨利伟顺利返回地面。这是中国航天事业具有里程碑意义的大事，从此中国成为世界太空俱乐部的第三个成员，标志着中国人民在攀登世界科技高峰的征程上又迈进了一大步，也标志着改革开放以来我国综合国力大大增强，这对于我国的政治、经济、社会、文化的发展也将产生深远的影响。

（6）2003 年 10 月，中国共产党召开了十六届三中全会。全会充分肯定了党的十六届一中全会以来中央政治局的工作，审议通过了《中共中央关于完善社会主义市场经济体制若干问题的决定》，这是进一步深化经济体制改革、促进经济和社会全面发展的纲领性文件，明确提出了在新形势下完善社会主义市场经济体制的目标、任务、指导思想和原则，具有十分重大的理论和实践意义。这是从 1992 年党的十四大明确提出要建立社会主义市场经济体制以来最重要的文献之一。《决定》提出，要完善社会主义市场经济体制，要做到"统筹城乡发展、统筹区域发展、统筹经济社会发展、统筹人与自然和谐发展、统筹国内发展和对外开放"[①]。总体来说，就是要树立新的发展观，实现全面、协调、可持续发展。

---

① 《中共中央关于完善社会主义市场经济体制若干问题的决定》，北京：人民出版社，2003 年 10 月，第 12 页。

二 社会发展中存在的主要矛盾和问题

1. "三农"问题受到中央高度关注

2002 年 12 月 26 日，党中央召开政治局会议，专门讨论农业、农村、农民问题，指出"三农"是全党工作的重中之重，要把解决"三农"问题"放在更加突出的位置"①。2003 年 1 月 7 日，中央召开了农村工作会议，把解决"三农"问题同全面建设小康社会的奋斗目标联系起来，认为"实现全面建设小康社会的宏伟目标，最繁重、最艰巨的任务在农村"②。会议提出了评价农村改革和发展工作的三条标准：（1）是否有利于解放和发展农村生产力；（2）是否有利于增加农民收入；（3）是否有利于改变农村面貌和保持农村社会稳定。

2003 年，党中央和国务院为解决好"三农"问题，做了大量工作。年初，国务院就做出决定，今后在教育、科技、医疗卫生、文化等方面增加的投入应主要用于农村；上半年安排 237 亿元国债投资加大对农村基础设施的建设，下半年又增加了 32.5 亿元，并且明确要求这些基础设施建设施工要尽可能多用农民工；全国推进农村税费改革试点，中央财政拨款 300 亿元，用以支持税费改革，切实减轻农民负担；农业部、教育部、民政部等联合发出通知，计划从 2003 年开始到 2010 年全国要对 7000 万民工进行岗位培训，并做好民工外出务工的信息指导和组织等服务工作。公安部出台了户籍制度改革的通知，放宽了对农民进城的限制，鼓励有条件的农民到小城镇落户，各省市自治区也相继做了很多支农、助农和扶贫的工作。

但是，中国"三农"问题成堆，积累的时间太长，已经形成的二元经济社会结构根深蒂固，"重工轻农"、"重城轻乡"的国民收入分配格局已经形成了路径依赖。虽然新一届政府做了大量的工作，但仍未扭转城乡差距、地区差距继续扩大的趋势。2001 年，农民人均纯收入与城镇居民人均可支配收入之比为 1∶2.91，2002 年为 1∶3.11，③ 2003 年将扩大为 1∶3.2。据初步测算，2003 年农民平均纯收入将提高 4%，仍低于城镇居民可支配收入的增幅，城乡差距继续扩大。而且，约占 60% 的主要靠农业收入的纯农民

① 《中共中央政治局召开会议研究农业和农村工作》，《人民日报》2002 年 12 月 27 日，第 1 版。

② 《中央农村工作会议在京召开》，《人民日报》2003 年 1 月 9 日，第 1 版。

③ 参见国家统计局编《中国统计年鉴·2003》，北京：中国统计出版社，2003 年 9 月，第 344 页。

的收入都在平均数以下，其中相当一部分农民的收入并没有提高，有的是下降的。1997 年以后，这种收入停滞或下降的状况已经连续 8 年了，这是改革开放以后从来没有过的。税费改革后，农民负担有所减轻，但因并没有解决好财政的转移支付等问题，中西部地区的县乡两级财政状况并没有好转，约 1/2 的县和 2/3 的乡镇在负债运行，所以农民负担屡有反弹，这些地区的农村干群关系紧张，冲突不断，农村社会并不安定。

2003 年 9～10 月，已经长期低迷的粮油市场价格突然上涨，涨价从销区波及产区。10 月中旬，小麦每吨上涨 40～80 元，玉米每吨上涨 80～100 元，粮油平均涨幅在 10%～20%。粮油涨价，拉动蔬菜、肉、禽也跟着涨价。这是 1997 年以来的第一次农产品价格较大幅度上涨，一时引起社会的普遍关注。有关部门和农村专家认为，这次涨价是市场调节的自然结果。我国自 1998 年粮食总产达到 51230 万吨①的最高水平以后，已经连续 5 年减产。城市化带来的耕地减少、粮田改种其他经济作物、耕地的抛荒以及粮食库存的锐减，都是促成涨价的因素。不过我国有 5 亿吨粮食的生产能力，且仍有 2 亿吨粮食库存，保证粮食安全近几年仍没有问题。所以，粮油价格 11 月就基本稳定下来了。粮油和一些农产品涨点价，对农民增加收入有利，对以后增加农业生产有利，对扩大内需也有利。这点涨幅，对于绝大多数城市居民来说，也是能够承受的。所以政府不必过大反应（有条件的地区，可以对失业、下岗和低保人群增加点补贴）。总体来说，这次农产品价格上扬，利大于弊。

2. 2003 年呈现的一个突出的社会矛盾是城市拆迁和农村征地引发的社会冲突

近几年在"加速城镇化"的推动下，特别最近各省市换届后，新班子上台伊始，要建功立业，在东部沿海地区和一些大中城市，多数都提出了要率先实现现代化，率先建设全面小康社会，掀起了大干快上的热潮。目标都集中到城市建设上，要建大城市、特大城市、国际性大都市，要改变城市面貌，扩建改建，大拆大建，急于求成。财力不够，就用"以地生财"等方法，低偿甚至强行拆迁原有居民的老房子，与原有居民发生了利害冲突，引发拆迁群众上访请愿，或以极端形式表示抗争，造成了极坏的社会影响。

在农村，新一轮"圈地运动"正在各地，特别是东部沿海和大中城市

---

① 国家统计局编《中国统计年鉴·2003》，北京：中国统计出版社，2003 年 9 月，第 430 页。

郊区展开。据 2003 年上半年 24 个省（市、自治区）的不完全统计，各种名目的开发区、高新技术区、大学园区有 3500 多个，占地 3.6 万平方公里。在土地价格飙升预期的刺激下，一些没有社会责任心的官员和不法商人（包括外商）内外勾结，以各种名目和手段，强占侵夺农民承包的耕地（国家明文规定土地承包权 30 年不变）。占地不同农民商量，只给很少的补偿，又不做安置，失地的农民失去了生产生活的依靠，也就是失业，又无社会最低生活保障，成为游民。近几年，农民上访中土地问题已占首位。2003 年上半年，国土资源部的来信来访中，反映征地问题的，占总量的 73%。国家信访局受理土地问题的初信初访共 4116 件，其中苏、浙、闽、鲁、粤五省占 41%。可见侵占农民耕地问题已成为当前重大的社会问题，涉及约 4000 万农民，而且主要集中在东部沿海和大中城市郊区等经济发达地区。这是必须高度重视并要及时采取断然措施加以制止和纠正的。

3. 就业形势严峻

20 世纪 90 年代中期以来，城镇登记失业率逐年上升，1995 年为 2.9%，1999 年为 3.2%，2001 年为 3.6%，2002 年为 4%，① 2003 年很可能达到 4.5%，登记失业人数将超过 700 万人。国有企业下岗职工继续增加，2003 年 6 月底，下岗职工达 464 万人，而再就业率则逐年下降，1998 年为 50%，1999 年为 42%，2000 年为 35%，2001 年为 31%。

农村剩余劳动力继续增加，20 世纪 60～70 年代是我国人口出生高峰，集中在农村，现在他们都进入了就业年龄，目前正是高峰期。加上 20 世纪 90 年代中期以后，乡镇企业不景气，面临转制与提高技术构成，不仅不能增加劳动力的吸纳量，反而还减少了。1996 年全国乡镇企业从业人员为 13508.3 亿人，2002 年减至 13287.7 亿人。② 又因为 1997 年以后，我国主要农产品供大于求，粮食等主要农产品价格下降，销售不畅，农民收入徘徊，纷纷进城打工以增加收入。2002 年进城镇务工经商农民达 9460 万人，2003 年还是增加的趋势。

2003 年是 1999 年大学扩招本科生毕业的一年，加上大专毕业生，2003 年有 212 万高校毕业生要就业。2002 年，大学本科毕业生初次就业率只有 70%，2003 年上半年毕业生找工作时又逢"非典"肆虐，更是雪上加霜，政府虽然做了很多工作，效果也并不明显，有不少学校初次就业率都不足

---

① 国家统计局编《中国统计年鉴·2003》，北京：中国统计出版社，2003 年 9 月，第 123 页。
② 国家统计局编《中国统计年鉴·2003》，北京：中国统计出版社，2003 年 9 月，第 448 页。

50%。到 2003 年 7 月，待就业的大学毕业生有 70 万人。

就业是民生之本。我国是人口大国，农村人口多，现在又处于社会转型、经济体制转轨的阶段，结构性失业和技术性失业等多种因素起作用。据劳动和社会保障部测算，2003 年全国城镇需要安排就业的劳力总量为 2400 万人，而按经济增长的需求，只能新增就业岗位 1000 多万个，有 1400 万岗位的缺口，所以就业形势十分严峻，这将是今后较长一段时间里困扰我们的一个重大的社会问题。

4. 2003 年自然灾害频发，是一个多灾之年

截止到 2003 年 9 月底，五级以上地震发生 29 次，给新疆等地造成严重损失。10 月，甘肃省张掖、山丹、民乐又发生地震。各地水旱灾害交替发生。淮河、渭河、汉水、黄河等流域发生洪涝，直到 10 月中旬，渭河、黄河还在发大水，使河南、山东部分县市受灾。各类自然灾害造成农作物受灾面积 5070 万公顷，成灾 3175.5 万公顷，因灾死亡 1911 人，紧急转移安置 631 万人，倒塌房屋 262 万间，造成直接经济损失 1514 亿元。

生产安全事故发生率很高。2003 年已发生多起重大矿难事故，1～9 月死亡约 5000 人，约占世界矿难死亡人数的 1/3，而我国原煤产量只占世界的 20%。造成这种严重状况的原因是多方面的，其中一个很重要的原因是管理混乱。2002～2003 年河南省煤矿矿长审核考试显示，乡镇煤矿矿长年审合格率只有 49%，参加考试的 8000 多名乡镇煤矿矿长中，高中以上文化的不到 10%，部分矿长的考试成绩只有 12 分，有的连最基本的安全常识都没掌握。[1]

三　2004 年的社会走势：实施全面、协调、可持续发展的新战略

2003 年，在国际形势多变、国内严重自然灾害和重大疫情袭击的条件下，全国仍取得了经济持续高速增长、社会各项事业的全面进步。但 2003 年最重大的成就，是提出和实现了发展观的转变。经过实践和探索，党的十六届三中全会明确提出了："坚持以人为本，树立全面、协调、可持续的

---

[1] 《中国矿业报》2003 年 9 月 18 日。

发展观，促进经济社会和人的全面发展。"① 胡锦涛总书记在党的十六届三中全会上说："树立和落实科学发展观，这是二十多年改革开放实践的总结，是战胜非典疫情给我们的重要启示，也是推进全面建设小康社会的迫切要求。"②

实施全面、协调、可持续发展的新战略，就要按照党的十六届三中全会提出的要求，做到五个统筹：统筹城乡发展、统筹区域发展、统筹经济社会发展、统筹人与自然和谐发展、统筹国内发展和对外开放。2004 年是实施新发展观的第一年，我们一方面要大力阐释和宣传新发展观的主要内容和意义，得到广大干部和群众的共识，另一方面要做好以下诸方面的工作。

1. 统筹经济社会发展，实现经济社会协调发展

目前经济社会发展不平衡，表现在以下四个方面。

（1）经济结构调整了，但社会结构没有相应地调整。如工业化已进入中期阶段，而城市化还在初期阶段，2002 年城市化率为 39.09%，比世界平均城市化率 48% 低 8.91 个百分点，城市化严重滞后于工业化。2002 年，中国的三次产业结构为：第一产业 14.5%，第二产业 51.8%，第三产业 33.7%③，而就业结构为：第一产业 50%，第二产业 21.4%，第三产业 28.6%④，就业结构与经济结构不协调。

（2）经济发展了，但教育、科技、医疗卫生、文化、环境保护等社会事业发展滞后，很不协调。仅以教育和卫生事业为例：20 多年来，我国普及九年制义务教育和基本扫除青壮年文盲的工作做得很好，但高中阶段教育、职业技术教育和高等教育发展很不理想。1998 年，我国普通高校在校大学生只有 360 万人，适龄青年毛入学率只有 6.7%，1999 年以后，连续几年扩招，2002 年普通高校在校大学生 903.4 万人⑤，毛入学率达到 13%，但仍低于 16.7% 的世界平均水平（1996 年）。

改革开放以来，我国的医疗卫生事业有很大发展，但滞后于经济发展，不能满足人民群众的需要，一方面是财政投入少，另一方面是体制不合理，

① 《中共中央关于完善社会主义市场经济体制若干问题的决定》，北京：人民出版社，2003 年 10 月，第 13 页。

② 参见《胡锦涛文选》第 2 卷，北京：人民出版社，2016 年 9 月，第 104 页。——编者注

③ 国家统计局编《中国统计摘要·2003》，北京：中国统计出版社，2003 年 4 月，第 19 页。

④ 国家统计局编《中国统计摘要·2003》，北京：中国统计出版社，2003 年 4 月，第 44 页。

⑤ 国家统计局编《中国统计摘要·2003》，北京：中国统计出版社，2003 年 4 月，第 175 页。

"重城轻乡"，85% 的医卫资源和经费投在城市，农村缺医少药状况严重，原有的农村合作医疗体系基本垮了。世界卫生组织在《2000 年世界卫生报告》中对全世界 191 个国家及地区排名，中国排在第 188 名。2003 年 "非典" 突袭，幸好发生在大城市，加上政府采取了有效措施，否则一旦在农村传播，后果不堪设想。

（3）管理相对落后，跟不上经济社会事业发展的要求。20 多年来，许多城市建设起来了，公共事业的设施建起来了，高楼大厦、豪华宾馆、各种广场，绿化美化，硬件都相当现代化了，但就是管理不善，交通拥堵，环境脏、乱、差，空气污染，噪声嘈杂，也就是说管理不行，软件不行。以公路交通为例，1949 年，全国公路通车里程只有 8.07 万公里，2002 年达到 176.5 万公里。1988 年中国开始有第一条高速公路，2002 年已经超过 2.5 万公里，[①] 跃居世界第二位，但交通管理水平却没有相应提高，各类交通事故频发，2002 年共发生 77.3 万起交通事故，死亡 109381 人，[②] 比 1986 年增加了一倍。

（4）经济体制改革了，已经基本建立了社会主义市场经济体制，而社会事业的管理体制还没有按社会主义市场经济体制的要求改变过来。这方面的改革还在试点、摸索，可以说还没有破题。多数事业单位还在按计划经济体制时期形成的体制在运行。效率低、成本高、服务质量差，阻碍了社会事业的发展，不能满足社会发展和人民群众的需要。

经济和社会要协调发展，亟须改变目前一条腿长、一条腿短的不平衡发展。

首先，要从理论认识上提高对于调整社会结构、加快社会事业发展重要性的认识，国家和地方建设，都要坚持经济社会协调发展的方针，改变单纯追求经济增长的战略，把社会发展提到应有的高度加以重视。

其次，要逐步增加对于社会事业发展的投入。按照社会主义市场经济体制的要求，经济建设的资金今后应主要通过市场配置资源，由社会集资，政府的财力应该主要投资于教育、科研、文化、医疗卫生、环境和社会保障等社会发展事业和公共事业。

最后，要下决心改革社会事业管理体制。改革的目标是要建立一个与社会主义市场经济体制相适应的、城乡一体化的、按社会主义市场经济规

---

① 国家统计局编《中国统计摘要·2003》，北京：中国统计出版社，2003 年 4 月，第 141 页。

② 国家统计局编《中国统计年鉴·2003》，北京：中国统计出版社，2003 年 9 月，第 830 页。

律运作的、有利于调动各方面积极性的社会事业管理体制。这也是完善社会主义市场经济体制的一个重要组成部分。

2. 统筹城乡发展，实现城市和农村的协调发展

解决好农业、农村、农民问题，这是全面建设小康社会的重点和难点。农村本来是率先改革的，但自 1985 年改革的重点转向城市以后，农村的改革相对滞后了，原来与计划经济体制相适应的户口制度、就业制度、流通制度、财税制度等都没有得到应有的改革。实践证明，解决农业、农村、农民问题的根本出路在于市场化、工业化和城市化，而在计划经济体制下形成的城乡二元经济结构体制的束缚，使农民的经济地位、社会地位受到了限制，使他们很难成为市场竞争的主体。

由于农民是背着上述包袱进市场的，起点就不平等，他们在市场竞争中处于劣势地位（例如，农民工进城打工，在同一个工厂里干同样的劳动，只能得到大约城市户籍工人 1/3 或 1/2 的收入和福利）。20 世纪 90 年代中期以来，农民的人均纯收入和城市居民的可支配收入的差距逐年扩大，2002 年达到 1∶3.1，比 1978 年的 1∶2.4 还大，2003 年将是 1∶3.2，而且还有继续扩大的趋势。

党的十六届三中全会指出：要"建立有利于逐步改变城乡二元经济结构的体制"[①]。这是解决"三农"问题的战略举措。农村必须进行旨在继续破除计划经济体制对农村生产力束缚的改革，逐步建立城乡一体的社会主义市场经济体制，不改变城乡二元经济社会结构的格局，就不可能建成全面、统一、完善的社会主义市场经济体制。

其一，要完善农村土地制度。土地家庭承包经营是农村基本经济制度的核心，稳定完善这一制度，是保障农民生计和农村稳定的关键。2004 年，要针对近几年一些地方非法或越权审批圈占大量耕地，又不给合理补偿、不做妥善安置的问题，按照党的十六届三中全会的《决定》，分别做出处置，该退的要退，该补偿的要补偿，该安置的要安置，做到农民失地不失业、失地不失利。这样才能做到保护耕地，保证国家粮食安全，保护农民的合法权益，以消除因圈地而引发的社会冲突，保持农村社会稳定。

其二，要逐步调整国民收入的分配格局。逐步改变重城轻乡的状况。国家已经决定，2003 年对于教育、科技、文化、卫生等事业新增的拨款，

---

① 《中共中央关于完善社会主义市场经济体制若干问题的决定》，北京：人民出版社，2003 年 10 月，第 13 页。

主要用于农村。2004 年也要继续这个方针。对有些资源城乡分配过于悬殊的，如医疗卫生经费和资源，城市占 85%，农村只占 15%，不仅增量要调整，存量也该适当调整。目前中西部的县乡两级财政多数仍十分困难，有不少在负债运转。现行的财政体制也应做适当调整，进一步完善转移支付制度，加大对中西部和民族地区的财政支持。

其三，改善农村富余劳动力向城镇转移的就业环境。实践证明，只有减少农民才能富裕农民。2002 年农业在 GDP 中的比重不足 15%，而在农业就业的劳动力还占 50%。[①] 要加快农村富余劳动力向城镇，向第二、第三产业转移的步伐。深化户籍制度的改革，取消对农民进城就业的限制性规定，逐步形成城乡统一的劳动力市场，形成城乡劳动者平等就业的制度。

3. 统筹区域发展，实现东、中、西三大地区的协调发展

改革开放以来，各个地区的经济社会都有了很大发展，但由于原有基础和主客观条件不同，这些年地区差距扩大了，以城乡居民收入为例，东、中、西三大区的城镇居民可支配收入之比，1980 年为 1.11∶0.93∶1，1990 年扩大为 1.26∶0.92∶1，2000 年为 1.40∶0.94∶1；三大区农民年人均纯收入之比，1980 年为 1.28∶1.05∶1，1990 年为 1.59∶1.19∶1，2000 年为 1.92∶1.3∶1。调查研究表明，中西部发展之所以缓慢还有两个因素。一是市场程度低，改革相对滞后。现在全国市场化率为 69%，我国已经基本成为社会主义市场经济体制的国家。从东、中、西三大区的市场化程度来说，其比例大致为 80%∶50%∶30%。如以 60% 为临界线的话，那么，中西部地区还没有实现市场化。二是城市化程度低。2002 年，全国的城市化率为39.09%，除吉林、黑龙江两个中部省以外，其余中西部省份的城市化率都在 39.09% 以下，有的还不足 30%，农业人口占绝大多数。中西部的多数大中城市，经济社会的发展水平并不低，所以中西部与东部的差距，实质上也是城乡差距的表现。

自党中央 1999 年提出实施西部大开发战略以来，西部地区经济快速发展，一大批重大建设项目相继开工，基础设施建设进展顺利，科教文化等社会事业发展势头良好，成绩是很大的。2003 年国家又提出，振兴东北老工业基地，中部几个省份正在实施中部隆起战略。

要实现区域协调发展，关键是要进一步推进和深化中西部地区的改革，

---

① 国家统计局编《中国统计摘要·2003》，北京：中国统计出版社，2003 年 4 月，第 19、44 页。

扫除体制上的障碍，加快市场化、工业化和城市化的步伐，做好"三农"工作，加快农村劳动力向城镇，向第二、第三产业转移，发展乡镇企业、县域经济和加强小城镇建设，增强自我发展的能力。国家在投资项目、财税政策、转移支付等方面，要加大对中西部支持的力度，务使中西部地区的发展步入良性运行的轨道。

4. 统筹人与自然的发展，实现人与自然的和谐发展

新发展观的重要内涵，是要实现可持续发展。我国目前尚处于工业化中期阶段，人均资源占有量比较少，至今仍然是以消耗大量资源为特征的发展模式，对环境的压力比较大。水土流失，沙漠化、石漠化问题日趋严重。政府在大江大河的治理，防沙治沙和京津风沙源的治理，库区、湖区的污水治理，大中城市大气污染治理上已经做了大量工作。毋庸讳言，生态环境继续恶化的趋势仍未从根本上扭转。今后，要把坚持可持续发展放在更加突出的位置，认真执行计划生育的基本国策，保护环境，保护资源，走新型工业化、新型城市化的道路，合理开发和使用各种自然资源。为此，在加大人力物力财力来保护生态环境的同时，要进行体制改革，使之既有利于经济健康发展，又有利于生态环境的保护，实现人与自然的和谐发展。

此外，要统筹国内发展和对外开放的要求，使对外开放和国内的发展与改革相协调。

做好上述五个方面的统筹工作，也就是正确处理好经济和社会、城乡之间、地区之间、人与自然、国内和国外这五个方面的关系，这是针对稳定改革和发展存在的突出问题提出来的，是完善社会主义市场经济体制的必然要求，是实施全面、协调、可持续的新发展观的主要内容。2004年是实践新的发展观的第一年，我们要把这五个方面的统筹工作做好，促进经济社会和人的全面发展，为全面建设小康社会目标的实现开个好局。

关键时期的时代背景和时代特征[*]

主持人：胡锦涛同志最近指出："我国的改革发展正处在一个关键时期。在我们面前有许多必须解决而且回避不了的问题，有许多必须抓紧而不能拖延的任务。"温家宝同志也多次强调，当前中国经济社会处在一个十分重要的关口。那么，这样一个关键时期或者重要关口有哪些特征？我们应该如何应对呢？

陆学艺：用社会学的语言，关于我们的发展阶段是否应当做如下判断。第一，我们的社会正处在工业化、城市化的阶段，从传统的农业社会过渡到现代的工业化社会。什么是工业化？简单讲，工业产值超过农业产值就到了工业化社会。按照国际通行的说法，关于工业化的标准有三个50%：一是GDP里面第一产业比重低于50%，而我们现在二、三产业加起来已达85%，大大超过了；二是就业中农业劳动力低于50%，现在我们处于临界点——49.1%；三是城市化水平超过50%，2003年我们只有40.5%多[①]。按照这个标准，工业化三项指标我们达到了一项半。

第二，我们正处在计划经济体制向社会主义市场经济体制转变的阶段。1978年包产到户就是改革计划经济。1992年，党的十四大明确提出建立社会主义市场经济体制，经过5年，我们社会主义市场经济的基本框架已经建立起来了，流通领域的价格体系已经形成，而生产要素等方面改革的任务尚待完成。

---

[*] 本文原载《人民论坛》2004年第4期《三人谈：我国改革发展处在关键时期》一文，发表时间：2004年4月16日。该文系《人民论坛》邀请高尚全、陆学艺、江小娟所做的"三人谈"栏目的内容，本文仅收录陆学艺的发言，题目取自原文中陆学艺发言部分的小标题。——编者注

[①] 国家统计局编《中国统计摘要·2004》，北京：中国统计出版社，2004年4月，第19、38、43页。

这样"两个转变",正是我们全部成绩和问题的时代背景、时代特征。比如,城市化问题。按照现在的经济实力,我们的城市化水平应当达到世界平均数46%~48%,而实际我们差了近10个百分点。

19世纪70年代以后,世界上的许多国家在工业化进程的初期和中期阶段,都出现了我们现在面临的种种经济和社会问题,比如贫富差距、城乡差距拉大,犯罪率和离婚率增加等,而我们中国还有自己的特殊问题——从计划经济体制向市场经济体制转变中产生的问题,这是欧洲等市场经济体制国家没有遇到过的,比如户籍问题、"批条子"问题等。什么"农业户口""非农业户口""农转非"当中的金钱交易,这是其他国家没有的。总之,一方面,成绩很大,令人瞩目;另一方面,令人担忧。

为什么说我们处在一个"关键时期"?经济学家们认为,我们处在工业化的中期阶段。而从社会学的角度看,在欧美国家,"工业化"、"城市化"和"现代化"是同步的,从农村拿到原料、粮食、资金发展"三产"的同时,劳动力也进来了。在我们这里什么都"农转非"了,就是人不能"农转非",城市化远远滞后于工业化,由此产生了治安、环境、"三农"等问题。这些年我一直在搞社会分层研究,比如农民工研究。根据农业部的统计,农民工有9900万人,涉及我国大约百分之十几的劳动力,相当于美国全部就业人口。而农民工,到底是农民还是工人?不好确定,他们与城市工人"同工不同酬、同工不同时、同工不同权",一厂两制。

我们的改革是渐进式的,或者说是由易到难的改革。我们正处于改革的"爬坡"或"攻坚"阶段,一些难题需要破解,比如就业制度、社会保障制度。在工业化进程的关键阶段,我们的体制和社会结构必将产生变化。经济的发展是乐观的,去年①达到9%以上,而社会体制改革,经济与社会协调发展,难度会大一些。

关于经济与社会协调发展,我想是否可以包括以下方面。

第一,经济结构改变了,但社会结构发展滞后。产业比重从"一二三"变成"二三一",上海要好些,达到了"三二一"。但是我们已经达到发达国家工业化水平的大城市,城市化水平并不高。

第二,经济发展了,但社会事业发展滞后,比如农村户口比重仍很高等。

第三,经济管理上去了,但是社会管理滞后。高速公路每年投资2000

①　此处指2003年。——编者注

多亿元，从里程上讲成绩很大，但路的通行率、利用率不高，每年因事故死亡约 10 万人。[①]

第四，经济发展了，就业上不去。

总之，我们的确站在了重要的发展关口，面临重大的选择。十六届三中全会提出以人为本，全面、协调、可持续的发展观，是非常必要和有针对性的，是指导思想、指导方针的重大转变。

[①]　国家统计局编《中国统计年鉴·2003》，北京：中国统计出版社，2003 年 9 月，第 830 页。

世界 500 强谁是中国好公民?[*]

从今年①开始,《南方周末》将告诉你,在华投资的跨国公司世界 500 强中谁是中国的好公民。通过对将近 400 家 500 强企业在华投资的公司进行评估,《南方周末》推出的"世界 500 强在华投资最佳企业排行榜"的评价标准包括跨国公司在华投资总额、经营状况、社会责任、地区贡献和品牌形象等五大项,所占权重分别为 20%、25%、20%、25%、10%。

外资入华二十多年,近年来争议不断,这些争议集中在哪些方面,该如何看待?这样的评判有无必要?标准是否恰当?本报特邀五位专家对此进行讨论,他们是:中国社科院社会学研究所研究员陆学艺、中国人民大学经济学院教授黄卫平、南开大学跨国公司研究中心时任主任冼国明、中国工人出版社时任社长张帆、中华全国总工会法律工作部时任副部长谢良敏。

给 500 强打分十分必要

陆学艺:现在对于排行榜的议论很多,但我觉得这样的榜排一排还是有好处的。因为不光是排富,还加上了社会责任这些方面。对企业来说,排到前面就等于是表扬,可起到引导的作用,这样就可以引导他们积极的一面,抑制消极的一面。

不过有个建议,能不能以后慢慢将 500 强以外的企业也逐渐圈进来? 500 强都是大公司,相对规范,但是问题往往出现在更多的中小企业上,比

---

* 本文原载《南方周末》2005 年 12 月 1 日,第 C20 版。该文系该报特邀五位专家讨论的发言摘要,本文仅收录陆学艺的发言摘要,并采用《南方周末》原文标题。——编者注

① 此处指 2005 年。——编者注

如中国员工待遇、权益保障低，环境污染，在一个地方利用完"两免三减半"等优惠政策后就再换一个地方，等等。怎么样引导、规范这一部分企业，是一个值得探讨的大问题。

完善的评价体系

陆学艺：我觉得社会责任中应该包括管理示范。外资带来了巨大变化，比如宾馆，比如工厂的管理，这都是对社会进步的无形贡献。

另外，环保是最大的问题。不可持续发展是我们眼下的一大问题，而一些外资企业在这一点上难辞其咎，很多消耗资源、污染环境的企业都钻到这里来了。

争议跨国公司

陆学艺：有关技术问题也争论得厉害。我们总是在买设备，一代一代地买，总是掌握不了核心的技术。尤其是现在，不像以前手工学徒时代，师傅不愿教徒弟自己看看也能学得会，现在都是程序控制，封闭操作，看了也学不到。这个问题让人担忧。

关于学习十六届五中全会文件、"十一五"规划的几个问题[*]

一 "十一五"经济社会发展规划是一个承前启后的重要规划

中国共产党从十一大以后每5年召开一次全国代表大会。5年间要开6～7次中央委员会全体会议。一中全会选举党的领导,二中全会推荐国家领导人,包括国家主席、政府总理、全国人大和全国政协的领导。以后是每年开一次全会,第二年要开两次,上半年一次,下半年一次,二中全会、三中全会在一起。三中全会、四中全会、六中全会是讨论国内某个重大问题的(如1998年10月十五届三中全会讨论"三农"问题,5月就集中了起草文件的政府官员和一部分专家)。五中全会一般是提出下一个五年计划的建议,主要是制定纲要、方针、原则、指导思想和主要目标。会后,国家发展和改革委员会与有关部门制定较为详细的计划,提交第二年的全国人民代表大会讨论通过。那时的政府工作报告的主要内容,就是某个五年计划。

这次五中全会,因为要制定五年计划,春节后就集中了起草文件的班子。成员也多,约50人(一般是30多人)。经过长期讨论,到下边去调查研究,到各部去听取意见。然后归纳问题,列出文件的框架,再分头写作,一稿一稿地修改、补充。一般是到7月写出初稿,经中央政治局讨论修改通过后,寄发到各地、各部门去征求意见。8月几千条意见反映上来,起草班

---

* 本文源自作者手稿。该文稿系陆学艺于2005年12月8日为北京工业大学党委中心组所作学习辅导报告的讲稿。——编者注

子分门别类，再按照各条要求作者进一步修改，9 月、10 月就定稿了。再经政治局讨论修改定稿，然后提交全会讨论，再修改定稿，会议闭幕那天通过。1998 年 10 月，我参加了十五届五中全会，文件下午要通过了，上午我们还分头到各组去听意见，中午汇总，再做最后的修正定稿。中午送印厂，下午 3：00 开会时，放到每个委员的桌上。

这次的第十一个五年计划与以往不同，是一个承前启后的规划。

第一，这是新一届领导集体制定的第一个五年发展规划。

第二，这是以科学发展观为指导的一个五年规划。这往后要以科学发展观统领经济发展的全局，要把科学发展观贯彻到经济社会发展的全过程。

第三，这是在新的国际环境下应对全球化各种挑战的规划。我们在 2009 年加入了 WTO，过渡期将结束，既是机遇，也是挑战。在国内，我们正进入经济社会矛盾多发的关键时期，要解决长期积累的突出矛盾和问题，要突破发展的瓶颈制约和体制障碍，开创经济、政治、文化、社会建设的新局面，为后十年的顺利发展打下好的基础。所谓承前，即要继承以往数十年、特别是前十年的优良传统，当然也要吸取原来的一些教训，解决一些突出的矛盾和问题。所谓启后，就是经过"十一五"，要为今后的长治久安打下一个好的基础。

《规划》共分 10 个部分，46 条，近 2 万字，内容十分丰富。首先总结回顾了 5 年来的主要成就，阐述了"十一五"规划基本的指导方针、主要经济社会的发展目标、实现这些主要目标的方式和方法，以及深化改革和发展的几个主要方面。

从全篇来看，关键的、突出的重点是第二部分，是讲要全面贯彻落实科学发展观，实现"五个统筹"，做到"六个必须"。这是本规划的重点，各地各部门都在实施。这个重点、"六个必须"都要贯彻到这 5 年经济社会发展的全过程中。

二 "十一五"期间要坚持做到"六个必须"

据文件起草组的同志说，在"十一五"期间，要坚持"六个必须"是起草组经过反复讨论和总结才定下来的，是本规划的纲。既是对过去 10 个五年计划的经验总结，也是今后五年实现规划的指导方针。整个文件和这次统稿工作会议 8 条都是这个内容。

（一）必须坚持经济平衡较快发展

我们今天的 GDP 可达 15 万亿元①，比 2000 年的 89468 亿元②，增长了 68%，人均 GDP 可达 1500 美元。财政收入 3 万亿元，比 2000 年的 13395 亿元，增长了 1.2 倍。从而使我国的综合国力有了显著的提高，今年将超过意大利，列世界第六位。人民生活有了显著提高，国际地位也显著提高，这靠的是经济的发展。

1. 经过十多年来的发展，我国的经济实力、综合国力和国际地位显著提高，靠的是经济的平稳较快发展

这 26 年中国的经济实力、综合国力有了极大的提高，已列世界第六，紧跟美国、日本、德国、英国、法国之后，很快就会超过英国和法国。外汇储备 1978 年 2.4 亿元，2005 年近 8000 亿美元③，2006 年为世界第一。我国已经是工业大国，年产 3 亿多吨钢。已经成为制造业大国，出口全世界，外贸第三，是第二大外资吸收国。已经成为全世界的经济发动机。

但是，我国 13 亿人口中还有一部分人处于贫困状态，我国要真正和平崛起，还需要进一步发展。

表 1　部分年份国民总收入、财政收入和外贸（进出口）数据比较

年份	国民总收入（亿元）	财政收入（亿元）	进出口总额（亿美元）
1978	3624	1132	206
1985	8989	2004	696
1990	18598	2937	1154
1995	57494	6242	2808
2000	88254	13395	4743
2004	136584	26396	11545
2005	150000	30000	13800

数据来源：国家统计局编《中国统计年鉴·2005》，北京：中国统计出版社，2005 年 9 月，第 51、271、626 页。2005 年为估计数。

---

① 2004 年 GDP 为 159878.3 亿元，参见国家统计局编《中国统计年鉴·2006》，北京：中国统计出版社，2006 年 9 月，第 57 页。
② 国家统计局编《中国统计年鉴·2005》，北京：中国统计出版社，2005 年 9 月，第 51 页。
③ 参见国家统计局编《中国统计年鉴·2006》，北京：中国统计出版社，2006 年 9 月，第 787 页。

2. 人民生活水平提高也要靠经济发展

经过 26 年的发展，我国真正解决了温饱问题，丰衣足食，2.5 亿贫困人口脱贫了。当然，还要继续提高，许多问题的解决要靠经济发展。

表 2　相关年份城乡居民收入比较

单位：元

年份	城镇居民家庭人均可支配收入	农村居民家庭人均纯收入
1978	343.4	133.6
1985	739.1	397.6
1990	1510.2	686.3
1995	4283	1577.7
2000	6280	2253.4
2004	9422	2936.4

数据来源：国家统计局编《中国统计年鉴·2005》，北京：中国统计出版社，2005 年 9 月，第 335 页。

3. 解决安排劳动力就业

我国每年要安排 1200 万人就业，每年新增 700 万～800 万人口，因此，低于 5% 的经济增长速度是不行的。解决社会事业发展，提供公共产品，要靠经济发展。

4. 建设和谐社会

要继续深化改革，协调社会关系，调整利益关系，要靠经济的发展。要在发展中改革，要通过改革，解决社会保障、分配不公等问题，调整城乡、地区、贫富关系。发展是硬道理。

（二）必须加快转变增长方式

我国是个地大物博的国家，但相对于 13 亿人口，人均资源就很少了。以往的经济增长是粗放式的，上述的成绩是靠大量的物质投入、资源投入来实现的。"三高一低"：资源和资金的高投入、高消耗、高污染，但经济效率低。2003 年我国 GDP 占世界的 4%。但投入了 12% 的能源、28% 的钢铁、25% 的铝、15% 的水、45% 的水泥，这样的高消耗是不可持续的。我们进口各类矿石 2 亿吨、原油近 1 亿吨（原油涨价，每桶 60 美元），铁矿石 71% 靠进口。高污染，首先是水体污染，全国没有几条干净的河，内陆 50%～60% 的河被污染，太湖为 4～5 级的水质。还有空气污染、垃圾污染等。

资源严重短缺导致经济生产用电短缺。人民生活质量由于没有洁净水、空气，由于环境不好而下降，健康也因此受到影响和损害。

所以我们必须改变增长方式，走新型工业化道路，发展资源节约型（搞循环经济）、环境友好型社会。要节约发展、清洁发展、安全发展，实现可持续发展。

（三）必须提高自主创新能力

后发国家现代化的好处是可以通过引进技术学习，实现跨越式发展，少走弯路。这 26 年来，我们发展很快，全国的科技水平有了很大提高，同先进国家的差距缩小了。这要归功于邓小平同志指导的改革开放，一步跨越了人家几十年、上百年的过程。

但是由于我们体制上的改革没有跟上，在很多高新技术方面还很不理想。要学习先进技术，前提是我们要有吸纳的能力。我们的制造产业占比很大了，但一些主要的工业产品，如客机、汽车，没有自己的核心技术，都是靠引进成套设备、引进核心技术来生产。往往是引进一套，过些年落后了，再引进。钱都花到那些方面了，使我们在国际社会处于很不利的地位。社会上有一种说法，一流国家卖标准，二流国家卖核心技术，三流国家卖服务，四流国家卖产品。

这样的结果，经济效益就差了。常常是给人当农民工，给人打工挣点工钱。如 DVD，一台卖 40～50 美元，专利费要 20～25 美元，我们组装一个只赚十几美元。所以我们要强调自主创新，努力提高产业的技术水平。要引进、消化、创新。

这里的关键是要有这方面的人才，人力资源水平要提高。关键是要有这种创新的体制。在座的诸位，你们都是业务尖子、骨干，要精通业务，自主创新，做出成绩来。

（四）必须促进城乡区域协调发展

2002 年，党的十六大总结我国现代化建设的经验时，讲到 2000 年我们已经总体上达到小康水平。但这个小康还是低水平的、不全面的、很不平衡的小康。这个"很不平衡"、主要是指城乡发展不平衡，地区发展不平衡。同时指出"工农差别、城乡差别和地区差别扩大的趋势"① 还未扭转。

---

① 《中国共产党第十六次全国代表大会文件汇编》，北京：人民出版社，2002 年 11 月，第 19 页。

这三大差别中最主要的是城乡差别。要建设小康社会、和谐社会，基本的一条是要实现共同富裕。城乡要协调发展，地区要协调发展。我们国家 13 亿人口中，近 9 亿是农业人口，70% 是农民。① 按居住地划分，5.5 亿在城镇，7.5 亿在农村，近 60% 居住在农村。7.5 亿的劳动力，按一、二、三产业划分，3.9 亿在第二、第三产业，3.6 亿在第一产业，近 50% 在农业。② 这种格局是我国长期实行城乡分治形成的，这种不合理的社会结构是形成当前"三农"问题屡解不决的根本性原因。

2004 年我国 GDP 中，第一产业占 15.1%，第二产业占 52.3%，第三产业占 32.6%。近 46.9% 的农村劳动力，只创造了 15.1% 的财富，③ 怎么能不穷？

富饶的、繁荣的城市和落后的、贫困的农村并存。少数人富了，多数人贫穷，社会怎么能和谐，怎么能安定？我判断，70% 的问题是城乡关系不正常，所以要求解决农村、农民、农业问题的呼声越来越高，这些年也一直是党和国家要求解决的主要难题。

党的十六大提出要统筹城乡经济社会发展，新领导集体提出要把"三农"工作列为党的工作的重中之重。2004 年十六届四中全会上，胡锦涛总书记提出，现在已到了出台工业反哺农业、城市支持乡村的方针的时候。2004 年提出用 5 年逐步免除农业税，并对种粮农民实行直接补贴。还在全国重建农村合作医疗制度，农村的情况正在好转。

这次五中全会提出了建设社会主义新农村的目标，今后的发展方向是"生产发展、生活富裕、乡风文明、村容整洁、管理民主"，并且规定了今后要贯彻"多予少取放活"的方针。④ 农村的问题正在一步步解决。

当然，这是个世界性的难题，积累的问题太多了。解决的途径还是要遵循市场经济规律、工业化发展的规律，要通过改革户籍、就业、社会保障制度等办法，逐步减少农民，调整社会结构，使农民成为少数，将 70% 变为 30%，农民才能富裕起来。农民不是穷人了，"三农"问题才能从根本

① 参见国家统计局人口和就业统计司编《中国人口统计年鉴·2005》，北京：中国统计出版社，2005 年 10 月，第 265 页。

② 国家统计局编《中国统计年鉴·2005》，北京：中国统计出版社，2005 年 9 月，第 93、118 页。

③ 参见国家统计局编《中国统计年鉴·2005》，北京：中国统计出版社，2005 年 9 月，第 52、118 页。

④ 《中共中央关于制定国民经济和社会发展第十一个五年规划的建议》，北京：人民出版社，2005 年 10 月，第 8 页。

上得到解决。

区域协调发展。中国是个发展很不平衡的大国,这是由自然环境和历史原因造成的。1978 年前,从"一五"计划到"四五"计划都在调整。"一五"计划把大工业放在东北和中西部,把上海的工业和学校内迁。1969年以后又大搞三线建设,把工业、学校从东北和沿海往西南、西北迁,而且还有一系列政策,保证相对平衡。

改革开放以来搞市场经济,东部和沿海先开放,先富起来了。26 年重新洗牌,排列次序变了。东、中、西部三个区域的差距扩大了,而且还在扩大。

表 3 相关年份上海、河南和贵州人均 GDP 比较

年份	上海人均GDP（元）	河南人均GDP（元）	贵州人均GDP（元）	三者之比
1985	3855	580	420	9. 18：6. 65：1
1990	5818	1045	794	7. 33：5. 49：1
1998	28253	4712	2342	12. 06：6：1
2003	46718	7530	3601	12. 97：6. 2：1

数据来源:其中各省 1985 年、1990 年、1998 年、2003 年数据分别来源于国家统计局编《中国统计摘要·1992》,北京:中国统计出版社,1992 年 5 月,第 23 页;《中国统计年鉴·1999》,北京:中国统计出版社,1999 年 9 月,第 65 页;《中国统计摘要·2004》,北京:中国统计出版社,2004 年 4月,第 25 页。

东中西差距影响到方方面面。以前生产水平和群众生活水平有差距,但干部、教员、医生的工资是不差的,而且还有补贴。甚至同一级干部,边疆地区是高的。现在不一样了,省长之间、干部之间的差距也大了。这种状况是不能持久的。所以中央先提出开发西部,后来提出振兴东北老工业基地,又提出中部崛起。实行东中西优势互补,良性互动。提出了大中小城市和小城镇协调发展的方针。国际上,欧盟还是 10 个国家的时候,24个地区,差距是 1：2.4。当然也还要平衡。

(五) 必须加强和谐社会建设

和谐社会的提出,是我们党在提出小康社会之后,又一个重大的创新的战略思想。十六届四中全会文件说,促进社会和谐,是我国发展的重要目标和主要条件。它既继承了中国人历来强调和而不同的哲学思想,又适合当前广大群众普遍要求安居乐业、人心思定的国情,也适合世界人民渴求和平发展的大局。胡锦涛总书记以前在国际会议上提出建设和谐世界,

温家宝总理提出要在多元文化下建设和谐社会的主张。就我看，和谐社会的目标比全面小康社会的目标更加宏大，所以需要长远的奋斗。

文件就目前需要解决的几个突出问题做了规划。要按照以人为本的要求，解决关系人民切身利益的现实问题，更加强调经济社会协调发展，社会事业的发展。要解决人民最关心、最现实、最直接的问题：上学难、上学贵的问题；看病难、看病贵的问题；大中城市行路难的问题；失地、失业、失房人群的安居问题。在解决就业、调整收入分配、完善社会保障制度、丰富人民群众的精神文化生活、提高人民的健康水平，以及保障人民群众生命财产安全问题等多方面都做了相应的规划。

这里我们特别强调要"更加注重社会公平"的指导思想。20世纪90年代中期，曾经提出"效率优先，兼顾公平"，一直沿用了十多年。这在平均主义盛行的时候，对打破平均主义，激励大家参与竞争是有积极作用的。邓小平同志提出，让一部分人先富起来，让一部分地区先富起来，当时是很有必要的。但到20世纪90年代中期以后，阶层收入差距、城乡差距、地区差距已经很大的时候，这个口号太过分了。社会主义国家应该把公平放在第一位。公平了才能和谐，才能有秩序，才能安定。

十六届三中全会、四中全会改为第一次分配注重效率，第二次分配注重公平，这也不行。因为在市场经济条件下，如果不把公平放在首位，工人的工资就上不去。这些年，私企发展很快，私营企业主阶层的收入很高，农民工的工资十多年没有变，有的只有300多元。这次全会，正式把这个口号改过来了。建设和谐社会，任重道远，还有一系列工作要做。

（六）必须不断改革开放

我们国家正在从一个农业社会转为工业社会，同时也正在从计划经济体制向社会主义市场经济体制转变。从农业国向工业国转型是一场伟大变革，从计划经济体制向社会主义市场经济体制转型同样是伟大的变革，而且还没有现成的经验。苏联搞"休克疗法"，一夜转制，实践证明错了，人均GDP少了一半，一个超级大国就这样毁了。现在正在恢复，还没有恢复到1990年的水平，人口从2.5亿下降到1.4亿，现在1年少100万人。

我们的好处是渐进式改革，摸着石头过河，取得了很大的成功。但是，现在的问题是还有许多难题解决不了。如国企改革，至今还没有彻底解决好，好在非公经济上来了。如金融改革，投入450亿美元。中国银行、中国建设银行改制，这是背水一战。比较而言，经济体制改革是成功的。但是，如果社会体制如教育、医疗、科技、文化、体育等体制不改，很多问题解决不了。连公车的改革，一年都花了3000亿元。改革还必须深化，必须深入到方方面面，改革依然是发展的动力。

但改革已经到深层次了。像农村包产到户那样的改革，对谁都有利的改革，已经没有了。改革对一部分人有利，对另一部分人不利。如户口制度、农民工制度要改，就涉及一部分人的利益。也有意识形态的问题，就是改不动，北京、上海不接受这样的改革。深圳在改革，三年交了24万元税，企业交了300万元税，这又是变相卖户口，那怎么行？有些省市则是大学毕业以上的高素质人口可以转，这连起码的公平都没有了。但一定要改革，建立完善的社会主义市场经济体制。

总的来说，这个规划是好的，是执行以科学发展观统领经济社会发展的规划，是承前启后的规划。中国的实力又会上一个台阶，经济实力、综合实力、国际地位将显著提高，人民生活水平也会显著提高，人均GDP达到2000美元以上，这是可以预期的。

论小康社会[*]

1991 年七届全国人大四次会议通过的《中华人民共和国国民经济和社会发展十年规划和第八个五年计划纲要》，描绘了今后十年我国的发展蓝图，同时再次重申了我国经济社会发展分三步走的战略部署。20 世纪 80 年代，我国国民生产总值翻了一番多，人民生活温饱问题得到解决，提前实现了第一步战略目标。今后十年的任务，就是要达到第二步战略目标，实现小康社会的设想，这是我国现代化进程中一个极其重要的发展阶段，也是一项极其伟大的事业，需要动员全党和全国人民积极投入并为之努力奋斗。但究竟什么是小康社会？小康社会包括哪些具体内容？它在整个社会主义现代化过程中处于什么位置？这些问题都需要进行深入的研究和探讨。

一　小康社会是 20 世纪 90 年代我国 经济社会发展的战略目标

1984 年 6 月，邓小平同志在会见第二次中日民间人士会议日方委员会代表团时曾谈道："我们提出四个现代化，最低的目标是到本世纪末达到小康社会。这是一九七九年十二月日本前首相大平正芳来访时我同他首次谈到的。所谓小康，就是到本世纪末，国民生产总值人均达到八百美元。这对你们来说也还是低水平的，但对我们来说是雄心壮志。中国有十亿人口，到那时候十二亿人口，国民生产总值可达到一万亿美元，如果按资本主义的分配方法，算不了什么，还摆脱不了贫穷落后状态，也就是只有百分之

---

   * 本文源自《2000 年中国的小康社会》（陆学艺、李培林主编，南昌：江西人民出版社，1991 年 4 月）一书的第一章，第 1～23 页，作者为陆学艺、李培林。该文曾摘要发表于《农业经济问题》1992 年第 2 期，发表时有较大幅度的删节。——编者注

几的人生活好，百分之九十几的人生活还是贫困。但如果按社会主义的分配原则，就可以使全国人民普遍处于小康状态。这就是我们为什么要坚持社会主义的道理。不坚持社会主义，中国的小康社会形成不了。"① 同年 10 月，邓小平同志在会见一次国际会议的代表时又讲道："我们确定了一个政治目标：发展经济，到本世纪末翻两番，国民生产总值按人口平均达到八百美元，人民生活达到小康水平。这是我在同一位日本朋友——当时日本的首相大平正芳谈话时提出来的。一九七九年，大平首相到北京访问，他给我提了一个问题：你们四个现代化的目标究竟是什么？当时我告诉他，是不是可以确定这样一个目标，到本世纪末翻两番。"② 以后，邓小平同志又多次讲了这个问题，明确地阐述了小康社会是我国在 20 世纪末要达到的政治、经济和社会发展的战略目标。中国共产党第十二次和第十三次全国代表大会，把邓小平同志提出的这个战略设想确定为全党和全国人民的长期奋斗目标：第一步，到 1990 年实现国民生产总值比 1980 年翻一番，解决人民的温饱问题；第二步，到本世纪末，使国民生产总值比 1980 年翻两番，人民生活达到小康水平；第三步，到下世纪中叶，人均国民生产总值达到中等发达国家水平，人民生活比较富裕，基本实现现代化。这也就是我们现在常说的社会主义现代化分三步走的战略部署。

翻两番，实现小康社会，现在已经成了中华大地上家喻户晓的奋斗目标。但是，目前干部和群众在学习党的十三届七中全会精神的过程中，特别是在落实本地区、本单位十年规划和"八五"计划的任务的过程中，提出了诸如小康水平与翻两番是什么关系，小康水平同小康社会、小康阶段、小康状态等说法有什么区别等问题。从理论和实践的结合上弄清楚这些问题，对于统一认识，为实现党在今后十年的战略任务团结奋斗很有必要。

毛泽东同志在 1949 年 6 月写的《论人民民主专政》一文中提出："经过人民共和国到达社会主义和共产主义，到达阶级的消灭和世界的大同。康有为写了《大同书》，他没有也不可能找到一条到达大同的路。……唯一的路是经过工人阶级领导的人民共和国。"③ 整整 30 年以后，邓小平同志首次提出了"小康社会的设想"，并将其作为我国人民到 2000 年的奋斗目标。

---

① 邓小平：《建设有中国特色的社会主义（增订本）》，北京：人民出版社，1987 年 3 月，第 53 ~ 54 页。

② 邓小平：《建设有中国特色的社会主义（增订本）》，北京：人民出版社，1987 年 3 月，第 65 页。

③ 《毛泽东著作选读》（下册），北京：人民出版社，1986 年 8 月，第 678 页。

"大同"和"小康"均语出儒家经典《礼记·礼运》。孔子曰："大道之行也，天下为公。选贤与能，讲信修睦。故人不独亲其亲，不独子其子，使老有所终，壮有所用，幼有所长，矜寡孤独废疾者，皆有所养。男有分，女有归。货恶其弃于地也，不必藏于己；力恶其不出于身也，不必为己。是故，谋闭而不兴，盗窃乱贼而不作，故外户而不闭，是谓大同。"又曰："今大道既隐，天下为家，各亲其亲，各子其子，货力为己，大人世及以为礼。城郭沟池以为固，礼义以为纪；以正君臣，以笃父子，以睦兄弟，以和夫妇，以设制度，以立田里，以贤勇知，以功为己。故谋用是作，而兵由此起。禹汤文武成王周公，由此其选也。此六君子者，未有不谨于礼者也。以著其义，以考其信，著有过，刑仁讲让，示民有常。如有不由此者，在埶者去，众以为殃，是谓小康。"① 所以，从语源学上说，大同和小康最初是中国古代儒家学派描述的两种社会状态，大同是天下为公的最高理想社会，小康则是天下为家、靠礼仪关系维持的社会。儒家学派从历史循环论出发，幻想着返回到原始的田园牧歌式大同生活。进化论传入中国以后，康有为为了托古改制，宣传历史进化论思想，称其在孔子著作《春秋》中发现了"微言大义"，即社会是由"据乱世"进到"升平世"（小康），再由"升平世"进到"太平世"（大同）的。康有为说："三世为孔子非常大义，……乱世者，文教未明也；升平者，渐有文教小康也；太平者，大同之世，……文教全备也。……此为春秋第一大义。"② 随着时代的变迁，民间和中国的学者都已习惯于把那种薄有资财，可以安然度日地生活的家庭称为小康之家。鲁迅先生在《呐喊》自序中说"有谁从小康人家而坠入困顿的么"③，就是从这个意义上用的。

邓小平同志用中国古代思想家提出的并为我国人民所熟悉的"小康社会"来概括社会主义现代化建设的第二步战略目标，这本身就具有中国特色，很容易为广大人民群众所理解和接受，从而成为团结人民、组织人民、鼓舞人民去实现这个伟大目标的精神力量。

翻两番，实现小康社会首先是一个经济目标。我们搞了 40 多年的社会主义，取得了伟大的成就，中华人民共和国以一个大国的形象屹立在世界的东方。但是，在 1978 年以前的 29 年，由于受极"左"思想的干扰，政

---

① 《礼记·礼运篇》，参见王梦鸥注释《礼记今注今译》（上册），天津：天津古籍出版社，1987 年 10 月，第 290 页。
② 楼宇烈整理《春秋董氏学》，北京：中华书局，1990 年，第 28～29 页。
③ 《鲁迅选集》第 1 卷，北京：中国青年出版社，1956 年，第 1 页。

治运动频繁，经济发展受到影响，有相当一部分人没有摆脱贫困，占人口80%的农民中约有 1/3 家庭的温饱问题没有解决好。贫穷不是社会主义。1979 年邓小平同志提出的"翻两番"，首先是作为经济目标提出来的。它包括三层意思。

（1）这意味着党的中心工作转移到经济建设上来。邓小平同志在 1984 年曾讲道："我们建国三十五年来取得的成就是大的。但是中间经过一些波折，耽误了一些时间。最大的波折是'文化大革命'。如果没有这些波折，中国的面貌肯定不一样了。最近五年多来，我们改变了过去一些'左'的政策。现在我们一心一意地搞经济建设。"① 1987 年邓小平同志又讲道："过去我们过多地认为世界大战很快就要打起来，忽视发展生产力，忽视经济建设。现在根据新的观察、新的分析，下决心一心一意搞建设。"② 所以说，翻两番、实现小康社会的目标首先意味着党的工作重点实现了战略转移，经济建设成为党的一切工作围绕的中心。

（2）国民生产总值翻两番还意味着我国的经济实力和综合国力显著增强。虽然就人均国民生产总值而言，还只有 800～1000 美元，但我们是一个人口大国，有十几亿人口，那就是有 1 万多亿美元的产值，反映到国力上，就处于世界前列，成为经济实力较强的国家。多年来，我们的经济一直起飞不了，每年工农业产值的大部分被生活消费和新增人口的消费所抵消，基本上只能维持简单再生产，资金积累很慢，生产条件无从改善。经过改革开放和艰苦奋斗，到 20 世纪末实现翻两番的目标后，就能摆脱这个困境，为我国的经济发展打下坚实的基础，为经济起飞准备条件，为今后经济再翻两番，达到中等发达国家水平以及实现我国的现代化扫清道路。

（3）实现小康社会也意味着人民生活得到较大的改善。全国人民的人均收入水平和消费水平都可以有较大的提高，人民的生活质量将进一步改善，人民群众可以得到较多的实惠，城乡居民在衣、食、住、行、用等方面将更加丰富多样。

翻两番，实现小康社会，同时也是我们的政治目标。党的十一届三中全会以来，邓小平同志反复阐明了这样一个真理，只有把经济搞上去，使中国摆脱贫困并富裕起来，才能显示出社会主义的优越性，国内的安定团

---

① 邓小平：《建设有中国特色的社会主义（增订本）》，北京：人民出版社，1987 年 3 月，第 81～82 页。

② 《邓小平同志重要谈话（1987 年 2 月～7 月）》，北京：人民出版社，1987 年 10 月，第 44 页。

结局面才能巩固，中国的社会主义制度才能真正巩固，中国在国际上才能发挥更大的作用，中国对人类社会才能做出更大的贡献。邓小平同志说："党的十一届三中全会以来我们制定的方针，第一条是坚持四项基本原则，也就是坚持社会主义道路，坚持人民民主专政，坚持党的领导，坚持马列主义、毛泽东思想；第二条是搞社会主义四个现代化建设。我们确定了两个阶段的目标，就是本世纪末达到小康水平，……。实现这两个阶段的目标，需要两个条件，一个是国际上的和平环境，另一个是国内安定团结的政治局面，使我们能有领导有秩序地进行社会主义建设。根据这一方针，我们制定了两个开放的政策，即对外开放和对内开放。搞社会主义现代化建设，没有这两个开放不行。同时，还要使人民有更多的民主权利，特别是要给基层、企业、乡村中的农民和其他居民，以更多的自主权。在发扬社会主义民主的同时，还要加强社会主义法制，做到既能调动人民的积极性，又能保证我们有领导有秩序地进行社会主义建设。这是一整套相互关联的方针政策。"① 邓小平同志的这些设想，后来就正式成为党在新时期的"一个中心、两个基本点"的基本路线。历史的经验表明，只有在安定团结的政治局面下，全国人民才能一心一意地搞经济建设，才能实现翻两番的目标。同样的道理，也只有把经济搞上去，人民真正得到了实惠，才能真正形成长期、持续的安定团结局面。所以说，实现小康社会的政治目标和经济目标是一致的，是相辅相成的。

翻两番，实现小康社会也是我们的社会目标。1985 年，邓小平在与一位台湾学者谈话时就指出："我们大陆坚持社会主义，不走资本主义的邪路。社会主义的特点，就是创造的财富，第一归国家，第二归人民，不会产生新的资产阶级。到本世纪末，人均国民生产总值 800 美元，国家拿一部分，国家拿的这一部分也是为了人民，用来搞教育，搞科学，也搞点国防；更大的部分是改善人民生活，提高人民文化水平。社会主义与资本主义不同的地方就是共同富裕，而不是两极分化。"② 人均国民生产总值达到 800～1000 美元，按国际水平来看还是不高的。如果在资本主义国家里，生产资料私有，分配不公，富的富，穷的穷，两极悬殊，大多数人就仍摆脱不了贫穷。而我们是社会主义国家，实行生产资料公有制，分配比较公平，同

---

① 《邓小平同志重要谈话（1987 年 2 月～7 月）》，北京：人民出版社，1987 年 10 月，第 8～9 页。

② 《邓小平同志论坚持四项基本原则 反对资产阶级自由化》，北京：人民出版社，1989 年 7 月，第 121 页。

样是人均 800 美元，就能使人民的生活普遍达到小康状态，不仅物质生活改善，而且精神文化生活也得到充实，不仅个人家庭生活水平显著提高，社会福利、劳动条件、教育、医疗卫生、生活环境、健康水平等也都得到改善，真正做到共同富裕，共同提高。现在世界上一些实行了资本主义制度的发展中国家，虽然人均国民生产总值达到了几千甚至上万美元，但贫富悬殊，城乡二元结构强化，医疗和人民健康水平低下，生态环境恶化，有的甚至战乱频繁，经济虽然增长了，但社会并没有得到发展。

翻两番，实现小康社会，这既是经济目标，也是政治目标和社会目标，三者必须协调发展。经济发展是前提和基础，政治稳定是保证，社会发展是目的，三者不可偏废。

二　小康社会是我国现代化过程中的一个重要阶段

自 1840 年清王朝的大门被西方帝国主义的坚船利炮打开之后，中华民族不断地受到帝国主义的侵略、压迫和剥削。在长达 100 多年的漫长历史过程中，中华民族的仁人志士一直在寻找富国强兵的现代化道路，以使伟大的中国能立于世界先进国家之林，但最终都不同程度地失败了，没有能挽救国愈弱民愈贫的颓运。直到 1949 年，中国人民在中国共产党的领导下，经过 20 多年艰苦卓绝的奋斗，建立了中华人民共和国，才为实现中国现代化奠定了坚实的基础。

把我国建设成社会主义现代化强国，一直是我们党和国家的奋斗目标。早在 1953 年，党中央在其刊发的《关于党在过渡时期总路线的学习和宣传提纲》中，就提出了"实现国家的社会主义工业化，就可以促进农业和交通运输的现代化，就可以建立和巩固现代化的国防"①。1954 年 9 月，在第一届全国人民代表大会第一次会议上，周恩来总理在政府工作报告中明确提出："如果我们不建设起强大的现代化的工业、现代化的农业、现代化的交通运输业和现代化的国防，我们就不能摆脱落后和贫困，我们的革命就不能达到目的。"② 这是关于四个现代化思想的最早提法。1957 年，毛泽东

---

① 参见《中共中央批转中央宣传部为动员一切力量把我国建设成为一个伟大的社会主义国家而奋斗——关于党在过渡时期总路线的学习和宣传提纲》，载《中共中央文件选集》第十四册，北京：人民出版社，2013 年 6 月，第 502 页。——编者注

② 参见《第一届全国人民代表大会第一次会议重要文献暨学习参考资料》，中华全国工商联合会宣教处编印，1954 年，第 92 页。

同志在《关于正确处理人民内部矛盾的问题》一文中说："专政的目的是为了保卫全体人民进行和平劳动，将我国建设成为一个具有现代工业、现代农业和现代科学文化的社会主义国家。"① 1959 年，毛泽东同志在阅读苏联《政治经济学》社会主义部分时指出："建设社会主义原来要求是工业现代化，农业现代化，科学文化现代化，现在要加上国防现代化。"② 1963 年 9 月，毛泽东同志在总结中国鸦片战争以来的历史时指出："我国从 19 世纪 40 年代起，到 20 世纪 40 年代中期，共计 105 年时间，全世界几乎一切大中小帝国主义国家都侵略过我国，都打过我们，除了最后一次，即抗日战争，由于国内外各种原因以日本帝国主义投降告终以外，没有一次战争不是以我国失败、签订丧权辱国条约而告终。其原因：一是社会制度腐败，二是经济技术落后。现在我国社会制度变了，第一个原因基本解决了；但还没有彻底解决，社会还存在着阶级斗争；第二个原因也已开始有了一些改变，但要彻底改变，至少还需要几十年时间。如果不在今后几十年内，争取彻底改变我国经济和技术远远落后于帝国主义国家的状态，挨打是不可避免的。……我们应当以可能挨打为出发点来部署我们的工作，力求在一个不太长久的时间内改变我国社会经济、技术方面的落后状态，否则我们就要犯错误。"③ 在 1964 年底召开的第三届全国人民代表大会上，周恩来总理在政府工作报告中说："我们要建立一个富强的国家，实现农业现代化、工业现代化、国防现代化和科学技术现代化。"④ 从此，四个现代化建设的奋斗目标就在我国人民心目中确立起来了。

　　1978 年中国共产党十一届三中全会以后，党的中心工作转到经济建设的轨道上来，随后又逐渐形成了以经济建设为中心，坚持四项基本原则，坚持改革开放的基本路线。在这个过程中，经过邓小平同志首倡，提出了我国实现现代化的具体步骤，这就是我们大家今天都熟悉的分三步走的战略部署。这个分三步走的战略部署，正确地反映了我们这样一个经济文化落后的国家实现现代化的客观进程，意义非常重大。首先，三步走的战略

---

① 《毛泽东选集》第 5 卷，北京：人民出版社，1977 年 12 月，第 366 页。
② 参见《毛泽东年谱》第 4 卷，北京：中央文献出版社，2013 年 12 月，第 270 页。——编者注
③ 毛泽东：《把我国建设成为社会主义的现代化强国》，载《毛泽东著作选读》（下册），北京：人民出版社，1986 年 8 月，第 848～849 页。
④ 参见《中华人民共和国第三届全国人民代表大会第一次会议主要文件》，北京：人民出版社，1965 年 1 月，第 13 页。

部署把国家现代化这样一个远大的宏伟目标与 10 多亿人民群众的实际生活结合起来，先解决温饱问题，再是小康水平，再是比较富裕的生活，使现代化的目标不再是可望而不可即的抽象口号，而是人民群众实际生活的台阶，这样就大大增强了亿万群众实现这个宏伟目标的信心和力量。其次，分三步走的战略部署引入了世界上通用的人均概念，从而使实现现代化的宏伟目标阶段化、具体化了。从人均 200 多美元开始起步，经过努力达到800～1000 美元，再翻两番达到人均 3000～4000 美元，把这样一个宏大的目标具体分解到每个地区、每个人，使现代化的事业同各地区、各部门的日常工作结合起来，使基层的领导和群众都做到心中有数。最后，分三步走的战略是在总结了我国经济建设正反两方面经验的基础上提出来的，考虑到我国幅员辽阔、人口众多、经济文化相对落后的具体国情，实事求是地把原来到 20 世纪末实现四个现代化的目标具体改为实现小康社会，并提出再用 30～50 年的时间达到中等发达国家水平的设想。这样，既考虑了我国现代化发展的需要，也考虑了实现现代化的条件和可能，从战略部署上克服了我们长期存在的急于求成的思想，为我国经济社会持续、稳定、协调发展确立了指导方针。

现在，我国的温饱问题已基本解决，经济社会发展步入走向小康社会的阶段。今后的十年是分三步走战略部署的中间阶段，是一个承上启下的阶段，它既肩负着巩固和发展既有成就的重任，同时也要为到 21 世纪中叶实现现代化打下牢固的起飞基础，因而是一个更加重要的发展阶段。另外，不论是从国际上经济发展的一般规律看，还是从我国所处的国内和国际形势看，今后十年都是我国现代化过程中的一个具有决定性意义的发展时期。在这个阶段和这个时期开始的时候，正确地理解小康社会的含义，清醒地认识我们所处的历史关头，真正地了解我们在这个重要阶段的具体任务，这无疑是非常必要的。

三　小康社会是分领域、分地区逐步实现的宏伟蓝图

"小康社会"是一个整体的、综合的概念，我们已经指出，它既是经济目标，同时也是政治目标和社会目标。现在国际上划分经济发展水平和生活水平有多种标准，为各国所广泛采用的，一是世界银行按当年汇率计算人均国民生产总值的方法，二是世界粮农组织用恩格尔系数衡量消费结构和消费水平的方法。但是，这些方法都不能完全涵盖小康社会的内容，小

康社会是社会发展的一个综合目标体系，它不仅要求经济领域内部要协调发展，而且要求经济和社会两大领域也要协调发展，这既是新中国成立 40 多年来社会主义建设的经验教训总结，同时也是第二次世界大战后发展中国家在建设中的经验教训总结。

过去我们曾片面地理解两大部类生产的理论，强调生产资料的生产，忽视生活资料的生产，一直以重工业为经济建设的中心。也就是说，在工业生产中以机械生产为中心，同时又把钢铁生产作为机械生产的前提，认为只要钢铁产量上去了就可以带动整个国民经济。在这种思想的指导下，必然会忽视生活资料的生产对资金积累的意义，忽视生产和消费之间的联系，特别是忽视社会发展对经济发展的促进作用，结果是欲速则不达。这种情况一方面与苏联的模式有关，我们曾把苏联工业化的道路视为社会主义现代化的必由之路，另一方面也与国防方面的需要有关。新中国成立后，我们先后面对着朝鲜战争、台湾海峡的紧张局势、越南战争等以及超级大国的军备竞赛和霸权主义，这些都不能不使我们把主要关注点放在重工业，特别是国防工业上。1978 年以后，我们党逐步确定了以经济建设为中心，以满足人民生活基本需要为主要目标的发展战略。发展观方面也有了新的突破，1982 年 12 月，五届全国人大五次会议正式把第六个"五年计划"易名为《国民经济和社会发展计划》，加进了"社会发展"的概念。现在，经济和社会要协调发展的观念已被广大干部群众认同并接受。但问题在于，虽然社会发展从"六五"计划开始就被列为重要目标，但直到"八五"计划，社会发展这一块在指标体系和总体框架上都还不够完善，显得比较"软"，没有像经济问题研究那么具体和细致，概括得那么规范和科学。从国家制定政策所依据的统计技术看，经济发展指标体系比较完备，具有一套正规的统计程序和定期分析制度，而社会发展指标则很不完善，从而使社会发展分析难以量化。另外，从改革的进程来看，城乡管理体制、社会保障、科技教育、医疗保险、劳动就业和住房制度等方面的社会改革滞后于经济改革，以致经济改革在很多方面也难以深入。所以说，社会发展绝不是经济发展的自然结果，实现小康社会必须注意经济发展目标和社会发展目标的协调。

实际上，从追求单纯的经济增长到追求全面的社会发展，这也是大多数发展中国家走过的历程。第二次世界大战后，许多发展中国家从帝国主义的殖民统治下独立出来，他们面临的首要问题是尽快提高生产力，缓解和摆脱贫困状态，增强国家的实力。在这种情况下，多数发展中国家都确立以经济增长，更确切地说是以提高人均国民生产总值为目标的发展战略。因为一般来说，国民生产总值的提高会相应地改善人民生活水平。联合国关于第一个发展十年（1960～1970年）的报告，以及1969年应世界银行要求提出的皮尔逊发展报告和作为联合国第二个发展十年规划底本的丁伯根发展报告，都是把国民生产总值的增长作为首要目标，实行"先增长后分配"。但是，把经济增长等同于社会发展的传统发展观在战后30年的实践中遇到诸多问题，发展中国家在只要是"经济的"就是"合理的"观念指导下，资源浪费和短缺加剧，环境污染和生态破坏严重，贫富悬殊，产业结构畸形，债务有增无减，社会动荡不安，造成了"有增长而无发展"。平民教育、劳动保护、社会福利、医疗卫生、生态环境、社会公平等与人民利益息息相关的社会进步因素都被当作经济增长的代价牺牲掉了。这种结果使人们的发展观产生了深刻变化，各种"替代发展战略"也随之出现。自20世纪60年代末以来，联合国社会发展研究所（UNRISD）、经济合作与发展组织（OECD）、联合国开发计划署（UNDP）、国际劳工组织（ILO）、世界卫生组织（WHO）等国际组织都在制定更加全面的发展指标来衡量与测定社会发展和社会进步水平。

就经济发展和社会发展的关系来说，经济发展是基础和前提，这一点是无论如何不能动摇的，但经济增长本身并不等同于社会进步，经济工作本身并不是目的，它的目的是提高人民的物质文化生活水平，推动社会发展，因此，我们的决策和实际工作，必须把社会进步作为出发点和归宿。另外，社会发展不是经济发展的自然结果，在发展中必须兼顾经济与社会的协调，社会方面的问题解决好了，也会极大地推动经济发展，并为经济改革的深入创造良好的社会环境。

所谓分领域逐步实现小康社会，是指首先要搞好经济工作本身的协调，在努力保证总量平衡、产业结构优化和经济效益提高的前提下，实现人均国民生产总值翻两番的目标；其次是搞好生产与消费的平衡，努力提高人民的物质生活水平，使人民得到较多的实惠，衣、食、住、用的状况都有较大的改善，但不能搞国民收入超分配；最后要搞好经济发展与社会发展的协调，使人民在提高物质生活水平的同时，精神文化生活水平也有明显提高，使那些与人民生活密切相关的事业都有较大发展。如果仅仅是人均国民生产总值800美元或1000美元，而市政建设、社会保障、福利事业、教育、交通、邮电、医疗卫生、就业、文化事业等方面跟不上去，仍不能算是真正的小康社会。例如，按人均国内生产总值等经济指标计算，我国在 1989 年就已有 36 个城市进入小康水平。这些城市职工的平均工资为 2439元，高出全国平均水平 26%，吃、穿支出，以及彩电、冰箱普及率均大大高于全国平均水平。可是，当进入小康水平的消息在某些城市传开后，群众却议论纷纷，认为这样的"小康水平"离他们的真实感受相差较远，因为看病难、住房难、乘车难、孩子入托难等问题还未解决，有人甚至认为本市的生活水平还不如本省一些未达到人均 800 美元的地区。可见，群众对仅仅用经济指标来衡量小康社会也是无法接受的。我国的十年规划和"八五"计划中对小康社会的目标做了这样的规定："生活资料更加丰裕，消费结构趋于合理，居住条件明显改善，文化生活进一步丰富，健康水平继续提高，社会服务设施不断完善。"① 人民的健康水平、营养状况、平均寿命和识字率等生活质量指标，达到或超过中等收入国家。也就是说，只有全面地实现这些目标，才真正意味着小康社会的来临。

小康社会的实现，在时间和地区上也是逐步推进的。我国人口众多，幅员辽阔，各地区经济社会发展很不平衡，长期以来就形成了东部、中部、西部由高到低的梯度发展格局。实行改革和对外开放以后，在沿海地区先后设立了经济特区、沿海开放城市、沿海经济开发区，形成了由南到北、由东到西、由外向内逐步推进的对外开放的不同层次。这种对外开放的梯度格局与原有的经济发展梯度格局在地域上恰好吻合，因而使区域分化更加明显，沿海地区的经济发展明显快于内地。我们说，在 20 世纪实现小康社会，是就全国的总体水平而言的，具体到每个地区，则要根据不同情况，有不同的目标要求：城市和农村要有所区别，经济发展较好的地区和经济欠发展的地区要有所区别，同一地区内部不同的社区也要有所区别。

首先，那些人均国民生产总值已经达到 800～1000 美元的地区和城市，不仅要提出更高的经济目标，而且要积极实现各种社会发展目标，在提高人民收入水平和消费水平的同时，大力发展交通、邮电、教育、医疗、文化等事业，解决好计划生育、就业、社会秩序、生态保护和环境美化等方面的问题。

其次，那些尚未达到人均国民生产总值 800 美元甚至还有较大距离的地区，要在今后十年中努力达到这一目标，同时也要注意经济和社会按比例

---

① 《中华人民共和国国民经济和社会发展十年规划和第八个五年计划纲要》，《中华人民共和国第七届全国人民代表大会第四次会议文件汇编》，北京：人民出版社，1991 年 5 月，第 66 页。

协调发展，争取步入经济社会较发展地区的行列。

最后，尚未解决温饱问题的地区，要首先尽快实现温饱，摆脱贫困。到 1989 年底，在国家和省区扶持的 679 个贫困县中，农民人均纯收入达到 390.5 元，其中人均纯收入 200 元以下的县已从 1985 年的 224 个下降到 1989 年的 57 个，主要分布在云南（15 个）、贵州（13 个）和甘肃（12 个）。就是在那些人均纯收入超过 300 元、500 元甚至 800 元的地区，也仍有不同比例的人口没有完全脱贫。况且，随着物价水平的提高，贫困标准也应进行相应的调整。因此，不仅尚处于贫困状态的地区要尽快摆脱贫困，就是经济有了一定发展的地区，也仍然要把消除贫困现象作为一项重要工作来抓。

在奔向 21 世纪的过程中，我们的经济发展和社会发展只有采取这种分领域、分地区逐步推进的策略，才能保证我国到 20 世纪末在总体上实现小康社会。

四　小康社会是我国社会转型中的关键环节

在社会主义制度下从传统社会向现代社会转型是我国在目前发展阶段的一个重要特征。所谓社会转型，其核心内容就是从农业社会向工业社会转化，从乡村社会向城镇社会转化，从自然经济和产品经济的社会向有计划的商品经济的社会转化，从封闭半封闭社会向开放社会转化。对于小康社会，我们应当放在社会转型这样一个大的社会背景中来考虑，而不仅仅是把小康作为一种生活水平要达到的目标。

改革以来，人民生活水平得到普遍提高，在总体上已基本摆脱贫困，达到温饱，并正在向小康迈进。1978～1990 年，农民人均纯收入由 134 元提高到 630 元，城镇职工年平均工资由 615 元提高到 2130 元，全国城乡居民人均储蓄存款余额由 40 元提高到 615 元。[1] 全国城乡贫困户逐年减少，大多数人过上了温饱和较宽裕的生活，部分居民步入小康行列。在农村，农民人均纯收入在 200 元以下的贫困户所占比例由 1978 年的 82.6% 下降到 1989 年的 4.7%，同期 200～500 元的温饱户由 14.2% 上升为 42.0%，500元以上的宽裕户由 1981 年的 3.2% 上升为 53.4%，其中千元以上的富裕户

---

[1]　参见国家统计局编《中国统计摘要·1991》，北京：中国统计出版社，1991 年 5 月，第 40 页。——编者注

在 1989 年已占 12.9%。在城镇，人均月生活费收入在 50 元以下的低收入户所占比例已由 1981 年的 81.6% 下降到 1989 年的 4.8%，60 元以上的户由 6.5% 上升为 90.2%，其中人均月生活费收入在 100 元以上的户也由 1985 年的 6.5% 上升为 1989 年的 52.6%。[①]

这种生活上的变化，人们是看得见、摸得着、感觉得到的，但是，伴随着这种变化的还有人们不易察觉却是更加深刻、更加根本的变化，这就是结构性的变化。

第一，我国正在从农业社会向工业社会转化。从农业占国民经济的比重来看，我国在 1956 年就实现了产值结构的转换，当年农业净产值占国民收入的比重已经下降到 49.8%，到 1989 年，工业净产值占国民收入的比重达到 47.6%，农业净产值的比重进而下降到 32%。就业结构的转换也有了重要进展，第一产业的劳动者人数占社会劳动者总人数的比重从 1978 年的 70.7% 下降到 1989 年的 60.2%，但是，1985 年以后，第一产业劳动者所占比重一直在 60% 左右徘徊[②]。近几年在社会转型中取得的重要进展，得益于三个重要因素：一是农村家庭联产承包责任制的普遍实行；二是乡镇企业的发展；三是第三产业的发展。1978 年，农业总产值在农村社会总产值中的比重仍占 68.6%[③]，但到 1990 年，乡镇企业总产值达到 9500 亿元，占国民生产总值的 1/4 左右，占农村社会总产值的比重约为 60%，乡镇企业从业人员占农村社会劳动力的比重约为 23%。[④] 进入 20 世纪 80 年代，我国第三产业出现了从未有过的超过第二产业增长速度的局面，到 1989 年，第三产业产值占国民生产总值的比重由 1978 年的 23.0% 提高到 26.5%，从业人员占社会劳动者总人数的比重由 1978 年的 11.7% 上升到 17.9%，也就是说，第三产业以约 18% 的从业人员实现了 26.5% 的国民生产总值。[⑤] 当然，即使如此，我国第三产业比重仍处于较低水平。根据世界银行制定的标准，

---

① 国家统计局编《中国统计年鉴·1986》，北京：中国统计出版社，1986 年 10 月，第 673 页，第 667 页；《中国统计年鉴·1990》，北京：中国统计出版社，1990 年 8 月，第 312 页，第 296 页。

② 国家统计局编《中国统计年鉴·1990》，北京：中国统计出版社，1990 年 8 月，第 37 页，第 117 页。

③ 国家统计局农业统计司编《中国农村统计年鉴·1985》，北京：中国统计出版社，1986 年，第 11 页。

④ 参见国家统计局编《中国统计摘要·1991》，北京：中国统计出版社，1991 年 5 月，第 65 页。——编者注

⑤ 国家统计局编《中国统计年鉴·1990》，北京：中国统计出版社，1990 年 8 月，第 33 页，第 117 页。

现代化国家第三产业在国民生产总值中的比重应在 45% 以上，目前发达国家已达到 60% 以上，中等收入国家在 50% 左右，低收入国家平均也在 40% 左右。

第二，我国正在从乡村社会向城镇社会转型。城市化是现代化的重要标志之一，这不仅因为城市的聚集经济效益，而且因为城市是现代生活的综合体。随着社会发育程度的提高、经济的繁荣和社会分工的精细化，商业、交通运输、邮电通信和各种生产、生活服务设施会迅速发展，城市人口集中、规模扩大、数量增加也就成为一种必然趋势。进入 20 世纪 80 年代，我国城市化速度表现为快速推进，1952 ~ 1978 年，我国非农业人口的比重由 14.4% 提高到 15.8%，16 年仅提高了 1.4 个百分点。而从 1979 ~ 1989 年，非农业人口占总人口的比重由 16.6% 提高到 21%，11 年提高了 4.4 个百分点①。1981 ~ 1987 年是农业劳动力转移最快的 7 年，农业劳动力的年转移量达到 990 万人。据第四次全国人口普查结果，1990 年我国市镇人口占总人口的比重为 26.23%②。近十几年城市化速度的加快在很大程度上是由于镇的发展，全国五类城市（特大城市、大城市、中等城市、小城市、镇）中，镇人口增长得最快。农村改革推动了乡村非农产业的发展，而非农产业的专业化、社会化和集中化进而促进了镇的繁荣和发展。1984年，国务院颁布了调整建制镇标准和允许农民进入小城镇落户的规定，大大放宽了对建镇和"农转非"的限制，这对 1984 年以后镇和镇人口的增长影响很大。1983 年全国建制镇为 2281 个，而 1984 年一年就新建 3430 个镇，1985 年又新建 1300 个，到 1989 年底，全国建制镇已达 1.11 万个③。根据国际上的统计经验，城市人口的比重与人均收入呈正相关关系。若以 1964 年美元计算，人均收入超过 500 美元时，城市人口比重才能超过 50%，超过 700 美元之时，工业劳动力就业人数才能超过初级产品生产就业人数，而只有当人均收入水平超过 2000 美元之时，这种转换过程才能真正完成。由于我国目前的人口结构状况和历史上形成的城乡管理体制状况，我国的城市化道路还有一段非常艰难的路程。

---

① 参见国家统计局编《中国统计提要·1992》，北京：中国统计出版社第 121 ~ 122 页。——编者注

② 参见国家统计局编《中国统计年鉴·1991》，北京：中国统计出版社，1991 年 8 月，第 79 页。——编者注

③ 参见国家统计局编《中国统计年鉴·1990》，北京：中国统计出版社，1990 年 8 月，第 15 页。

第三，我国正在从一个自给半自给的自然经济和产品经济的社会向有计划的商品经济的社会转型。农村的经济转型最为引人注目，家庭联产承包责任制使农民成为相对独立的商品生产者，有了生产、交换、消费、经营的自主权。农村非农产业迅速发展，改变了农村的单一经济成分。农村改革了自 1953 年起实行的农副产品统购统销制度，实行合同定购，定额外部分价格放开，在销售方面，放开除粮、棉、油以外的绝大部分农副产品价格，并多次提高农产品的收购价格。由于开放了农村集市贸易，农村集市成交额由 1978 年的 125 亿元增加到 1989 年的 1250 亿元[①]。农业经济和农民的生活消费基本打破了自给自足的封闭状态，农副产品的商品率由 1978 年的 45.2% 提高到 1989 年的 52%，农民生活消费品的商品性比例由 1980 年的 50.4% 提高到 68.6%，[②] 其中食品消费的商品性比例由 31.1% 提高到 52.3%。农民主要是为社会生产，而不是为自身消费而生产了。在城市，经济转型集中表现在两个方面：一是改革高度集中的管理体制，对企业实行经营权和所有权两权分离；二是引入市场竞争机制，对经济实行计划指导和市场调节相结合。企业实行多种形式的经营承包制后，不再吃国家的"大锅饭"，成为具有更多经营自主权的经济实体，国家大大缩小指令性计划，除少数关系到国计民生的重要产品和劳务还实行指令性计划外，基本上实行指导性计划和市场调节。1979 ~ 1989 年，国家计委管理的工业生产指令性计划产品品种由 120 种减少到 60 种左右，国家统一分配的物资从改革之初的 256 种减少到 26 种。中央和省级指令性计划在工业生产中的比重已由 1984 年的 80% 下降到目前的 16% 左右，指导性计划比重上升到 43% 左右，市场调节的部分为 41% 左右。在改革高度集中的计划体制的基础上，逐步建立起社会主义商品经济市场体系，不仅完善了消费资料的商品市场，而且建立起初步的生产要素市场，如资金市场、原材料市场、技术市场、劳务市场、信息市场，在部分地区和城市，还建立了房地产市场和股票证券市场。到 1989 年，在整个生产的投入物品中，计划分配的部分已不足 20%，广东深圳等地不超过 5%，全国工业品出厂价中的市场价约占 44%，购进价中的市场价约占 35%。社会主义商品经济作为现代社会构成要素的主要载体，它的传播和扩展已经引起了社会各个方面的深刻变化。

---

① 国家统计局编《中国统计年鉴·1983》，北京：中国统计出版社，1983 年 10 月，第 386 页；《中国统计年鉴·1990》，北京：中国统计出版社，1990 年 8 月，第 633 页。

② 邴正、钟贤巍：《当代中国社会发展趋势与中国社会的结构转型》，《北方论丛》2004 年第 5 期，第 15 页。

第四，我国正在从封闭半封闭社会向开放社会转型。1978 年党的十一届三中全会决定实行对外开放政策，这是一个历史性的选择。经过十几年的努力，我国已经形成全方位的、多层次的、多渠道的对外开放格局。所谓全方位，是指不仅对西方发达国家开放，而且对社会主义国家、东南亚国家和第三世界国家开放；不仅在沿海开放，而且也在沿边、沿江开放。所谓多层次，是指由南到北、由东到西、由外向内地形成了四个逐步推进的开放层次，深圳、珠海、厦门、汕头和海南五个经济特区构成开放的第一个层次，大连、天津、上海、广州等 14 个沿海开放城市构成第二个层次，长江三角洲、珠江三角洲、闽南三角地区、辽东半岛、山东半岛等经济开发区以及 13 个经济技术开发区构成第三个层次，内地构成第四个层次。目前，第一、二、三层次包括上海、天津 2 个直辖市、25 个省辖市和 67 个镇，约 1.5 亿人口。所谓多渠道，是指采取了各种形式来扩大对外贸易、利用外资、引进先进技术和管理经验、开展对外劳务合作、发展国际旅游和对外交流。改革开放后至 1989 年底，实际吸收外商直接投资 189.8 亿美元，兴办外商投资企业 2 万多家，借用外国贷款 458.2 亿美元，建设民用机场、铁路、公路、港口码头、油田、电力、化工等项目 55 个。1989 年，国外来华旅游人数已达 2450.14 万人，比 1978 年的 180.92 万人增加近 13 倍。[①] 对外开放极大地促进了对外贸易，1950～1980 年的 30 年间，中国的进出口总额一般只相当于当年国民收入的 10%，但到了 1989 年，这个比例提高到 31.7%。1990 年同 1980 年相比，进出口总额由 381 亿美元增加到 1154 亿美元，其中出口总额由 181 亿美元增加到 621 亿美元。出口商品结构也有了很大变化，工业制成品出口总额的比重由 1980 年的 49.7% 上升到 1990 年的 74.5%。[②] 我国的社会开放不仅表现在对外开放，也反映在对内开放上。1978 年后，各项政策放开，劳动、就业、分配、管理等相关制度改革，促进了劳力、资金、技术、原料等各类资源的流动，资源流向也更加合理。

实现小康社会是在这样一种社会转型的大背景下再次提出的，因此对小康社会也应放在这个大背景中来考虑。我们说小康社会是实现社会转型的关键环节，是基于以下的几点认识。

其一，实现小康社会将以雄辩的事实进一步证明，我们党确定的"以

---

① 国家统计局编《中国统计年鉴·1983》，北京：中国统计出版社，1983 年 10 月，第 441 页；《中国统计年鉴·1990》，北京：中国统计出版社，1990 年 8 月，第 658 页。

② 参见国家统计局编《中国统计年鉴·1991》，北京：中国统计出版社，1991 年 8 月，第 615～616 页。

经济建设为中心，坚持四项基本原则，坚持改革开放"的路线是正确的，是符合我国国情的。在整个社会转型的过渡时期，这一路线都是指导我们建设有中国特色的社会主义社会的基本路线。

其二，实现小康社会将为我国在 21 世纪中叶达到中等发达国家的水平奠定牢固的经济社会基础，小康社会既是我们向 20 世纪告别的终点，也是在 21 个世纪朝着更宏伟的目标前进的起跑点。

其三，实现小康社会，意味着我国将在产值结构（第三产业产值和制造业产值所占的比重）、城乡结构（市镇人口所占比重）和就业结构（非农产业劳动者所占比重）这三个主要的结构方面发生更加深刻的变化，并更进一步靠近转换点，社会转型的特点将表现得更加突出。

其四，实现小康社会将为我们处理转型时期新的矛盾、冲突和问题积累丰富的经验，从而使我们在理论和实践上对中国国情和社会发展规律有更加清醒的认识，也为我们今后的发展开辟了更加广阔的道路。

党中央提出到 20 世纪末国民生产总值翻两番，实现小康社会，是一个宏伟的战略目标，落实到具体工作中，这个目标还需要进一步系统化、具体化，特别是需要量化。在本书中，我们希望通过建立小康社会的经济社会指标体系，一方面在广大干部群众中进一步确立经济社会持续、稳定、协调发展的观念，另一方面也使从事实际工作的基层领导同志更加明确实现小康社会的各项要求。

小康大讨论[*]

一 小康是什么？

总的说来，小康是温饱以上有余的一个阶段。福建晋江地区人均收入已经接近 2000 元了，还在喊着要奔小康，我说你不要这么喊了。你还要奔小康，福建其他地方怎么办呢？

小康不能光看钱数，发达地方，经济水平达到了，但社会治安一塌糊涂，我不承认它已达到小康了。挣的钱多可晚上不敢出门，这能叫小康？

要达到小康，有的地方是经济水平问题，有的地方是社会水平问题，有的地方既有经济水平问题又有社会水平问题。不同地方，要提不同的达标标准。

小康标准中的社会秩序、社会安全这一块也应有。只能乐业不能安居不能说是小康。但是像福建有个市那样，据说那里的社会治安很好，文明程度很高，但经济指标上不去，那也不是小康。

二 农村小康能如期实现吗？

关于农村小康还有多长路要走，我认为要到 2010 年才能实现。有文件提出，90% 以上的地方实现小康，就算实现了小康。我看到 2010 年，80% 以上的地方能够实现小康就不错了。

---

* 本文源自《中国农民》1995 年第 1 期，发表时间：1995 年 1 月 7 日。该文系该刊围绕全面建设小康主题组织的专家论坛的发言摘登，本文仅收录其中陆学艺发言的内容，并采用《中国农民》原文标题。——编者注

　　上海郊区和无锡那一带，电话、电视、煤气都有了，和日本差不多，住房条件比日本农民好，实际生活质量，比如吃的方面，也比他们好。但贵州、甘肃这些地方，就不行了。我们的路还很长，急急忙忙在 2000 年宣布小康，这个小康也是靠不住的。

三　哪些事情妨碍我们奔小康？

　　现在说东西两边相差 100 年可能一点也不夸张。地区差别，说到底是工农差别。关键问题是城市倾向太厉害。中央文件讲保证有效供给，增加农民收入。保证有效供给，农民做到了，要菜给菜，要粮食给粮食，要棉花给棉花。但增加农民收入呢？市场大米涨到 1.4 元/斤、1.5 元/斤，定购价却是 0.54 元/斤，非按照这个价卖不可，保护价成了欺负农民的价格。

四　我们有什么办法加速小康进程？

　　增加农民收入，就得把农民转移出来，不要听到农民进城就头皮发麻，将来农村也要吃商品粮。

　　要实现小康，一是分地区解决问题，二是整个发展战略要向农村倾斜。反哺时间到了，吃农民已吃了 40 多年，城里人得让步了。

　　8000 万贫困人口所在地区要解决的是温饱问题。小康工作重点应该在中部、中等发达地区，即欠发达地区，这里的经济、社会发展都要抓。城市 3 亿人，除社会治安不好以外，其他如教育等都基本达到小康标准了。发达地区 2 亿人也没问题，只需注意社会治安、社会秩序。中部地区有 5 亿人口，要花大力气把工作做在这些人上面。

全面建设小康社会与社会全面进步[*]

一 "小康"从概念到社会理想

"小康"一词最早见于《诗经·大雅·民劳篇》:"民亦劳止,汔可小康。"据《尔雅·释诂》说:"康,安也。"这就是说,要轻徭薄赋,与民休息,让百姓能够过上小安康乐的日子。在这里,"小康"是一个名词、一个概念。

到了战国初期,一部分儒家学者,逐渐把"小康"这个名词加以演绎,阐述成为一种社会理想。西汉初,学者戴圣把前代儒家学者的学术论著编纂成《礼记》一书,其中的《礼运篇》描述了这个社会理想:"大道之行也,天下为公。选贤与能,讲信修睦。故人不独亲其亲,不独子其子,使老有所终,壮有所用,幼有所长,矜寡孤独废疾者,皆有所养。男有分,女有归。货恶其弃于地也,不必藏于己;力恶其不出于身也,不必为己。是故,谋闭而不兴,盗窃乱贼而不作,故外户而不闭,是谓大同。"又说:"今大道既隐,天下为家,各亲其亲,各子其子,货力为己,大人世及以为礼。城郭沟池以为固,礼义以为纪;以正君臣,以笃父子,以睦兄弟,以和夫妇,以设制度,以立田里,以贤勇知,以功为己。故谋用是作,而兵由此起。禹汤文武成王周公,由此其选也。此六君子者,未有不谨于礼者也。以著其义,以考其信,著有过,刑仁讲让,示民有常。如有不由此者,

---

* 本文原载《北京工业大学学报》(社会科学版) 2003 年第 1 期,发表时间为 2003 年 3 月 30 日,原稿写于 2002 年 12 月。该文收录于《"三农"新论——当前中国农业、农村、农民问题研究》(陆学艺著,北京:社会科学文献出版社,2005 年 5 月)。——编者注

在埶者去，众以为殃，是谓小康。"①

在这里，儒家学者把"大同"和"小康"诠释成为两种社会状态，并从历史循环论的观点出发，把"大同"社会描述成为最高理想社会，而"小康"社会是以天下为家，靠礼仪关系维持的社会。他们认为禹、汤、文、武、成王、周公之治，虽然政教修明，讲礼讲信，但仍不及三皇五帝时代的大同社会，所以只能称"小康"。

汉代以后，儒家思想几兴几衰，但总是封建社会统治思想的主流。唐、宋以后，实行科举制，把儒家学派的论述作为经典著作，后来定为"四书五经"，实际上成了科考制的必读书。《礼记》是其中的一经，所以关于大同和小康的社会理想，一直传了下来。另一方面，儒家关于大同、小康社会理想的观点、概念逐渐传到民间为群众所掌握。并且，这个小康社会的设想，逐渐演变为对温饱有余的生活状态的描述概念，在民间广为传播，成为许多人憧憬的、能够实现的理想生活状态。

长期以来，在民间，把在经济上薄有资财、不愁温饱、可以安然度日的家庭称为小康之家，既区别于家财万贯的富庶之家，也区别于贫困拮据、不得温饱的穷苦家庭。直到近现代，"小康"这个概念是群众十分熟悉、十分通俗常用的习惯用语。

历史上，政治家、思想家则常常把这个群众熟悉的小康概念作为社会理想来宣传。近代的康有为在《春秋董氏学》中说："三世为孔子非常大义，……乱世者，文教未明也；升平者，渐有文教，小康也；太平者，大同之世，……文教全备也。……此为《春秋》第一大义。"② 小康在这里，被康有为说成是介于据乱世和太平世之间的过渡的社会状态。不过，康有为是接受了西方传入的进化论的，所以，他认为社会是由据乱世进到升平世（小康），再由升平世进到最高理想境界的太平世（大同）。在这里，康有为认为，由小康社会向大同社会是发展，是进步，而不再是原来儒家学派在《礼运篇》里说的是复古，要回到古代去。但是康有为在这里讲到小康，是为了托古改制，宣传他接受了的进化论思想，是用来说事的。毛泽东在《论人民民主专政》一文中说："经过人民共和国到达社会主义和共产主义，到达阶级的消灭和世界的大同。康有为写了《大同书》，他没有也不

---

① 参见王梦鸥注译《礼记今注今译》（上册），天津：天津古籍出版社，1987年10月，第290页。

② 康有为：《春秋董氏学》，楼宇烈整理，北京：中华书局，1990年7月，第28～29页。

可能找到一条到达大同的路。"①

二 小康社会由理想成为现实

小康社会的理想，是古代思想家提出来的，2000 多年来为许多仁人志士所憧憬，尤其是为千千万万处于贫苦状态的广大群众所追求。但是，真正使小康社会的理想成为现实，则是在中国共产党领导中国人民推翻三座大山成立了中华人民共和国之后，特别是在党的十一届三中全会决定实行改革开放以后，经过 20 多年，党领导全国人民一心一意搞经济建设，实行了一系列的改革后才逐步实现的。

从 1949 年中华人民共和国成立到 1978 年，我国虽然进行了大规模的经济建设，取得了很大成绩，但一是因为我国底子太薄，人口太多，基础太差，二是因为我们自己没有经验，当初学的苏联计划经济那一套体制不灵，而且摇摆，没有专心搞建设，所以直到 1978 年，人均 GDP 只有 376.5 元②（合 242.9 美元），人均产粮食 316.6 公斤。农村人口 79014 万人，占总人口的 82.08%，③ 其中有 2.5 亿贫困人口。据国家统计局推算，1978 年城市人口的恩格尔系数为 57.5%，农村为 67.7%。④ 按国际标准，1978 年我们的城市刚刚达到温饱线，而整个农村则都在绝对贫困线以下。"文化大革命"使经济到了崩溃的边缘，10 亿人口，8 亿人种田还不得温饱，工农业产品短缺，粮食靠进口弥补。

党的十一届三中全会确立了以邓小平为核心的领导集体和解放思想、实事求是的思想路线，提出了把中心工作转移到经济建设的轨道上。邓小平同志是解放思想的典范，也是实事求是的典范。早在 20 世纪 60 年代中期，有关方面就提出了要在 20 世纪末实现工业、农业、国防、科技现代化。到 20 世纪末，实现四个现代化的伟大目标，是全国亿万人民企盼的理想，在当时起到了激励鼓舞人心和动员群众艰苦奋斗的重大作用，但是实际是做不到的。邓小平同志看到了这点，并以他政治家的政治艺术，采取了循

① 《毛泽东著作选读》（下册），北京：人民出版社，1986 年 8 月，第 678 页。
② 国家统计局国民经济综合统计司编《新中国五十年统计资料汇编》，北京：中国统计出版社，1999 年 11 月，第 1、3 页。
③ 国家统计局编《中国统计年鉴·1983》，北京：中国统计出版社，1983 年 10 月，第 103～104、158 页。
④ 国家统计局编《中国统计年鉴·2002》，北京：中国统计出版社，2002 年 9 月，第 320 页。

序渐进的方式，逐步地把这个奋斗目标调整过来，从而形成了新的说法，也就是后来的"三步走"的现代化战略目标。

1979年3月，邓小平同志指出："现在搞建设，也要适合中国情况，走出一条中国式的现代化道路。"① 同年12月，小平同志在接见日本首相大平正芳时说："我们要实现的四个现代化，是中国式的四个现代化。我们的四个现代化的概念，不是像你们那样的现代化的概念，而是'小康之家'。到本世纪末，中国的四个现代化即使达到了某种目标，……比如国民生产总值人均一千美元，也还得付出很大的努力。就算达到那样的水平，……也还是落后的。……也还是一个小康的状态。"② 小康这个目标就这样提出来了，并在不久广为传播。邓小平同志把建设现代化的目标，用中国古代思想家提出来的、广大群众喜闻乐见的"小康之家"来表述，这就容易为干部和群众所理解和接受，成为激励人民团结奋斗的精神力量。这本身就是中国特色。

1982年，党的十二大把小康列入经济建设目标，确定："从一九八一年到本世纪末的二十年，我国经济建设总的奋斗目标是，在不断提高经济效益的前提下，力争使全国工农业的年总产值翻两番……。实现了这个目标，……城乡人民的收入将成倍增长，人民的物质文化生活可以达到小康水平。"③

1984年6月，邓小平同志同日本客人谈话时指出："我们提出四个现代化的最低的目标，是到本世纪末达到小康社会。这是一九七九年十二月日本前首相大平正芳来访时我同他首次谈到的。所谓小康，从国民生产总值来说，就是年人均达到八百美元。这同你们相比还是低水平的，但对我们来说是雄心壮志。中国有十亿人口，到那时候十二亿人口，国民生产总值可达到一万亿美元。如果按资本主义的分配方法，绝大多数人还摆脱不了贫穷落后状态，按社会主义的分配原则，就可以使全国人民普遍过上小康生活。这就是我们为什么要坚持社会主义的道理。不坚持社会主义，中国的小康社会形成不了。"④ 在这里，邓小平同志已经正式提出小康社会这个目标了。已经不仅是要达到人均800美元的经济目标，而且是讲要坚持社会主义，要坚持按社会主义分配原则，使全国人民普遍过上小康生活，要形

---

① 《邓小平文选》第2卷，北京：人民出版社，1994年10月，第163页。
② 《邓小平文选》第2卷，北京：人民出版社，1994年10月，第237页。
③ 《全面开创社会主义现代化建设的新局面》（1982年9月1日），载《中国共产党第十二次全国代表大会文件汇编》，北京：人民出版社，1982年9月，第15页。
④ 《邓小平文选》第3卷，北京：人民出版社，1993年10月，第64页。

成小康社会，实现小康社会的目标。

以后，邓小平同志又多次讲到"翻两番"、人均GDP达到800美元、人民生活达到小康水平等问题。总的是逐步把小康社会，作为到2000年要实现的政治、经济和社会发展的奋斗目标。后来就逐渐形成了我国社会主义现代化建设"三步走"的战略部署。1985年9月，邓小平同志在中国共产党全国代表会议上的讲话中说："现在人们说中国发生了明显的变化。我对一些外宾说，这只是小变化。翻两番，达到小康水平，可以说是中变化。到下世纪中叶，能够接近世界发达国家的水平，那才是大变化。到那时，社会主义中国的分量和作用就不同了，我们就可以对人类有较大的贡献。"①

1987年4月16日，邓小平同志会见香港特别行政区基本法起草委员会委员时说："到本世纪末，中国人均国民生产总值将达到八百至一千美元，看来一千美元是有希望的。世界上一百几十个国家，那时我们恐怕还是在五十名以下的吧，但是我们国家的力量就不同了。那时人口是十二亿至十二亿五千万，国民生产总值就是一万至一万二千亿美元了。我们社会主义制度是以公有制为基础的，是共同富裕，那时候我们叫小康社会，是人民生活普遍提高的小康社会。更重要的是，有了这个基础，再过五十年，再翻两番，达到人均四千美元的水平，在世界上虽然还是几十名以下，但是中国是个中等发达的国家了。"② 至此，关于中国社会主义现代化建设的三步走战略，已经明确表述了。

1987年10月，中国共产党第十三次全国代表大会政治报告明确指出："党的十一届三中全会以后，我国经济建设的战略部署大体分三步走。第一步，实现国民生产总值比一九八〇年翻一番，解决人民的温饱问题。这个任务已经基本实现。第二步，到本世纪末，使国民生产总值再增长一倍，人民生活达到小康水平。第三步，到下个世纪中叶，人均国民生产总值达到中等发达国家水平，人民生活比较富裕，基本实现现代化。"③

邓小平同志是中国改革开放的总设计师，他根据中国的基本国情，提出在20世纪末实现小康社会，把全国人民的奋斗目标落到实处。与此同时，他也描绘了中国社会主义现代化建设的蓝图，这就是大家所熟知的三步走的战略目标。

---

① 《邓小平文选》第3卷，北京：人民出版社，1993年10月，第143页。

② 《邓小平文选》第3卷，北京：人民出版社，1993年10月，第215~216页。

③ 中共中央文献研究室编《十三大以来重要文献选编（上）》，北京：人民出版社，1991年10月，第16页。

20 多年来，中国人民在中国共产党的领导下，经过艰苦奋斗，到 2000 年，国内生产总值达到 89403.6 亿元，折合 10810.6 亿美元，比 1978 年的 2338 亿美元增长 3.62 倍，翻了两番还多。人均国内生产总值达到 7081 元，折合 856 美元，比 1978 年的 242.9 美元，增长 2.52 倍，接近翻两番。[①] 为什么没有实现？这有两方面原因：一是 1978 年全国总人口是 96259 万人，2000 年为 126743 万人[②]，增加 30484 万人，比 1978 年增长 31.67%，人口基数扩大，影响了人均增长；二是汇率方面的原因，1978 年，1 美元兑换 1.55 元人民币，2000 年，1 美元兑换 8.27 元人民币[③]。总的来说，邓小平同志提出的 2000 年实现小康社会的目标已经实现。在 2000 多年前，由古代学者提出的社会理想，到 2000 年终于变成了现实，这是举世公认的。国际上有些学者和机构对我国现代化建设的评价比我们高。例如，国际货币基金组织用购买力平价计算法算出，1996 年我国 GDP 已经达到 3.88 万亿美元，人均 GDP 已经达到 3170 美元。我国政界和学者多数认为，这是高估了。但我国这 20 多年的现代化建设，确实取得了辉煌的伟大成就，已经实现了小康社会的目标是不争的事实。

三 从低水平小康到全面建设小康社会

党的十一届三中全会以来，中国人民在中国共产党领导下，改革开放，社会稳定，政通人和，经济持续健康发展，保持了 20 多年的长期繁荣，综合国力有了极大的提高，经济总量已由世界排名第 13 位，上升到第 6 位。世界对中国刮目相看，改变了国际舆论对中国的看法。经济建设的成就惠及 10 多亿人民，使全国人民的生活水平有了极大提高，总体上达到小康生活水平。

既然已经实现了预定目标，总体上达到了小康水平，为什么党的十六大还要提今后 20 年的奋斗目标是全面建设小康社会？全面建设小康社会同实现社会主义现代化的目标是什么关系？

第一，这是党中央经过反复论证，深思熟虑而做出的今后 20 年的战略部署。前 20 年我们取得了辉煌的成就，使我国的经济社会发展到了一个新

---

① 国家统计局编《中国统计摘要·2002》，北京：中国统计出版社，2002 年 5 月，第 14 ~ 15 页。

② 国家统计局编《中国统计摘要·2002》，北京：中国统计出版社，2002 年 5 月，第 35 页。

③ 国家统计局编《中国统计摘要·2002》，北京：中国统计出版社，2002 年 5 月，第 149 页。

的历史阶段，从原来的计划经济体制，转到基本建立起了社会主义市场经济体制，告别了短缺经济的困境，由卖方市场转变为买方市场，综合国力空前增强。但我们仍处于社会主义初级阶段，相对而言，我国生产力和科技、教育还比较落后，实现工业化和现代化还有很长的路要走，城乡二元社会结构还没有改变，地区差距扩大的趋势尚未扭转，贫困人口还为数不少，经济体制改革、民主法制建设和思想道德建设等方面还存在一些不容忽视的问题。

在这样重大的历史关头，党中央从基本国情出发，从面临的有利和不利并存的国际环境出发，实事求是地确定了今后20年全面建设小康社会的目标，这既符合广大干部群众的愿望，又符合经济社会发展的客观实际。

第二，现在实现的小康，还只是人民生活总体上达到小康水平。正如十六大报告明确指出的，"现在达到的小康还是低水平的、不全面的、发展很不平衡的小康"①，要实现更高水平的全面的小康社会，还有很长的路要走。

所谓低水平，也就是修改后的《党章》论述的"初步达到的小康水平"。② 2001年我国人均GDP为7543元（折合912美元）③。2001年，全国城镇居民人均可支配收入6859.6元，月均571.6元（折合69美元），恩格尔系数为37.94%。2001年，农民年人均纯收入2366.4元，月均197.2元（折合23.8美元），恩格尔系数为47.71%④。一般来说，恩格尔系数高于60%以上为贫困和绝对贫困，50%～60%为温饱，40%～50%为小康，30%～40%为富裕，30%以下为最富裕。用恩格尔系数来衡量，我国城镇居民已经实现了小康，初步进入富裕，但占总人口62.3%的农民则刚刚进入小康的门槛。而且，至今还有3000多万贫困农民，连温饱都没有解决。城市也有2000多万人口的收入在最低生活保障线以下，还有约1000万的下岗失业人员。所以说现在达到的小康还是低水平的，这是恰如其分的。

所谓不全面，是指要实现小康社会，不仅要实现经济目标，还要实现政治目标和社会目标。就已经初步实现的经济目标说，也还是不全面的。拿人民的物质生活来说，衣食问题解决了，但住（房）与行的问题还没完

---

① 《中国共产党第十六次全国代表大会文件汇编》，北京：人民出版社，2002年11月，第17～18页。

② 指2002年11月14日党的十六大通过的部分修改的《中国共产党章程》，载《中国共产党第十六次全国代表大会文件汇编》，北京：人民出版社，2002年11月，第60页。

③ 国家统计局编，《中国统计年鉴·2002》，北京：中国统计出版社，2002年9月，第51页。

④ 国家统计局编，《中国统计摘要·2002》，北京：中国统计出版社，2002年5月，第91页。

全解决。2000 年城镇居民的住房，人均使用面积为 14.9 平方米，[1] 比原来有了极大的改善，但许多居民住房还有很大困难，特别是在一部分大城市、特大城市里，住房困难户还很多，还有很多人住在危房里。农村的住房面积很大，但质量多数不行，还有很多人住在土房、草房和窑洞里。交通方面，这 20 年进行了大规模建设，绝大多数乡、村都通了公路，高等级公路也建了很多，高速公路已超过 2 万公里，成绩很大。但要建成现代交通网，还有很多工作要做。交通工具也还不行，北京有 800 万辆自行车，家用轿车还不到 10%，而这已经是全国城市里轿车占有量最高的了。

党的十六大报告指出："发展社会主义民主政治，建设社会主义政治文明，是全面建设小康社会的重要目标。"在政治方面，就是要使"社会主义民主更加完善，社会主义法制更加完备，依法治国基本方略得到全面落实，人民的政治、经济和文化权益得到切实尊重和保障。基层民主更加健全，社会秩序良好，人民安居乐业"[2]。在这方面还有很多工作要做。

在社会目标方面，20 年来我国社会全面进步，但与经济建设的成就相比较，则稍逊一筹，而且与经济发展还不相适应，没有做到经济社会协调发展。首先是社会结构不合理。经济结构变化了，社会结构没有相应调整，表现在城乡结构不合理，城市化严重滞后于工业化。其次是社会事业没有随着经济发展得到相应的发展。最后，社会事业的管理体制还没有像企业单位那样按社会主义市场经济体制的要求进行改革，许多事业单位现在仍然是"大锅饭"体制。所以说 2000 年达到的小康，还是不全面的，很不平衡的。这里的"很"字十分贴切。中国原来是个一穷二白、发展很不平衡的大国，经过 1953 年以后的四个五年计划的建设，特别是经过"一化三改"（国家工业化，对私营工商业、个体手工业和农业的改造），全国实行计划经济体制，在城镇实行全民所有制和集体所有制，在农村实行农业合作化，1958 年以后是人民公社化，实行按劳分配，对干部实行 25 级工资制，对工人实行 8 级工资制，对农民社员实行按工分分配，其结果形成了平均主义吃大锅饭的格局。

改革开放以来，实行以按劳分配为主体、多种分配方式并存的分配制度。先是提出让一部分地区、一部分人先富起来，后来又提出"效率优先，

---

① 国家统计局编《中国统计摘要·2002》，北京：中国统计出版社，2002 年 5 月，第 90 页。
② 《中国共产党第十六次全国代表大会文件汇编》，北京：人民出版社，2002 年 11 月，第 19、30 页。

兼顾公平"的原则。好处是改变了平均主义的状况，确实使一部分地区、一部分人先富起来了。问题是在新形势下形成了城乡差距、地区差距、行业差距、单位差距和人与人之间差距的扩大。有一定的差距是必然的，理所应当的，但问题是差距过大，而且有越来越大的趋势，这就带来了一系列的经济和社会问题。

党的十六大报告指出，在现阶段，我国的"城乡二元经济结构还没有改变，地区差距扩大的趋势尚未扭转"。所以要在优化结构和提高效益的基础上，发展经济，使"城镇人口的比重较大幅度提高，工农差别、城乡差别和地区差别扩大的趋势逐步扭转。社会保障体系比较健全，社会就业比较充分，家庭财产普遍增加，人民过上更加富足的生活"①。这里讲的三个差别扩大的趋势，也就是很不平衡的表现。在这三个差别中，城乡差别是主要问题。因为所谓工农差别也就是城乡差别，地区差别本质也是城乡差别。现在的地区差别，东部沿海与中、西部的差别，就城市的发展来说，这些年中、西部的省会城市、地级市的发展，多数都很快，变化很大。统计资料表明，这些城市所辖的农村，城乡之间的差距比全国城乡差距的平均值要大，有的还大很多。所以就目前的国情来说，城乡差别、城乡关系不协调、城乡发展很不平衡是亟须解决的主要矛盾。

从国际上现代化国家发展的经验来看，其初期城乡差别也很大。通过国家调控，工业反哺农业、城市反哺农村，这种差距逐步缩小，逐步实现城乡一体化。就城乡居民的收入来看，一般调整到1.5∶1左右，城乡关系就比较协调了。我国不是这样，1978年城镇居民的人均可支配收入为316元，农民的人均纯收入为133.6元，城乡差距是2.36∶1，1984年缩小为1.86∶1，1985年以后反弹，1990年扩大为2.2∶1，1995年扩大为2.72∶1，2000年为2.79∶1，2001年为2.9∶1。② 据国家统计局副局长邱晓华解释："事实上农民年人均纯收入并不纯，其中要减去用于生产的投资，减去要交的各种负担，而城市居民的可支配收入中，还要加上农民没有的社会保障，住房补贴，……这一减一增，城乡居民收入差别不是3∶1而是5∶1到6∶1。"

---

① 《中国共产党第十六次全国代表大会文件汇编》，北京：人民出版社，2002年11月，第18、19页。

② 国家统计局编《中国统计年鉴·1985》，北京：中国统计出版社，1985年10月，第551页；国家统计局编《中国统计年鉴·2002》，北京：中国统计出版社，2002年9月，第320页。

城乡差距的问题有三个方面。第一，上述收入水平只是全国的平均数，事实上就 8 亿农民来说，农民内部的差距也很大。2001 年，全国农民人均纯收入是 2366.4 元[①]，其中年纯收入 500 元以下的占 2.51%（2344 万人），500～1000 元的占 10.71%（1 亿人），1000～1500 元的占 17%（1.5875 亿人），1500～2000 元的占 17.33%（1.6183 亿人），也就是说年纯收入在 2000 元以下的占 47.55%，有 4.4404 亿人。[②] 第二，1997 年以后，城乡差距逐年扩大的趋势还没有得到抑制，2002 年已超过 3∶1。第三，根据国际经验，城乡差距不能超过 1.5∶1，否则就会出现城乡关系不协调、社会不稳定，我国已经是 3∶1 至 6∶1，这是个很不好的信号，也就是说，现在达到的小康确实还很不平衡，这也是亟须解决的隐忧所在。

四　全面建设小康社会的历史任务

党的十六大系统分析了改革开放以来我国所取得的伟大成就，同时也分析了目前在各方面还存在的一些问题，由此提出今后的发展目标："我们要在本世纪头二十年，集中力量，全面建设惠及十几亿人口的更高水平的小康社会，使经济更加发展、民主更加健全、科教更加进步、文化更加繁荣、社会更加和谐、人民生活更加殷实。这是实现现代化建设第三步战略目标必经的承上启下的发展阶段，也是完善社会主义市场经济体制和扩大对外开放的关键阶段。经过这个阶段建设，再继续奋斗几十年，到本世纪中叶基本实现现代化，把我国建成富强民主文明的社会主义国家。"[③]

经过 20 多年的改革开放和建设，中国已经实现了邓小平同志关于现代化建设三步走的战略部署的第二步，进入了一个新的经济社会发展阶段。在这样一个重大的历史关头，党的十六大提出了全面建设小康社会的奋斗目标，这是根据国内外的形势要求作出的战略决策，适合国情，符合民意，为全国人民指明了新世纪头 20 年前进的方向，并且提出了经过努力能够实现的历史任务。

江泽民同志在党的十六大报告中指出的全面建设小康社会六个方面的

---

① 国家统计局编《中国统计年鉴·2002》，北京：中国统计出版社，2002 年 9 月，第 343 页。

② 国家统计局编《中国统计年鉴·2002》，北京：中国统计出版社，2002 年 9 月，第 343、383 页。

③ 《中国共产党第十六次全国代表大会文件汇编》，北京：人民出版社，2002 年 11 月，第 18 页。

任务，第一条是经济方面的，第二条是政治体制方面的，后面四条都是社会方面的。

根据目前我国的基本国情，从各方面的分析来看，今后 20 年要实现全面建设小康社会的历史任务，其要点是经济发展，重点是解决农业、农村、农民问题，难点在社会结构的调整、社会事业的发展和社会全面进步。

（一）全面建设小康社会的要点在经济发展

党的十六大指出："全面建设小康社会，最根本的是坚持以经济建设为中心，不断解放和发展社会生产力。"[①] 从 1978 年到 2001 年，我国的 GNP 从 3624.1 亿元，增长到 94346.4 亿元。[②] 按可比价格计算，平均年增长 9.5%，这是全世界最快的，综合国力有了极大的提高。如按人均计算，2001 年也只有 894 美元，而 2000 年世界中等收入国家人均 2039 美元，高收入国家为 27443 美元，世界平均为 5199 美元。根据世界排名，中国在 80 位以后，只有发达国家的几十分之一，相距甚远。所以，今后仍要坚持以经济建设为中心不动摇，保持国民经济持续、快速、健康发展，这是全面建设小康社会的基本保证。只有社会生产力发展了，经济持续增长，才能使国力不断增强，才能不断改善人民的物质文化生活，才能不断增强民族的自信心和凝聚力。经济发展是全面建设小康社会的物质基础，要力争到 2020 年比 2000 年再翻两番，GDP 总量达到 4 万亿美元，人均达到 3000 美元，这就要求今后 20 年年均增长速度保持在 7.2% 左右。

这个经济目标是宏伟的、鼓舞人心的，实现它还要克服很多困难。但中国已经有了坚实的经济基础，初步建立了社会主义市场经济体制，经过努力，有条件实现这个经济目标。

首先，中国已经进行了计划经济体制的改革，初步建立了社会主义市场经济体制，这就为经济的持续发展提供了制度性的保证。过去，长期实行计划经济体制，实行改革开放首先是对计划经济体制的突破。1992 年提出建立社会主义市场经济体制，不久又提出实现由计划经济向社会主义市场经济体制转变，之后，生产力就像冲破了桎梏，迅速地发展起来，物质财富大量涌现，很快由卖方市场转变为买方市场，绝大多数工农业产品由

---

① 《中国共产党第十六次全国代表大会文件汇编》，北京：人民出版社，2002 年 11 月，第 18 ~ 19 页。

② 国家统计局编《中国统计年鉴·2002》，北京：中国统计出版社，2002 年 9 月，第 51 页。

长期短缺变为供过于求，这是出乎许多人意料的。社会主义市场经济体制的神奇力量逐渐为人所认识。所以，只要今后继续深化改革，真正实现从计划经济体制向社会主义市场经济体制的转变，并且使之逐步完善起来，经济的发展就是有保证的。

其次，经过长期的经济建设，我们已经有了雄厚的物质、技术基础，过去长期制约经济发展的交通、通信、能源等"瓶颈"已经得到基本解决，过去想做而做不到的一些大规模的建设项目现在有条件做了。

再次，我国目前的城乡差距、地区差距还很大，人民的生活水平还仅仅是总体上达到小康，还有很多事情要做。差距就是潜力，12 亿多人口是个巨大的市场，拥有巨大的市场潜力，这是经济持续发展增长的空间。只要调整好体制，一些制度性的障碍通过深化改革克服了，市场的容量还大得很。社会的巨大需求，正是经济发展的最好条件。

最后，从国际形势看，中国目前所处的外部环境比较好。虽然世界仍不太平，但和平与发展仍是时代的主题。中国要抓住这个极其重要的战略机遇期，加快发展自己。中国已加入了 WTO，要善于适应国际交往的游戏规则，趋利避害，为我所用，更好地使我国的经济成长和发展起来。

（二）全面建设小康的重点在农村

邓小平同志指出，"没有农民的小康，就没有全国的小康"[①]。江泽民同志多次说过，"没有农村的稳定和全面进步，就不可能有整个社会的稳定和全面进步；没有农村的稳定，就不可能有我国整个社会的稳定；没有农民的小康，就不可能有全国人民的小康"[②]。为什么这样说？道理是很明白的，直到现在，中国农民仍占总人口的绝大多数。2002 年的《中国统计摘要》显示：2001 年中国的总人口是 127627 万人，其中乡村人口 79563 万人，占62.3% 。但在同一本书中，2001 年中国有 40161 个乡镇，709257 个行政村，24432 万户，乡村总人口为 93383 万人，占总人口的 73.2% ，[③] 相差 13820万人。原因是前者把人口分为城镇人口和乡村人口，在城镇人口中，按2000 年统计指标方法调整，把在城镇居住超过半年以上的农业人口（其中

---

① 国家宗教事务局组编，张新、陈先奎主编《建设有中国特色社会主义理论》，北京：宗教文化出版社，2001 年 7 月，第 291 页。

② 《江泽民就农业问题发表重要讲话》，《人民日报》1992 年 12 月 28 日，第 1 版。

③ 国家统计局编《中国统计摘要·2002》，北京：中国统计出版社，2002 年 5 月，第 35、102 页。

绝大部分是农民工）也统计为城镇人口了。实际上这部分农业人口，他们的家在农村，承包有土地，房产在农村，税费负担也主要在农村，生活方式也还基本是农民的生活方式，本质上还是农民。所以，目前还有9亿多农民，占全国人口的绝大部分，这仍是我国的基本国情。

当前农业、农村、农民的基本形势是，农业问题解决得比较好，农产品供给充裕，满足了城乡人民对于农产品的需求和国民经济发展的需要，但是农村问题、农民问题仍未解决。

一是农民太多。中国的工业化已到了中期阶段，在三次产业结构中，2001年第一产业只占15.3%（第二产业占51.1%，第三产业占33.6%）①，但从事第一产业的劳动力占全国从业人员的50%②，农村人口占62.3%（农民占73.2%）。这显然是不合理的。

二是农民太穷。2001年，农民人均纯收入为2366.4元，比1990年的686.3元，扣除物价因素，年均增长4.1%。应该说，总的情况还是好的。但与整个经济增长的成果相比，特别是与城镇居民的收入相比较，就有问题了。2001年城镇居民人均可支配收入为6859.6元，而1990年为1510.2元，③ 扣除物价因素，年均增长5.4%。平均每年增长速度比农民高1.3个百分点。特别是在1997年以后，城镇居民的可支配收入平均年增长7.4%，而农民人均纯收入平均年增长3.1%，相差4.3个百分点。更有甚者，1997年以后，约62%的以务农为主的农民纯收入不是增加而是减少的。所以这几年农村产生了购买力萎缩等经济和社会问题。

三是城乡差距扩大。改革开放以来，从1979年到1984年，城乡差距是缩小的，但自1985年以后开始反弹，1997年以后扩大的速度加快，现在这个趋势还未得到遏止。这种状况，在二战以后各国工业化现代化过程中，几乎可以说是绝无仅有的。城乡差距扩大，不仅表现在城乡居民收入的差距扩大，而且在经济、社会、文化、教育、科技、卫生、社会保障、环境等各个方面的差距都在扩大。有学者指出：现在是繁荣的城市与落后的农村并存，一方面城市是越来越好，另一方面农村则是停滞不前，困难重重，这种状况是不可持续的。

2002年12月26日，中央政治局召开会议，讨论农业和农村工作。"会

① 国家统计局编《中国统计年鉴·2002》，北京：中国统计出版社，2002年9月，第52页。
② 国家统计局编《中国统计年鉴·2002》，北京：中国统计出版社，2002年9月，第117页。
③ 国家统计局编《中国统计年鉴·2002》，北京：中国统计出版社，2002年9月，第320页。

议强调，全面建设小康社会，加快推进社会主义现代化，必须统筹城乡经济社会发展，更多地关注农村，关心农民，支持农业，把农业、农村、农民问题作为全党工作的重中之重，放在更加突出的位置，努力开创农业和农村工作的新局面。"① 这是落实贯彻党的十六大精神的决定，十分重要，也十分及时。是到了要优先解决"三农"问题的时候了，这不仅在于农村已积累了一些重大问题亟须解决，而且农村、农民问题解决好了，占绝大多数人口的农民真的增收了，农村市场就会活跃起来，也有利于推动整个国民经济持续、快速、健康地发展。

党的十六大报告为解决"三农"问题提出了新思路，明确了方向。报告指出："全面繁荣农村经济，加快城镇化进程。统筹城乡经济社会发展，建设现代农业，发展农村经济，增加农民收入，是全面建设小康社会的重大任务。"②

1. 统筹城乡经济社会发展

这是个新提法、新思路，很有针对性。20世纪50年代中期以后，在计划经济体制条件下，我国对城市、城市居民实行一种政策，对农村、农民实行另一种政策。长期实行这种"一国两策"的结果，形成了中国特有的二元经济结构、二元社会结构，城乡不能交融，城乡差距很大，实际形成了城乡两个市场、两个社会，由此引发了一系列的经济社会问题。改革开放以来，由于像户籍制度等体制性障碍没有改革，所以城乡差别扩大的趋势还在继续。最近四五年来，东部沿海的大中城市发展很快，但农村，尤其是中西部农村还相当落后，形成了鲜明的对比。要通过深化改革，统筹城乡经济社会发展，逐步消除计划经济体制下形成的体制和政策障碍，打破城乡二元结构，按照社会主义市场经济发展的规律，加快对户口、住房、就业、教育、医疗和社会保障等方面的改革，促进农村经济社会的全面发展，实现城乡一体化。

2. 加快城镇化进程

这是十六大报告提出解决"三农"问题的一项战略性决策。江泽民同志在政治报告中就如何解决"三农"问题讲了三段话，540个字，其中200多字是讲加快城镇化问题的，可见分量之重。中国社会现在面临的一个主

---

① 《中共中央政治局召开会议研究农业和农村工作》，《人民日报》2002年12月27日，第1版。

② 《中国共产党第十六次全国代表大会文件汇编》，北京：人民出版社，2002年11月，第22页。

要矛盾是城乡关系失衡，城市化严重滞后于工业化。2001 年我国的 GDP 中，第二、第三产业创造的价值占 85%，工业发展已到了中期阶段，但城市化率还处在初级阶段。要通过改革，使城市向农民开放，农村富余劳动力向非农业和城镇转移。这是增加农民收入，解决农村问题的根本出路。现在，我国的经济持续发展，工农业商品供应充足，市场经济体制已经基本建立，城镇的基础设施也有了很大进展，各方面的条件都逐渐成熟，是到了加快城镇化步伐的时机了。应该深化户籍制度等方面的改革，敞开城门、镇门让农民进来。

3. 全面繁荣农村经济，增加农民收入

1997 年以后的国家统计数据显示，农民人均年纯收入的增长速度减缓了，而实际上有 62% 的以农业为主要收入来源的农民收入是减少的，这种状况需要通过政策性的改革，加以遏止和扭转。党的十六大报告指出：要"加大对农业的投入和支持，加快农业科技进步和农村基础设施建设。改善农村金融服务。继续推进农村税费改革，减轻农民负担，保护农民利益"。[①] 实行计划经济体制以后，总的偏向是（或者说多数年份）经济社会政策是向城市倾斜的，造成了城乡关系不协调。今后要按社会主义市场经济规律运作，形成全国统一的社会主义市场经济体系，使城乡一体。在今后一个时期里，应该在财政、税收、金融、教育、科技、医疗、社会保障等各方面，适度地向农村倾斜，以弥补以前长期向城市倾斜造成的不足。诚能如此，则可以极大地调动农民政治和经济方面的积极性，农村经济的全面繁荣是指日可待的，农村全面建设小康社会的重大任务是能够实现的。可以做如下预计。

2001 年，全国有 73025 万劳动力就业，其中从事农业劳动的占 50%[②]。今后 20 年，每年平均减少一个百分点，到 2020 年，从事农业的劳动力降到 30%。

2001 年全国城市化率为 37.7%[③]，今后 20 年，平均每年增加一个百分点，到 2020 年，使我国的城市化率达到 58% 左右，农村人口从现在的 62.3% 降到 42% 左右。

2001 年农民人均纯收入为 2366.4 元，城镇居民可支配收入为 6859.6

① 《中国共产党第十六次全国代表大会文件汇编》，北京：人民出版社，2002 年 11 月，第 23 页。

② 国家统计局编《中国统计年鉴·2002》，北京：中国统计出版社，2002 年 9 月，第 117 页。

③ 国家统计局编《中国统计年鉴·2002》，北京：中国统计出版社，2002 年 9 月，第 93 页。

元，城乡居民收入差距为 2.9：1，① 2002 年仍在扩大。如能通过加快农村劳动力转移和政策性的改革，使这种城乡差距扩大的趋势得以扭转，并从现在起到 2010 年，使每年的城乡居民收入差距平均缩小 0.1 个百分点，2011～2020 年，每年平均缩小 0.05 个百分点，到 2020 年使城乡居民收入差距控制在 1.5：1 左右，就比较平衡了。

农业、农村、农民问题之所以如此久治不愈，说到底是体制问题，因此必须继续深化改革，实现从计划经济体制向社会主义市场经济体制转变。

（三）社会发展、社会进步是全面建设小康社会的难点所在

从现代化发展的历史看，经济和社会要协调发展。经济发展是社会发展的基础，经济要优先发展，但经济不能脱离社会发展而单独发展。如果经济和社会发展不协调，社会就会阻碍经济的健康发展，或者使经济发展畸形。

改革开放以来，我国的经济发展取得了很大的成就，比较而言，我国的社会发展虽然也有了很大成绩，但存在着不少问题。

首先，我国经济发展了，经济结构调整了，但社会结构却没有相应调整。例如，城市化严重滞后于工业化，城乡结构不合理；又如，经济发展了，所有制结构变了，就业结构也变了，但由于诸如户籍、劳动人事等制度还没有相应改革，社会阶层结构不合理，该小的没有相应地小下去（如农民阶层），该大的还没有大起来（如中间阶层）。

其次，经济发展了，但社会事业还没有得到相应发展，不能适应经济发展的要求。例如教育，我国基础教育很有成绩，高等教育则相当滞后。经过 1999 年以后连续大规模扩招，到 2001 年，大学生的入学率才 13%，而 1996 年世界平均水平为 16.7%，发达国家都在 40% 以上，发展中国家很多也在 20% 以上。我国的高等教育还不能满足经济社会发展的需求。我国现有公务员共 540 万人，加上参照执行公务员待遇的共有 700 多万人，其中有大专学历的只占 56.7%，有 30% 的公务员只有初、高中文化水平，在个别系统里，文化水平在初中以下的占 45%。这当然是不符合现代化发展要求的。

最后，经济管理体制改革了，企业按照现代企业实行市场化经营了，我国的社会事业单位的管理体制虽然也进行了一些改革，但大多数事业单

① 国家统计局编《中国统计年鉴·2002》，北京：中国统计出版社，2002 年 9 月，第 320 页。

位仍沿袭原来计划经济体制下形成的管理模式在运作，还没有按社会主义市场经济体制的要求改过来，人员能进不能出，平均主义，大锅饭，人浮于事，效率不高。

这些状况都说明，目前我国的经济和社会还没有达到协调发展。有学者估计，社会发展滞后于经济发展大约3～5年。这种不协调、不平衡的状况亟须改变，而要改变这种状况难度很大。国内外的实践证明：经济发展了，经济结构调整了，社会结构会跟着有所调整，社会事业会跟着有所发展，社会事业的管理体制也会有所改变，却不可能使社会结构自发地调整到合理的状态，不可能使各项社会事业都发展到合理的要求，不可能使社会管理水平转变到现代化的水平。特别是在我国这样一个实行计划经济体制已经数十年的国家，则尤其如此。虽然已经明确要实现从计划经济体制向社会主义市场经济体制转变，但一些政策性、体制性的障碍依然存在。所以，经济发展并不会必然导致社会发展和社会全面进步。我国已经基本实行了社会主义市场经济体制，那只无形的手，会起很重要的作用，但还必须有另一只有形的手加以调控，加以促进，才能使经济社会协调发展。

要改变社会发展滞后于经济发展的状况，实现经济社会协调发展，就目前来说，必须要通过深化改革，消除原来计划经济体制条件下形成的一些制度性、体制性、政策性的障碍。这方面的改革难度很大，比较而言，要比进行经济体制方面的改革还困难。原因是社会体制改革，必然涉及调整各方面的利益关系，涉及改变一部分既得利益群体的眼前利益，阻力很大。例如，要调整城乡社会结构，加快城市化步伐，就要改革户籍制度，改革现行的劳动就业、教育、社会保障等方面的体制，改变现行的城乡关系格局，而这首先要改变有关领导、有关部门的观念、习惯和工作模式，这很不容易。更重要的是，原来已经在城市里生活的城市居民群体，他们在计划经济体制条件下，享有了比农民群体在就业、教育、医疗、住房、社会保障等方面都要优越得多的待遇，一旦城乡分隔的户籍制度改革了，城门打开了，城乡一体了，广大农民群众当然是非常拥护的，但原来的城市居民就会感到若有所失。现在还没有进行彻底的改革就有人担心，城里就业已经困难了，再让农民进来，不是乱上添乱吗？原来为适应计划经济体制要求而形成的户籍制度，早已不合时宜，应该与时俱进地改革了，直接主管此项工作的公安部门也多次拟定改革方案，但时至今日仍未出台，可见社会体制改革的难度之大。

当然，即使这些体制性、政策性的障碍都改革了、改变了，社会结构的调整、社会事业的发展、社会管理的完善还有一个很长的历史过程，还要经过艰苦的努力奋斗，才能实现经济社会的协调发展，使社会全面进步，使国家长治久安。所以，全面建设小康社会的难点在社会发展，其含义就在于此。

党的十一届三中全会开辟的中国实现社会主义现代化建设的道路，经过20多年的实践，证明是完全正确的，已经取得了伟大的成绩，最困难的时期已经过去了，已经奠定了继续前进的坚实的物质基础和思想基础。党的十六大又明确了全面建设小康社会的奋斗目标，做出了实现现代化建设第三步目标的战略部署。再继续奋斗几十年，富强、民主、文明的社会主义现代化国家是一定能够建成的。

坚持科学的发展观[*]

坚持以人为本，树立全面协调、可持续的发展观，促进经济社会和人的全面发展，这是党的十六届三中全会提出的科学的发展观。坚持这一科学发展观，就要做到统筹经济社会发展、统筹城乡发展、统筹区域发展、统筹人与自然和谐发展、统筹国内发展和对外开放。

一　统筹经济社会发展

目前我国经济社会发展不平衡，主要表现在以下四个方面。

一是经济结构已经调整了，但社会结构调整相对滞后。例如，我国工业化已进入中期阶段，而城市化还在初期阶段，2002 年城市化率为 39.09%[①]，比世界平均城市化率48%低8.91 个百分点，城市化严重滞后于工业化。2002 年中国的三次产业结构为：一产 14.5%，二产 51.8%，三产 33.7%；而就业结构为：一产 50%，二产 21.4%，三产 28.6%，[②] 就业结构与经济结构不协调。

二是经济发展了，但教育、科技、医疗卫生、文化、环境保护等社会事业发展相对滞后。仅以教育事业为例，20 多年来，我国普及九年制义务教育和基本扫除青壮年文盲的工作做得很好，但高中阶段教育、职业技术教育和高等教育的发展不够理想。1998 年，我国普通高校在校大学生只有 360 万人，适龄青年毛入学率只有 6.7%。1999 年以后，连续几年扩招，

---

[*]　本文原载《江淮》2004 年第 3 期，第 16~17 页，发表日期：2004 年 3 月 15 日。——编者注

①　国家统计局编《中国统计年鉴·2003》，北京：中国统计出版社，2003 年 9 月，第 97 页。

②　国家统计局编《中国统计摘要·2003》，北京：中国统计出版社，2003 年 5 月，第 19、44 页。

2002 年普通高校在校大学生达到 903.4 万人[①]，毛入学率达到 13%，但仍低于 16.7% 的世界平均水平（1996 年）。

三是管理相对落后，跟不上经济社会事业发展的要求。20 多年来，许多城市建设起来了，公共事业的设施建起来了，高楼大厦、豪华宾馆、各种广场，绿化美化，硬件都相当现代化了，但交通拥堵，环境脏、乱、差，空气污染、噪声嘈杂，也就是说管理跟不上。以公路交通为例，1949 年，全国公路通车里程只有 8.07 万公里，2002 年达到 176.5 万公里。1988 年，中国开始有第一条高速公路，2002 年，高速公路已经超过 2.5 万公里，跃居世界第二位。[②] 但由于交通管理水平提高较慢，各类交通事故频发。2002 年，全国共发生 77.3 万起交通事故，死亡 109381 人[③]，比 1986 年增加了一倍。

四是经济体制改革了，已经基本建立了社会主义市场经济体制，而社会事业的管理体制还没有完全按社会主义市场经济体制的要求改变过来。这方面的改革我们还在试点、摸索，可以说还没有破题。多数事业单位还在按计划经济时代形成的体制运行。效率低、成本高、服务质量差，这些都阻碍了社会事业的发展，不能满足社会发展和人民群众的需要。

经济和社会要协调发展，亟须改变目前"一条腿长、一条腿短"的不平衡状况。

首先，要从理论认识上提高对调整社会结构、加快社会事业发展重要性的认识。国家和地方建设，都要坚持经济社会协调发展的方针，改变单纯追求经济增长的战略，把社会发展提到应有的高度加以重视。

其次，要逐步增加对社会事业发展的投入。按照社会主义市场经济体制的要求，经济建设的资金今后应主要通过市场配置，政府的财力应该主要投资于教育、科研、文化、医疗卫生、环境和社会保障等社会发展事业和公共事业。

最后，要下决心改革社会事业管理体制。改革的目标是要建立一个与社会主义市场经济体制相适应的、城乡一体化的、按社会主义市场经济规律运作的、有利于调动各方面积极性的社会事业管理体制。这也是完善社

---

① 国家统计局编《中国统计摘要·2003》，北京：中国统计出版社，2003 年 5 月，第 175 页。

② 国家统计局编《中国统计摘要·1986》，北京：中国统计出版社，1986 年 8 月，第 63 页；国家统计局编《中国统计摘要·2003》，北京：中国统计出版社，2003 年 5 月，第 140、141 页。

③ 国家统计局编《中国统计年鉴·2003》，北京：中国统计出版社，2003 年 9 月，第 830 页。

会主义市场经济体制的一个重要组成部分。

二 统筹城乡发展

解决好农业、农村、农民问题，这是全面建设小康社会的重点和难点。农村本来是率先改革的，但自1985年改革的重点转向城市以后，农村的改革相对滞后了，原来与计划经济体制相适应的户口制度、就业制度、流通制度、财税制度等改革步子变得缓慢。实践证明，解决农业、农村、农民问题的根本出路在于市场化、工业化和城市化。而在计划经济体制下形成的城乡二元经济结构体制的束缚使农民的经济地位、社会地位受到限制，也使他们很难成为市场竞争的主体。

由于农民是背着包袱进入市场的，与城镇居民的起点就不平等，因此他们在市场竞争中处于劣势地位（例如，农民工进城打工，在同一个工厂里干同样的劳动，只能得到城市户籍工人1/3或1/2的收入和福利）。20世纪90年代中期以来，农民的人均纯收入和城市居民的可支配收入之间差距逐年扩大，2002年其比值已达到1：3.1，比1978年的1：2.4还大。[1] 2003年其比值为1：3.2[2]，且还有继续扩大的趋势。

党的十六届三中全会指出，不改变城乡二元经济社会结构的格局，我们就不可能建成全面、统一、完善的社会主义市场经济体制。

其一，要完善农村土地制度。土地家庭承包经营是农村基本经济制度的核心，稳定完善这一制度是保障农民生计和农村稳定的关键。要针对近几年一些地方非法或越权审批圈占大量耕地，又不给合理补偿、不做妥善安置的问题，分别做出处置。该退的要退，该补偿的要补偿，该安置的要安置，要做到农民失地不失业、失地不失利。这样才能做到保护耕地，保证国家粮食安全，保护农民的合法权益，以消除因圈地而引发的社会冲突，保持农村社会稳定。

其二，要逐步调整国民收入的分配格局，逐步改变"重城轻乡"的状况。2003年，国家对教育、科技、文化、卫生等事业新增的拨款主要用于农村，2004年这个方针将继续实行。对有些城乡分配过于悬殊的资源，例

---

[1] 参见国家统计局编《中国统计年鉴·2003》，北京：中国统计出版社，2003年9月，第344页。

[2] 参见国家统计局编《中国统计摘要·2004》，北京：中国统计出版社，2004年4月，第99页。

如医疗卫生经费和资源，城市占85%，农村只占15%，不仅要调整增量，也要适当调整存量。目前我国中西部的县乡两级财政多数很困难，有不少都在负债运转。现行的财政体制也应做适当调整。进一步完善转移支付制度，加大对中西部和民族地区的财政支持。

其三，改善农村富余劳动力向城镇转移的就业环境。实践证明，只有减少农民才能富裕农民。2002年，农业产值在GDP中的比重不足15%，而在农业就业的劳动力还占50%。要加快农村富余劳动力向城镇的第二、第三产业转移的步伐。要深化户籍制度的改革，取消对农民进城就业的限制性规定，以逐步形成城乡统一的劳动力市场以及城乡劳动者平等就业的制度。

三 统筹区域发展

改革开放以来，我国各地区的经济社会都有了很大发展，但由于原有基础和主客观条件不同，这些年来地区差别也在扩大。以城乡居民收入为例，东、中、西三大地区的城镇居民可支配收入之比，1980年为1.11：0.93：1，1990年扩大为1.26：0.92：1，2000年为1.40：0.94：1；三大地区农民年人均纯收入之比，1980年为1.28：1.05：1，1990年为1.59：1.19：1，2000年为1.92：1.3：1。另外，中西部发展之所以缓慢还有两个因素。一是市场化程度低，改革相对滞后。现在全国市场化率为69%，我国已经基本成为社会主义市场经济体制的国家。从东、中、西三大地区的市场化程度来说，其比例大致为80%：50%：30%。如果以60%为临界线的话，那么，中西部地区还没有实现市场化。二是城市化程度低。2002年，全国的城市化率为39.09%，除吉林、黑龙江两个中部省以外，其余中西部省份的城市化率都在39.09%以下，有的还不足30%。而中西部的多数大中城市，经济社会的发展水平并不低。所以，中西部与东部的差别实质上也是城乡差距的表现。

自党中央1999年提出实施西部大开发战略以来，西部地区经济快速发展，一大批重大建设项目相继开工，基础设施建设进展顺利，科教文化等社会事业发展势头良好，成绩是很大的。2003年国家又提出振兴东北老工业基地，中部几个省份正在实施中部隆起战略。

要实现区域协调发展，关键是要进一步推进和深化中西部地区的改革，扫除体制上的障碍，加快市场化、工业化和城市化的步伐。要做好"三农"

工作，加快农村劳动力向城镇的第二、第三产业转移，发展乡镇企业、县域经济，加强小城镇建设，增强自我发展能力。国家在投资项目、财税政策、转移支付等方面，要加大对中西部支持的力度，使中西部地区的发展步入良性运行的轨道。

四　统筹人与自然的发展

我国目前尚处于工业化中期阶段，人均资源占有量比较少，至今仍然是以消耗大量资源为特征的发展模式，这样对环境的压力比较大。水土流失，沙漠化、石漠化问题日趋严重。政府对大江大河的治理，防沙治沙和京津风沙源的治理，库区、湖区的污水治理，大中城市大气污染治理，已经做了大量工作。毋庸讳言，生态环境继续恶化的趋势仍未从根本上得到扭转。今后，要把坚持可持续发展放在更加突出的位置，认真执行计划生育的基本国策，保护环境，保护资源，走新型工业化、新型城市化的道路，合理开发和利用各种自然资源。为此，在加大人力、物力、财力的投入来保护生态环境的同时，我们还要进行体制改革，使之既有利于经济健康发展，又有利于生态环境的保护，实现人与自然的和谐发展。

五　统筹国内发展和对外开放

做好这五个方面的统筹工作，也就是正确处理经济社会、城乡之间、地区之间、人与自然、国内和国外这五个方面的关系。这同时也是完善社会主义市场经济体制的必然要求。

树立落实科学发展观是党中央在关键时期采取的重大战略决策[*]

一 我国目前正处在改革和发展的关键时期

2003 年以来，中央几位主要领导，多次强调指出，我国目前正处在改革和发展的关键时期，目前中国的经济社会处在一个十分重要的关口。对此我们怎样来理解？关键时期有哪些特征？我们应当如何应对？

从各国发展的过程看，在工业化、城市化、现代化过程中，人均 GDP 达到 1000 美元，就是说这个国家、地区达到了一个经济、社会发展的新的平台。一方面是经济社会发展取得了很大成就，解决了温饱问题，为继续发展奠定了好的基础，为进一步发展创造了条件和机遇；另一方面，由于经济社会结构的变化，进一步发展面临着很大的困难和风险，有着许多不确定性。中国目前正处在这样一个关键时期。

2002 年我国国内生产总值达到人均 1000 美元，2003 年为 1090 美元，这是我们全国各族人民在党中央领导下几十年奋斗的伟大成果，使我国的经济社会发展达到了一个新的台阶，为今后全面建设小康社会，实现社会主义现代化事业，振兴中华，奠定了一个极为坚实的基础，为今后的发展开辟了道路。同时我们也必须看到，我们今后的发展，也面临着新的困难和风险。

首先，经济要继续持续快速向前发展，实现翻两番的目标，就必须进行经济结构的调整。从传统的纺织、服装、塑料等劳动密集型产业，向新

---

* 本文源自作者手稿，该文稿系陆学艺于 2004 年 5 月 17 日在辽宁省政府干部大会上的讲话稿。——编者注

兴的电子、家电、生物等高新产业转变，必然会受到资金、技术、管理等方面的制约。

第二，产业结构调整。经济体制的深化改革，第二、第三产业进一步发展，第一产业的比重还会继续减少，农村数亿剩余劳力要向城市转移，加上国有企业减员，就业问题就会越来越严重。

第三，收入结构发生急剧变化。在计划经济条件下，形成了平均主义的分配格局，基尼系数只有 0.2 左右，没有激励机制，经济社会发展缺乏动力。改革开放以后，提出让一部分地区、一部分人先富起来，后来又提出"效率优先，兼顾公平"的原则，这对打破平均主义，推动经济发展，起了很大作用。但 20 世纪 90 年代中期以后，城乡之间、地区之间、阶层之间的收入差距日益扩大，现在的基尼系数已经超过 0.4，而且还在继续扩大。

第四，城乡关系紧张。在计划经济体制下，中国长期实行"城乡分治，一国两策"的方针，形成了特有的城乡二元经济、社会结构。实行社会主义市场经济体制后，又没有及时调整这个方针，致使城市发展很快，而农村依然落后，城乡差距越扩越大，"三农"问题日益成为发展中迫切需要解决的重大问题。

第五，地区差别扩大。中国的改革开放是从东部沿海先行的，搞特区，给优惠政策，资金、技术、人才都涌向东部，"一江春水向东流"。东部沿海优先发展，原本设想东部发展起来后，实行梯度发展战略，带动中西部发展，最后达到共同富裕。但实行的结果并不如愿，东部发展起来之后，产业并没有转移，而是更加吸引中西部的劳力、资源、人才、资金更大规模地往东部转移（如民工潮），出现了马太效应，富者愈富，贫者愈贫。20世纪 90 年代实施开发西部，21 世纪初提出振兴东北老工业基地，结果也不理想，现在的趋势也是地区之间的差距越拉越大。

第六，环境资源问题日益严重。我国经济发展取得了很大成绩，但还是粗放型的，消耗的资源太多，我国又是个人均资源短缺的国家，水、矿产、耕地、能源紧缺，已经成为持续发展的瓶颈。而且环境日益恶化，水涝灾害频发，沙化、荒漠化、空气污染已经到了十分严重的地步。

第七，经济社会发展不平衡、不协调。经济结构调整了，社会结构没有相应调整；经济发展了，社会事业没有相应发展；经济管理改革了，社会管理跟不上；经济管理体制改革了，社会事业的管理体制还是延续原来的，同社会主义市场经济体制很不适应。如科学技术、教育文化、卫生事业，都严重滞后，去年①"非典"突发，暴露了经济社会方面不平衡的严重问题。

第八，经济基础发生了深刻的变化，但上层建筑还没有相应的变革，要求社会、政治体制的改革呼声高涨。已经做了很多改革，但还不能适应新的发展，党和国家在反腐倡廉方面投入了很大力量，但官员以权谋私、贪污腐败的势头，还是没有完全遏制。

从这些方面分析，中国确实到了经济社会发展的重要关键时期，遇到了不少国外一些国家 GDP 达到 1000 美元平台以后相类似的问题。在这个发展的关键时期，从国际上的经验看，发展的前途是两个：一是如果采取了正确的政治、经济和社会政策，政治、社会保持稳定，经济持续发展，接着再翻两番，就能顺利进入中等发达国家的行列；二是如果不能处理好各方面的关系，没有采取与本国国情相适应的经济社会政策，那么社会就不稳定，经济发展就徘徊，甚至会出现社会动乱和经济倒退，陷入恶性循环的泥坑而不能前进。

正是在这样的经济社会发展的关键时期，我们党的十六届三中全会作了一个重要的决定，提出要完善社会主义市场经济体制，提出要"坚持以人为本，树立全面、协调、可持续发展的发展观，促进经济社会和人的全面发展"②。这是党中央在关键时期作出的关键性的战略决策，意义十分重大和深远。

二　当前落实科学发展观的关键，是要实现五个协调发展

回顾新中国成立半个多世纪以来我国经济社会发展的道路，可以分为以下三个阶段。

从 1952 年到 1978 年，也就是毛泽东同志为首的第一代领导人主政阶段，这一阶段的经济社会发展，可以称为"抓革命，促生产"阶段。所谓抓革命，就是抓阶级斗争，强调政治是第一位的，也就是以阶级斗争为纲，抓阶级斗争，推动经济发展，抓阶级斗争，推动社会发展。回头来总结，

---

① 此处指 2003 年。——编者注
② 《中共中央关于完善社会主义市场经济体制若干问题的决定》，北京：人民出版社，2003 年 10 月，第 13 页。

新中国成立初期，刚刚取得政权，要巩固政权，抓阶级斗争，是有根据的，有道理的。后来搞合作化，对私营工商业、个体手工业改造，1956 年就基本完成了，城乡私有制基本消灭了，中共八大作了结论，认为大规模的阶级划分已经结束，今后就是要解决生产力落后和人民对物质文化需要的矛盾。但会后不久就否定了。八届五中全会又重提主要矛盾还是阶级斗争，以后就发展到阶级斗争要"年年讲，月月讲，天天讲"，"阶级斗争一抓就灵"，要以阶级斗争为纲，直到"文化大革命"，最后弄到经济崩溃的边缘。当然，这 26 年、4 个五年计划也有不少成绩。

党的十一届三中全会，实现了思想路线的转变，提出要把工作重点转到经济建设的轨道上来，实行改革开放。这 25 年，中国真的走上了工业化、城市化、现代化的道路，经济建设突飞猛进，有了翻天覆地的变化，有了今天中国综合国力的大发展，真正在世界上站起来了。回顾起来，这 25 年，我们实行的是不均衡发展战略，这在改革开放的初期、中期，面对原来阶级斗争为纲，面对政治挂帅，面对干不干一个样、干多干少一个样、干好干坏一个样的平均主义，是完全必要的。实践证明也是成功的。但问题是有些已矫枉过正，又没有及时调整，更加重要的是实行了 20 多年的计划经济体制已经影响到方方面面，盘根错节。虽然提出了要实现从计划经济体制向社会主义市场经济体制转变，因为难度太大，实际上至今还有一些重要体制没有改过来，所以就出现了上述的不平衡、不协调，产生了种种经济社会矛盾。

党的十六届三中全会提出了实施"以人为本，全面、协调、可持续的发展观"，实际上就是要实现战略上的转变，这是具有划时代意义的，标志着一个新的发展观的诞生，一个新时期、新的发展阶段的开始。

关于新的发展观与原来的传统的发展观的关系，我要说两句话。

第一是继承和发展的关系。强调以经济建设为中心、为重点，强调要发展，发展是硬道理，这是一致的。今后仍要坚持经济发展是中心、是第一位的，这不能变。要通过发展来解决中国的问题。但有第一，就要有第二，经济要发展，社会也要发展，第一不是唯一。GDP 是重要的，但不能以 GDP 挂帅，否则就不是以人为本，全面发展。

第二，新发展观对原来传统的发展观来说，是转变，是转折，是创新，是新的发展。无论发展内容、发展方法、发展路径、发展理论都是有变化的。原来的不平衡，不能持续下去，要实现五个统筹、协调发展。

这是因为我们现在发展的条件、发展的阶段不同了，人均 GDP 已经达到了 1000 美元，经济社会发展都有新的要求，历史任务不同了。国际经验也证明，到了这样的发展阶段，要有新的发展路子、新的发展方法。中央已经做了全面的总结，各个地区、各个部门都要以新的发展观为指针，总结 25 年的经验和教训，哪些是成功的、正确的，要坚持，要发展；哪些是有问题的、不正确的、不成功的，要转变，要改正。就当前来说，就是要坚持做到五个统筹和协调，这是当前落实科学发展观的重点。

关键要坚持五个统筹，实现五个协调，已经有不少领导和学者讲了不少了，我今天主要讲如何统筹城乡协调发展的问题。城乡发展不平衡，不协调，城乡差距太大，城乡矛盾是当今中国的主要矛盾，中央也把它列为五个不协调之首。

"三农"问题确实很严重，已被新一届党中央列为今后工作的重中之重。"农村真穷，农民真苦，农业真危险"，这是基本概括。国家在农村工作方面的任务是："保证有效供给，增加农民收入，保持农村社会稳定。"概括起来就是农业问题基本解决了，但农民问题、农村问题还未解决。

20 世纪 90 年代初提出减轻负担，后来进行税费改革，今年①提出减免农业税。那么问题到底是在哪里呢？

我们是在工业化、城市化、现代化过程中产生的"三农"问题。国外的经验是，在工业化过程中逐步解决农民问题、农村问题，减少农民，使农民富裕了，再把乡村建设好，实现城乡一体。而我们在工业化过程中，农民是越来越多的。1952 年 5 亿农民，现在是 9 亿农民。现代化过程中农民应该是逐步富裕的，应使城镇居民收入一致。而我们是城乡差距逐步扩大，还在扩大，是世界第一了。什么原因呢？外部原因：农民逐年增多，农民还在受剥夺（现在是夺地）。内部原因：农民分散，小农经济，一家一户，人均占有耕地面积全世界最少。土地制度不合理，全世界最大的城乡差距。农村基层政权组织形式有待完善。

怎么解决？要靠政策。

---

① 此处指 2004 年。——编者注

希望实现"和谐社会"[*]

现在由于社会不协调引起的问题越来越大，而且这些问题也引起了上层的注意，因此，党的十六届四中全会特别提出要构建"和谐社会"。我认为这很符合我们的实际，我希望这个规划能够实现。我希望到 2020 年我们全面实现小康的时候，不光人均 GDP 达到 3000 美元，而且经济和社会协调发展，城乡协调发展，整个社会公平、公正，成为一个和谐的社会。

在我们搞社会学的人看来，现在国家的经济发展应该说已经上了轨道，但是社会发展仍相对滞后。这样的问题我们已经谈了好多年。当时有这样一个说法，认为只要把经济搞上去，也就是把蛋糕做大，好多问题也就解决了。我记得当时有个老同志说："现在我们的问题 80% 都是因为穷。"但是现在我们把经济搞上去了，蛋糕做大了，其他问题并不像想象中那样也解决了。经济虽然翻了两番，社会问题却更多了。因此，早在 20 世纪90 年代，我们编《中国社会发展报告》时就提出：经济和社会要协调发展，经济是第一的，但一定要有第二，光是注重经济建设的话会产生问题。另外，经济发展的目的就是要改善人民的生活，所以经济和社会一定要协调发展。十几年来，这些认识得到了社会的认可，特别是现在它们终于被国家吸纳到政策方针的目标上，形成了党中央的文件，这让我们感到很高兴。

在我看来，这个社会的和谐甚至比稳定更重要，因为和谐的社会一定是稳定的社会，但稳定的社会不一定和谐，所以我希望国家提出的理想能够付诸实现，而这需要在体制上进行改革。

---

[*] 本文原载《商务周刊》2004 年第 22 期，第 126～127 页，发表日期：2004 年 11 月 20日。——编者注

要实现"和谐社会",我觉得最大的问题有两个。第一,从体制上来说,我们从计划经济转到社会主义市场经济,走上这条道路之后,国家发展很快,各方面的进展有目共睹。但有一个问题是,计划经济走了几十年,有些体制已经根深蒂固并且渗透到了方方面面。现在不仅经济体制还没有完全改好,而且特别是社会体制和社会事业改革可能还没有破题。所以,我们要建立"和谐社会",就必须把当年计划经济遗留下来的制度、做法等改过来。比如,现在的人口制度、户口制度都是为计划经济服务的,如今搞了市场经济就应该把它们取消。再如,我们的人事制度、社会保障制度都应该按照社会主义市场经济体制的要求改过来。如果我们不首先把体制改过来,光讲"和谐社会"是没有用的。

第二,我们的社会实际上已经形成了多元化的社会阶层结构,因此,国家应该根据现在的形成状况,对分配不公、城乡差距、贫富差距、阶层之间差距等问题进行合理的调整。作为一个社会主义国家,我们对这些问题应该予以高度重视,一方面要使大家各尽所能、各得其所,甚至各得其利;另一方面这个过程也不能是自发的,国家必须对其不断协调,使各阶层可以和谐相处。比如,现在我们的农民工阶层由于户口的限制,干的是城市工人的活,却不能得到相应的待遇。相反,老板阶层的收入不断提高,农民工却十多年来一直拿三四百块钱的月工资。这样的话,社会一定不会平衡,不会协调。所以,我们应该重提 20 世纪 50 年代的"劳资两利"。现在我们的基尼系数已经很高了,我们应该将其缩小到 0.4 的警戒线以下。

很多人有一种就是"零和游戏"的思维,觉得你多了就是我少了。但从社会学家的角度来说,这个国家无论是政党、政府和群众,还是各社会阶层之间,都可以走共赢的道路。在这一点上,我们党应该站在中间协调的立场上。现在有人批评说,政府站到了某一边,或者政府也经营城市,动不动就产业化。如果真是这样的话,政府已经是利益的一方了,那么它在协调的时候就会倾向于既得利益方,这是不行的。政府应该站在公正的立场上做裁判员。

近几年来,我国的城市化、现代化、工业化取得了举世瞩目的成就,但是在这个过程中确确实实有一部分人做出了牺牲,比如,农村失去土地的农民、城市里下岗的职工、住房拆迁户。这些人都做了贡献,而且他们的成本付出得太多,收入却太少,这对他们不太公平。改革的成本不应该只让一两个阶层来承担,而应该由大家共同承担。一时的偏重不要紧,但是现在偏差得太大了。所以,现在国家提出:第一次分配,要注重效率;

第二次分配，要注重公平。这个方向虽然已经被提出，但实际做还要有一个过程。

　　我觉得我们这些知识分子无论是在社会地位方面还是在经济地位方面，应该说都享受了改革的成果。但作为一个社会学家，我总觉得这个社会还不是十分理想，还不太和谐，甚至有些地方还不太安定。因此，我觉得自己也还是应该继续为之努力奋斗的。

构建和谐社会：背景与内涵[*]

编者按： 党的十六届四中全会提出："要适应我国社会的深刻变化，把和谐社会建设摆在重要位置，注重激发社会活力，促进社会公平和正义，增强全社会的法律意识和诚信意识，维护社会安定团结。"这里提出的"构建社会主义和谐社会"，不仅是一个重要的新概念，而且更重要的是提出了今后社会主义现代化建设的重要目标。前不久，著名社会学家、中国社科院社会学所原所长、中国社会学会时任会长陆学艺教授来皖出席一个学术会议，笔者有幸借此机会专访了他，就"构建和谐社会"提出的背景与其内涵问题请教了这位著名学者。

记者： 您是著名的社会学家，最近您在不少地方发表了关于"构建和谐社会"的学术论述，十分引人注目。今天我想向您求教，我们应该怎样理解构建和谐社会？

陆学艺： 党的十六届四中全会提出"构建社会主义和谐社会"并把它作为现代化建设的重要目标，这既顺应了广大人民群众的意愿，又适合当前我国经济社会发展的状况和要求，也是具体贯彻十六大精神、树立和落实科学发展观的重要步骤，具有十分重要的意义。要理解"构建和谐社会"，首先就要了解它的提出背景。

其一，我国现在正处于改革发展的战略机遇期，也是经济社会发展的关键时期。党中央反复强调要抓住机遇，过好这个关键时期，这是总结国

---

* 本文原载《经济师》2005 年第 2 期，第 6~7 页，发表时间：2005 年 2 月 15 日。该文系记者专访陆学艺的访谈稿。本文部分内容还发表于《中共石家庄市委党校学报》2005 年第 3 期（发表时间：2005 年 3 月 15 日），题为《构建社会主义和谐社会的内涵与要求》。——编者注

内外经验教训概括出来的。国际经验表明，从人均 GDP 1000 美元到 3000 美元是经济社会发展的关键时期，经济结构、生产方式、生活方式、社会阶层结构等都要发生深刻变化甚至剧烈变动，国家引导得好，处置得当，就能使我国顺利地度过这个关键时期，进入中等发达的阶段。但如果搞得不好，就可能出现经济社会失调、经济和社会矛盾冲突频发，以至出现徘徊倒退。从我国经济发展的前景来看，到 2020 年再翻两番是完全可行的，外国人的预测比我们还乐观。难点在社会结构的调整、社会事业的发展、社会体制的改革，只有经济社会协调发展，才能建成和谐社会。现在明确提出构建和谐社会的目标，有利于把力量放在经济社会协调发展上，有利于我国的持续发展。

其二，提出构建和谐社会是对我们 50 年来，特别是改革开放以来经验教训的总结。新中国成立以后我国开始工业化建设，实行了计划经济体制。三年困难时期以后就一直为解决温饱问题而奋斗，长期处于短缺经济状态。改革开放启动后，邓小平提出三步走战略。第一步，1980～1990 年经济总量翻一番，解决温饱问题。当时说我们 80% 的问题是穷，住房不够、收入低、生活条件差等，认为只要经济上去了，蛋糕做大了，这些问题自然就解决了。现在翻两番早已提前实现，蛋糕做得相当大了，近 20 年的发展成就怎么评价都不过分。但是，社会问题在一些地方不是少了而是多了，比如基尼系数过大、贪污腐败屡屡发生、社会治安形势严峻、社会保障经费缺口很大等，这就使社会和谐问题凸显出来了。我认为，关键在分配上，在社会改革滞后上。以经济建设为中心并把它放在第一位是正确的，但我们不能将其理解为"第一就是唯一"，只讲经济发展而不讲社会发展，忽视经济与社会协调问题。提出构建和谐社会，就是为了要建设一个以人为本、经济社会相互协调、全面和可持续发展的现代化的社会主义社会。这个战略目标更高也更全面了。

其三，提出构建和谐社会是要解决当前面临的诸多不和谐不稳定的问题。党的十六届三中全会、四中全会提出科学发展观，提出"五个统筹"，加强党的执政能力，有着很强的现实针对性，是要解决当前存在的突出矛盾和问题的。比如国际环境呈现新的复杂性，一方面世界看好中国发展前景，另一方面"中国威胁论"又在干扰中国与世界的关系。国内一些地方城乡、地区、阶层之间差距扩大，发展不平衡，社会关系有些紧张，存在一些不稳定因素。不注意解决这些问题，就不可能实现国家的全面发展。

记者：您分析这些背景，对我们认知构建和谐社会很有帮助。我理解，构建和谐社会既是一个伟大目标，又是一个长期的历史过程，绝非轻而易举、一蹴而就的。那么在您看来，构建和谐社会有哪些内涵和要求呢？

陆学艺：从和谐社会的内涵与要求来说，我认为有以下八个方面。第一，社会主义和谐社会应该是一个经济持续稳定增长，经济社会协调发展的社会。国际国内发展的经验都证明，经济是基础，经济发展是社会发展的前提。只有经济发展了，各项社会事业发展才有了物质保证。经济发展总是第一位的，但是社会发展必须随着经济发展而发展，经济社会必须协调发展。如果只是经济发展、孤军深入，社会发展长期滞后，那么经济发展本身就会因得不到人才、科学、教育等方面的支撑而延缓，必然会因产生诸多社会矛盾、社会问题而受到阻碍。而且经济发展的根本目的就是满足人民的物质文化需求，实现社会全面进步，所以一个和谐社会，一定是经济社会协调发展的。

中国现在面临的最重要的矛盾之一是经济社会发展不协调，我们的经济发展成绩斐然，但社会发展相对滞后了，一条腿长、一条腿短。具体有以下问题。(1) 经济结构调整了，但社会结构没有相应的调整，我国已进入工业化中期阶段，而城市化水平还是初级阶段，城镇化严重滞后于工业化，城乡二元结构的存在，严重地影响了经济社会的健康发展。(2) 经济发展了，社会事业没有得到相应的发展。科技、教育、文化、卫生、社会保障等社会事业的发展严重滞后，已经在束缚经济持续健康地发展。(3) 经济管理体制改革了，建立了社会主义市场经济体制，但是社会事业的管理体制的改革在某些方面还没有破题，基本上还是原来计划经济时期形成的管理体制，已经很不适应市场经济发展的要求，不能满足人民群众的实际需要。

从发展的前景来看，我国要全面建设小康社会，实现邓小平同志提出的把中国建设成中等发达的社会主义现代化国家。从经济层面看，今后 20年，保持 7%～8% 的增长速度，经济总量再翻两番，可以说是胜券在握，是不会有太多问题的。但是社会结构的调整，社会事业的发展，社会体制的改革，这些方面的任务都很重，难题还很多，如何解决好经济社会协调发展问题，是摆在我们面前又必须解决好的重大课题。

第二，社会主义和谐社会应该是一个社会结构合理的社会。社会结构合理与否是影响乃至决定这个国家或地区社会是否和谐的重要因素，也是衡量整个社会是否和谐的重要指标。社会结构包括人口结构、家庭结构、就业结构、城乡结构、地区结构、社会阶层结构等方面，其中最重要的是社会阶层结构。社会阶层结构一般都应和经济结构相适应，有什么样的经济结构，就应有什么样的社会阶层结构。现代化社会既要有现代化的经济结构，也要有现代化的社会阶层结构。现代化社会的阶层一般都是中间大、两头小的"橄榄型"结构。社会中处于优势地位的非常富有的阶层和处于底层的贫穷弱势的人口规模都比较小，而社会中间阶层的人口规模为大多数或绝大多数，这样的社会，才是比较稳定健康的，也就是和谐的社会。

由于我国目前的发展水平还不高，经济结构还处于工业化中期阶段，特别是由于户口、就业、人事体制等方面的改革还未到位，所以，我国一些地方现在的社会阶层结构还没有与目前的经济结构相适应，如 2003 年我国 GDP 中农业只占 14.8%，但是农业劳动者阶层占 40% 以上[①]，这就更没有达到现代社会阶层结构的水平，离"橄榄型"结构还较远，还只是一个中下阶层占比很大的"洋葱头型"的社会阶层结构。该小的农业劳动者阶层没有小下去，该大的社会中间层还没有大起来，这是我国目前社会还不够和谐的根本原因。

第三，社会主义和谐社会应该是一个社会各个阶层都能各尽所能、各得其所，社会各阶层互惠互利、各自的利益都能得以基本满足，各阶层间的利益关系能够不断得到协调的社会。我国目前正处在社会主义初级阶段，党的中心任务是要最广泛最充分地调动一切积极因素，为实现社会主义现代化的伟大目标而奋斗。现代化建设的根本目的就是要通过解放和发展生产力，满足人民群众日益增长的物质文化需要。积 50 余年的经验，在政治上要保证各阶层应有的民主权利，在经济上要保证他们应得的物质利益，这样才能调动社会各个阶层及其成员的积极性，使社会充满活力。在建设社会主义现代化国家的过程中，特别是在实行了社会主义市场经济体制以后，经济发展，社会转型，人们的生产方式、生活方式都在发生快速而又深刻的变化，各种社会关系变化错综复杂，党和政府要把握这些社会关系的变化，审时度势，及时适情地不断整合各种社会关系，引导各方面的力量，使之有利于实现全国各民族、各社会阶层的大团结，有利于社会主义现代化建设事业的大局。

在各种复杂的社会关系中，社会阶层关系是最重要的一种社会关系。整合社会关系主要就是要整合社会各阶层间的关系，整合的目标就是要

①　参见国家统计局编《中国统计摘要·2004》，北京：中国统计出版社，2004 年 4 月，第 19、43 页。

"形成全体人民各尽所能、各得其所而又和谐相处的社会"。建设社会主义现代化国家是包括全国所有社会阶层在内的全体人民的共同事业，各个社会阶层都应该为社会主义现代化事业各尽所能，贡献自己的力量。社会应使各个社会阶层的各个成员都能根据各自的条件和特点，得到相当的各展所长的社会位置，使其各得其所。与此同时，社会应该通过不断的改革和调整，逐步建立合时、合情、合理的分配机制，使各个社会阶层、各个成员都能根据各自的贡献和基本需求，共享经济发展、社会改革的成果，使之各得其利。从一定意义上说，在现阶段，整合社会阶层关系，就是整合社会各阶层的利益关系，正确处理人民内部矛盾，也就是正确调整好、正确处理好社会各阶层之间的利益关系。随着经济发展、经济结构的调整，社会主义市场经济体制的完善，社会体制的改革，社会各阶层之间的利益关系是在不断变化的。党和政府要通过建立社会利益关系的协调机制，运用政治、法律、经济和行政等手段，不断调整社会各阶层的利益关系，采取教育、协商、调节等方法，妥善处理在新形势、新条件下的人民内部的利益矛盾，使社会各个阶层的人民都能和睦相处，使整个社会和谐。

第四，社会主义和谐社会应该是一个没有身份歧视，每个社会阶层之间相互开放，社会流动畅通的开放社会。现代社会是一个以能力为衡量标准的社会，一个人的社会地位，不是由先赋因素而是由自致因素决定的，由此建立优胜劣汰的竞争机制和社会流动机制。一个社会越是开放，社会流动程度越高，就越能为社会成员提供更多的机会和好的预期。社会成员能上能下。上是一种激励，下是一种压力和鞭策。排除各种身份歧视、血缘和亲友关系及非能力主义因素的干扰，使各种人才能人尽其才、各得其所，使全社会的人力资源得到最优化的配置，是社会保持健康和活力，社会不断进步的源泉。现在我们还存在诸如户籍制度、就业制度、人事体制和城乡很不相同的社会保障体制等的障碍，社会流动并不顺畅，一部分人虽然经过努力，自身具备了一定的条件，还得不到应有的社会位置。

记者：我注意到您在一些论著和学术报告中都提到了公平与效率的问题，特别是强调社会公平，给我印象很深。我想这不能只是社会学家独有的视角，而应该成为普遍的共识。

陆学艺：这正是我要说的第五点，即社会主义和谐社会应该是一个公平公正的社会。追求社会公平是社会主义应有的题中之义，也是人类社会的共同理想。构建社会主义和谐社会，实现社会公平是一个很重要的组成部分，而且要贯彻到政治、经济、文化等各个方面去。只有实现社会公平，才能协调各方面的社会关系，有利于调动人民群众的积极性，有利于实现社会和谐稳定。

社会公平包括起点公平、过程公平和结果公平。起点公平，因为存在着家庭出身、个人生理条件、智力水平的差别，不容易做到，但社会应该保障每个公民接受义务教育的权利，享有基本的社会保障和防疫免疫等最起码的医疗保障，尽可能做到起点公平。过程公平包括机会均等。面对竞争，每个人都应有同样的机会。社会应当保障每个社会成员都享有平等的国民待遇，不受民族、性别、年龄、户籍等的歧视和限制，使他们能够获得最基本的生存权和发展权，这是实现社会公平的基本含义。结果公平是实现社会公平最重要的目标，但因为受到社会经济发展阶段的客观条件和起点与机会差别等个人条件的限制，其实现将是一个比较漫长的历史过程。在目前要特别强调实现经济公平，以缩小贫富差距。党的十六大提出，一次分配注重效率，二次分配注重公平。这是很适时的。在市场经济体制下，政府要把维护社会公平放在优先的位置，通过二次分配，建立健全社会保障体制，维护弱势群体的基本利益。缩小城乡、地区、阶层间过大的贫富差距，这是目前的重要任务。

第六，社会主义和谐社会应该是一个社会事业发达、社会保障体系完善的社会。一个和谐社会不仅是经济繁荣，而且是科、教、文、卫、体和社会保障事业同步发展。我们现在这方面还是相对滞后的，社会事业发展水平要比经济发展水平落后 5~8 年。2003 年发生的"非典"疫情把这个问题暴露了出来。国家今后要把人力、财力、物力重点放到办公共事业上，经济建设投资则主要交给市场。

第七，社会主义和谐社会应该是一个各阶层人民有共同理想、讲诚信、守法度、民风淳朴的社会。中华民族有 5000 年悠久的历史文化传统，中国素有礼仪之邦的美称，近代以来屡遭外族欺凌，中国人在自强的过程中，挣脱封建主义的禁锢，接受了西方的一些先进文明，特别是学习了马克思主义，靠着这一先进理论，中国共产党领导中国人民建设起新中国。现在大家都关心诚信问题、信仰信任问题、道德伦理问题、民风问题，说明不尽如人意的现象还存在。所以说，精神文明是"三个文明"的重要组成部分，亟待加强建设。

第八，社会主义和谐社会应该是一个社会各阶层关系融洽、人民安居乐业、社会治安良好、稳定有序的社会。邓小平同志早就提出了稳定压倒一切的方针。维护社会稳定是最大的社会问题，也是最大的政治问题。没有社会的稳定也就没有经济的发展，也就没有社会的进步。这是几十年社会主义革命和建设的经验总结。我们要坚定不移地执行这个方针，这是社会主义现代化建设顺利进行的基本保证。我们要实现的社会稳定，是建立在社会和谐基础上的稳定，而不是别的什么稳定。维护社会稳定，必须采取文明、法制、妥善的方式，切不可用简单粗暴的强制压服手段。只有这样，才能解决社会矛盾，维护社会真正而持续的稳定。

　　记者：谢谢您给我们阐述了如此丰富的学术见解，这对大家研究"构建和谐社会"新课题将大有启迪。

构建和谐社会[*]

　　26 年的改革开放之后，中国经济已经步入现代化的"关节点"，经济取得了飞跃性进展，但城乡差距、地区差距、居民收入差距持续扩大，就业和社会保障压力增加，教育、卫生、文化等社会事业发展滞后，人口增长、经济发展同生态环境、自然资源的矛盾加剧，经济增长方式落后，这一系列问题同时出现。矛盾的解决，需要"和谐"的引领。

　　2 月 21 日下午，时任中共中央总书记胡锦涛主持中央政治局第二十次集体学习，学习的主题为和谐社会。他强调，要加强对构建社会主义和谐社会重大问题的调查研究和理论研究，着力提高构建社会主义和谐社会的本领。

　　从"科学发展观"到"和谐社会"的提出，显示了中国共产党正视现实、解决矛盾的决心，而"构建社会主义和谐社会"也将成为即将召开的全国"两会"的主要议题。

　　2 月 23 日，国家发改委宏观经济研究院时任副院长刘福垣，中国社科院社会学研究所研究员陆学艺，国务院发展研究中心社会发展研究部时任部长丁宁宁，香港中文大学政治与公共行政学系教授王绍光，中国人民大学行政学系教授、时任主任毛寿龙共聚"21 世纪北京圆桌"第 36 期，就和谐与发展等问题展开讨论。

---

[*] 本文源自《21 世纪经济报道》2005 年 2 月 28 日第 4 版、第 36 版《构建和谐社会》一文，该文为该报主办的第 36 期"21 世纪北京圆桌"论坛专家发言摘要，共有 5 位专家参与讨论，本文仅收录其中陆学艺的发言内容，并采用《21 世纪经济报道》原文标题。——编者注

理解 "和谐社会"

《21 世纪经济报道》：从十六届三中全会提出 "统筹经济社会发展" 等 "五个统筹" 到十六届四中全会将 "构建社会主义和谐社会" 作为提高党的执政能力的重要组成部分。对于 "和谐社会" 的具体内涵，诸位如何理解？"和谐社会" 提出的背景又如何？

陆学艺：胡锦涛同志强调，构建社会主义和谐社会，同建设社会主义物质文明、政治文明、精神文明是有机统一的。要通过发展社会主义社会的生产力来不断增强和谐社会建设的物质基础，通过发展社会主义民主政治来不断加强和谐社会建设的政治保障，通过发展社会主义先进文化来不断巩固和谐社会建设的精神支撑，同时，通过和谐社会建设来为社会主义物质文明、政治文明、精神文明建设创造有利的社会条件。

构建和谐社会已经与政治、经济、文化建设并列，并且成为三者的目标所向。我国在过去相当长的时间内强调经济建设、强调 GDP，去年①十六届四中全会通过的《中共中央关于加强党的执政能力建设的决定》提出了提高党的执政能力，即 "五种能力" ——驾驭社会主义市场经济的能力、发展社会主义民主政治的能力、建设社会主义先进文化的能力、构建社会主义和谐社会的能力、应对国际局势和处理国际事务的能力，并据此提出 "和谐社会" 的概念，就是要树立和落实科学发展观，在科学发展观的指导下来构建和谐社会。

不和谐 "症状"

《21 世纪经济报道》：目前我国社会存在哪些不和谐的问题？其原因是什么呢？

陆学艺：科学发展观、和谐社会都是新概念，发展观以前也有，实际却是只增长不发展。新中国成立几十年以后，经济发展已经到了比较高的水平，但不够和谐。比如我们的城市化率只有 30%，而全世界的城市化率是 50%。

我觉得，我国当前最大的不协调是经济与社会不协调，经济结构跟社

---

① 此处指 2004 年。——编者注

会结构的关系不合理，经济结构与阶层结构的关系不合理。2003 年，农业生产只占 14.6%，占 72.5% 的人分 14.6% 的 GDP，[①] 所以农民穷。区域结构方面，东西部的差别不在城市，而是西部农村跟东部农村的差别。党的十六大提出"城乡差别""区域差别""贫富差别"之后，到目前这种差别有增无减。

经济结构的核心部分是产业结构，社会结构的核心部分是阶层结构，而现在我国经济结构、阶层结构都存在不合理现象。1995 年以后，从国有企业改革开始，这 10 年不光是存量的分配不合理，而且先富起来的那部分人富得更快了，另一部分人收入减少得更快了。强势阶层拿得太多，而有些弱势阶层连基本的生活保障都没有。

现在出了三种人，问题严重。第一是减员增效、分流下岗后的失业工人；第二是失地的农民，失地农民目前有 4000 多万人；[②] 第三是失房居民，包括北京市这种大城市，拆迁之后的居民，也存在失房问题。

构建和谐社会

《21 世纪经济报道》：我们应该从哪些方面着手构建"和谐社会"？

陆学艺：构建和谐社会，首先应该要建立一个合理的社会结构。胡锦涛同志强调今后要加强调查研究，有很强的针对性。过去我国经济调查力度很大，社会调查就弱很多。今后要全面分析和把握社会建设和管理的发展趋势，要加强对社会结构发展变化的调查研究，深入认识和分析阶层结构。

"构建和谐社会"与"发展是硬道理"

《21 世纪经济报道》：中央提出"和谐社会"的概念，是否意味着"效率优先、兼顾公平"原则的一个转向？和谐与发展是否存在冲突？

陆学艺：我主张通过改革构建和谐社会，但是也要强调，不要忘了发展。发展是硬道理，发展过程就是要解决贫困的问题，同时要改革户口制

---

① 参见国家统计局编《中国统计摘要·2004》，北京：中国统计出版社，2004 年 4 月，第 19、37 页。

② 《关注四千万失地农民》，载《农民日报》2004 年 3 月 10 日。

度、人事制度、就业制度、社会保障制度、医疗制度等。如果这些体制性的问题不改，那么越发展，社会差别越大，现有的这些矛盾就越大。

改革已经把容易改的都改了，有一定难度的、牵扯到相当一部分人利益的改革还都留着，这是下一步要重点解决的问题。

坚持科学发展观，构建和谐社会[*]

一 科学发展观和构建和谐社会的提出，是我们
党在改革和发展进入关键时期的重大
战略决策，有深远的历史意义

（一）科学发展观、和谐社会的提出是全党和全国人民共同选择的结果

2003 年 10 月，党的十六届三中全会通过了《中共中央关于完善社会主义市场经济体制若干问题的决定》。《决定》一共有 12 章，42 条，其中第 3 条讲深化经济体制改革的指导思想和原则："坚持社会主义市场经济的改革方向，注重制度建设和体制创新。坚持尊重群众的首创精神，充分发挥中央和地方两个积极性。坚持正确处理改革发展稳定的关系，有重点、有步骤地推进改革。坚持统筹兼顾，协调好改革进程中的各种利益关系。坚持以人为本，树立全面、协调、可持续的发展观，促进经济社会和人的全面发展。"①

党的十六届三中全会是 2003 年 10 月 11～14 日开的，到了 12 月底，报刊上陆续有文章阐发科学发展观，年底出版的《2004 年社会蓝皮书》总报告的标题就是"走向全面、协调、可持续发展的中国社会"。2004 年 2 月 21 日，温家宝同志在中央党校省部级主要领导干部"树立和落实科学发展

---

* 本文源自作者手稿。该文稿系陆学艺于 2005 年 3 月 4 日在新疆库尔勒塔里木油田演讲的讲稿，原稿后半部分仅为简要提纲，现将演讲稿和提纲整理成文。——编者注

① 《中共中央关于完善社会主义市场经济体制若干问题的决定》，北京：人民出版社，2003 年 10 月，第 13 页。

观"研究班结业式上讲了"坚持以人为本是科学发展观的本质和核心",3月1日《人民日报》发表了这篇讲话①。不久召开"两会",以人为本的科学发展观就成了"两会"的重要热点。从此树立和落实科学发展观就成了2004年全党和全国各级政府上上下下的热门话题,深入人心。

2004年9月19日,党的十六届四中全会通过了《中共中央关于加强党的执政能力建设的决定》,文件一共有9章,39条,第4~8章讲了要提高五种执政能力:"驾驭社会主义市场经济的能力、发展社会主义民主政治的能力、建设社会主义先进文化的能力、构建社会主义和谐社会的能力、应对国际局势和处理国际事务的能力。"② 其中第7章专门讲坚持广泛而充分地调动一切积极因素,不断提高构建社会主义和谐社会的能力。

这次四中全会文件的学习和聚焦更快。2004年10月24日,中央党校社会学研究室的吴忠民教授就在《文汇报》的"名家专论"上发表文章,指出构建和谐社会是党中央提出的一个新概念、新理论、新的奋斗目标,意义重大,并对和谐社会的含义做了初步的阐述。不久,到了11月,全国关于和谐社会的讨论研究就纷至沓来,形成了一个小高潮。2005年开春以后,党中央在中央党校举办省部级主要领导干部提高构建社会主义和谐社会能力专题研讨班,2月19日胡锦涛总书记亲自去讲话。现在这个学习研讨和谐社会的精神,已经推向全国。可以预见,构建和谐社会将成为2005年全党全国人民关注的主题。

关于科学发展观和构建和谐社会的讨论和研讨,就像邓小平同志当年提出"什么是社会主义""怎样建设社会主义"的问题一样,将是又一次思想解放运动。在新的历史背景下,使全党全国人民进一步提高什么是中国特色社会主义、怎样建设中国特色社会主义的认识,其意义不亚于20世纪70年代末那场关于"实践是检验真理的唯一标准"的思想大解放运动。它对于我们全面建设小康社会,开创中国特色社会主义事业新局面将产生不可估量的重大作用。

(二)提出坚持科学发展观,构建社会主义和谐社会的重大意义

为什么党的十六届三中全会《决定》42条中单单选了"科学发展观"

---

① 温家宝:《提高认识 统一思想 牢固树立和认真落实科学发展观》,《人民日报》2004年3月1日,第2版。

② 《中共中央关于加强党的执政能力建设的决定》,北京:人民出版社,2004年9月,第8页。

这一条？十六届四中全会《决定》共 9 章 39 条，单单选了构建社会主义和谐社会这一章？前面说过，这是全党全国人民选择的结果，是全党上下一致的共识。正如胡锦涛同志说的，它适应了我国改革发展进入关键时期的客观要求，体现了广大人民群众的根本利益和共同要求。

改革开放以来，我国各族人民在党中央的领导下，战胜了各种风险和挑战，克服了种种困难，极大地促进了经济社会发展，综合国力有了很大提高，人民生活总体上达到了小康水平，各方面都取得了举世瞩目的伟大成就。但是，我们还处于社会主义初级阶段，已经达到的小康还是低水平的、不全面的、发展很不平衡的小康。我国的生产力和科技教育还比较落后，还存在城乡二元经济结构，城乡差距、地区差距、贫富差距已经拉得很大，就业和社会保障压力增大，生态环境恶化，资源短缺，政治社会体制改革滞后，民主法制和思想道德建设滞后，一部分干部贪污腐败，刑事案件大案要案频发，社会治安状况不佳。存在这两方面的事实，我国要继续发展，需要做出新的决策。

（三）这是我国处在改革和发展的关键时期的重大决策

国际经验表明，一个国家的人均 GDP 在 1000 ~ 3000 美元时，就进入了经济社会发展的关键时期。搞得好就能比较顺利地发展为中等发达国家，实现现代化社会的目标；如果搞得不好，国际国内经济社会政策处置不当，就可能陷入经济发展停滞徘徊，社会矛盾凸显，政治动荡不安，乃至有倒退的危险。20 世纪 80 ~ 90 年代的拉美陷阱就是前车之鉴。20 世纪 60 ~ 70 年代，"亚洲四小龙"和拉美的人均 GDP 都在 1000 美元左右，发展状况良好。但"亚洲四小龙"上去了，拉美诸国则徘徊、倒退。

我们国家当前正处于这样一个发展的关键时期。2003 年人均 GDP 为 1090 美元，2004 年接近 1200 美元。这是一个很重要的战略机遇期，同时也是一个充满着风险乃至危机的时期。未来 15 ~ 20 年是中国发展命运攸关的关键时期。为什么？因为在温饱阶段不会乱，而 1000 ~ 3000 美元阶段就有了多样化的要求。从农业社会进入工业社会，生活方式也发生了深刻变化。

过去 55 年，改革开放 26 年，已经为我国和平崛起奠定了极好的基础。现在中国是工业品制造业大国，也是农产品第一大国，同时也是消费大国。钢材、水泥、家用电器等 70 种工业品产量世界第一，粮棉肉鱼产量也是世界第一，工农产品充满了世界。原来是短缺经济，什么都缺，仅仅 20 多年改革开放，中国已经成为世界综合国力第二大国，或者说是第二大经济实体，中国人真正站起来了。按汇率计算，2004 年人均 GDP 1000 多美元，GDP 总量占世界的 4%（全球第六）。如果按购买力平价计算，中国已是第一大经济实体，GDP 总量占世界的 12.5%。1980 年中国的 GDP 只有美国的 20%，2000 年中国已有美国的 40%。

2004 年，中国已经是世界第三大贸易国（第二大外资吸引国），仅次于美国和德国；进出口总量超过 1.1 万亿美元（进口 5000 多亿美元，出口 6000 多亿美元）；外汇储备 6099 亿元，世界第二（1980 年只有 24 亿元）；入境旅游 2003 年达到 9166 万人次，收入 174 亿美元。

国际上已经公认中国是世界的第二大经济发动机，亚洲第一大经济发动机。人民币实际成为第三大货币，周边国家人民币已经成为硬通货了，可以用人民币结算。2004 年中国经济增长对世界经济增长的贡献率为 18.2%，对贸易增长的贡献率为 16%。13 亿人民站起来了，国际地位很不一样了。中国国力不可预测。前景十分美好。

改革开放 26 年来，我国的发展成就巨大，怎么估量都不过分，但因为是在这种条件下发展的，又这样快，所以问题也很多。正如党的十六大指出的，还是低水平的、不全面的、很不平衡的小康。主要有以下几个方面。

1. 不平衡发展战略引起了城乡、区域、贫富三大差距的扩大

城乡、区域、部门、单位内部差距之大不可想象。真正的差距是财政收支的差距，连工资差别都很大。

（1）城乡差距越来越大。计划经济体制形成了二元经济社会结构，长期实行一国两策、城乡分治，导致城乡差距不断扩大（见表 1）。

表 1　1978～2003 年城乡居民收入差距

年份	城乡居民收入差距
1978	1.8∶1
1985	2.35∶1
1990	2.4∶1
2003	3.23∶1

（2）区域差距越来越大（见表 2）。

表2　1990～2003年东部、中部、西部人均GDP的差距

年份	西部、中部、东部人均GDP的差距
1990	1 : 1.181 : 1.84
1996	11 : 1.231 : 2.31
1999	11 : 1.261 : 2.33
2003	11 : 1.251 : 2.38

（3）贫富差距越来越大（见表3）。

表3　1978～2003年基尼系数的变化

年份	基尼系数
1978	0.203
1995	0.389
2000	0.417
2003	0.435

已经有1100多名亿元户，已经爆出有人打算花2000万美元去太空旅游，但至今还有3000万贫困人口，温饱问题尚未解决。

2. 粗放型的经济增长方式使资源和环境压力增大，使这种发展不可持续

2004年我国创造的GDP是全球的4%，但消耗了全球8.1%的石油、27%的钢铁、30%的煤炭、40%的水泥、25%的氧化铝，原材料消耗占世界增量的71%。资源过度消耗引起煤电油运普遍紧张，铁路货运只能满足35%。人均耕地占世界的40%，水资源占世界的31%，森林占12.5%，石油占11%，天然气占4.5%，660座城市严重缺水。现在世界上有三怕：一怕美国人为所欲为称王称霸；二怕中国的商品价廉物美，到处占领市场；三怕中国人把世界的资源购买一空。

3. 经济社会不协调

社会结构不合理。城市化完全滞后于工业化。阶级阶层结构不合理。社会事业发展落后于经济发展。科教不发达，文卫不发达。公共卫生事业排在世界190个国家的倒数第四，其短板在"非典"期间大暴露。2003年教育经费才6208亿元，讲了当年要达到4%，但是上不去。过去老百姓怕飞机大炮，现在怕上医院和学校。社会管理落后。高速公路3.4万公里，交通事故每年要死10万人。

4. 社会矛盾增多，社会冲突凸显，某些地区社会出现不安定局面，已经直接影响社会的稳定

20世纪80年代改革开放初期，那时社会问题堆成山。当时有一种思想认为，这么多问题，80%都是因为穷，是因为经济不发展，没有钱（诸如房子不够、工资少、物资短缺、走后门）。把经济搞上去了，也就是把蛋糕做大了，这些问题就解决了。25年过去了，经济翻了两番，真有钱了，蛋糕真的做大了。虽然有些问题是解决了，如温饱问题、物资短缺问题、走后门问题、脑体倒挂的问题，但总体来说，社会问题不是少了，而是多了。有些原来就有现在更严重了（如社会治安、刑事犯罪、贪污腐败等问题）；有些问题本来已经解决了，现在又死灰复燃、变本加厉了（如吸毒贩毒、卖淫嫖娼、赌博等问题）；有些问题则是在新条件下新产生的（如劳资纠纷、农民工、买官卖官、倒卖文凭、网络犯罪等问题）。总的来说，社会矛盾大量增加，社会冲突凸显。

（1）刑事犯罪案件大量增加。2003年与1978年相比，增加了7.2倍，平均每年增加2.88%；2003年比1998年增加了1.212倍，平均每年增加24.2%（见表4）。

表4　1978～2003年全国公安机关立案查处的刑事案件

年份	立案数（万起）	每万人立案数（％）
1978	53.57	5.57
1998	198.6	15.9
2003	439.3	33.9

（2）社会治安状况恶化。2003年全国公安机关受理查处的社会治安案件599.6万起，比1998年的323.4万起增加85.4%，平均每年递增13.2%。

（3）群体性事件大量增加。2003年全国共有各类群体事件6万起，比1994年的1.4万起增加了3.29倍，平均每年递增17.6%。

（4）群众上访上告逐年剧增。2003年全国党政信访部门共受理来信来访1272.3万人次。这是自1992年以来连续上升的第11个年头。2004年第一季度，中央信访局来信增加20.2%，来访上升99.4%。

这些都说明这样的发展是不可持续的。这种GDP挂帅、粗放型的、一条腿走路的发展战略和发展道路不能再走下去了。我们目前正处在这样一个关键时期，提出要坚持科学发展观、构建社会主义和谐社会的重大意义

就是要过好这个关键时期。成绩很大，问题也很多。搞得好，就上去了；搞不好，就停滞、徘徊、倒退。

党的十六届三中全会提出新的科学发展观，十六届四中全会提出构建和谐社会，强调要以科学发展观为指导方针，以构建和谐社会为目标，实现战略取向和目标的转变。这是中国整个发展到了关键时期的一个关键性的大决策、大举措，这是新的思想、新的目标、新的方法，意义十分重大，可以与当年实践检验真理标准的大讨论，实现思想解放，开创改革开放大好局面相提并论。目前正在进行的关于科学发展观和构建社会主义和谐社会的学习，可以说是一场新的思想解放的大讨论。

二 科学发展观与和谐社会的基本内涵

（一）科学发展观的基本内涵

科学发展观是指导社会主义现代化建设、全面建设小康社会的指导思想，是统领各项工作的指导方针。发展观是关于一个国家一个地区在一定阶段发展的宗旨、本质、目的和方法的总体看法、指导思想。科学发展观是党中央从我国国情出发，在新阶段提出的社会主义现代化建设事业全局的战略指导思想。

科学发展观的提出不仅仅是思想观念的更新，更是关于发展问题的思想认识上的飞跃，是相对于未来的发展而言的，有继承的一面，也有转变创新的一面。所以，可以说是新的发展观。树立和落实科学发展观，标志着一个新时期的开始。

党的十六届三中全会全面阐述了科学发展观的基本内涵。

1. 以人为本

这是科学发展观的核心。就是要把满足人的全面需求和促进人的全面发展作为经济社会发展的出发点和落脚点。我们的工作一切为了人民，一切依靠人民。是以人为本，还是以物为本的问题。把追求 GDP 放在第一位，把企业的利润放在第一位，不顾工人健康，是不可取的。是以多数人为本，还是以少数人为本的问题。

2. 全面发展

这是科学发展观的主要目的，包括经济发展，也包括社会发展。物质文明建设、精神文明建设、政治文明建设，经济建设、政治建设、文化建设、社会建设。社会管理不行。经济上实现宏观调控，社会上也要有宏观调控。最大的问题是经济社会不协调，社会建设被忽略了。经济上也不全面。城乡、区域、经济社会、人与自然、国内和国外，所以要五个统筹。

3. 协调发展

不全面，一定不协调；全面了，也不一定协调。现代化事业是一个整体，方方面面要有机结合，各个方面要平衡。像人体一样，左右互补，长短结合，大小相称。经济社会发展，一、二、三产业要协调，工业和农业、投入和产出、积累和消费、城市和农村等，都要协调。医生与护士，大中小学，高校的职称（教授、副教授、讲师和助教），官员的比例（局级、处级、科级、办事员级），勘探、采油和炼油，工人中的技工等，都应该按一定比例配置。男女性别比例也要合理，现在男女比例是 100 : 119，都要生男孩。2020 年以后，将有 4000 万光棍。

4. 可持续发展

既要考虑现在，也要考虑未来；既要考虑这一代，也要考虑子孙后代。不能吃子孙饭，不能杀鸡取卵。大量耕地被占，以地生财，吃了子孙的饭，不可取。

（二）关于社会主义和谐社会的内涵

1. "和谐社会"理念的形成和提出

党的十六大报告中说，我们的小康还是低水平的、不全面的和很不平衡的。所以报告提出，实现全面建设小康社会，"使经济更加发展，民主更加健全，科教更加进步，文化更加繁荣，社会更加和谐，人民生活更加殷实"①。这六条都是针对低水平、不全面和不平衡来的，其中第一次提出"社会更加和谐"。2003 年，党的十六届三中全会专门讨论完善社会主义市场经济体制的问题，但由于当年"非典"暴发，引出了统筹城乡、统筹经济社会发展的政策，提出了"坚持以人为本，树立全面、协调、可持续的发展观"，目标是"促进经济社会和人的全面发展"。② 2004 年党的十六届四中全会才明确提出"构建和谐社会"这个概念。社会主义和谐社会是党中央提出的一个新理念、新概念。人与人的和谐，既包括社会关系的和谐，

---

① 《中国共产党第十六次全国代表大会文件汇编》，北京：人民出版社，2002 年 11 月，第 18 页。

② 《中共中央关于完善社会主义市场经济体制若干问题的决定》，北京：人民出版社，2003 年 10 月，第 13 页。

也包括人与自然关系的和谐。这个概念既是我们的理想目标，又是我们的治国方略，也包括达到理想目标的方法。如历史上常讲的"政通人和""国泰民安"，孔子讲"和为贵"，孟子讲"天时不如地利，地利不如人和"。胡锦涛同志在党校就"和谐社会"讲了六个方面：民主法治，公平正义，诚信友爱，充满活力，安定有序，人与自然和谐相处。

2. 和谐社会的本质特征

我体会，和谐社会的本质特征是共同富裕和社会公正。有以下几个方面。

第一，社会主义和谐社会应该是经济持续稳定增长、经济社会协调发展的社会。贫穷不是社会主义，贫穷也不是和谐社会。还是要把蛋糕做大。但是蛋糕做大了，要分配好。经济社会要协调。一个和谐的社会，一定是经济社会协调、城乡协调的，经济保持7%～8%的增长，再翻两番不会成问题，难的是社会问题要解决好。

第二，社会主义和谐社会应该是一个社会结构合理，特别是社会阶层结构与经济结构相适应的合理的社会。有合理的人口结构，就业结构，城乡、区域结构。应该是一个两头小、中间大的社会，现在是个洋葱头形。

第三，社会主义和谐社会应该是一个社会各阶层都能各尽所能，各得其所，各自的利益都能基本得到满足，利益关系能够得到不断调整协调的社会。要调动一切积极因素，为社会主义劳动者、建设者、爱国者的大联合。

第四，社会主义和谐社会应该是一个没有身份歧视，社会流动通畅的开放型的社会。人人都有向上的希望。目前最大的差距是城乡差距，农民工没有同等待遇，进城受到种种限制。

第五，社会主义和谐社会应该是一个公平正义的社会，公平和效率相统一的社会。社会公正、正义是社会主义的题中之义，是人类的共同理想。中国人是不患寡而患不均的。效率优先，兼顾公平，现在不够了。一次分配注重效率，二次分配注重公平。

第六，社会主义和谐社会应该是一个社会事业发达、社会保障体系完善的社会。科、教、文、卫发达、繁荣，又要有社会保障体系，这是社会的安全阀、稳定器。老百姓不敢消费，低利息还在存款，影响经济发展。主要是你的保障不好，一是子女上学，二是看病养老。

第七，社会主义和谐社会应该是一个公民都有共同理想，讲诚信守法度，民风纯正的社会。现在最大的问题是价值观念的问题。要推进保持共产党员先进性的教育，就是党员带头要讲诚信，讲奉公守法，社会才能和谐。"封资修"批乱了，要进行精神文明建设。

第八，社会主义和谐社会应该是一个各民族各阶层关系和谐、人民安居乐业、社会治安良好、社会稳定有序的社会。安居乐业心态平和，公平、稳定是压倒一切的，社会才能安定有序。现在有些矛盾一定要处理好。

三　当前坚持科学发展观，构建和谐社会要解决的几个问题

（一）要开展学习和提高对于科学发展观、构建和谐社会重要意义的认识

这不是一般的学习，而是关于我们国家建设社会主义现代化国家、全面建设小康社会的指导思想、指导方针的学习。前面讲了什么叫发展观，发展观是关于一国一个地区发展的总体战略、战略目标、战略步骤、战略方法的指导方针。要在总结前一阶段改革开放发展的经验和教训的基础上，认识到树立科学发展观的重要性、必要性和紧迫性。各地区、各部门、各单位都要对前一阶段自身发展的经验和教训进行总结，哪些是符合的，哪些是还需要改进提高的。在此基础上，制定本地区、本部门、本单位的发展战略。要充分认识科学发展观的重要性，要有个转变。坚持科学发展观统领经济社会协调发展，构建和谐社会，这是我们今后几十年的指导思想，这一点一定要有充分认识。同原来的发展观相比，一是继承，一脉相承；二是有创新有转变，是与时俱进的发展观。

（二）坚持科学发展观，构建和谐社会，就必须继续坚持以经济建设为中心，这是发展的基础

一定是全面的、协调的、可持续的发展。还是要发展，现在的众多问题最后还是要靠发展来解决，发展还是硬道理，当然，全面协调发展更是硬道理。要把蛋糕做大，同时要把蛋糕分好。中国现在还是穷，人均 GDP 只有 1200 美元，离 3000 美元还远，离中等发达 1 万美元以上就更远，还要做大量的工作。中国人潜力大得很，对人类做出较大贡献是有条件的。我们遇上了个好时机，国际形势好，还有 10～20 年和平发展的空间。国际上苏联垮了，俄罗斯自顾不暇，日本不行了，美国也不行，没有马歇尔、丘

吉尔、艾森豪威尔这样的人了，这是中国发展千载难逢的好机遇。毛泽东主席开了一个好头，晚年不行；邓小平继承了，发扬了；江泽民这十多年发展起来了。现在正是个关键时期。有 13 亿人，8 亿劳力，勤劳好学，有重教的传统，勒紧裤带工作。这样忙，这样勤奋，全世界也没有几个国家。学得也快，在大油田里，打几千米深井，终于找到了、打出了油，这是塔里木的精神。总之，前景十分乐观，我们要有信心。

（三）坚持科学发展观，构建和谐社会，就必须继续深化改革，完善社会主义市场经济体制

要把计划经济体制留下来的还在继续阻碍全面协调发展的东西，下决心改掉。计划经济实行 30 多年了，根深蒂固，要改掉，建立完善的社会主义市场经济体制很不容易。制度比人重要。容易改的都改了，改革的难度越来越大，但不改又不行。如户口制度的改革，农民工体制的改革，人事、就业、社会保障、社会事业体制的改革，财政体制的改革，国民收入分配格局的改革。

（四）对塔里木油田贯彻科学发展观，构建和谐社会，争取更大胜利，做出更大贡献的几点建议

国家能源发展还有待改进。我作为一个共产党员，当过 10 年人大代表，献计献策。来了两天，身临其境，听了很多，想了很多，感到大有希望。这么好的条件，这么好的环境，发展前景广阔。

1. 坚持科学发展观要有个正确的定位，要按经济规律办事

中国缺油啊！石油是战略物资，每吨 370 美元，1 亿吨就是 370 亿美元，买不买得起？买不买得到？运不运得来？你们不是一个一般企业，不仅是库尔勒的利税大户，而且是中国西部石油城充满希望的未来，是中国能源产地的希望，是新疆未来经济科学发展的希望，是塔里木几百万各族人民的希望。要在新形势下贯彻科学发展观，拟定一个经济建设、政治建设、社会建设、文化建设的发展战略，把这个大石油城建设起来。不能小富即安，每年出几百万吨油，2010 年要出 2000 万吨。出更多油，挣更多钱，上交更多利润。

2. 要全面发展

不仅出石油，还要出经济，出人才，出经验，出精神。要学大庆，建设大庆式的石油城。要"一靠政策，二靠科学"，发展石油勘探、采油、输

油、炼油的高新技术。要发展自然科学和社会科学，要把库尔勒市的教育科技发展起来，把经济、社会科学也发展起来。要树立大庆精神，创造第二个大庆精神。大庆有"铁人"王进喜和一大批劳模，大庆有"三老四严"精神，大庆重视大庆精神的宣传，各种人去采访研究。大庆的展览馆有四层楼，成为爱国主义教育基地。

3. 要协调发展

单科独进、孤军深入不行，要经济和社会协调发展。要把塔里木建设起来，大而全不好，企业办社会不好，但也有好的一面。现在你不办不行，不办谁给你培养技术？有些东西钱买的来，有些钱买不来，钱不是万能的。

4. 要持续发展

要建设大塔里木，为未来继续开发打下好的基础。加强班子建设和科学管理，实行老、中、青三结合。精干核心层，重组紧密层，剥离松散层。要有自己的队伍。精简机构、年轻化，有些可以，但有些不可以，还是老的好。不要被一般的精简机构、年轻化难住。

5. 构建和谐社会

要搞好油田同当地、同各少数民族的关系。汉族离不开少数民族，少数民族离不开汉族，少数民族离不开少数民族。巴州、库尔勒市的希望在塔里木，油田要靠地方。要当这个地方的领头军，多做贡献，从资金、人才、技术、创新观念等方面，帮助当地发展起来。一个经济繁荣、科技发达、文化多样、环境更好、生活方便、宜人居住的城市，和谐社会，对油田的发展会起巨大的推动作用。队伍可以在这里扎根。可以养一二百万人，再建一个大庆市，21 世纪的大庆，世界名城。

我们国家现在已经站起来了，也初步富起来了。要真正强起来，建成现代化强国，还有很多工作要做，但是我们遇上了好的发展机遇。17、18 世纪康乾时期，我们是超级大国，第一世界，但没有搞工业化，闭关自大，落后了。到 1820 年，虽然 GDP 仍占世界的 1/3，但还是农业国家。1840 年后，我们遭到了外族入侵，成为半殖民地半封建社会。直到 1949 年，我们站起来了。邓小平搞改革开放，我们真正富起来了。现在已经进入了现代化之门，过好这个关键时期，再用 20~30 年时间，使人均 GDP 达到中等发达国家水平，中国就真正列入了世界先进民族之林，可以对人类做出更大贡献，前景是很远大、很好的。

构建社会主义和谐社会的内涵与要求[*]

党的十六届四中全会提出，要适应我国社会的深刻变化，把和谐社会建设摆在重要位置。这里提出的"和谐社会"，不仅是重要的新概念，而且是社会主义现代化建设的重要目标。这一目标既顺应了广大人民群众的民意，也适合当前我国经济社会发展的状况和要求，同时也是具体贯彻党的十六大精神、树立和落实科学发展观的重要步骤，具有十分重要的意义。构建社会主义和谐社会将是一个比较长的历史过程，需要多方努力才能逐步实现。从和谐社会的内涵与要求来说，我认为有以下八个方面。

第一，社会主义和谐社会应该是一个经济持续稳定增长，经济社会协调发展的社会。国际国内发展的经验都证明，经济是基础，经济发展是社会发展的前提。只有经济发展了，各项社会事业发展才有了物质保证。经济发展总是第一位的，但是社会发展必须随着经济的发展而发展，即经济社会必须协调发展。如果经济发展孤军深入，社会发展长期滞后，那么经济发展本身就会因得不到人才、科技、教育等方面的支撑而延缓，而且必然会因诸多社会矛盾、社会问题的产生而受到阻碍。经济发展的根本目的就是满足人民的物质文化需求，实现社会全面进步。所以，和谐社会一定是经济社会协调发展的。

中国现在面临的最重要的矛盾是经济社会发展不协调。我们的经济发展成绩斐然，但社会发展却相对滞后，"一条腿长，一条腿短"。具体问题如下：（1）经济结构调整了，但社会结构却没有得到相应的调整。我国已进入工业化中期阶段，而城市化水平还是初期阶段，城镇化严重滞后于工

---

　　*　本文原载《中共石家庄市委党校学报》2005 年第 3 期，第 8～10 页，发表时间：2005 年 3 月 15 日。本文的主要内容曾以接受记者访谈的方式发表于《安徽日报》2004 年 12 月 6 日，题为《"社会主义和谐社会"八题》；《经济师》2005 年第 2 期（2005 年 2 月 15 日），题为《构建和谐社会：背景与内涵——著名社会学家陆学艺教授访谈录》。——编者注

业化。城乡二元结构的存在严重地影响了经济社会的健康发展。（2）经济发展了，社会事业没有得到相应的发展。科技、教育、文化、卫生、社会保障等社会事业的发展严重滞后，束缚了经济持续、健康的发展。（3）经济管理体制改革了，建立了社会主义市场经济体制，但是社会事业管理体制的改革还没有破题，基本上还是沿用原来计划经济时期形成的管理体制。这不但很不适应市场经济发展的要求，也不能满足人民群众的实际需要。从发展的前景来看，我国要全面建设小康社会，实现邓小平同志提出的把中国建成中等发达的社会主义现代化国家。从经济层面来看，今后 20 年我们要保持 7% ~8% 的增长速度，使经济总量再翻两番。对此我们可以说是胜券在握，不会有太多问题。但是社会结构的调整，社会事业的发展，社会体制的改革，这些方面的任务都很重，难题还很多。如何解决好经济社会协调发展的问题，是摆在我们面前必须解决的重大课题。

第二，社会主义和谐社会应该是一个社会结构合理的社会。社会结构合理与否是影响乃至决定这个国家或地区社会是否和谐的重要因素，也是衡量整个社会是否和谐的重要指标。社会结构包括人口结构、家庭结构、就业结构、城乡结构、地区结构、社会阶层结构等方面，其中最重要的就是社会阶层结构。社会阶层结构一般应和经济发展结构相适应，即有什么样的经济结构，就应该有什么样的社会阶层结构。现代化社会既要有现代化的经济结构，也要有现代化的社会阶层结构。现代化社会的阶层结构一般都是"中间大，两头小"的"橄榄型"结构。社会中处于优势地位的非常富有的阶层和处于底层的贫穷弱势的人口规模都比较少，而社会中间阶层的人口规模为大多数或绝大多数，这样的社会才是比较稳定健康的和谐社会。

由于我国目前的经济发展水平还不高，经济结构还处于工业化中期阶段，特别是由于户口、就业、人事体制等方面的改革还未到位，所以，我国现在的社会阶层结构既没有与目前的经济结构相适应（如 2003 年我国 GDP 中农业产值只占 14.8%，但是农业劳动者阶层占 40% 以上[①]），也没有达到现代社会阶层结构的水平，离"橄榄型"结构还较远，只是一个中下阶层规模还很大的"洋葱头型"社会阶层结构。该小的农业劳动者阶层没有小下去，该大的社会中间阶层还没有大起来。这也是我国目前社会还不和谐的根本原因。

---

① 参见国家统计局编《中国统计摘要·2004》，北京：中国统计出版社，2004 年 4 月，第 19、43 页。

第三，社会主义和谐社会应该是一个各社会阶层都能各尽所能、各得其所，各社会阶层互惠互利，各自的利益都能得以基本满足，各阶层间的利益关系能够不断得到协调的社会。我国目前正处在社会主义初级阶段，现代化建设的根本目的就是要通过解放和发展生产力，满足人民群众日益增长的物质文化需要。总结五十余年的经验可知，我们在政治上要保证各阶层应有的民主权利，在经济上要保证他们应得的物质利益，这样才能调动社会各阶层及其成员的积极性，使社会充满活力。在建设社会主义现代化的过程中，特别是在实行社会主义市场经济体制以后，经济发展，社会转型，人们的生产、生活方式都在发生快速而又深刻的变化，各种社会关系变化错综复杂。党和政府要把握这些社会关系的变化，审时度势，及时适当地不断整合各种社会关系，引导各方面的力量，使之有利于实现全国各民族、各社会阶层的大团结，有利于社会主义现代化建设事业的大局。

在各种复杂的社会关系中，社会阶层关系是最重要的一种社会关系。整合社会关系主要就是要整合社会各阶层间的关系，整合的目标就是要"形成全体人民各尽所能、各得其所而又和谐相处的社会"[①]。建设社会主义现代化国家是包括全国所有社会阶层在内的全体人民的共同事业，各社会阶层都应该为社会主义现代化事业各尽所能，贡献自己的力量。社会应使各社会阶层成员都能根据各自的条件和特点，得到相当的各展所长的社会位置，使其各得其所。与此同时，社会应该通过不断的改革和调整，逐步建立合时、合情、合理的分配机制，使各社会阶层成员都能根据各自的贡献和基本需求，共享经济发展、社会改革的成果，使之各得其利。从一定意义上来说，现阶段，整合社会阶层关系就是整合各社会阶层的利益关系；正确处理人民内部矛盾，也就是正确调整好、正确处理好各社会阶层之间的利益关系。随着经济发展、经济结构调整、市场经济体制的完善和社会体制的改革，各社会阶层之间的利益关系不断发生变化。党和政府要通过建立社会利益关系的协调机制，运用政治、法律、经济和行政等手段，不断调整各社会阶层的利益关系，采取教育、协商、调节等方法，妥善处理新形势、新条件下的人民内部利益矛盾，使各社会阶层的人民都能和睦相处，使整个社会和谐。

目前城乡差距、地区差距、贫富差距已经很大，并且还有继续扩大的趋势。这是目前社会并不和谐的重要原因，亟须通过深化改革采取必要的

---

① 《中共中央关于加强党的执政能力建设的决定》，北京：人民出版社，2004 年 9 月，第 23 页。

措施，予以遏止和扭转。

第四，社会主义和谐社会应该是一个没有身份歧视，各社会阶层之间相互开放，社会流动畅通的开放社会。现代社会是一个以能力为衡量标准的社会，即一个人的社会地位，不是由先赋因素而是由自致因素决定的。我们也由此建立优胜劣汰的竞争机制和社会流动机制。一个社会越是开放，社会流动程度越高，就越能为社会成员提供更多机会和好的预期。在这样的社会里，社会成员能上能下。上是一种激励，下是一种压力和鞭策。排除各种身份歧视和血缘、亲友关系等非能力主义因素的干扰，使各种人才能人尽其才、各得其所，使全社会的人力资源得到最优化的配置，是社会保持健康和活力、不断进步的源泉。现在我国还存在诸如户籍制度、就业、人事体制和城乡很不相同的社会保障体制等障碍，社会流动并不顺畅，限制了一部分人的流动。他们虽然经过努力，自身具备了一定的条件，但还是得不到应有的社会位置。

第五，社会主义和谐社会应该是一个公平、公正的社会。追求社会公平是社会主义的应有之义，也是人类社会的共同理想。实现社会公平是构建社会主义和谐社会一个很重要的组成部分，因此我们要将其贯彻到政治、经济、文化等各个方面去。只有实现社会公平，我们才能协调各方面的社会关系。这样才有利于调动人民群众的积极性，有利于实现社会和谐稳定。

社会公平包括起点公平、过程公平和结果公平。因为各社会阶层成员存在着家庭出身、个人生理条件、智力水平的差异，起点公平不容易做到，但社会应该保障每个公民接受义务教育的权利，使其享有基本的社会保障和防疫免疫等最起码的医疗保障，尽可能做到起点公平。过程公平包括机会均等。面对竞争，每个人都应享有同样的机会。社会应当保障每个社会成员都享有平等的国民待遇，不受民族、性别、年龄、户籍等的歧视和限制，使他们能够获得最基本的生存权和发展权。这是实现社会公平的基本含义。结果公平是实现社会公平最重要的目标，但因为受到社会经济发展阶段的客观条件和起点与机会差异等个人条件的限制，实现结果公平将是一个比较漫长的历史过程。目前我们要特别强调实现经济公平，以缩小贫富差距。过去我们曾经提出"效率优先，兼顾公平"的口号，这在平均主义盛行时对推进经济快速发展曾起过一定的作用。但到了20世纪90年代后期，在贫富差距很大，基尼系数已超过0.4的状况下，我们当然应该对此做出适当的调整。党的十六大提出，一次分配注重效率，二次分配注重公平。这是很适时的。在市场经济体制下，政府要把维护社会公平放在优先的位置，通过二次分配，建立健全社会保障体制，维护弱势群体的基本利益。缩小城乡、地区、阶层间过大的贫富差距是我们目前的重要任务。

第六，社会主义和谐社会应该是一个社会事业发达、社会保障体系完善的社会。和谐社会不仅经济繁荣，而且科、教、文、卫、体和社会保障事业同样发达。我们在这方面相对滞后，社会事业发展水平比经济发展水平落后 5～8 年。2003 年的"非典"疫情让这个问题暴露了出来。世界卫生组织根据卫生、防疫、医疗水平指标将我国排在世界 190 个国家和地区的倒数第四位，使我们看到这方面的欠账实在太多。国家今后要把重点放到公共事业上，经济建设投资则主要交给市场。

第七，社会主义和谐社会应该是一个各阶层人民有共同理想、讲诚信、守法度、民风淳朴的社会。中华民族有 5000 年悠久的历史文化传统，中国素有"礼仪之邦"的美称。近代以来由于屡遭外族欺凌，中国人在自强的过程中挣脱封建主义的禁锢，接受了西方的一些先进文明，特别是学习了马克思主义。靠着这一先进理论，中国共产党领导中国人民建立了新中国。但批判封资修把优秀传统文化、传统美德丢掉了，把世界的一些先进的东西排斥了，"文化大革命"对文化的摧残、对社会的破坏，后果极其严重，影响相当久远。现在大家都关心诚信问题、信仰问题、信任问题、道德伦理问题、民风问题，说明不尽如人意的现象严重存在。所以，精神文明是"三个文明"的重要组成部分，亟待加强建设。

第八，社会主义和谐社会应该是一个各社会阶层关系融洽，人民安居乐业，社会治安良好，稳定有序的社会。邓小平同志早就提出了"稳定压倒一切"的方针。维护社会稳定是最大的社会问题，也是最大的政治问题。没有社会的稳定就没有经济的发展，也就没有社会的进步。这是几十年来社会主义革命和建设的经验总结。我们要坚定不移地执行这个方针，因为这是社会主义现代化建设顺利进行的基本保证。我们要实现的社会稳定，是建立在社会和谐基础上的稳定，而不是别的什么稳定。一个和谐的社会，一定是稳定的社会，而稳定的社会却不一定和谐。所以，维护社会稳定，我们必须采取文明、法制、妥善的方式，切不可简单粗暴地强制压服。只有这样，我们才能解决社会矛盾，维护社会有序和持续的稳定。

党中央提出的"构建社会主义和谐社会"的新任务，可以说是党中央在我国发展到一个关键时期作出的一个重要决策，具有深远的意义。构建社会主义和谐社会是一个新理念。我们要深刻领会，并在工作中积极贯彻和实践。

构建和谐社会必须重视社会
结构中的农村问题[*]

党的十六届三中全会和党的十六届四中全会提出了科学发展观以及构建社会主义和谐社会。这是党中央总结了新中国成立几十年来的实践经验提出的战略目标。因此，现在我们应该以科学发展观来统领整个社会发展。我认为，构建和谐社会这个目标应该比实现小康社会的目标更为宏伟、全面。近期，在党中央提出这个目标以后，全国也进行了宣传、讲解。这一年来社会很快形成了共识，体现出这是一种社会的需要。现在的问题是要将其付诸实践，而党的十六届五中全会审议通过的"十一五"规划里就讲到了这些方面。但是，这里面有一个问题，就是要构建和谐社会，首先要有一个合理的社会结构。

在 2005 年 2 月 21 日举行的十六届中央政治局第二十次集体学习会上，胡锦涛总书记专门讲了要对社会结构进行科学研究。社会结构也的确需要调查研究。社会结构包括阶层结构、城乡结构、人口结构、就业结构、组织结构等六个方面。当然从社会结构原理方面来说，社会结构还包括更多的方面。我认为，构建合理的社会结构是构建和谐社会的基础。

一 总的社会结构在改革开放以来已经
发生了深刻的变化

改革开放 27 年来，经济学家对经济的发展和进步、经济结构的调整等

———————————

* 本文原载《湖北社会科学》2006 年第 1 期，第 96~97 页，发表日期：2006 年 1 月 10 日，原稿写于 2005 年 12 月 28 日。该文发表后被人大复印报刊资料《农业经济导刊》2006 年第 5 期转载。——编者注

已讲了很多，相关著述可谓汗牛充栋。但是，我们的社会结构变迁、变化的意义同样也很重要，而我们在这方面显然总结得不够。这20多年来，中国社会结构真正发生了什么变化呢？大家都知道，2000多年来，中国形成了农业社会的社会结构，一直到1840年都没什么变化。不管它如何兴盛、王朝如何更替，社会基本上就是这个结构。1949年中华人民共和国成立了，但农民仍然占89.4%的比例①，说明我们的社会仍然是农业社会。到1953年，我们正式开始了第一个五年计划。但这之后我们又经历了许多挫折，如模式不对、计划经济等。到了1978年，我们的社会结构又是怎样的呢？就城乡比例来说，农村人口占82.1%，农业劳动力占总劳动力的70.5%，而当时我们的工农业总产值中非农产业已经达到了72%，农业产业只有28%。② 这还可以说是一个农业社会的社会结构。社会结构真正发生变化是这20多年来的事情。

下面我只讲三个结构的变化。

第一个结构变化就是就业结构的变化。1978年，我国有40152万就业人口，其中28318万为第一产业就业人口，占70.5%，所以还是农业社会的社会结构。到2004年，这26年中我国就业人口增长到75200万人，非农业就业人口39931万人，占53.1%，农业就业人口占比已下降到46.9%，所以可以说是工业社会的结构了③。与1978年相比，这26年非农业就业人口增加了28096万人，平均每年增加1080.6万人，其中也包括农民工。在中国的国情下，这个数字是非常了不起的。

第二个是城乡结构的变化。1952年，我国还是一个农业国家，城市化率是12.8%，到1958年达到了17.2%，④ "一五"期间的城市化是按照工业化进程发展的，所以这5年增加了5个百分点。到1978年，我们的城市化率是17.9%，这20年只增长了0.7个百分点。可是其间我国人口却从6.5亿人发展到9.6亿人，增加了3亿人，城市化率没什么变化，所以就形成了中国特有的情况：一边在进行工业化，一边是农业人口的大量增加。

① 参见国家统计局国民经济综合统计司编《新中国五十五年统计资料汇编》，北京：中国统计出版社，2005年12月，第6页。

② 国家统计局编《中国统计年鉴·2005》，北京：中国统计出版社，2005年9月，第52、93、118页。

③ 参见国家统计局编《中国统计年鉴·2005》，北京：中国统计出版社，2005年9月，第118页。

④ 参见国家统计局国民经济综合统计司编《新中国五十五年统计资料汇编》，北京：中国统计出版社，2005年12月，第6页。

然而，到了 2004 年，农业人口数量就变了，从 9 亿人下降到 7.97 亿人。所以，我们的城市化率有了实质性的变化。这 26 年中城市化率的提升当然有快有慢，平均每年增长 0.9 个百分点。因此，这 26 年间的增长是正常的，特别是后来几年。1978 年，我国城市人口是 17245 万人，2004 年达到 54283 万人。这 26 年间城市人口平均每年增加 1424 万人，其中，当然包括农民工。于是，我们的城市化率就达到了 41.8%。[①]

在 20 世纪 50 年代的政治经济学里，所谓工业化国家，就是在工农业总产值中工业总产值超过农业总产值的国家。按这个计算，1956 年我国就已经是工业化国家了。但实际远远不行，远远不够。当然我们现在讲，第一，你的 GDP 里非农产业产值占比要超过 50%，这个在 2004 年我们已经达到 85% 了；第二，你的就业人口中，非农就业人口占比要超过 50%；第三，你的城镇人口占比要超过 50%。由此可见，我们现在就是城镇人口占比相差太远，达不到这个数字，这也可以说是我们实现成为工业化国家的困难之处。

第三就是我们的社会阶层结构发生了深刻的变化。大家都知道，1952 年我们有个统计，工商业者接近 60 万人。那么，现在是什么概念呢？2001 年，我们调查的时候，工商业者就有 710 万人。最近又有统计资料表明，截至 2005 年 6 月底，全国工商业统计有接近 400 万户私营企业。当然，私营企业的投资人不止一个，有的私营企业有两个、三个投资人，因此人数加起来一共是 1030 万人。从不到 60 万人发展到现在的 1000 多万人，这是我们非公有经济的状况，接近全国总人口的 1.5%。在这些私营企业中，二、三产业的工人，我们统称为工人阶级，但我们是把他们分别叫作产业工人阶层与第三产业工人阶层。这两个工人阶层，1952 年只有 3193 万人，占总劳动人口的 9.5%；到 2001 年，在二、三产业就业的工人阶层一共是 2.1 亿人，占 28.7%，在总劳动人口中已经接近三分之一。所以，总的来说，中国的社会结构已经发生了深刻的变化。对这样的社会变化，我们的社会学界研究太少了。我认为这样的变迁是我国的根本性变迁。从上面的数据我们可以看出，中国社会真正的变化是发生在这 26 年间的。

二 现在的社会结构存在的问题

现在我国的社会结构存在着三个问题。第一是就业结构方面的问题。

① 参见国家统计局编《中国统计年鉴·2005》，北京：中国统计出版社，2005 年 9 月，第 93 页。

现在这个社会的就业结构是和产业结构同步的，是基本相同的。但是也有不一样的地方，由于户口等因素的参与，在我们总的经济结构里，产业结构与就业结构存在着明显的结构差。在我们的 GDP 里，2004 年，第一产业产值占 15.1%，第二产业产值占 52.9%，第三产业产值占 32%。但是就业呢，第一产业占 46.9%，第二产业占 22.5%，第三产业占 30.6%。① 第一产业占 GDP 的比例与就业人口的比例相差 31.8 个百分点，存在这么大的结构差，因而就形成了"三农"问题，"三农"问题的根本原因就是社会结构方面的原因。就是因为这个就业结构，所以 47% 的劳动力、70% 的农业人口占有 15% 的 GDP，怎么会不穷？这个结构差就摆在这里。所以，我想，根本的原因就是结构性的问题，当然还有政策、体制等方面的原因，但是结构性问题是最根本的问题。

就业方面的另一个问题就是占比 53.1% 的二、三产业的就业劳动力中有 60% 以上（有些行业甚至达到 80%）的劳动力是农民工。现在的城乡二元结构转移到城市里面来了，转移到工业中来了。若干年前我写的一篇文章中曾提到过"一国两策"，即对农民、农村是一种政策，对城市、市民是另一种政策。我们的"一国两制"是好的，但是我们的"二元结构""一国两策"造成了大量的社会问题。有了农民工，工厂里的工人阶级是两种。不管是我们的大学、社科院，还是农业部，都是"一校两制""一院两制""一部两制"。甚至医院也是这种情况。问题存在的原因都在这里。

第二是城乡结构方面的问题。在我们这样一个工业社会，经济社会不协调最主要的是我们已经进入工业化的中期阶段，但是我们的城市化率只有 41.8%，而且这 41.8% 也是有水分的。这个数字比世界的平均数，甚至比好多发展中国家都低。这样一个社会结构，城市化严重地落后于工业化。另外，我们的城乡差距达到 3∶1 甚至更多。这是世界少有的。这是我们已经看到的，还有我们没看到的。城市居民与农村居民在社会资源的占有方面也存在较大差距。所以，现在农村社会方面的发展落后更多。农村的医疗、教育都有问题。农村孩子很难进入大学。我们现在还有一些农村的学生已经进来了，但在这套体制下，他们的弟弟妹妹，要进大学就越来越难了。这是城乡结构方面的问题。

第三是阶层结构方面的问题。在我的书里面，我将社会分为 10 个阶层。

① 参见国家统计局编《中国统计年鉴·2005》，北京：中国统计出版社，2005 年 9 月，第 52、118 页。

在这 10 个社会阶层里，现代社会该有的成分我们都已经有了。但是总的来说，现在是该大的没有大起来，该小的没有小下去。简单的一句话，现在社会流动越来越受到组织、结构的限制。我们说的社会流动不是现在才开始的，而是从 20 世纪 80 年代就开始了。就拿农民的户口来说，农业户口的人占 70%，农业劳动力占就业劳动力的 43%。该小的就是没有小下去，也就是农业劳动力"太多"。那么该大的呢？城市的其他阶层没有大起来。特别是我们应该培育的社会中间阶层，现在就我们的估计，1997 年大概只占20%，远远没有满足使社会稳定、协调发展的需要。

三　解决社会结构问题的困难

简单来说，现在我们想解决这个问题恐怕有点难，因为这要触及社会体制改革政策。我国社会方面的改革远远落后于经济方面的改革，经济社会发展不协调。该出台的一些社会政策我们没有出台，所以导致现在的经济社会发展不协调，城乡社会发展不协调。从体制方面来看，有人认为是政府行为，我认为只讲政府行为远远不够，政府行为远远不及体制性问题。现在我们不解决人口制度、城乡关系问题肯定是不行的。不解决现在的土地制度，那么农民问题是肯定解决不了的，不解决现在城乡结构不合理的问题、国民分配结构不合理的问题，以及城乡社会资源的分配不均体制，问题就解决不了。这是体制性的问题，而不只是机制性的问题，因为机制是由体制决定的。

所以，我们要构建一个和谐社会，首先应该构建一个和谐的、合理的社会结构。这就是我们社会学家的任务。我们的题目是建构合理的农村社会结构，就必须执行党的十六大提出的"城乡统筹"的方针，因为单在农村进行改革肯定实现不了和谐。所以，农村的问题在农业、农村外，农村的问题在城市里面。现在领导农村的城市做得不太公平，我们就是要解决这个问题。

和谐社会需要"完美骨骼"*

　　和谐社会的构建和发展离不开社会结构的优化。一个稳定的社会结构才是和谐社会的"完美骨骼"。现在的父母都知道，要从小教育孩子读书、走路使用正确的姿势。这是为什么？因为人体生长，骨架子端正很重要，骨头正了怎么长都行。不仅人的成长是这样，社会的成长也是这样，而社会结构就是社会的"骨骼"。

　　从一定意义上说，一个社会本质的变迁是社会结构的变迁。判断一个国家或地区的经济发展是否合理，关键还是要看这个国家或地区的各个社会阶层是否能够分享到好处，而不仅是少数人受益。比如沙特、伊朗这些石油国家，人均 GDP 甚至超过 2 万美元，但并不意味着他们是现代化国家。因为这些国家的社会结构没有变。伊朗在 20 世纪 70 年代十分富庶，但农牧社会实质没变。而拉美的巴西、阿根廷等国家，都曾经创造过经济奇迹，但社会结构没有出现相应的现代化转变，结果城乡差距急剧扩大，引发了不少社会问题。在我看来，由于社会结构优化而蓬勃发展的现代化国家是德国、日本。二战结束时，德国、日本几乎被美苏军队踏平，生产线毁于一旦，但由于有良好的社会结构，熟练的高级技术工人，知识分子已形成了一定规模，所以国家的经济很快就得到了复兴。

　　改革开放二十多年来，我们的经济发展已经创下了奇迹。但是我们对现代化建设还缺少经验，社会科学知识比较贫乏。这主要表现在有些地区把经济发展这个第一的任务提到了单一的位置，没有重视社会体制的改革，从而形成了经济发展这条腿长、社会发展这条腿短的局面。而社会发展成

　　* 本文原载《北京日报》"理论周刊"2006 年 6 月 26 日，第 17 版。——编者注

了"短腿"的问题之一，也就是产业结构和就业结构之间出现了矛盾。而就业结构与产业结构同步变化是市场经济发展规律性的表现。因此，要解决这个矛盾，在构建和谐社会的过程中，应深化社会结构改革，以尽快形成构建社会主义和谐社会的"完美骨骼"。

关于构建社会主义和谐社会的几个问题[*]

一 提出构建社会主义和谐社会的历史背景

党的十六大将全面建设小康社会确定为 21 世纪头 20 年要实现的宏伟目标，并且提出"使经济更加发展、民主更加健全、科教更加进步、文化更加繁荣、社会更加和谐、人民生活更加殷实"。[①] 这是第一次提出"社会和谐"这个新概念。2004 年党的十六届四中全会通过的《中共中央关于加强党的执政能力建设的决定》把提高加强构建社会主义和谐社会的能力列为重要的内容，对和谐社会做了比较全面的阐述。2005 年 10 月，党的十六届五中全会把构建社会主义和谐社会确定为贯彻落实科学发展观、实现"十一五"经济社会发展规划的重要任务。2006 年 10 月，党的十六届六中全会专门就构建社会主义和谐社会作出决定，从理论和实践相结合的高度，全面阐述了构建社会主义和谐社会的战略思想，并且将其确定为我国建设中国特色社会主义的总体目标。

科学发展观、构建社会主义和谐社会，是党的十六大以来提出的两大战略思想，是重大的理论成果，对于建设中国特色社会主义，实现中国特色的现代化，使国家富强、民族振兴、人民幸福有重大的意义，对于整个社会主义事业也有不可估量的重大意义。

马克思主义认为："不是意识决定生活，而是生活决定意识。"[②] 社会主

---

* 本文源自作者手稿，原稿写于 2006 年 10 月 20 日，其后半部分仅为细纲，写于 2006 年 10 月 20 日。现将原手稿整理成文。——编者注

① 《中国共产党第十六次全国代表大会文件汇编》，北京：人民出版社，2002 年 11 月，第 18 页。

② 《马克思恩格斯选集》第 1 卷，北京：人民出版社，1972 年 5 月第 1 版，第 31 页。

义和谐社会理论，不是天上掉下来的，也不是人们脑袋里固有的，而是从实际生活中产生的。它的产生主要源自以下几个方面。

第一，实践的要求。《中共中央关于构建社会主义和谐社会若干重大问题的决定》指出，社会和谐是我们党不懈奋斗的目标。应该说，社会和谐是社会主义社会的题中之义。新中国成立以后，我们就进行了大规模的经济建设，但由于国内国外的主客观因素，我国的经济建设是在计划经济体制下进行的，历尽坎坷、曲曲折折，长期没有摆脱短缺经济的困境，连温饱问题也没有解决好，当然也谈不上社会和谐。党的十一届三中全会以后，我们党把工作中心转移到经济建设的轨道上，实施了改革开放的大政策，经济建设取得了空前的成功。当时，有很多人认为，我们 80% 的问题是因为国家穷，蛋糕太小，僧多粥少，引起了矛盾。把经济搞上去，把蛋糕做大，许多问题就迎刃而解了，其实不然。我们的经济建设不断取得新成就，特别是在邓小平同志南方谈话以后，确定了要实行社会主义市场经济新体制，经济建设突飞猛进，综合国力大幅提高，人民生活水平也普遍提高。但是，从 20 世纪 90 年代中期以后，一些新的社会矛盾凸现出来，城乡、地区、阶层之间的差距扩大了，经济社会发展不协调，就业、教育、医疗、住房、社会保障等关系群众切身利益的问题就出现了。2002 年党的十六大在总结这一阶段的实践时指出，我们已经总体上实现了小康社会的目标，但达到的还是低水平的、不全面的、发展很不平衡的小康，所以提出了全面建设小康社会的总目标，在提出经济要更加发展的同时，明确提出了社会要更加和谐。

第二，广大人民群众的愿望和要求。中华民族是一个伟大的民族，中国人民是伟大的人民。长期以来，中国人民的传统理想是要求国泰民安、安居乐业。改革开放以后，经济持续快速发展，国力蒸蒸日上，国际地位日益提高，人民是高兴的。蛋糕真的做大了，做得比预想的还要大，许多人过上了连做梦也想不到的生活。但是由于分蛋糕的机制和规则还没有定好，有些分蛋糕的人为官不公正，偏多偏少，特别是 20 世纪 90 年代中期以后，一部分改革发展的成本不公正地落到了一部分人身上，弱势群体产生了，两极分化的问题出现了，城乡、地区、贫富差距越拉越大，新的社会矛盾突出了，上访上告的人大量增加，刑事犯罪大量增加，矿难事故时有发生，社会治安案件增加。国家强盛了，但社会不安宁，人民乐业了，有新房住了，但不安稳。越是富裕的城市，防盗门、防盗窗装得越多，有的连楼顶花园都装上了铁丝网。人民普遍要求社会和谐，要求安居乐业。党的十六届四中全会通过了《中共中央关于加强党的执政能力建设的决定》，提出要"不断提高驾驭社会主义市场经济的能力、发展社会主义民主政治的能力、建设社会主义先进文化的能力、构建社会主义和谐社会的能力、应对国际局势和处理国际事务的能力"①。这一决定发表后，社会各界立即对构建社会主义和谐社会问题做了呼应，《文汇报》等媒体就有专文评论，认为构建社会主义和谐社会是个新的概念、新的战略思想，立即在社会上引起强烈反响，成为各领域各阶层探讨的共同话题。有关部门统计，自2004 年 10 月到 2005 年 4 月，半年工夫，互联网上就有关于社会主义和谐社会的 300 多万条论述，构建社会主义和谐社会成为广大人民群众的共同愿望。

第三，党的选择和决策。我们党是一个马克思主义的政党，重视调查研究，倾听群众的呼声，正确分析形势，在历史发展的重要关头，与时俱进地作出重要决定，领导亿万人民前进，取得了一个又一个的胜利。党的十六大以来，我们党对社会和谐的认识不断深化。党的十六届四中全会第一次提出了构建社会主义和谐社会的任务，得到了全党和全社会的普遍响应。党中央马上决定，把贯彻落实科学发展观，构建社会主义和谐社会定为 2005 年的重要任务。2005 年春节一过，党中央就在中央党校举办了省部级主要领导干部"提高构建社会主义和谐社会能力"专题研讨班。2005 年2 月 19 日，胡锦涛同志亲临会议并发表重要讲话，提出了构建"民主法治、公平正义、诚信友爱、充满活力、安定有序、人与自然和谐相处"的社会主义和谐社会的目标。② 2 月 21 日，中共中央政治局进行了第二十次集体学习，约请专家就构建社会主义和谐社会问题进行了讲解。胡锦涛同志主持并做了讲话，强调各级领导干部要加强对构建社会主义和谐社会重大问题的调查研究和理论研究，着力提高构建社会主义和谐社会的本领，把社会主义和谐社会的各项工作落到实处。③

党中央把构建社会主义和谐社会摆到全局工作的重要位置，中央领导同志身体力行，带头进行调查研究。建设和谐社会的号角，就在全国吹响了，得到了全国人民的认同，"和谐社会"成了家喻户晓的新概念。与此同

① 《中共中央关于加强党的执政能力建设的决定》，北京：人民出版社，2004 年 9 月，第 8 页。

② 《深刻认识构建社会主义和谐社会的重大意义 扎扎实实做好工作 大力促进社会和谐团结》，《人民日报》2005 年 2 月 20 日，第 1 版。

③ 参见《加强调查和研究 着力提高工作本领 把和谐社会建设各项工作落到实处》，《人民日报》2005 年 2 月 23 日，第 1 版。

时，党和政府还在实际工作中采取了许多政策和措施，如减免农业税，给种粮农民直接补贴，增加农村普及义务教育投入，给西部贫困农民家庭子女上学补助，重建农村合作医疗体系，改善农民工的就业、培训、工资、社会保障等的待遇，增加城市低收入家庭的社会保障，严格制止城市拆迁中的不当做法等，做了一系列促进社会和谐的工作，并且取得了初步成效。2005 年，全国县以上党政信访部门受理总量连续 12 年增加的趋势得到了扭转，当年比 2004 年减少了 65%，2006 年上半年比 2005 年同期下降了 14%。全国公安机关刑事犯罪立案数也从 471.8 万起减少为 464.8 万起，下降了 1.48%。这表明一些应该解决的社会矛盾，正在得到缓解。同时这一年多的实践也表明，提出构建社会主义和谐社会的任务是非常必要和正确的。

2006 年 2 月，中共中央政治局决定党的十六届六中全会以构建社会主义和谐社会为主要议题。这一决定顺应了时代潮流，把握了我国经济社会发展的阶段性特征，反映了建设富强文明民主和谐的社会主义现代化国家的内在要求，体现了全党全国各族人民的共同愿望。不久，党中央决定成立十六届六中全会文件起草组，经过近 8 个月的努力工作，完成了文件的草案。2006 年 10 月 11 日，党的十六届六中全会经过讨论修改，通过了《中共中央关于构建社会主义和谐社会若干重大问题的决定》（以下简称《决定》）这个纲领性的文件。

二 构建社会主义和谐社会是我国在改革发展时期的战略决策

2003 年，我国人均 GDP 超过 1000 美元大关，达到 1101 美元，进入了改革发展的关键时期。正如文件所述，目前我们"面临的发展机遇前所未有，面对的挑战也前所未有"[①]。所谓人均 GDP 1000～3000 美元是经济社会发展的关键时期的说法，是基于几个国家建设现代化的经验教训的一种说法。它指的是这样一些事实：20 世纪 60 年代，拉丁美洲几个国家和亚洲的四小龙，经济发展都很快，差不多同时达到了人均 GDP 1000 美元的水平，亚洲的韩国、新加坡和我国的香港和台湾地区，开始也是主要搞经济建设，但在经济增长的过程中，它们注重抓了政治、社会体制改革，抓了城乡、

---

① 《中共中央关于构建社会主义和谐社会若干重大问题的决定》，北京：人民出版社，2006 年 10 月，第 2 页。

地区、阶层等社会结构和社会利益关系的调整，抓了经济社会的协调发展，应对社会矛盾和冲突比较得当，所以经济得到了平稳持续的发展，很快达到了人均 GDP 3000 美元的水平，进入了现代化国家、地区的门槛。而拉丁美洲的巴西、阿根廷、墨西哥等国家，它们在发展经济的同时，单打一地抓经济，没有同时抓社会体制的改革，在经济发展过程中，城乡、地区和阶层间的差距扩大，社会分配不公，贫富悬殊，少数人发了大财，多数农民、城市贫民没有得到好处，农民没有土地，大量涌入城市，形成贫民窟，社会秩序混乱，社会矛盾、社会冲突增加。社会很不安定，相继发生军事政变。社会动荡，1990 年前后又爆发金融危机，有些国家外债沉重，货币贬值，企业倒闭，工人大批失业，社会更不安宁，坠入了所谓的拉美化陷阱。

《决定》指出："我国已进入改革发展的关键时期，经济体制深刻变革，社会结构深刻变动，利益格局深刻调整，思想观念深刻变化。这种空前的社会变革，给我国发展进步带来巨大活力，也必然带来这样那样的矛盾和问题。"[①]

1. 经济体制深刻变革

经济体制变革主要是指我国由计划经济体制转变为社会主义市场经济体制。这是贯穿 1978 年实行改革开放以来我国经济改革的一条红线，特别是党的十四届三中全会明确提出了要从计划经济体制向社会主义市场经济体制转变，现在已基本建成了社会主义市场经济体制。我们今天之所以取得了如此巨大的经济成就，主要是因为进行了这场经济体制的深刻变革。

2. 社会结构深刻变动

社会结构同经济结构一样是一个国家和地区的最基本的结构。过去我们对经济结构研究总结得多，对社会结构近几年才重视起来。一般来说，一个国家和地区有什么样的经济结构，就应该有什么样的社会结构，这样经济和社会的发展才能比较协调。随着经济结构的大变化，我国的社会结构也发生了深刻的变动。我国原来是一个农民众多、以农村为主的农业国家。1978 年，我国的 GDP 中，二、三产业已经占 72%，但城市化率只有 17.9%。总就业人口中，农业就业人口占 70%，所以我国还是一个农民占

---

① 《中共中央关于构建社会主义和谐社会若干重大问题的决定》，北京：人民出版社，2006 年 10 月，第 3 页。

80% 以上的农业国家。随着经济的发展，到 2005 年，我国的产业结构中，二、三产业已经占 87.4%，农业只占 12.6%。但在社会结构中，城市化率为 43%，在总就业人口中，农业就业劳动力占 44.8%，二、三产业就业劳动力占 55.2%。27 年来我国城市化率提高了 25.1 个百分点，平均每年提高 0.93 个百分点，城市人口从 17245 万人增加到 56212 万人，增加了 38967 万人，平均每年增加 1443 万人，成绩巨大。27 年来，我国的二、三产业职工从 11835 万人增加到 41855 万人，增加了 30050 万人，平均每年增加 1113 万人，成绩也非常大。① 所以说，社会结构发生了深刻变动。但从总体来说，目前的社会结构还只是一个工业化初期阶段的结构，而我国的经济结构已经达到了工业化中期阶段的水平。这两个基本结构不相协调，是产生今天诸多经济社会矛盾的结构性原因。

3. 利益格局深刻调整

1978 年以前，我们在计划经济、短缺经济的格局下，实际实行的是平均主义的分配制度，据有人推算，那时的基尼系数为 0.22，好处是利益分配比较平衡，问题是对劳动者激励作用小，经济没有活力。改革开放以后，实行以按劳分配为主的多种分配形式，群体之间的收入和财产的差距拉开了。到 20 世纪 90 年代中期，基尼系数逐渐扩大到 0.3 ~ 0.4。而到 20 世纪 90 年代中期以后，城乡之间、地区之间、阶层之间的收入和财产的差距急剧扩大，到 2001 年，基尼系数扩大到 0.45，出现了少数暴富阶层。这种利益格局的调整，对劳动生产有一定的激励作用，但由此引起了群众特别是弱势群体的不满。

4. 思想观念深刻变化

存在决定意识。随着经济的变革和发展，我国逐步实行了以公有制为主体、多种所有制经济共同发展的经济制度，逐步实行以按劳分配为主体、多种分配方式并存的分配制度。经济多元化了，思想观念、价值观也随之多元化。一方面，这 20 多年干部群众思想不断解放，思想比较活跃，接受了不少新思想、新观念；另一方面，一些社会成员，诚信缺失，道德失范，思想比较混乱，出现了拜金主义、享乐主义和极端个人主义思想，这是很值得注意的。这次《决定》提出要建设和谐文化，建设社会主义核心价值体系，形成全民族奋发向上的精神力量和团结和睦的精神纽带，是非常重

① 参见国家统计局编《中国统计年鉴·2006》，北京：中国统计出版社，2006 年 9 月，第 58、99、126 页。

要的。

《决定》用"四个深刻"来阐明我国目前经济社会的状况，比较全面地勾画了我国正处在改革发展的关键时期的特征。《决定》进一步指出，"这种空前的社会变革，给我国发展进步带来巨大活力，也必然带来这样那样的矛盾和问题。我们党要带领人民抓住机遇、应对挑战，把中国特色社会主义伟大事业推向前进，必须坚持以经济建设为中心，把构建社会主义和谐社会摆在更加突出的地位"①。

在这个同我们国家命运前途攸关的关键时期，能不能继续深化经济体制改革，调整社会结构，妥善协调好各方面的利益关系，端正思想观念，正确处理好各种社会矛盾，是对我们党的一大考验。我们党选择了构建社会主义和谐社会，是抓住机遇，应对挑战，过好这个关键时期的重大战略决策。

从各方面的条件和形势来看，在经济上，从2002年到2020年再翻两番，人均GDP达到3000美元，已经没有多少问题了。我国2005年已经达到了1705美元，今年有望接近1900美元。国家统计局的有关人士说，估计2010年可达到2500美元，2010～2020年再翻一番，就是人均5000美元。照目前的经济发展势头，这是可以预期的。实现这种预期主要靠三条：一是我们已经走上了社会主义市场经济的轨道；二是全国人民有着大干社会主义的干劲和活力；三是我们国家已经有了调控宏观经济的经验和能力。

但是，在社会形势方面，则还有相当多的重要问题需要解决。《决定》指出："目前，我国社会总体上是和谐的。但是，也存在不少影响社会和谐的矛盾和问题。"② 有以下几个方面的问题。

第一，城乡居民收入差距越来越大。

从表1中可以看到，1978年，城乡居民收入差距为2.57∶1，已经偏大。改革开放头几年，由于农村率先实行改革，农民种田积极性高，农业生产丰收，加上国家提高农产品收购价格，所以城乡差距是缩小的。但1986年以后开始出现反弹。特别是1998年以后，城乡差距逐年扩大，2003年达到3.23∶1。如果加上城市居民还有些收入未统计在内（如社会保障和

① 《中共中央关于构建社会主义和谐社会若干重大问题的决定》，北京：人民出版社，2006年10月，第3页。

② 《中共中央关于构建社会主义和谐社会若干重大问题的决定》，北京：人民出版社，2006年10月，第3页。

一些补贴），城乡差距实际上应为 5：1 以上，这在国际上属于差距最高的类型。国际公认的比较合理的差距应为 1.5：1。

表 1　1978～2005 年城乡居民收入差距

	1978 年	1985 年	1990 年	1995 年	1998 年	2003 年	2005 年
城镇居民平均可支配收入（元）	343.4	739.1	1510.2	4283	5425	8472	10493
农民人均年纯收入（元）	133.6	397.6	686.3	1577.7	2161.9	2622	3254.9
城乡居民收入差距	2.57：1	1.8：1	2.2：1	2.71：1	2.51：1	3.23：1	3.22：1

资料来源：国家统计局编《中国统计年鉴·2006》，北京：中国统计出版社，2006 年 9 月，第 347 页。

地区收入差距也很大。东部、中部、西部之间发展本来就很不平衡，20 世纪 90 年代中期以来差距越来越大。以人均 GDP 最高的上海和西部的贵州比，1985 年为 9.18：1，1990 年为 7.33：1，1998 年为 12.06：1，2003 年为 12.97：1，2005 年 10.18：1。

前面已经讲过，阶层之间贫富差距也是拉大的。20 世纪 90 年代中期以后，加速了差距扩大的趋势。好在 2004 年以后，国家采取了一些措施和政策，2005 年城乡、地区差距扩大的趋势正在扭转。

第二，社会矛盾、社会冲突增加，影响社会安定。

20 世纪 90 年代中期以后，经济体制改革深化，市场化、城市化和国际化步伐加快，经济逐渐走上了平稳、快速发展的轨道，成绩巨大。但是，因为我们没有同时兼顾社会体制的改革和社会建设的发展，付出了比较沉重的代价。正是在 20 世纪 90 年代中期以后，城乡和地区的发展更不平衡，贫富差距扩大，出现了下岗失业、失地农民的群体，农民工的问题也愈益严重，教育、医疗、住房等问题突出，经济社会发展不协调。在经济大发展、社会财富大量增加的同时，没有及时解决好公平公正的收入分配问题。不仅没有做到改革发展成果由人民共享，反而出现了一部分群众利益受损的问题。这种利益关系的不协调，正是社会矛盾、社会冲突增加的重要原因。20 世纪 90 年代中期以后，群众上访上告、群体事件、社会治安和刑事犯罪案件都是大量增加的（详见表 2）。政府有关部门采取了诸如劝访、阻访、严打等措施，并不见效，但自提出构建社会主义和谐社会，采取了像减免农业税等大政策后，社会状况正在好转。

表2 1978～2005年刑事案件、社会治安和群体事件等社会
矛盾与问题

年份	刑事犯罪立案数（万件）	社会治安事件（万件）	群体事件（起）	上访上告（万件）	自杀（万件）	劳动争议（万件）
1978	5.57	123.5	—	—	2.79（1980年）	0.56（1987年）
1998	198.6	323.2	1万多（1994年）	—	3.75（1988年）	—
2003	439.3893	599.5594	—	—	—	22.6391
2004	471.8122	664.7724	6万多	1272.3	28.7	26.0471
2005	464.8401	737.7600	—	—	—	31.3773

资料来源：国家统计局编《中国统计年鉴·2004》，北京：中国统计出版社，2004年9月，第876、881页；国家统计局编《中国统计年鉴·2006》，北京：中国统计出版社，2006年9月，第890、894～895页。

从社会形势来看，在这个发展机遇期与矛盾凸显的关键时期，我们还有一系列的经济社会问题需要解决。《决定》指出："任何社会都不可能没有矛盾，人类社会总是在矛盾运动中发展进步的。……我们要……更加积极主动地正视矛盾、化解矛盾，最大限度地增加和谐因素，最大限度地减少不和谐因素，不断促进社会和谐。"① 在这个关键时期，我们能不能把社会体制改革好，把社会结构调整好，把社会各种利益关系协调好，把已经产生和将要产生的社会矛盾和社会问题解决好，这对于全面建设小康社会，建设中国特色社会主义现代化事业至关重要。提出构建社会主义和谐社会，正是为解决这些问题，提供了重要的思想武器。

党的十六届六中全会，全面分析了新时期新阶段我国发展面临的挑战，作出了构建和谐社会的重要决定，描绘了建设和谐社会的宏伟蓝图，对当前和今后一个时期和谐社会的建设作出了全面部署，提出了要加强社会事业建设、制度建设、和谐文化建设、激发社会活力、完善社会管理等一系列政策措施，并从理论和实践相结合的高度做了深刻的阐述，这为正在全国展开的社会主义和谐社会建设的实践指明了方向，有极其重要的指导作用。可以预见，随着社会主义和谐社会建设的全面展开，必会将中国特色社会主义现代化建设的伟大事业推向新的高度。

① 《中共中央关于构建社会主义和谐社会若干重大问题的决定》，北京：人民出版社，2006年10月，第4页。

三 解放思想、与时俱进，集中力量把
社会主义和谐社会建设好

这次党的十六届六中全会，全面分析了当前的形势和任务，通过了《中共中央关于构建社会主义和谐社会若干重大问题的决定》，这是一个具有创新意义的历史性文件，明确提出了当前和今后一个时期构建社会主义和谐社会的指导思想、目标任务、工作原则和重大部署，是实现这个战略性任务的纲领性文件。文件阐述了社会结构、社会体制、社会建设、社会管理等一系列新观点和新思想。我们要认真学习，切实地加以落实贯彻。我有以下几点体会。

第一，这是一个解放思想、实事求是、与时俱进、具有创新意义的历史性文件。

1978 年 12 月党的十一届三中全会以来，我们党开了 5 次代表大会、35 次中央全会，中央全会讨论经济事务 15 次、政治事务 3 次、文化事务 2 次、党的建设 15 次。除了有几次是专门讨论党务和选举的之外，每次会议的决定，主要的内容大部分都是讲经济体制改革、经济建设和经济发展的，指导我们社会主义现代化事业不断前进，取得了巨大的成功。十六届六中全会的决定是在改革发展的关键时期，抓住机遇、应对挑战的背景下作出的，主要内容是讨论社会事务的，是讲构建社会主义和谐社会的，这是第一次提出。《人民日报》记者对文件做了一个分析，认为《决定》坚持用马克思主义中国化的最新成果指导实践，以与时俱进的精神，提出了一系列新观点新举措，共有 9 个方面的新思想、新观点、新政策、新举措都是第一次提出的。所以，《决定》是"一部解放思想、实事求是、与时俱进的宣言书"。

"没有革命的理论，就不会有革命的行动。"① 社会主义和谐社会的提出，是马克思主义基本原理同我国社会主义现代化建设实践相结合而形成的一个重大的理论成果，是对社会主义认识的一次新的飞跃。和谐社会的提出是思想解放的又一个伟大的成果，是在中国特色社会主义建设的实践中产生的，标志着新一轮解放思想高潮的到来，也预示着中国特色社会主义建设将被推向一个新的高度。

---

① 列宁：《怎么办?》，载《列宁选集》第 1 卷，北京：人民出版社，1972 年 10 月，第 241 页。

回顾改革开放以来的历史过程，这应该是第三次解放思想的高潮。第一次是党的十一届三中全会前后关于真理标准问题的讨论，否定了"两个凡是"，实现了党的政治思想路线的拨乱反正，摒弃了以阶级斗争为纲的方针，使党的工作重心转到实现四个现代化的轨道上来。第二次思想解放，是1992年邓小平南方谈话引发的，解决了姓资姓社的问题，为党的十四大确定建立社会主义市场经济体制奠定了理论基础，为实现由计划经济体制向社会主义市场经济体制的转变、推动经济体制改革、加快经济发展做了思想上和理论上的准备。这一次思想解放是从党的十六大政治报告提出"社会更加和谐"开始酝酿的，到党的十六届四中全会提出要加强和提高构建社会主义和谐社会的能力，再到党的十六届六中全会作出《中共中央关于构建社会主义和谐社会若干重大问题的决定》，应该说这是改革开放以来的第三次解放思想。

第一次和第二次思想解放，澄清和明确了什么是社会主义，怎样建设社会主义的问题，得出一个基本结论和共识是："贫穷不是社会主义"，必须把中心工作转到经济建设的轨道上来。

这一次解放思想，是要明确社会主义靠谁建设、为谁建设的问题。20世纪80年代初期，社会上有种舆论，认为当时80%的问题是因为穷，把经济搞上去了，蛋糕做大了，人民生活改善了，许多社会问题就解决了。而社会实践的结果并不是如此。经济发展了，蛋糕做大了，社会内部的矛盾不是少了，而是多了。实践表明，经济发展了，不等于社会和谐了。实践使我们认识到，两极分化也不是社会主义。

《决定》提出了"我们要构建的社会主义和谐社会，是在中国特色社会主义道路上，中国共产党领导全体人民共同建设、共同享有的和谐社会"。要"形成促进和谐人人有责、和谐社会人人共享的生动局面"。"社会公平正义是社会和谐的基本条件。"① 这些都是广大人民群众的共同愿望。

如果说，第一次思想解放，是要解决党的政治思想路线问题，使人们从以阶级斗争为纲的社会主义理论影响中解放出来；第二次思想解放，是要解决姓资姓社问题，明确"计划经济不等于社会主义，资本主义也有计划；市场经济不等于资本主义，社会主义也有市场。计划和市场都是经济手段。社会主义的本质，是解放生产力，发展生产力，消灭剥削，消除两

---

① 《中共中央关于构建社会主义和谐社会若干重大问题的决定》，北京：人民出版社，2006年10月，第5、8、16页。

极分化，最终达到共同富裕"①，使人们从计划经济体制的社会主义理论影响中解放出来；那么，这第三次思想解放，就是要解决社会主义靠谁建设、为谁建设的问题，是要建设"全体人民各尽其能、各得其所而又和谐相处的"② 社会主义，"做到发展为了人民、发展依靠人民、发展成果人民共享、促进人的全面发展"③，使人们从 GDP 挂帅、把以经济建设为中心曲解为经济建设是唯一的片面化认识的束缚中解放出来。

第二，全面建设小康社会和构建社会主义和谐社会的衔接问题。

和谐社会的目标比小康社会更宏远、更本质、更能凝聚人心，和谐社会是社会主义的本质属性。和谐社会是贯穿中国特色社会主义事业全过程的长期历史任务。在 21 世纪头 20 年完成实现全面建设小康社会的目标以后，还要为构建社会主义和谐社会继续长期奋斗。构建社会主义和谐社会比全面建设小康社会的任务更艰巨、要求更高。构建社会主义和谐社会提出了社会发展、社会结构调整、社会体制改革、社会利益关系协调、社会建设、社会管理、社会整合等一系列新的任务。

第三，发展和构建社会主义和谐社会的关系。

社会要和谐，首先要发展。以经济建设为中心这一思想不能动摇。经济建设还是第一位的，但不是唯一。有第一，就要有第二、第三。社会主义现代化建设必须坚持以经济建设为中心，把构建社会主义和谐社会摆在更加突出的地位。坚持协调发展：城乡发展要协调，地区发展要协调，阶层间的利益关系要协调，人与自然要协调，最主要的是经济社会发展要协调。

要处理好经济发展和社会发展的关系。要明确经济发展是社会发展的物质前提和基础，要确认经济发展要先行的原则。经济社会要协调发展，经济发展不能长期超越社会发展而单行独进，它需要科技、教育、文化等社会发展提供支撑。经济发展要有和谐的社会环境，经济发展形成的财富分配要公平公正，要有合理的社会分配机制，要有健全的社会保障体系等。社会发展是经济发展的目的。经济发展的根本目的，是满足人们日益增长的物质文化需要。

---

① 《邓小平文选》第 3 卷，北京：人民出版社，1993 年 10 月，第 373 页。

② 《中共中央关于加强党的执政能力建设的决定》，北京：人民出版社，2004 年 9 月，第 23 页。

③ 《中共中央关于构建社会主义和谐社会若干重大问题的决定》，北京：人民出版社，2006 年 10 月，第 6 页。

第四，改革与构建社会主义和谐社会的关系。

必须坚持改革开放，坚持社会主义经济的改革方向。《决定》指出："适应社会发展要求，推进经济体制、政治体制、文化体制、社会体制改革和创新。"① "社会体制改革和创新" 是第一次提出。在经济体制改革方面，我们已经取得了重大成就，在政治体制、文化体制改革方面也有了大的成就，但社会体制改革才刚刚提出，应该深入讨论，弄清楚社会体制改革和创新的内涵。应该承认，就是在社会事业体制改革方面，虽然进行了好几年，但我们还没有取得成功的经验，或者说还没有真正破题。当年计划经济体制的许多条条框框还在起作用，阻碍着医疗、教育、文化等社会事业的健康发展。改革不可能一次成功，把社会体制改革创新好，是一个长期的历史任务。要坚持不断改革论和改革阶段论相结合。

第五，工作着力点的转换问题。

《决定》明确指出："目前，我国社会总体上是和谐的。但是，也存在不少影响社会和谐的矛盾和问题。"要把构建社会主义和谐社会放到突出重要的地位。我们要自觉适应这种转变。尽管一些地区、一些领域中的社会矛盾和冲突已经相当严重了，但是，问题一经提出，认识清楚了，下决心去解决，是可以解决的，如短缺经济、通货膨胀、农民负担、脑体倒挂等问题。我们已经具备了构建和谐社会的有利条件。和谐凝聚力量，和谐成就伟业。

① 《中共中央关于构建社会主义和谐社会若干重大问题的决定》，北京：人民出版社，2006 年10 月，第7 页。

构建和谐社会的"完美骨架"[*]

在陆学艺看来,"2007年中国社会蓝皮书"提到的社会问题,其产生的原因都可以归结到一点,就是中国的经济和社会发展不平衡。他认为,我国的社会发展起码落后经济发展五到八年。这就像走路,一条腿长,一条腿短,怎么能够走得快,怎么能走得健康?

刚刚过去的2006年,是中国的经济继续保持高速增长的一年。《南方周末》在年终盘点时甚至用"一骑绝尘"这样的字眼来形容这种增长的速度,并称"世界,终于看到了一个在和谐中崛起的中国"。

也是在岁末,中国社会科学院推出的"2007年中国社会蓝皮书"却发出了与这样乐观的年终盘点不同的声音。虽然报告也指出九成居民对经济发展形势比较乐观,但它在充分调查之后提出的一系列社会问题显然更加刺眼。

20%的最高收入者和最低收入者之间的收入差距拉大到了18倍,而二者拥有的财富更有70倍的巨大差距;"看病难、看病贵"成为中国百姓最为头疼的问题,医疗保障严重滞后于经济发展,医疗腐败屡禁不止;还有就业危机、虚高房价、贪污腐败、环境污染、治安隐忧,让我们在对未来乐观的预期中,不能不对中国的高速发展心存担忧。

年逾古稀的老先生,在谈到这些社会问题时,情绪激动,出语辛辣,忧国忧民之情溢于言表。

问:"看病难、看病贵"这个看似是细枝末节的问题成了百姓关注的第

---

    * 本文原载《中国国土资源报》2007年1月5日,第5版。该文系该报记者就《2007年中国社会形势分析与预测》(文中所说的"2007年中国社会蓝皮书")一书相关内容专访该书主编之一陆学艺的访谈稿。——编者注

一焦点，让很多人颇觉意外。

答：这就是经济发展和社会发展失衡的突出表现，现在政府在经济建设上投资的比重很高，而在社会事业上投资的比重则较低，特别是教育事业、卫生事业的投资严重不足。经济发展了，政府就要多发展公共服务产品，我们现在的财政收入有 4 万亿元了，但给了卫生多少钱，给教育多少钱？

就说北京吧，我 20 世纪 50 年代到北京上学时，医院就是海淀医院、朝阳医院、宣武医院、同仁医院、积水潭医院等十几家。改革开放 20 多年了，北京又多建了几个医院？为什么看病难，20 世纪 50 年代北京的人口是几百万人，现在有 1000 多万人，还不算流动人口，还是那么几家医院，看病不难才怪！

再说看病贵。很多发达国家的医疗补贴相当高。英国人每 100 元医疗费中，政府要补贴 69 元，美国补贴 39 元。即使是一些发展中国家，在这项福利上也有不俗的表现。比如泰国，每 100 元医疗费中，政府补贴 30 多元。那我们投入多少呢？每 100 元中只补贴十六七元，这还是平均数字，卫生经费的投入城乡差别巨大，将近 85% 的卫生经费投到城市，而只有 15% 的卫生经费投放到人口占我国总人口比例 75% 的农村，那么可以计算每个农民得到的政府的医疗补贴是多么可怜。所以，解决"看病难、看病贵"的问题，我觉得光卫生部忙，光管医生拿红包不行，根本问题是求得社会发展与经济发展平衡，在卫生和教育等公共产品上多投资。

一次分配强调效率，二次分配则要强调公平。政府理应对那些利益受损的低收入群体给予更多关注。

问：今年①的"社会蓝皮书"公布的调查数据中，更让人担忧的是国民收入差距的进一步拉大，收入最高的 20% 的人口与最低收入者，实际收入差距达到了 18 倍，而二者之间的财产差距更大，有 70 倍之多。我们现在提出建设和谐社会，和谐社会的基本点是公平、公正，而贫富差距的拉大无疑在破坏着这种公平。

答：不久前，北京电视台播了这样一则报道，说是一个 50 多岁的下岗工人，扎了楼下一百多辆汽车的车胎，车越好越要扎。这个下岗工人被警方拘留后接受了记者采访。他说他与那些车主本来无冤无仇，但就是有气："凭什么他们过的生活比我好！"其实这是很多低收入者的心态。

---

① 此处指 2007 年。——编者注

中国下岗工人有 3000 万人，这群人原来端的是铁饭碗，有住房，吃劳保，而现在经济地位、社会地位一落千丈，他们的心理能平衡吗？这样说当然不是说他们报复社会的行为就对，但这种行为应该让我们警醒，必须关注这些弱势群体的生活保障。

没有收入的差距就没有竞争，没有效率，没有发展，但是收入差距拉到一定程度就需要强调公平了。比如你买了二三百平方米的房子，政府就应该收税；你买了车，政府也要征税，还要缴较高的停车费等。收上来的钱反过来贴补给穷人，这是收入的二次分配。

朋友带我到美国芝加哥参观农产品交易市场，我想多逛会儿，朋友却催我说："陆老师你抓紧点，您不知道，我这里停车 15 美元一个小时。"15 美元相当于人民币 120 元，但是现在我们的私家车，三五元的停车费都不愿意交，私家车马路上停满了，院子里停满了。这都是二次分配跟不上的问题。

中国老百姓很懂事，知道顾全大局，三峡移民那么多人，说动就动了。他们肯定要吃亏，但是他们理解建三峡大坝对国家有好处。政府应该对这些利益受损的低收入群体给予更多关注。

问：在逐渐拉大的收入差距中，城乡差距应该是焦点中的焦点，您是研究农村问题的专家，农民收入低是否有更深层的原因？

答："三农"问题的核心是农民。2004 年，我们 GDP 里面农业创造的价值是 13.1%。那么有多少人参加劳动呢？2004 年的农业劳动力占总劳动力的 46.9%，也就是说，46.9% 的农业劳动者才创造了 13.1% 的农业 GDP。但是你要知道住在农村里的常住人口占比是 58.2%，让 58.2% 的人去分13.1% 的财富，[①] 农民焉能不穷，焉能不苦，焉能不落后？

农业不需要那么多人，但农民只能待在土地上，因为体制上有一个户籍制度到现在还没有变革。即使农民走进城市，仍被看作农民工，他们没有得到平等的待遇。跟城市工人同在一个工厂里劳动，干的是一样的活，农民工的收入却差 1/3 或 1/2。这 20 年，农民工的工资基本上没有任何增长。

问：这么说是体制因素限制了农民收入的提高，因为他们没有得到平等的待遇，与城市居民相比，他们的权利不平等、机会不平等。

答：是这样啊，我说的这个体制因素，是包括人口体制、就业体制、

---

① 国家统计局编《中国统计年鉴·2006》，北京：中国统计出版社，2006 年 9 月，第 58、129、99 页。

社会保障体制、教育体制在内的计划经济体制，我们现在还在农村实行计划经济体制下的城乡分治、城乡分隔政策。这个体制如果再不进行改革恐怕就不行了。从这方面讲，收入差距拉大不是因为中低收入阶层没能力而收入太低，而是这个体制所造成的机会不平等。所以，仅仅喊提高中低收入者的收入水平是不够的，更重要的是要对这些体制进行改革。

问：根本解决城乡差别，农村、农民的城市化是最终的出路，您也曾经指出农民的城市化是构建和谐社会的重要步骤。但在"社会蓝皮书"的调查数据中，我们看到现在农民的城市化远远落后于土地的城市化。

答：这同样是片面追求经济增长，忽视社会发展的后果。很多发达国家在现代化过程中，农民都是越来越少的。农民减少，反过来就会促进城市人口增加，促进社会中间阶层规模的扩大。而一个国家要保持协调发展，就必须有一个合理的社会阶层结构，事实证明，"中间大、两头小"的橄榄型结构，也就是中产阶级或者说中间阶层占的比重比较大的社会，才是健康稳定的。日本有1.2亿人，有1亿的中间阶层，所以尽管日本经济15年来持续低迷，但社会依然稳定发展。

我国有9亿农民，2004年，我国的城市化率只有41.8%，[①]低于世界平均水平近10个百分点，还处于城市化初期阶段。同时，社会中间阶层所占比例过小，现在刚刚超过20%。所以，我们既要追求经济的增长，又必须重视社会的建设与改造，深化改革，引导、调控中国的社会阶层形态，形成合理开放的现代社会阶层结构，构建和谐社会的"完美骨架"，这样，中国的腾飞才有更加坚实的基础。

---

① 国家统计局编《中国统计年鉴·2005》，北京：中国统计出版社，2005，第93页。

倡导睦邻文化，共建和谐社会[*]

  由民政部、中国社会工作协会发起的睦邻文化高层论坛，倡导"睦邻互助、共创和谐"，这是贯彻落实党中央关于科学发展、社会和谐战略方针的重要举措，有很重要的实践意义，也有理论意义。

  我们的国家，在党中央的领导下，正在由传统的农业社会向工业化、城市化、现代化社会转变，随着经济的高速增长，人们的生产方式、生活方式，以及思想观念等方面都发生了急剧的变化，正在经历着千年未有的大变局。

  原来的日出而作、日落而息的农业劳动方式转变为按时上班、下班的工业劳动方式。

  原来的世世代代同姓共宗聚居一处的村落，家家户户都有非亲即故的关系转变为五湖四海住到一起的住宅小区，这个月张家搬来，下个月李家又搬出去，楼房依旧，住户经常流动，所以被称为房客。

  原来的出入相友，守望相助，彼此知根知底的"熟人社会"，转变成了虽然天天朝晚相见，面孔是熟的，但互相不知姓名、不知底细的"生人社会"。

  我1956年考到北京，大学毕业后留在北京工作。那时北京的楼房很少，原来住集体宿舍，结婚后分配房子，住到单位的一个大的四合院里，大房隔成小间，一户一间。21户人家，60多口人，都住在东西南北的排房里，中间有一小块空地，有树有草，晴天可以晾晒衣物。这么多人共用一个院子，共用一个水龙头，男女各一个厕所。我在这个大院里住了15年，生儿

---

  * 本文源自作者手稿。该文稿系陆学艺于2007年9月10日在民政部、中国社会工作协会发起的睦邻文化高层论坛上的讲话稿。该文曾收录于《社会建设论》（陆学艺著，北京：社会科学文献出版社，2012年3月），收录时题目改为《和谐社会建设，也要从娃娃抓起》。——编者注

育女，读书成长。现在想起来，当时不知是怎么相安无事地过来的。奇怪的是，当时的这些好邻居，后来分散了，有时在单位、在路上遇到，都像亲人老友见面一样，问长问短，有说不完的话题。大家回忆的不是当年住在一起生活拥挤，如何不方便，而是谁家帮谁家看了孩子，谁家替谁家照顾了老人，互相之间的友谊和亲情。

这个住宅大院，实际就像农村的一个小的自然村，村民本来都是社科院的职工，十几二十年住在一起，大家知根知底，谁家的孩子、老人乃至来往的亲戚朋友，都是认识的，还是有着出入相友、互谅互让、相互帮助，过的还是熟人社会的生活。

20世纪70年代末期以后，各个单位的楼房建起来了，今年这几户搬了，明年又有人走了。1980年，这个大四合院也拆了，就地盖了两栋楼房，20多户人家就此散了。

一住进楼房，物质条件极大地改善了，一户一个单元，有电有水有厕所，厨房、卧室分开了，还有阳台、电话、电视、冰箱、洗衣机，一应俱全，万事不求人。生活是方便了，舒适了，一户一个小天地，上班锁门走了，晚上下班回来，一家一家地自我封闭起来。这种生活空间的设计者忘了，"人是群居的动物"。人与人之间是要相互交往的，不光是要有物与物之间的交换，还要有人与人之间语言、精神、文化的交流，要有感情的交流，人才能健康全面地成长和发展。这种一家一户（有不少还只是一人一户）的生活方式，离群索居，于是各种社会病、社会问题就产生了。诸如孤独、苦闷、抑郁、焦虑、困惑、冷漠、紧张、相互封闭、缺乏信任，乃至恐惧、排斥等不健康的心理疾病就多了起来，这是产生现代社会病的一种原因。

正因为是生人社会，互不认识，也互不关心，所以居住小区里来了生人，也没有人注意（熟人社会的村落，来一个陌生人，几十双眼睛就盯着他了），一些不良分子也容易混入作案，为什么现代社会的治安案件、犯罪案件大量增加，这也是原因之一。

我们国家随着工业化的发展，经济的发展，城市化正在迅速发展，各种住宅小区、各种楼群雨后春笋般地在各地建设起来，大量的农村劳力、大量的农民正在大批地转到二、三产业来就业，转到城镇里来居住，这是潮流，这是趋势，这是谁也阻挡不了的。我们的任务是要适应这种历史潮流，结合国情和传统，借鉴国内外已有的好做法，进行各个方面的社会建设，使得这次历史上仅见的经济结构、社会结构大变迁，十多亿人民群众的生产方式、生活方式的大转变，转得更好，转得更平稳，更符合科学发展、社会和谐的要求。现在民政部、中国社工协会在各地开展的社区建设、睦邻文化建设，倡导举办邻居节等就是其中的一个重要环节。党的十六大以来，我们常说要贯彻落实以人为本的科学发展观，构建社会主义和谐社会，中国社工协会做的这些工作，就是具体贯彻落实的实际行动。开展社区建设、邻里文化建设还只有十几二十年的历史，创办邻居节最早的也只有八年时间，已经取得了很大的成绩，这是值得庆贺的。为了发扬光大这些好经验、好做法，我有如下几点建议。

第一，各级党委和政府，要贯彻落实党的十六届六中全会的决定，把构建社会主义和谐社会摆在更加突出的位置上，把和谐社区建设、邻里文化建设提上议事日程。我们已经把建设环境友好型社会，处理好人与自然的关系提到议事日程上了。其实更应该把建设社会环境友好型社会，处理好人与人、人与社会的关系摆到更重要的位置。以人为本，就是以家庭为本。家庭是社会的细胞，众多的细胞组成社区、组成社会。细胞与细胞之间是通过各种网络有机联系着的。现在家庭与家庭之间或者不相往来，或者关系不好，细胞就没有活力，社区怎么能和谐？社区是社会的基础，基础不牢，社会怎么能和谐？现在有些城市，社区是建立了，干部也派下去了，还建立了保安站岗、巡逻队巡逻、电子眼监控，但案件还是层出不穷。这实在是舍本逐末的笨办法，力量没有使到点子上。治本的办法，应该是做到城乡和谐、地区和谐、阶层和谐、社区和谐。而做好家庭和谐、邻里和谐，是实现整个社会和谐的基础。

第二，社会学家有个判断，认为农业社会是熟人社会，工业社会则是生人社会。不少城市病、现代病就出在这个生人社会上，所以要通过各种社会工作增加社区里人与人之间的交往，尽可能使同一楼道、同一社区里的人互相认识、互相熟识起来。一朝生，二朝熟，互相熟了，友情、亲情就产生了，"出入相友，困难相扶，守望相助"等优良的传统就能得到继承和发扬，有些社会病、社会陋疾也能得到防止和克服。前面说过，一个楼道、一个小区，大家熟了，陌生的不良分子来了，大家警惕的眼光注视着他，他就不容易作案。现在光靠安铁栅栏、防盗门是防不住的。有人说过：在小区里，在楼道里，有人口中有痰要吐，如果是个生人社区，他这口痰就随地吐下去了，如果有熟人，他就会自重吐不下去。我有一次到韩国访问，到一位教授朋友家做客。他家住的是 20 层的单元房，正遇上周末，教授夫人带着孩子参加本楼本单元的邻里集会去了。两周一次，每次有一户轮流做东。教授单独留下来陪我们，本来他也要去的。这样的聚会一开，全楼道的人就熟了。所以我们主管建设的部门，要做出规定，设计住宅楼房、小区建筑时，应该有居民们交流、集体活动的场所，如在高层住宅楼里，隔几层留出点空间，在小区里有些公用活动的地方。要留有点"余地"，不能全部都建成可以出卖的住房。

第三，民政部门、社会工作协会在抓和谐社区建设，倡导"邻里互助，共创和谐"，举办邻居节等活动，这很好、很有意义。和谐社区建设是个大的系统工程，民政部门应该主动联合有关党政部门，如宣传部门、新闻媒体，社会各界一起来做，共创共建，才能把这项属于构建和谐社会的基础性的工作做好。邻居节在天津河西区天塔街道已经举办过八届了，实践证明是增进社区和谐的好做法、好经验。但直到现在，宣传媒体报道得很少，知道的人并不多。建设和谐社会，说到底，还是要以人为本，要以培养有道德修养、高素质的人为根本，用我们社会学的语言说，就是要实现人的现代化、社会化。最近我去美国夏威夷出差，有几件事给我留下了深刻的印象。夏威夷是个旅游城市，人不多，路也不宽，但交叉路很多，有交叉就有红绿灯。我有早晨散步的习惯，早晨行人少，车也少，但无论是白种人还是黄种人，无论是大人还是小孩，都是绿灯行、红灯停，没有见过闯红灯的。有一次我们去水族馆参观，我去如厕，室内只有我和一个约5岁的小男孩，小孩洗完手先出去了，我走在后面，到门口，见到小男孩背靠着推开了的一扇门，向我微笑点头，伸出一只小手，示意让我先走。我过去握住他的小手，和他一起走出去。不远处，他妈妈在候他，小男孩奔了过去，还回头向我挥手告别。我真想走过去向他的母亲说：谢谢！你培养了一个懂礼貌、有公德的小公民。可惜，我不会讲英语。我从美国回来十多天了，这张黄皮肤小男孩的可爱的笑脸，这只伸开的小手，至今深深印在我的脑际。这使我想起，就是和谐社会的建设，也要从娃娃抓起啊！

社会发展综合试点意义重大，
社会学界积极参与义不容辞[*]

这次会议重点讨论了社会发展综合试点的工作。我听了大会的报告和发言，听了各地试点单位的介绍，参加了修改试点指南文件的讨论，很有收获，很有启发，谈两点意见。

第一点意见：社会发展综合试点的重要性和必要性

（一）社会发展综合试点非常重要，具有重大现实意义和重大理论意义

党的十一届三中全会以后，我们国家实行改革开放的重大政策，我们在经济建设、经济体制改革等各个方面都取得了举世瞩目的伟大成绩。但是，当我们对过去做认真总结的时候，我们感到，在过去有段时期里我们在发展经济、进行经济改革的同时，社会改革和社会发展等方面的工作却做得不够。在一些地区，曾经片面地把以经济建设为中心的任务理解为唯一的任务，这些地区经济建设有了进展，但社会没有获得相应的进步，一些社会问题突出了。例如，思想教育工作薄弱，"一手硬一手软"；社会分配不公引起了社会不同阶层间的矛盾和冲突；一些地区社会秩序不好，刑事犯罪和治安事件增加，居民感到不安全。

发展是当今世界各国面临的共同主题，社会发展越来越受到社会各界的重视。关于对社会发展的认识，目前社会学家大致有如下三种看法。

---

*　本文源自作者手稿。该文稿写于 1991 年，系陆学艺在社会发展综合试点会议上的讲话稿。原稿无题，现标题和小标题为本书编者根据发言内容拟定。——编者注

第一种观点认为，社会发展是包括经济发展在内的社会整体性的发展。例如，世界银行每年公布的世界发展报告，所列的发展指标既有经济指标也有社会指标。

第二种观点认为，社会发展是相对于经济发展而言的，经济发展之外的发展都可以被称为社会发展。采用人民生活质量、人口素质、城市化程度、受教育水平、社会保障和生态环境等方面的指标来衡量。

第三种观点是把社会发展同经济、政治、科技、文化等方面的发展并列。社会发展指标是用人口预期寿命、婴儿死亡率、识字率等少数几个指标来衡量的。

我们国家现在通行的是采用经济发展、社会发展并列的观点。例如，我们从第六个五年计划开始，把发展计划统称为"国民经济和社会发展计划"。我们现在讲的经济社会要协调发展等意见，都是从这个角度讲的。

既然我们把整个发展理解为经济发展和社会发展两大部分，那么，经济发展和社会发展的关系应该怎样来处理才好呢？多年来的实践经验表明：

第一，经济发展是社会发展的前提和基础，所以应当确立以经济建设为中心的认识。只有经济发展了，社会发展才有物质基础和手段。迄今为止，还没有经济不发展而社会发展的先例。

第二，经济发展和社会发展要协调，经济发展不可能长期脱离社会发展而单独推进，社会发展会促进经济发展。总之，社会不相应发展会阻碍经济发展，使经济畸形发展。

第三，社会发展是经济发展的目的。人们从事生产和经济活动，归根到底是满足人们的物质文化需要，改善生活质量，完善生存环境，促进人的全面发展，这是发展的实质。

当前，一些地区生态环境恶化，不少城市脏乱差，更为严重的是社会风气不好，一些早已绝迹的丑恶现象又沉渣泛起，比如吸毒、嫖娼等现象。所有这些都影响了人民生活质量的提高，影响了社会安定，也影响了经济的健康发展。

对于这个矛盾，我们的干部和群众已经明显地感觉到了。国家科委在1986年就会同有关部门，着手组织城乡社会发展综合试点工作。这是一项转变观念，优化环境，促进我国经济社会整体协调发展的重大实验。五年多来，已经取得了经济效益和社会效益，这是一项有远见的、非常重要的创举。对我国的经济社会发展有很重大的意义。可以说，国家科委适应潮流，顺应民心，做了一件大好事。

　　搞试点，先取得经验，再在面上推开，这是我们的传统。就我体会，现在社会上各种试验试点很多，如住房改革的试点、社会保障的试点、农村多种经营试点、乡镇企业股份制试点、搞活大中型企业的试点、农村养老保险试点、县级综合体制改革试点、商业流通体制改革试点、科技体制试点和教育体制试点，等等。目前我国正处于大改革、大发展、大转变的时期，这些试点的成功与失败，都将对我国的经济社会发展起很好的作用。但是，这些试点都是从某一个侧面来进行的，唯有我们的社会发展综合试点是整体的、综合的试点，是经济社会协调发展的试点，是总揽经济与社会全局的综合性试点。这个试点要求比较高，也有一定的难度，意义非常重大。它有利于经济社会稳定、协调、可持续发展，有利于缩小城乡差距，是实现小康社会第二步战略目标的重要内容。这个试点是针对我国经济社会发展到了目前这个阶段，即由已经解决了温饱问题正在向小康社会迈进，需要解决全面发展这样一个大问题而提出来的（在温饱问题未解决的时候，提不出这样的任务）。这是一项面向 21 世纪的、具有重大战略意义的任务，是建设有中国特色的社会主义现代化事业的一个重要组成部分，对于我国"四化"大业具有深远的实践意义和重大的理论意义。

（二）社会发展综合试点是新时期的必然要求

　　为什么这样说？可以通过回顾 40 年的历史来说明。多年来，我们常常实行试点、取得经验，在面上推广，典型样板带路、带动全局这样一种方法，是我们党长期以来运用的马克思主义的工作方法。"榜样的力量是无穷的。"40 年来，我国经历了几个不同的发展时期。不同的历史时代，我们党培养了一批不同的典型和样板，并使它们发挥了各自不同的历史作用。回顾历史，大致可以划分为以下三种。

　　第一代典型，这就是大家熟知的，在 20 世纪 50～60 年代，农村有大寨这个典型，还有王国藩合作社、李顺达合作社。山东的下丁家大队、北京的南韩继大队、江苏的华西大队、河北的沙石峪大队、河南的刘庄大队、黑龙江的黎明大队等，在 20 世纪 60～70 年代都发挥了很好的作用，成为全国、全省学习的榜样。这些都是适应历史的要求，搞合作化发展农业生产，解决温饱问题的典型。第二代典型样板。实行家庭联产承包责任制以后农业生产上来了，农民要继续致富，发展生产，农业要现代化，钱从哪里来？人到哪里去？怎么办？劳动力大量剩余了，往哪里去？城市又不收怎么办？于是一批新的典型就应运而生。这就是前些年出现的，我们熟知的苏南模式——以乡村两级集体为主发展乡镇企业的模式，以及温州模式——以个体经营为主发展乡镇企业的模式。上述两种模式，一种（苏南模式）是原来集体经济比较发达、实力雄厚，在公社化时期的一定基础上发展起来的；另一种（温州模式）的集体经济是比较薄弱的，但温州地处沿海，素有务工经商传统，它是乘改革开放的东风而发展起来的。在那些内地集体经济薄弱，商品经济本不发达的地区怎么办呢？苏北耿车乡提出了乡镇、村、组、联户家庭一起上，大家都来办企业的经验，这就是"耿车模式"。这个经验得到了各地的响应。这三种模式，可以说都是发展乡镇企业的典型样板。同第一代样板一样，它主要解决的还是发展经济的问题，这在历史上起了很好的作用。

经济发展到现在这个阶段，社会发展问题突出了。在现在的历史条件下，党中央提出了"两个文明"一起抓的历史任务，我们的社会发展综合实验区主要是要搞经济社会协调发展，实验区的任务就是要成为适应历史发展要求的第三代典型的样板。通过我们的工作，把实验区变成经济社会协调发展的典型，树立起这样一个第三代样板来，这对肇东本身、对黑龙江、对全国发展是很有意义的。这是我们经济社会发展的需要，是符合历史发展规律要求的，也可以说是应运而生。为什么要放在肇东？这是由主客观条件、天时地利人和等各方面因素决定的。我们要抓住这个机遇，我们的工作是很有意义的。

第二点意见：社会学要为社会发展综合实验做贡献

社会发展综合实验非常及时、非常重要。这是全党的事业、全国的事业，各行各业都要积极投入到这项重大的实践中去。现在由国家科委牵头，会同中央 20 多个部委参加，这是很好的。我建议还应该有更多的与社会发展有关的部委和单位来参加，特别是要发动试点地区当地的党委和政府来参加。前面说过，社会发展综合试点是整体的综合试点，涉及方方面面，必须在当地党委的领导下进行。常州市和华西村的试点经验表明：一方面，要发动群众参加；另一方面，党和政府的领导是搞好试点的关键。

就学科来说，社会发展试点应是社会科学家和自然科学家联合起来共同奋斗的事业。国家科委领导吸收我们中国社会科学院的同志来参加，我们是非常乐意、非常高兴来参与的。我自己是社会学工作者，搞社会发展综合试点，是我们应尽的责任，我们一定尽我们的努力，来为这项重大的事业贡献我们的力量。例如，在社会发展试点的理论研究，社会指标设计，社会组织、社会事业、社会改革等的高层次研究和宣传教育等方面做出我们的贡献。社会发展需要社会学，而社会学工作者本身也应该在参与社会发展的实验和建设过程中，使社会学本身的理论和方法得到提高和发展。

中国社会学是一门从整体上综合研究社会的科学，是应用性比较强的一门学科。这门学科是重建才 12 年的新学科，各方面还很不成熟。现在全国还只有 12 所大学有社会学系，在职的教员和研究人员不到 2000 人，在校的学生只有 1000 人，研究生 200 多人。对于我们这个大国来说，对于社会发展的需要来说，这是远远不够的。特别是在东北、西北、西南还没有一个社会学系。所以社会学的人才缺乏，无论是数量还是质量，都不能适应国家发展的需要。

这些年，在党和国家的重视下，社会学发展得比较快。这门学科从重建开始就强调要在马克思主义的指导下，密切联系实际，进行调查研究，主张理论与实践相结合，为社会主义"四化"建设实践服务。社会学在新中国成立前和新中国成立后都具有参加社会改革和社会发展试点的传统，因此我们希望社会学在社会综合发展实验的实践中得到成长壮大，得到各方面的关注，使社会学成长得更快。我们也愿意同大家一起，为社会发展事业做出贡献。

关于社会发展综合试点的几个问题[*]

一　社会发展综合试点有重大的现实意义和理论意义

和平与发展是当今世界各国面临的共同主题，社会发展越来越受到各界的关注和重视。对于社会发展概念的理解，目前大致有三种看法。一种看法认为，社会发展是人类社会有规律的发展过程，是社会整体系统的发展，既包括经济发展，也包括政治、教育、科技、人口、福利等的发展。例如，世界银行的《世界发展报告》所列的发展指标，既有经济发展指标，也有社会发展指标。第二种看法认为，社会发展是相对于经济发展而言的，经济发展之外的社会生活、社会关系的发展都可概括称为社会发展，诸如人口素质、生活质量、教育、科技、文化、城市化、社会安定、福利保障、生态环境等。第三种看法把社会发展概念定义得比较狭窄，把社会发展同经济、政治、科技、文化等方面的发展并列。例如，国务院有个机构——经济技术社会发展研究中心，就是用的这个概念。我们现在通常采用的是第二种看法。例如，我们国家从第六个五年计划开始就把发展计划称为"国民经济和社会发展计划"。国家统计局从 1982 年开始把发表的年度公报称为"国民经济和社会发展统计公报"。我们这次会议讲的经济社会要协调发展，也是从这个角度讲的。

既然我们把整体发展理解为经济发展和社会发展两大部分，那么，应该怎样来处理好经济发展和社会发展的关系呢？多年的实践证明：第一，经济发展是社会发展的前提和基础，所以必须确认经济优先的原则，在我国实现有中国特色的社会主义现代化的过程中要确定以经济建设为中心的

---

　*　本文源自作者手稿，该手稿于 1992 年 5 月 25 日写于珠海。——编者注

观点。只有经济发展了，社会发展才有物质基础和手段。在现实生活中，还没有经济不发展而社会发展得好的实例。第二，经济发展要和社会发展相协调。经济发展必然要求社会发展与之相适应，社会发展也促进经济发展。经济发展不可能长期脱离社会发展而单方面推进。如果社会不相应发展，会阻碍经济发展或使经济畸形发展。第三，社会发展是经济发展的目的。人们的生产和经济活动，归根结底是为了满足人们的物质文化需要，是为了提高人们的生活质量，改善人们的生活环境，促进人的全面发展，这是发展的实质。

党的十一届三中全会以后，我国实行改革开放，在经济建设、经济体制改革等方面已经取得了举世公认的伟大成就，我国城乡发生了历史性的巨大变化。但是，当我们总结经验的时候，我们感到在过去的一段时间里，在经济体制改革、经济发展取得伟大成绩的同时，比较而言，社会体制的改革和社会发展却相对滞后和不相适应。特别是在有一些地区和一些单位部门里，单纯片面地把以经济建设为中心的任务理解为唯一的任务。抓经济改革、经济建设的同时，没有相应地抓社会改革和社会发展，致使在一段时间里，社会矛盾、社会问题突出了。例如，思想教育工作薄弱，"一手硬一手软"；社会分配不公，引起社会不同阶层之间的冲突和矛盾；一些地区社会秩序不好，刑事犯罪和治安事件增加，居民感到不放心，缺乏安全感；生态环境恶化，一些城市和单位脏乱差，公共场所秩序紊乱，更为严重的是有些地区社会风尚不好，如迷信、赌博、吸毒等丑恶现象又沉渣泛起。所有这些都影响人们生活环境的改善和生活质量的提高，也影响经济改革的深化及经济建设更健康有效地发展。例如，由于工资福利制度、社会保障制度改革的滞后，已经制定颁布的破产法不能顺利执行，影响了企业的劳动工资、人事用工制度的改革，影响了企业机制的改革，影响了经济效益和经济发展。

这些经济发展和社会发展的矛盾，我们的干部和群众都日益明显地感觉到了。国家科委在 1986 年就会同有关部门，在常州市和无锡县华庄镇，组织实施社会发展综合试点工作。五年多来已经取得了很多重要的经验，获得了很好的经济效益和社会效益。可以说，这是一项转变观念，优化环境，促进我国经济社会协调发展的重大实验，是富有远见的创举，将对我国经济和社会的协调发展产生深远的影响。

现在社会上搞的各种试点很多，如企业转换机制的试点、农业规模经营的试点、乡镇企业股份制试点、科技体制改革试点、教育体制改革试点、住房制度改革试点、社会福利保障体制改革试点、农村养老保险制度试点、县级体制改革试点等。目前我国正处于大变革大发展的社会转型时期，这些改革的试点都很重要，从试点取得的经验和教训，都将对我国的建设事业产生积极的作用。但是上述这些试点都是从某一个部门、某一个方面进行改革的试点。而我们进行的社会发展综合实验区的试点，则是要求实现经济社会协调发展良性循环的试点，这是一项总揽全局的综合性实验，这是针对我国已经提前实现了国民生产总值翻一番，解决了温饱问题，正在实现第二步战略目标——进入小康社会这样的一个历史时期提出来的。这是一项面向 21 世纪的具有远大战略意义的任务。这是建设有中国特色的社会主义现代化事业的一个重要组成部分，具有深远的实践意义和重大的理论意义。

二 社会发展综合试点是新时期发展的必然要求

先搞试点，取得经验后再逐渐普遍推广，这是我们多年来行之有效的工作方法。从群众中来，到群众中去，是符合马克思主义认识论的工作方法。回顾新中国成立 40 多年来，我们经历了几个不同的发展时期。每个不同的历史时期，为了实现不同的历史任务，我们都从群众中总结培养了一批不同的典型和样板，以典型示范带动全局。这些典型在不同的历史时期，都发挥了不同的历史作用。"榜样的力量是无穷的。"从在实践中发挥了很大影响的情况来看，我们已经有过这样两代典型。

第一代典型。20 世纪 50～60 年代，我们新中国初建，一穷二白，面临的任务是要把农民组织起来，治山治水，发展农业生产，增产粮食棉花，支援城市和工业建设，解决人民群众的温饱问题。这个时期，全国涌现了王国藩合作社（河北）、李顺达合作社（山西）、大寨大队（山西）、刘庄大队（河南）、下丁家大队（山东）、华西大队（江苏）、黎明大队（黑龙江）等一批全国闻名的典型。1965 年以后，全国掀起了"农业学大寨"运动，大寨成为全国学习的榜样，大寨的经验在全国推广。后来，特别是在"文化大革命"中，学大寨活动被掺进了许多"左"的东西，造成了不应有的损失，但是大寨人的艰苦奋斗，自力更生，治山治坡，改善生产条件，发展农业生产，以及爱国家、爱集体、团结进取的精神，对全国农村和广大农民还是起到了巨大的鼓舞作用，产生了广泛深远的影响，许多农村都是在这个榜样的影响和鼓舞下发愤图强，改变了家乡贫困落后的面貌。

第二代典型。党的十一届三中全会以后，我国农村率先进行改革，实行了家庭联产承包责任制等一系列新的政策，农民得到了自由、自主和实惠，生产积极性被极大地调动起来，农业生产连年大幅度增产，农民收入成倍、成几倍地增长，由此解决了中国仁人志士为之长期奋斗的人民群众的温饱问题。老问题解决了，新的、更高一层次的矛盾和问题又出现了。农业增产了，温饱问题解决了之后，就农村而言，有三个问题凸显出来。一是农民真正有了劳动积极性，15 亿亩耕地就不够种了。每人一亩多地，只够几个月干的。"三个月种田，一个月过年，八个月赋闲。"大量的剩余劳动力和剩余时间要求有活干。二是农民要求致富，因为单靠种田，出卖一些余粮和农产品富不了。三是农业要现代化，农村要现代化，要求有现代化农业生产资料的装备，要求改善农村的基础设施。据初步计算，要实现农业现代化生产，每亩地要投入 1000 元资金，全国就要有 1.5 万亿元资金。这就产生了"人到哪里去，钱从哪里来"的问题。因为城市改革和二、三产业企业改革同农村改革不同步，相对滞后，原有的二、三产业企业新接纳不了多少人。城市管理体制未改革以前，也不能容纳大量的农民进城，满足不了农民要进城务工经商的要求。在这种历史背景之下，在党的领导下，我国农民又有了第二个伟大创举，这就是 20 世纪 80 年代初期和中期乡镇企业在各地区的蓬勃兴起。在这场发展大潮中，涌现了苏南模式、温州模式、珠江模式和耿车模式。

苏南模式是指以乡村两级集体经济举办为主发展乡镇企业的模式。温州模式是以个体私营与联产合作举办为主发展乡镇企业的模式。珠江模式具有侨乡的特色，那里的乡镇企业很早就引进外资，搞"三来一补"。耿车模式是指在原来华侨经济比较薄弱，商品经济不发达的地区，按照集体、个人一起上的原则，既提倡乡办、村办乡镇企业，也提倡联户办、户办乡镇企业，总结出了"四个轮子一起转"的模式。这些不同类型的模式和样板，在乡镇企业的异军突起过程中，都发挥了很好的示范带头作用。

第一代典型，带动解决了农业生产和温饱问题。第二代典型，带头发展乡镇企业，解决了农村产业结构调整问题，发展商品经济，使群众富裕起来。但总的来说，这第一、第二代典型都是着重解决经济问题的。现在，党中央提出了要实现第二步战略目标：2000 年达到小康社会，要建设有高度物质文明、高度民主和精神文明的国家。所以，历史要求我们在加快经济建设步伐的同时，要努力做好社会发展的工作，使经济与社会协调发展，物质文明和精神文明一起抓。因此，这项建立社会发展综合实验区的工作，正是适应时代潮流发展的需要，反映了经济社会发展的内在要求。时代要求涌现一批经济社会协调发展、两个文明一起抓的典型和样板，以带动全国经济社会稳定、持续、协调地发展。这种典型的实验区，可以被称为我国的第三代典型和样板。

三　办好社会发展综合实验区要加强领导、协同工作

办好社会发展综合实验区，培养树立一批我国经济社会发展的第三代典型，必将在建设有中国特色的社会主义现代化过程中产生巨大的作用和深远影响，其意义是十分重大的，同时工作难度也很大。目前，我国正处在经济发展高速增长的时期，总的形势是很好的。但是，我国的经济和社会发展基础比较薄弱，人口压力很大，人均自然资源较少，自然灾害频繁，生态破坏、环境污染严重，科技、教育还相对落后，新旧体制正处在转换过程中。随着经济的进一步发展，改革开放进一步深入，人们的物质文化需要层次越来越高，越来越多样化，社会结构、社会组织正在发生新的分化和转型，新的社会问题、新的社会矛盾由此产生出来。妥善解决好这些问题，使得整个社会沿着文明、公正、持续、稳定、协调、健康的道路发展，这些都是我们工作中的难点，也就是我们社会发展综合实验区工作的内容。

现在由国家科委牵头，会同中央和国家20多个部委参加，组织国家社会发展综合实验区协调领导小组来主持组织领导实验区的工作，并组织专家指导委员会对各个实验区的工作进行业务指导。这是很好的组织形式，希望有更多的与社会发展有关的部门和单位来参加这项重大的实验，有人出人，有钱出钱，献计献策，把这项工作做好，培养出一批经济社会协调发展、良性循环运行的典型来。按照规划，"八五"期间，国家级的实验区将扩大到30个左右，同时，省市自治区还要办一些省级的实验区。努力办好这批试点，当然是极其重要的，若能在"八五"后期，每个省市自治区都有一个到几个实验示范的点，便可以推动全局的发展工作。还有一个方面，就是在我们努力办好国家和省级实验区的过程中，应通过各种形式大力宣传办实验区的意义和方针、政策，宣传办实验区取得的成绩、经验和工作方法，鼓励和支持各个地区、各个市县，也能按照办社会发展综合实验区的指导思想，自觉抓好本地区、本市、本县的经济社会协调发展，并且做出成绩来。因为促进全国各地经济社会全面发展，本来就是我们办实

验区的目的，而且，由于主观客观方面的不平衡等原因，常常会在非国家和省市办的实验区做出创造性的第一流的成绩来。在上述第一代典型、第二代典型时期，这种现象在历史上是屡见不鲜的，这就是所谓："有心种花花不发，无意插柳柳成荫。"所以，社会发展综合实验区协调领导小组还有一项任务，就是要及时发现、总结、推广这类并非实验区的典型经验，使得他们能在社会全面发展的大潮中发挥应有的作用。

整个社会发展综合实验区的工作，由国家和省市自治区的科委牵头，会同各有关部委厅局组成协调领导小组来主持。而具体到每个社会发展综合实验区，因为这项工作涉及经济社会等多个领域，千头万绪，方方面面，所以必须由当地的党委和政府来领导主持。常州市、无锡县华庄镇的实验工作之所以取得了可喜的成绩，与市委、市政府，镇党委、镇政府的直接领导分不开，他们亲自主持，组织协调，是办好实验区的关键。

社会发展综合实验工作，应该是自然科学家、社会科学家联合起来共同奋斗的事业。科学技术是第一生产力，在实验中要充分发挥科技引导发展的作用。要依靠科技进步，将新技术、新工艺、新设备应用于社会发展的各个领域，解决人口、资源、生态环境等方面的问题，不断改善人的生存环境，提高人的生活质量。要把社会科学研究的新成果应用到实践过程中，更新观念，转换脑筋，加快改革，提高领导决策水平和管理能力，建设经济社会发展良好运行的新机制，用新的观念和新的方式做好城镇规划和建设，做好社区管理和服务、科技教育、文化娱乐、体育卫生、劳动就业、社会保障、社会安全等方面的工作，创造良好的生产和生活的环境，建立科学文明的生活方式。

就我们社会学工作者来说，参加社会发展综合实验区的试点工作，是我们义不容辞的责任，应在社会发展的理论研究方面，在实验区的规划设计方面，在社会组织、社区管理、社会改革等的研究方面，在社会调查、社会指标体系的设计方面，在实验区试点干部的培训方面，在创办社会发展综合实验区的宣传教育方面，做出我们应有的贡献。社会发展综合实验需要社会学，而社会学本身也将在社会发展的实践中得到验证和发展，我们社会学工作者应该参加社会发展综合实验，并且在这场重大的实验过程中得到锻炼和提高。

实验区是实现可持续发展战略的
重要方面[*]

　　社会发展综合实验区是由国家科委、体改委、计委牵头，20 多个部委共同参与开展的一项重要的社会实验的综合示范工作。我们社会科学工作者从一开始就参加了这项重要的工作。近十年来，我们参与了综合实验区的定点考察、项目论证、发展规划和指标体系制定等工作。最近两年，我们和科委实验区办公室的同志一起，到几个省对多个实验区的工作做了追踪调查总结评比，亲自看到了实验区工作的进展和获得的很多重要成绩，加深了我们对综合实验区工作重要意义的认识，提高了我们的理论水平。

　　我们目前仍处在社会主义初级阶段，正在实现由传统的农业社会向工业化、城市化的现代社会转变，正在实现由计划经济体制向社会主义市场经济体制转轨。实现工业化、城市化、现代化有两种选择：一种是一些资本主义国家已经走过的老路，单纯追求经济增长，不顾经济发展和社会发展的协调，不顾经济发展与生态环境的协调，把社会推向不可持续发展的困境，引起社会危机和生态环境危机；另一种是实现可持续发展的战略，使经济和社会、生态环境协调发展，实现社会的全面进步。

　　社会发展综合实验区从 1986 年第一批试点开始，就是在新的发展理论指导下进行的，开始就强调要由科技引导实现经济社会的协调发展，要实现社会的全面进步。到 20 世纪 90 年代初就明确提出要实施可持续发展战略。这里我顺便说一句，可持续发展理论是 20 世纪 80 年代初在西方提出的，20 世纪 80 年代中期形成系统理论时，我国的马世骏教授就直接参与了这项工作。20 世纪 80 年代中期这个概念和理论传入中国，有一些翻译著作

---

　　*　本文源自作者署名的打印稿。该文稿系陆学艺于 1997 年 12 月 29 日在社会发展综合实验区工作汇报会议上的发言稿。——编者注

问世，对可持续发展理论作系统的解释和宣传并推向社会，国家科委的领导和专家，特别是社会发展科技司的同志们，在这方面做了大量工作，这在全国是带了头的。1992 年联合国环境与发展大会召开，我们国家在会上作了承诺，不久就制定和发布了中国的可持续发展战略《中国 21 世纪议程》，成立了中国 21 世纪议程管理中心。现在，全国已有 20 多个省份成立了相应机构，组织实施《中国 21 世纪议程》，实施可持续发展战略。社会发展综合实验区是实施这个战略的一个重要组成部分，十年来的实践表明，这样的试验在全国起到了典型示范和带动的作用，推动了可持续发展战略的实施。在这方面，可以说我们国家是走在世界前列的。一些发达国家虽然关注可持续发展理论，研究宣传做了很多，在净化环境、保护生态等方面做了不少工作，但由中央政府领导明确规定为国家发展战略，中央和地方政府共同组织实施，并在全国范围创办综合实验区加以示范推广的做法，在世界上是少有的。在这方面，我们的国家是走在前面的，受到了国际同行和国际舆论的好评。所有这些，都与国家科委领导的重视、有关同志的长期辛勤工作和坚持不懈的努力是分不开的。可以说，实施可持续发展战略，办社会发展综合实验区，科委的同志起了牵头的作用，功不可没。

办社会发展综合实验区的成绩和经验，刚才邓楠同志已详细报告了，我只是根据这些年参与的实践，做几点补充。

第一，社会发展综合实验区采用了一套比较综合、比较全面的指标来衡量社会发展或社会进步。改革开放以后，我们的经济发展取得了举世瞩目的伟大成就，但在实践过程中有些同志认为只要经济上去了，人民的生活福利必然提高，各种社会问题也都会迎刃而解，把发展简单地等同于经济增长，只顾发展经济而忽略了其他方面的发展。这样做短期内没有什么问题，但随着时间推移就有越来越多的问题暴露出来，如分配不公问题、贫困问题、社会道德滑坡问题、腐败问题、假冒伪劣问题、犯罪问题、环境污染问题等，严重影响了社会安定和全面进步，对于经济持续发展有很大的负面作用。现在，一些发达国家已经不再单纯以经济增长来衡量社会进步，而是采用了包括经济发展、环境状况、就业和贫困状况、收入分配的公正程度、教育和人口素质等指标来衡量社会进步程度。社会发展综合实验区从一开始就强调综合，这是和国际大趋势相吻合的。各实验区都强调经济发展不应以牺牲社会事业发展、破坏环境为代价，都是从经济水平、社会结构、人口素质、生活质量和社会事业发展等多个方面来衡量实验效果的。有的实验区从短期看，经济发展速度也许比不上那些单纯重视经济发展的地区，但前者的发展后劲很足，经济发展能够在长时期内保持一个较高水平。搞得早的实验区现在其优势已经逐渐显现出来了，它们对于我国实施可持续发展战略有很好的示范作用。社会发展综合实验区为根据中国国情和现在这样一个发展阶段确定一套行之有效、有中国特色的衡量可持续发展的指标体系提供了基础。

第二，社会发展综合实验区为我国实施可持续发展培养了一批干部和专门人才。国家战略确定后，干部队伍建设就成了第一位的因素。社会发展综合实验区搞了十多年，涉及省、地、县、乡镇和村庄各个层次的一大批干部，他们通过国家科委每年召开的会议，组织的研讨、培训、互相观摩、出国考察等，在实践中学习，已经成为我国实施可持续发展战略的第一批干部，为我国实施可持续发展战略打下了干部方面的基础。

第三，社会发展综合实验区为我国实施可持续发展战略找到了一套行之有效的操作方式，根据我们的调查研究，社会发展综合实验区这些年的工作在操作上可以概括为"政府主导，观念先行，科技引导，分类推进"十六字方针。

（1）政府主导。社会发展综合实验区首先是政府行为，所有的社会发展综合实验区都成立了社会发展综合实验区领导小组，党政主要领导亲任组长，各有关政府部门如计委、科委、工商税务、农林各局领导是小组成员，上下左右协同来搞可持续发展，政府在贯彻可持续发展过程中的主导作用表现在三个方面：一是政府帮助实验区确定必要的项目和组织一定的资金；二是经常组织专家对实验区进行考察，加强知识分子和实际工作者的交流与合作；三是十分重视发挥群众的积极性和创造性，教育和引导群众自觉地加入到可持续发展的行列，让群众参与管理、参与决策、参与成果分享，将可持续发展办成老百姓的工程和老百姓的事业。

（2）观念先行。社会发展综合实验区不搞政策倾斜，不靠搞各种优惠政策来吸引各地参加，它的最突出特点就是不搞优惠，主要通过各种方式改变人的思想观念，提高实验区领导和群众参与的积极性，在这方面实验区成绩也是很大的。现在有不少实验区，主要领导和普通百姓都对可持续发展有了比较清楚的认识，而且这种实验和社会进步、环境改善、提高生活质量直接相关，他们都以自己搞的是社会发展综合实验而感到自豪。这标志着在社会发展综合实验区基本上实现了由传统发展观向可持续发展观的转变。

在改变人民的思想观念上，实验区的成功就在于除了利用新闻媒体进行宣传外，主要通过搞一些可持续发展示范工程，让老百姓从中得到实惠，以看得见、摸得着的方式教育群众。

（3）科技引导。实验区不仅搞经济建设时十分重视科技的作用，搞社会事业发展也注意充分发挥科学技术的作用，把科学技术引进办社会事业的过程中，充分发挥科技在可持续发展中的重要作用。如在农村建立了科技示范网络，在实验区推广了一批先进技术，在有条件的地方建立了信息网络系统，科技引导以人为本，注意提高人的科技素质，实验区通过科技这个桥梁有效地把可持续发展战略与科教兴国战略结合了起来。

（4）分类推进。搞可持续发展不能搞一刀切，不同经济发展水平的地区可持续发展的内涵和侧重点都有所不同。社会发展综合实验区在选点上注意了东中西部三结合，不仅有经济比较发达的地区，也有经济不怎么发达的地区，不同地区实施重点有所不同。这一点对于全世界搞可持续发展都是有启发的。它用实验的办法表明，搞可持续发展，不同的地区应该各有侧重，可持续发展不但发达地区可以搞，在经济不怎么发达的地区同样也可以搞。

第四，社会发展综合实验区在社会事业发展方面积累了大量经验。我国的经济改革搞到现在，社会事业发展不足、社会事业体制老化已经成为深化经济改革、尽快在我国建立社会主义市场经济体制的重要障碍，加快社会体制改革的步伐，建立与社会主义市场经济相适应的有中国特色的社会事业管理体制已经成为当务之急。社会发展综合实验区在这方面的探索很有意义，如在教育方面，社会发展综合实验区除重视普通教育之外，还十分重视幼儿教育、职业教育、电大教育和特殊教育，建成了教育综合体系；又如在养老方面，农村除了继续发挥家庭养老的作用外，还开始实行养老社会化。这是很符合当前农村青年大量外出，已经很难承担照顾老人日常生活的责任的现实的，也是迎接我国老龄社会来临所必需的。再如在医疗保健方面，大力推行合作医疗制度，在县、乡、村三级建立医疗卫生网络，在巩固合作医疗的同时重点抓甲级示范医院和卫生室的工作，这在国家财力十分有限的情况下，对于保证农民身体健康，防止各种家庭因疾病而沦于贫困具有十分重要的意义。有些实验区还较早地搞了社会保障体制改革，较早地实现了社会保障社会化，注意建立养老、失业、工伤、医疗、生育保险制度，使实验区的社会保障覆盖率达到了 90%。

在我国的改革开放中，对于新生事物，对于大家一时争议的事物搞实验，已经被证明是一种行之有效的办法，搞社会发展综合实验区正是我们在改革实践中通过多次实验找到的一种行之有效的办法，对于实施可持续发展的国家战略具有十分巨大的意义，收到了事半功倍的效果。其重要意义在于，实验区通过示范，为自己、也为全社会带来了一种新的可以操作的发展理念，通过"工程化操作，项目化管理"，将可持续发展由国家战略转化成有效的区域行动，使技术进步和结构转型结合起来，使"理论联系实际"由口号变成了一项社会工程。社会发展综合实验区搞了十多年，它事实上已经成为可持续发展的国家级实验基地，社会发展综合实验区不仅对于中国人民而言已经成为一笔宝贵的财富，对于世界各国而言它也很珍贵，符合"全球着眼，区域着手"的主题行动口号。所以，我建议：国家科委等部门尽可能把国内外的专家请到社会发展综合实验区来，将自然科学专家的技术优势和社会科学专家的结构优势结合起来，发挥多学科互补的优势，以实验区为基地，共同推动社会发展综合实验区的可持续发展工作，使可持续发展由"点"取得的经验，在"面"上能够推广，进而扩展成有效的全社会行动，提高我国发展的质量，保证持续和稳定的发展势头。

可持续发展实验区发展历程回顾与建议*

一　可持续发展实验区发展历程回顾

可持续发展实验区的前身是社会发展综合实验区，创办至今已有 20 年了。1986 年邓楠同志亲自带队到常州市和无锡县的华庄镇，搞了一市一镇的试点。那时的常州市、无锡县华庄镇苏南模式的乡镇企业发展得很好，异军突起，带动全市和全镇的经济飞跃发展，但城乡矛盾、工业占用农地过多、物质文明和精神文明一硬一软、环境污染等问题已经初显。科技部（时为国家科委）社会发展科技司当时就提出经济社会要综合发展，科技要为经济社会发展提供支撑，这些观点都是非常有远见的，可以说是很有先见之明的。正是在这种经济社会要协调发展的先进思想的影响下，苏南等地区就提出了："乡镇企业的发展、经济的发展，不能以牺牲农业、牺牲环境、牺牲精神文明为代价。"也正是在国家科委经济社会综合协调发展的先进思想和实际做法的影响下，民政部、中国社会科学院等部门和单位，在黑龙江省的肇东市、山东省的莱芜市、湖南省的益阳市等地也搞了社会发展综合实验区。

难能可贵的是，1990 年以后，国家科委牵头，联合国家发展和改革委员会、国家经济体制改革委员会共同来推进社会发展综合实验区的工作，专门组建了实验区的领导机构和学术委员会，实际领导和主持实验区的工作，每年扩大试点范围，指导实验区的实践。

＊　本文原载《中国人口资源与环境》2007 年第 3 期，发表时间为 2007 年 6 月 15 日。该文系陆学艺在中国可持续发展研究会 2006 年学术年会（2006 年 11 月，北京）上的发言稿。——编者注

经过国家科委领导特别是邓楠、甘师俊等同志的积极筹备，1992 年 1 月 14 日成立了中国社会发展科学研究会，在人民大会堂召开了成立大会。这是一个由拥护党的领导，关心中国人口、资源、环境可持续发展问题的专家、学者、科技工作者及部分企业家组成的全国性的学术团体，旨在依靠科技进步，促进可持续发展战略的实施。

在研究会的领导下，专门设立了社会发展综合实验区的工作机构，领导和指导实验区工作的开展。

在 20 世纪 80 年代中期，可持续发展概念、理论和思想，被从国外引入中国。最初是有关方面翻译出版了布朗等人的《可持续发展的社会》这本书。从可持续发展理论思想的介绍、宣传、推广，到后来形成我们国家的发展战略，写进了中央和国家的文件，现在已成为家喻户晓、深入人心的理论，成为科学发展观的主要组成部分，在这方面，国家科委的同志们是带了头、出了力的，可以说功不可没。

1994 年，中国社会发展科学研究会召开全国代表会议，会上做出决定，正式更名为中国可持续发展研究会，选举邓楠同志为研究会的理事长，选举孙鸿烈、甘师俊等同志任副理事长，研究会的宗旨也进一步明确，各地的社会发展综合实验区也都更名为国家可持续发展实验区。正是在科技部、中国可持续发展研究会、实验区工作委员会的领导和指导下，国家可持续发展实验区由少到多，由浅入深，由低到高，取得了很大的成绩。现在全国已经有 58 个国家级可持续发展实验区，遍及 24 个省（市、区），其中最多的是浙江省，有 6 个，山东省和河南省各有 5 个，江苏省和湖北省各有 4 个，其中以地级市为单位的有 8 个，以县级市为单位的有 15 个，以县为单位的有 6 个，以区为单位的有 20 个，以镇为单位的有 9 个。从这次在农业展览馆举办的展览会看，这 58 个实验区都取得了很好的成就。这对促进全国可持续发展的事业起了很大的作用，促进了经济与社会、物质文明与精神文明、人与自然的协调发展，完全符合党的十六届六中全会提出的构建社会主义和谐社会的要求，对新农村建设也起了很好的示范带头作用。这应了当年开始办实验区时提出的一个预言："办好实验区，推进本地区的经济社会协调发展，办和不办实验区是很不一样的。"

二 经济社会协调发展的几点建议

经过这次总结、检阅、研讨，可以得出这样一个结论：办实验区的方向是正确的，这 58 个实验区办得是成功的，在理论探索、试验示范等方面都做出了很大的成绩，也培养了一支推行实施可持续发展战略的人才队伍，并在实践中起了带头示范的重大作用。相信通过这次总结，一定会把实验区的工作向前推进，开拓新的局面，使实验区的工作向深度和广度发展，使之在贯彻落实科学发展观、构建社会主义和谐社会上起更大的作用。为了更好地推进实验区的工作，我有几点建议。

第一，在广度上，要继续扩大实验区的数量，中国这么大，人口这么多，发展又不平衡，一个省就相当于一个国家，每个省（市、区）都要办实验区，有 3~5 个不为多。要做好规划，逐年增加实验区数量，这对推动各省份的可持续发展会很有益处的。

第二，在深度上，还要继续拓宽、拓深实验的内容。要按照党的十六届六中全会的战略部署和要求，以构建社会主义和谐社会为目标，经过调查研究确定和增加一些新的实验项目。

党的十六大以来，我们党在"什么是社会主义，怎样建设社会主义"这个重大问题上有了新的探索和深化。经过党的十六届三中全会、四中全会，党中央提出了科学发展观、构建社会主义和谐社会两大战略思想。党的十六届六中全会作出的《关于构建社会主义和谐社会若干重大问题的决定》，是我党历史上第一个关于构建社会主义和谐社会的纲领性文件。明确提出了社会和谐是中国特色社会主义的本质属性，构建社会主义和谐社会是我们党在新时期新阶段的重大战略任务，是国家富强、民族振兴、人民幸福的重要保证，反映了建设富强、民主、文明、和谐的社会主义现代化国家的内在要求，也是全党全国人民的共同愿望。《决定》指出，目前，我国社会总体上是和谐的，但是也存在不少影响社会和谐的矛盾和问题，主要是城乡、区域、经济社会很不平衡，人口资源环境压力加大等六个方面的问题。

我们可持续发展实验区的同志要认真学习贯彻落实这个《决定》。就我的理解，我们实验区的工作，是符合构建社会主义和谐社会的大方向的，也已经做了大量探索性的工作。今后，除了要继续做好已经开展的可持续发展的项目外，还要在统筹城乡经济社会发展、促进经济社会协调发展、推进社会主义新农村建设等方面多做些工作。

改革开放以来，党的工作转到以经济建设为中心的轨道上，在经济体制改革、经济结构调整、经济发展等方面取得了出人意料的成功，举世瞩目。综合国力有了极大的提高，人民生活也得到了比较普遍的改善。但是，一部分地区和一些部门在执行以经济建设为中心的过程中，把经济发展这个第一位的工作，强调到唯一的地步，以至于搞 GDP 挂帅，不顾一切地搞经济发展，搞政绩工程、形象工程，以致牺牲了农村发展，牺牲了环境，牺牲了精神文明，产生了很不好的效果。特别是在 20 世纪 90 年代中期以后，有些地区大搞城市化，搞所谓的经营城市，以地生财，低偿少偿地大量占用农民的土地，造成了约 4000 万农民失地；企业改革抓大放小，企业破产改制，约有 3000 多万国有企业职工下岗失业；城市拆迁约有上千万人失房。这种社会过快过急的社会变动，产生了诸多社会问题，社会分配不公，城乡、地区、阶层之间的差距拉大。有关部门统计，中国的基尼系数 1978 年是 0.22，现在已超过 0.45。城乡差距比 1978 年扩大了 1 倍以上，而且还有继续扩大的趋势。社会矛盾和社会冲突凸现，社会刑事犯罪率也大幅上升。社会刑事案件：1978 年全国是 55.7 万件，1998 年为 198 万件，2004 年上升到 471 万件，翻了约三番。社会治安事件：1978 年全国是 123 万件，1998 年是 323 万件，2004 年是 664 万件[①]。

这种社会矛盾的凸现，已经影响到社会安定。人们乐业不能安居，出门怕被偷怕被抢、家里怕被撬，所以不少城市居民的门窗都安装上了铁栅栏。一个社会，好人总是多数，假如少数坏人作案了，政府把他们关到牢房的铁栅栏里。现在有不少城市作案的人多了，好人只好设防护栏。看一个城市安定不安定，可以从楼房窗户上的铁栅栏的多少来判断，铁栅栏越多，社会治安就越有问题。这种不和谐的情况已经影响到人们的安居乐业，影响到经济的持续健康发展。2004 年党中央提出要提高构建社会主义和谐社会的能力，立即受到全国全社会的响应，据统计，2004 年 10 月至 2005 年 4 月，全国互联网上的相关信息就有 300 多万条。从这个侧面也可以说明构建社会主义和谐社会是全国人民的共同愿望。从社会学的视角来看，当前的诸多社会矛盾，主要可以归为经济社会不协调和城乡关系不协调两大类，80% 的社会矛盾和社会问题都源于这两个方面的矛盾。

从经济发展和社会发展的关系来说，经济发展是第一位的，是社会发展的物质基础，应该优先发展，但有第一也要有第二，第一不是唯一；经济发展，不能孤军独进，经济社会要协调发展；经济发展要求社会发展提供智力支撑和良好的社会环境；经济发展的目的是满足社会发展的要求，

---

① 国家统计局编《中国统计年鉴·1999》，北京：中国统计出版社，1999 年 9 月，第 750 页；国家统计局编《中国统计年鉴·2005》，北京：中国统计出版社，2005 年 9 月，第 783 页。

满足人们对于物质文化的需要，实现人的全面发展。就目前来说，我们的经济发展成绩很大，发展很快，但社会发展相对滞后。我们把主要的力量包括资金都用到保 GDP 的提高上，所以在教育、卫生、科研、文化上的投资就少了，社会保障的钱就不够了，形成了经济这条腿长、社会发展这条腿短的局面。经济社会不协调表现在很多方面，仅从经济和社会指标来说，2004 年 GDP 结构为第一产业占 13.1%，第二产业占 46.2%，第三产业占40.7%；就业结构为第一产业占 46.9%，第二产业占 22.5%，第三产业占30.6%；城乡结构为城市人口占 41.8%，农村人口占 58.2%[①]。从这些数据可以看出，目前中国的经济结构已经是工业化中期阶段水平了，但是我们的社会结构还是工业化的初期阶段水平。中期阶段的工业化经济结构和工业化初期阶段的社会结构，这两者的矛盾是目前我国产生诸多社会矛盾、经济矛盾的结构性原因。举个实例："三农"问题是我们要解决的重大问题，是关乎国计民生的问题。为什么长期解决不好呢？原因是经济社会结构、城乡结构有问题。

2004 年中国的经济结构中农业 GDP 只占 13.1%，而就业结构中全国有46.9% 的劳动力从事农业生产，在城乡结构中农村人口占全国总人口的58.2%。全国 46.9% 的劳动力，只创造 13.1% 的 GDP，又要有 58.2% 的人去分这 13.1% 的份额，中国的农村怎能不穷？农民怎能不苦？所以不解决这个结构问题，"三农"问题是解决不了的。许多人都说过，不减少农民，农民是永远富不了的。为什么造成了这种不合理的结构？这是因为我们在进行经济体制改革的同时，对社会体制没有进行及时有效的改革。相当多的计划经济体制时期留下来的社会体制还没有按照社会主义市场经济体制的要求进行改革，如户口、就业、教育、医疗、社会保障等，而不改革这些社会体制，农村问题是解决不了的。

所以我建议，我们的实验区，今后除了要继续探讨人口、资源、环境等方面的实验之外，还应该把社会结构的调整、社会体制改革，如人口、就业、社会保障、教育、医疗、住房体制改革，纳入实验中。这次构建社会主义和谐社会的决定，已经把这方面的改革和建设提出来了。我们应该按《决定》的要求去做。我想在这方面一定会做出应有的成绩来的，多年来的实践证明，许多改革和政策创新、体制创新都是在基层先做出来的。

[①] 国家统计局编《中国统计年鉴·2006》，北京：中国统计出版社，2006 年 9 月，第 58、99、127 页。

我们的很多社会学家和社会工作者也很有热情、很愿意来参加这些方面的实验。前几年我曾建议，在可持续发展研究会下面成立社会发展的专业委员会，开展社会发展、社会体制改革方面的调查研究、理论探讨和实验工作，后来因为各种原因，至今没有办成。我建议借这次会议的机会，再讨论一次，把这个专业委员会建立起来。

社会管理与社会政策

机构升格之风要刹住[*]

近几年，我们一再强调县级机关要精简机构、精兵简政，实际上机构还在陆续增设，干部队伍还在日益膨胀。据我们在下面的调查，这几年县级机构增加主要有这样几类。一是新建，如新建了政法委员会、企业政治部、烟草专卖局、审计局、经济技术协作委员会等。二是增殖，如文教局分为教育局、文化局、图书馆、广播电视局。工业局撤销了，改为6～7个行政性公司。三是升格，如人大常委会的各科，县政府的档案科、信访科、科技干部科、行政事务科等升为局级单位。四是转正，原来不在编的转为正式机构，如党史办、地方志办、对台办等。现在1个50万左右人口的中等县，部、委、局、办的县属局级单位多至70多个，局级干部多至400人，县直机关的干部职工多达3000人。这么臃肿的机构，这么庞大的干部队伍，已引起了各方面的关注，成为亟待解决的大问题。

一波未平，一波又起。这两年，县里各种局级机构升格为副县级机构之风正在兴起。县里，原来有县委、县政府、县人大常委会、县政协常委会4个县级机构。1984年，有关领导决定把纪律检查委员会升格为副县级，1985年决定把人民武装部划归地方，规格为副县级。1985年决定把县委党校升格为副县级。另外，有些省份还规定县委常委会委员享受副县级待遇。最近有关领导部门发文规定，县法院和县人民检察院也升格为副县级。至此，在一个县里，县级机构4个，副县级机构5～6个（保定的县第一中学也是副县级）。再如此发展下去，县的行政机构，就要变成县级的县机构了。

这种机构升格之风带来的弊端是很明显的。

第一，打乱了县委、县政府统一领导的格局，如今众多的县级、副县

＊ 本文源自作者手稿。该手稿写于1986年3月1日。——编者注

级机构，不好协调。这样也打乱了原来部、委、局之间的隶属关系，于工作不利。例如，县的行政机构中有公安局、检察院、法院、司法局，另外，为了统筹这方面的工作，县委还有一个政法委员会。本来这5家都是局级单位，现在法院、检察院成为副县级单位，领导它们的政法委反而是局级，工作就不好办了。

第二，互相攀比，使一部分干部思想波动，不安心工作。本来同为局级干部，现在因为有些局的机构升格了，干部也跟着升上去，而其德才等方面的条件未因升格而提高。这就带来了一系列问题，因为同为局级机构，有的升格了，有的不升就等于降格。不仅是不升格的局级干部有意见，本部门的其他干部也有意见。原来纪检委和组织部是平级的，有的县组织部和纪检委原来就在一起，现在纪检委升格了，组织部的干部就有意见了。原来公安局、检察院、法院也是平级的，一般公安局干部的配备还强些，现在法院、检察院升格了，公安局的干部就有意见了。

第三，党的十一届三中全会明确提出，我党的工作重点要转到经济建设上来。按实际需要，要有机构升格的话，担负经济建设的农委、经委更应该升格。而这几年升格的却都是党政和政法部门，这同经济发展的客观需要是不符合的。

第四，不符合精简原则，加重了国家财政和人民的负担。本来我们的县级机构已经相当庞大，干部队伍庞大，官多兵少，这几个机构一升格，就更加重了这些方面的问题。现在一个50万左右人口的中等县，在职的县级、副县级干部就有20来人，加上离退休的则有40~50人。在职的局级、副局级干部有400来人，加上离退休的就有600~700人。这些机构一升格，干部都升一级，正局级变为副县级，副局级变为正局级，一直到乡里的纪检委员，都成了副局级干部了。干部升级了，就相应的要配备汽车、增加工资、增加办公室、增加房子、增加下属的公务员，最终要增加国家的财政开支。现在一个中等县的财政开支，一年已超过1000万元，其中80%是人头经费。这样下去，我们的财政是负担不起的。

据我在下面蹲点了解，现在基层的人还是争着要铁饭碗，争着要当干部，争着要晋升，所以干部队伍日益庞大。这种机构升格，正是迎合了一部分人的这种心理，所以，还是很有市场的，很得一部分人拥护的。但从党、从国家、从我们民族的前途着想，这样下去，干部队伍日益膨胀，国家机构日益臃肿，这对国家的经济建设太不利了。希望有关领导能重新研究这些问题，做一个妥善的解决，刹住这股机构升格之风。

社会问题层出不穷[*]

　　1989年将出现的社会问题，主要是前几年经济、社会政策失当引起的，在农村，将主要表现在三个方面。第一，农用工业的萎缩，带来了农药、薄膜、柴油、化肥等农用生产资料的紧缺。虽然实行专营，但供需缺口过大，不正之风不可避免，这会引起农民的不满。第二，去年农业歉收，粮食和农产品市场价格猛涨，目前国家财力困难，不可能大幅度提高粮棉等农产品的收购价格，定购价同市场价的差距拉大，粮食大战、棉花大战、蚕茧大战、板栗大战还会出现。第三，农村基层组织结构和形式不能适应形势，瘫痪和半瘫痪的基层组织进一步增多，许多事没人管，超生早育、大操大办、赌博迷信、修坟造墓、乱占（耕地）乱建（房屋）、乱砍滥伐、滥捕滥捞等现象日趋严重。

　　农村的一系列问题也必将波及城市生活。1989年的粮食销价不动，国家已经定了，但蔬菜和其他副食品价格是放开的，所以"菜篮子"仍然是个大问题。粮食价格的上涨导致了肉禽蛋奶价格的上涨。粮食歉收，饲料紧张，现在有些地区已经出现了生猪饲养量减少的现象。1989年秋后，可能再度出现猪肉供应偏紧和涨价问题。粮食价格是其他农产品价格的基础，蔬菜会比照粮价涨一点，这是我们应该预防的。蔬菜和肉类等食品涨价幅度过大，多数城市居民会很不满。由此将引起一系列问题。

　　此外，查处"官倒"和反对不正之风，这是城乡人民普遍关心的问题，希望我们党查出成绩，反出效果来，并且由此建立起健全的制度和法规。

　　尽管问题不少，但我们仍应积极努力，争取今年农业有个好收成，使

---

　*　本文原载《学习》1989年第1期，系该刊记者采访马洪、陆学艺等6位专家的访谈稿《今年热点何所在》，发表日期：1989年1月5日。本文仅收录陆学艺的发言摘要，题目取自原文中陆学艺发言部分的小标题。——编者注

物价上涨的幅度有明显的下降，争取农村和城市的改革进一步深化发展。这样，其他的一些社会问题就可以逐步获得解决。党的十三届三中全会审时度势，确定要把明后两年改革和建设的重点突出地放到治理经济环境、整顿经济秩序上，这是非常适时和完全正确的。但是，由于上述问题是多年积累下来的，治理和整顿需要花很大的努力，需要有一个相当长的过程。

要重视对社会问题的分析与研究[*]

　　我国著名的社会学与农村问题专家陆学艺教授在回答本记者关于国情研究问题时指出：当前要重视对社会问题的分析和研究。

　　他说，我们历来比较重视和经常分析研究经济形势，并由此采取相应的政策和措施，引导经济持续稳定协调发展，这是完全正确、十分必要的。但是，这还不够，我们还应该重视对社会形势的分析和研究，并由此采取相应的政策措施，以便引导社会协调发展，全面推进社会主义现代化事业。就当前来说，应主要分析研究以下四个方面的问题。

　　分析社会环境、社会秩序是否稳定。随着经济的迅速发展，经济结构、社会结构都在发生变化，人与人之间的利益关系也在变化。阶层之间、城乡之间、地区之间的发展不平衡不可避免，但要有一个"度"。超过了这个度，就会引起社会冲突。

　　注意研究社会事业发展、社会进步方面的问题，分析经济发展和社会发展是否协调。无疑，经济发展是社会发展的基础和条件，但是经济和社会必须协调发展，经济发展不能长期脱离社会发展而孤军独进。例如，经济发展要求教育提供人才支持，要求科技发展提供先进技术支持，要求社会分配公平和社会保障事业发展作保证，等等。

　　确定符合国情的社会发展目标模式是最主要的。例如，我们应该建立什么样的社会阶层结构体制，教育、科技体制，住房制度，以及社会福利保障制度，这都是需要从长计议的。之后，选择什么样的时机实行改革，何地先改，何项先改，何项后改，也是至关重要的。现在，对住房制度、社会福利保障制度、医疗保健制度、城市公用事业体制改革的呼声都很高，

---

　　* 本文原载《中国改革报》1993 年 11 月 8 日，第 6 版。该文系该报记者对陆学艺的专访摘
　　　要。——编者注

条件也在逐步成熟，关键是要审时度势，选好改革的时机和突破口。

注意研究社会心理方面的变化。社会各个阶层都在想什么，拥护、反对什么，喜欢、厌恶什么，据此制定相应的改革方案和措施。国家应该在这方面有所投入，建立相应的机构，做经常的、全面的、系统的、准确的社会心理调查。去年①夏天，中国社会科学院社会形势课题组同国家统计局合作，对 2 万多人做了一次社会心态方面的问卷调查，了解到农民最不满意的两件事是：社会治安变差和负担过重。1993 年以来，国家花很大力气解决"打白条"和负担过重等问题，农民是满意的。但农村社会治安问题依然严重，有些地方，农民出门没有安全感，这是亟待解决的问题。

陆学艺最后说，分析研究了社会安定、社会发展、社会改革、社会心理这四个方面的状况，就可以基本判断社会形势的特点，预测未来发展趋势，指导工作，推动经济繁荣和社会进步。

---

① 此处指 1992 年。——编者注

社会政策：不可忽视的发展钥匙[*]

主持人：最近，人们谈论起国有企业改革时常常产生一种疑惑：搞好国有企业的改革措施出台了不少，但不少国有企业效益仍不理想。类似的问题还很多，如城乡差距、地区差距、贫富差距、社会治安问题等，原先人们普遍认为，只要经济发展了，这些问题都可以顺利解决。然而，有些问题随着经济的发展反而变得更严重了。作为社会学家，您认为这些现象的深层原因是什么？

陆学艺：这是一个应该认真研究和对待的重要问题。解决这些问题，关键是要深化改革。而在这当中，我们还有一个十分重要的手段目前尚未很好地使用，这就是社会政策。社会政策是指用来协调社会各方面利益和关系的政策，包括人口政策、分配政策、社会保障政策、各种社会事业的发展和管理政策等。党的十一届三中全会以后，我国在经济体制改革方面取得了举世公认的成就，但一些方面的改革相对滞后，经济发展了，相应的社会政策并没有跟上来。这就使一些问题的解决变得十分困难。就拿国有企业目前遇到的困难来说，孤立地看好像是经济体制上的问题，实际上它在很大程度上是社会政策不配套造成的。比如，有些企业长期亏损，已经资不抵债且扭亏无望，按《破产法》规定应该破产，但我国目前的社会保障机制尚不完善，社会拥有的失业救济能力非常有限，因而破产受到限制。再比如企业办社会的问题，谁都知道它是企业放不开手脚的重要原因，但当前相关社会政策不配套，企业不办社会，职工很多问题没地方去解决。这些问题都应该用社会政策来解决。

主持人：改革开放以后，我国人民的生活水平相比过去有了明显的提

---

[*] 本文原载《光明日报》1995 年 6 月 17 日，第 4 版，系该报记者专访陆学艺的访谈录。——编者注

高，就是贫困地区，也比过去提高了许多，但犯罪现象并没有随之减少，全国范围的"严打"力度虽然不断加大，但一些地方的治安形势仍然比较严峻。这是为什么？

陆学艺：这也是一个社会政策问题。对一时猖獗的犯罪现象采取坚决的措施进行打击是十分必要的，但只治标不行，必须标本兼治。治本的措施应该是努力减少社会成员间的冲突、摩擦，最大限度地消除诱发犯罪的条件。这就需要有相应的社会政策进行调整。比如通过二次分配（征税）控制贫富过分悬殊。贫富差距太大会使社会成员产生不公平感。发达国家在经济发展起来之后，都十分注意控制贫富差距。据了解，日本1.2亿人口中大约有1亿属于中等收入阶层。近年来，我国一些城市和农村刑事案件发生率上升，这与我国最近几年贫富差距、地区差距、城市差距扩大不能说没有一点关系。改革开放以后，中央提出让一部分人先富起来，让一部分地区先富起来，无疑是十分正确的。但是差距不能拉得太大，否则这一小部分人的年收入是几百万元、几千万元，过的是花天酒地、挥金如土的生活，而大多数社会成员才刚刚解决温饱，社会心理难以平衡。发达国家都有针对高收入者征收的个人收入所得税（最高达60%）和财产税、遗产税，我国虽然也颁布了《个人所得税法》，但执行不力，未能起到二次分配的作用。

主持人：改革开放以来，我国经济高速发展，变化惊人，但社会结构基本没有什么变化。比如第二产业创造的产值大大超过第一产业，按照国际通常标准，已经是工业化国家了，但实际上我们还不是，因为近60%的劳动力在第一产业就业，全国就业结构仍是一产大于二产，二产大于三产。此外，城乡结构也没有大的改变，1993年的城市化指标仅为28%，不仅低于发达国家水平（60%~70%），也低于世界平均水平（36%），这种失衡的社会结构对我国经济社会发展是否也会产生消极影响？

陆学艺：是的。首先，第一产业劳动力过多必然要影响产业效率和从业者收入的提高，城乡生活水平的反差必将导致农民种田积极性下降，近几年出现的一些地方农民撂荒和"民工潮"就是证明。第二，城市化是经济发展到一定阶段的必然现象，从统计数字上看我国有9亿农民[①]，实际并

---

① 根据公安年报户籍人口数，1993年农业人口为90208万人，占总人口的77.6%。参见国家统计局人口与就业统计司编《中国人口统计年鉴·1994》，北京：中国统计出版社，1994年11月，第409页。

没有这么多，很多农村人进城做工经商都十几年了，仍然被看作农民，因为他们是农业户口，这种20世纪50年代沿袭下来的户籍政策已经完全不适应今天的经济社会发展形势了，进城做工经商的农民，因其身份长期得不到城市的承认，容易产生对立情绪。有一项调查说，北京市46％的刑事犯罪系外来人口所为。这样高的比例，不能说与社会结构和一些社会政策的不合理没有关系。因此，社会结构失衡问题应当高度重视，并从实际出发制定新的社会政策，建立合理的社会结构，促进经济社会全面发展。

针对社会转型时期城市犯罪问题的研究
具有重要现实意义[*]

    城市是人类社会文明的结晶，是现代化社会的载体。城市化，是社会发展变迁的趋势，也是社会现代化的里程碑。世界发展的历史表明，伴随着工业化、现代化的发展，城市化是社会发展的必然趋势。二战以后，世界各国特别是发达国家的城市化步伐大大加快，现在世界已有50%的人口集中在城镇生活，发达国家的城市人口大多占70%以上。我国在改革开放以后，经济发展突飞猛进，近20年国民生产总值平均以9%的速度递增。与此同时，城市化发展也很快。1978年我国城镇人口只有17245万人，城市化率为17.92%，到1996年城镇人口已达35950万人，城市化率为29.37%。[①] 随着经济的继续发展，改革的继续深化，我国今后的城市化步伐还将加快，会有越来越多的人住到城镇里来。

    我国现在[②]有666个大、中、小城市，有17998个镇。[③] 今后还会新建一批城镇。如何把现有的以及今后新建的城镇建设好，使之成为有中国特色的现代文明城市和现代文明镇，这是我们需要做好的一项重要的历史任务。有中国特色的现代文明城镇，不仅应该有繁荣的经济，有现代化的建筑，有配套齐全的其他设施，而且应该有现代化的教育、科技、卫生、文化，应该有优美洁净的生态环境，还应该有融洽的社会人际关系，高尚的社会伦

---

    * 本文源自《中国城市犯罪问题研究》（牟君发、宋浩波主编，北京：中国人民公安大学出版社，1998年9月），第1～4页。原稿写于1998年8月31日，系陆学艺为该书撰写的序言，现标题为本书编者根据序言内容拟定。——编者注。

① 国家统计局编《中国统计年鉴·1997》，北京：中国统计出版社，1997年9月，第69页。

② 此处指1996年。——编者注

③ 国家统计局编《中国统计年鉴·1997》，北京：中国统计出版社，1997年9月，第3、363页。

理道德，安定的社会环境，良好的社会秩序。这就是我们通常说的，既有工业化的硬环境，又有现代化的软环境。有中国特色的现代文明的城镇应该是现代物质文明和现代精神文明并重、经济社会协调发展的城镇。

毋庸讳言，我们这些年经济发展得很好，城镇化发展得也很快，大量的农村人口以各种形式进入了城镇。城市里新建了许多现代化的设施，高楼大厦、饭店酒家、超级市场、各种金卡。但是在一些城市，物质文明建设上去了，社会秩序、社会治安状况却没有相应改善，各种犯罪率不是下降了而是相当普遍地上升了，群众的满意度下降了，群众在物质生活普遍得到改善的同时，意见、牢骚反而多了。这是为什么呢？这一方面是我们目前所处的特有的经济社会历史时期的客观环境造成的，另一方面是由于我们主观上没有根据这一客观环境有针对性地做好工作。同样的客观条件，一些城市的工作适应了这种形势，有针对性，所以那里的社会秩序、社会环境就很好。

社会学家认为，我们目前所处的特有的经济社会发展阶段，可被称为社会转型时期。这是说我国社会目前正处在由农业社会向工业社会转化，由乡村社会向城市社会转化，即由传统社会向现代社会转型。这个社会转型时期，是所有发达的现代国家都经历过的。在这个转型时期，经济快速发展，工业化市场扩大，财富增加，分配不公，贫富差距扩大，城乡差距扩大，城市的社会规范、管理也跟不上，特别是社会保障机制一时建不起来；大量农民进城、城市化，人民生活方式急剧变化，居住条件/环境不好，家庭也发生危机，离婚率上升，社会失业人口增加，流浪人口产生，各种犯罪普遍增加，社会不安。社会学家称这些社会问题为社会转型病。这种社会转型病在18、19世纪的欧洲、美国都曾经出现过。

我们是社会主义国家，现在正处在工业化、城市化快速发展时期，其中不少社会问题也不同程度地以各种不同形式产生了，这也可以说是社会转型时期的一种负面表现。还有一个方面，是上述发达国家在社会转型时期所没有的，那就是它们在工业化、城市化的时候，实行的都是市场经济，无非是市场规模更大、市场经济更加完备而已。我们则不同，我们现在不仅要实现工业化、城市化、现代化的社会转型，而且还要从原来集中统一的计划经济体制向社会主义市场经济体制转变。要实现这一转变，还要进行一系列的改革，要调整中央和地方、国家和单位、政府和群众、这个利益群体和那个利益群体之间的利益关系，容易引起种种矛盾，引发很多社会问题。如户籍制引出的买卖户口、民工潮，价格双轨制引起的买卖批文，公有住房福利分配中的种种弊端等，都是经济体制转变引发的问题，而这些社会问题都是我们特有的。所以我们目前正处在社会转型和经济体制转变同时进行的时期，由此产生种种社会问题，产生社会矛盾，许多干部、许多群众对这种社会背景不了解，由此产生种种意见，也就不足为怪了。

可以说，当今中国的诸多社会问题都与上述两种转化有直接的联系。社会转型期间社会结构的变化、国有企业的调整以及多种所有制形式并存引发的利益分化和多元化，导致了一些社会矛盾和社会问题；社会流动剧增，人口向城市的无序流动和城市边缘人的存在，使城市中产生了与主流社会相脱节的社会群体，且两者之间存在着尖锐的冲突；社会主流文化受到亚文化的冲击，社会道德的滑坡使人们的道德遵从处在两难境地，使得某些利益群体的社会行为失去规范约束；社会不良风气和教育经费不足等，对把青少年培养成"四有"新人造成了一定的不利影响；城市中人、财、物的大流动，使犯罪可侵害的对象增多，犯罪可利用的工具有了更高的科技、智能含量，犯罪分子有更多的可供选择的犯罪机会；受国外/境外消极因素的影响，"黄、赌、毒"等社会丑恶现象在一些城市地带死灰复燃，这些地带成为藏污纳垢的犯罪滋生地；等等。因此，根据总的社会背景，有针对性地研究城市犯罪的特点和趋势，总结城市预防、治理犯罪的经验，探讨城市犯罪控制机制及其与社会稳定的关系，对于维护城市社会秩序和社会稳定，对于深化改革、发展经济、人民安居乐业，都具有重要而深远的意义。

以中国人民公安大学公安学研究所的同志为主承担的 1997 年度国家社会科学基金项目"城市犯罪综合治理与社会稳定机制研究"，是我国公安系统第一次对城市犯罪问题进行的专题研究。这本《中国城市犯罪问题研究》论文集，既是 1998 年 5 月在江苏省无锡市召开的"中国城市犯罪问题学术研讨会"与会代表优秀论文的展示，也是中国人民公安大学"城市犯罪研究"课题组阶段性研究成果的汇集。这些文章在城市犯罪的现状及成因、城市犯罪防控机制建设、城市公共场所和重点部位犯罪预防、城乡接合部和流动人口犯罪预防与管理对策、派出所基础工作与群防群治、城市犯罪综合治理对策等诸多方面，都进行了有益的探索。文章理论联系实际，反映了我国当前在该领域的研究状况和研究水平，勾画出我国城市犯罪防控机制的大致轮廓，具有很重要的现实意义和理论价值。我相信，本书的出版对促进我国城市犯罪综合治理工作，对建设有中国特色社会主义的现代文明城镇，对维护我国的社会稳定、保障我国城市化的健康发展，必将产生积极的影响。

社会学视角：为公平与秩序付费[*]

知道扶贫的人不少，知道"转移支付"的人就不多了。财政部部长项怀诚于 3 月 6 日在第九届全国人大二次会议上谈到需要财政预算作出安排的几件"非办不可的大事"中，有一项叫转移支付，今年①中央财政需要增加对地方税收返还 56 亿元，增加对民族地区、经济不发达地区的扶贫资金和转移支付 22 亿元。

转移支付，简单地说，就是通过财政的再分配职能，把一个地区（或一个人群）的钱转给另一个地区（或另一个人群）。

发达地区与不发达地区的关系在国际上叫南北问题，在中国或可称为东西关系。把发达的东部地区的钱"转移支付"给不发达的西部地区，如此大范围人群之间的利益调整与转移，为什么是"非办不可"的？

以"胸怀天下"为职志的社会学，以"经世济民"为己任的经济学，对这个问题自然都必须给出回答。

第九届全国人大代表、著名社会学家陆学艺接受记者采访，开口就把当前的转移支付与 20 世纪五六十年代的"三线"建设作了区分："三线"建设是国家在中西部地区作投资，而投资至少在原则上是要讲回报和收益的，而转移支付则是把一部分人的钱无偿地交给另一部分人，因此，从社会学的角度，搞转移支付必须回答一个关系和涉及"终极合理性"的问题，或者等于要问一句"凭什么"。

---

* 本文源自《经济日报》1999 年 3 月 11 日第 B1 版的《社会学经济学视线对接 转移支付为何"非办不可"》一文，系该报记者与社会学家陆学艺、经济学家吴树青关于转移支付问题的专题对话。本文仅收录其中陆学艺的观点摘要，题目取自原文中陆学艺发言摘要部分的小标题。——编者注

① 此处指 1999 年。——编者注

陆学艺代表伸出三个手指头："至少凭三条理由。"

其一，广大中西部地区为全国提供了绝大多数重要的资源型产品，而资源型产品的价格长期以来是受到压抑的。这就是说，为了国民经济的资本积累和总体发展，西部地区作出了长期的牺牲。与此同时，加工业比较发达、大量利用资源型产品做原料的东部地区在客观上就成为受益者。因此，当前的转移支付可以视为东部地区对西部地区的一种"偿还"。

其二，西部地区有大片的生态环境保护区，因为这些保护区的存在，西部地区的开发与发展步伐被迫放慢。然而从生态环境的保护与改善中受益的，并不只是西部地区人民，东部地区也是受益的，因此，东部地区有义务为此而"付费"。

其三，由于种种原因，东西部地区的经济发展水平存在差距，而且这种差距目前还在扩大。过于悬殊不利于整个社会的稳定。一个社会的稳定系数越低，经济发达地区受到的损失就越大，因此，转移支付也可视为经济较发达的东部地区为维护社会稳定而缴的较多的"保险费"。

陆学艺代表说，与经济学比较起来，社会学更重视对社会公平的研究，强调社会的协调、秩序与整体利益。从社会学的视角出发，转移支付在当前中国是一项应该进一步加强的工作。

在纪念《代表法》颁布十周年
座谈会上的建议[*]

我在 1991～1999 年期间当选为北京市东城区人大代表，1993 年当选为第八届全国人大代表，1998 年再次当选为第九届全国人大代表。

在这 10 年中，我每年参加人大会议，每年参加代表视察。一方面审议列入人大议程的各项议程和报告，发表意见；另一方面，根据自己在工作中、调查研究中发现的问题，提出议案和建议。这 10 年中，我提出了 12 个提案和 6 个建议，前后列席过两次人大常委会会议，参与了《村民委员会组织法》和《婚姻法》的审议，参与了国家大事的讨论，行使了代表的职权，履行了代表的义务，发挥了代表的作用。在这个过程中，自己也深受教育。每次参加人代会，听了政府工作报告和计委、财政部及两院报告，对国家大局、宏观形势有了全面的了解；听了江苏团各位代表的发言，对江苏各地区经济社会的情况有了深入的认识。这对我从事社会科学研究工作很有帮助，有促进，是提高。

从我这 10 年的代表工作看，我认为我们的人大代表制度是符合中国国情的，是人民当家做主、行使国家权力的一种好形式。为了使代表工作做得更好，我提两点建议。

第一，人民代表的视察活动。在第八届、第九届人大代表视察中，在京的人大代表多数年份是视察北京，听取中央各部的报告，之后又集体视察天津、河北、陕西、江苏，2001 年江苏团回江苏视察了一次。

我认为还是以视察选举单位为主为好，视察内容每年可根据本年经济社会形势，就某一两个热点重点问题进行视察、调查研究，听取当地负责

---

* 本文源自作者手稿。该文写于 2002 年 3 月 29 日，系作者在纪念《代表法》颁布十周年座谈会上的建议稿。——编者注

同志的介绍；也可开一些小型座谈会，听取选民意见。对视察地区、单位的工作，提出一些建议和意见。还可以按照《代表法》第 24 条的规定，列席 1~2 次原选举单位的人代会议和人大常委会会议。总之要加强沟通在京代表与选区、选举单位的联系。

第二，从我这几年参加人大工作的体会来说，第八届和第九届人大及其常委会做了大量的工作，立法工作是重中之重。正如李鹏同志在今年人大常委会工作报告中讲的，在本届人大常委会组成以来的 4 年中，在党中央领导下，在以往几届人大工作的基础上，又通过宪法修正案 1 件、法律 58 件、法律解释 4 件、关于法律问题的决定 20 件，以宪法为核心，有中国特色的社会主义法律体系的框架更加完备。这方面的成绩应该充分肯定。但是要形成与社会主义市场经济相适应的有中国特色的社会主义法律体系，还有很多的工作要完成，任务还十分艰巨。所以今后人大常委会的任务很重、责任重大。据我所知，现在我们人大常委会的委员都是兼职的，多数承担着重要的党政工作，有的是大学校长，不可能专门从事此项工作，所以我建议在第十届全国人大常委会组成成员中可否考虑选择一些专职委员，专心致志地专门从事常委会的工作，特别是有一部分专职委员可主要从事立法的工作。这样对加快建成社会主义法律体系的步伐，会起好的作用。

以上两点是我个人的建议，供参考。

需要以公平为导向的社会政策[*]

《南方周末》：你对中国目前的现实持怎样一种判断？

陆学艺：现在总体发展较好，我对未来表示谨慎的乐观，这是第一个判断。第二个判断是全面实现小康，经济方面的目标比较实在一些，社会方面的问题比较大，难度也大，我提了三句话，全面实现小康要点在经济（经济是中心），重点在农村（调整城乡关系），难点在社会（调整社会结构要强调利益关系）。

《南方周末》：具体来看，我们面临的问题是什么？

陆学艺：从目前来看，中国的经济发展举世瞩目，但对社会结构的变化、对社会方面进步的研究和关注很不够，经济与社会之间发展不协调。从 2001 年三个产业的产值来看，一产占 15% 左右，二产占 50% 多，三产占 33%，而在劳动力就业方面，一产就业人口占 50%，二产就业人口占 20% 多，三产就业人口占 27%。^① 社会结构与经济结构差别很大。如果两者能适应，中国好多问题就解决了，好多东西也就能卖出去了。

《南方周末》：那么中国现在的社会结构是一种什么样的状况呢？

陆学艺：我想有两句话可以概括。第一句是中国已经形成了一个现代化社会群体结构的雏形，其中最引人关注的是出现了一个不断扩大的社会中间群体和企业家群体。第二句话就是群体之间的关系，也就是群体位序已经在中国确立。这个位序的排列取决于组织资源、经济资源、文化资源的拥有量，谁的资源多，谁在社会地位等级的排列次序中就高。现代化的

---

* 本文原载《南方周末》2003 年 1 月 1 日。该文系该报记者专访陆学艺的访谈稿。——编者注

① 参见国家统计局编《中国统计年鉴·2002》，北京：中国统计出版社，2002 年 9 月，第 52、118 页。

群体位序的确立，有利于现代化进程，有利于社会流动，人们经过自己的努力可以获得上升的通道。

《南方周末》：为什么中国的社会群体结构发育滞后？

陆学艺：深层原因在于国家社会政策的滞后和缺位。20多年来，中国社会群体结构的演变具有明显的自发性。人们关注的是经济的增长，在有些人看来，经济政策甚至可以替代社会政策，可以自发产生社会政策所需要的结果。然而，这恰恰是政策考虑上的一个严重的误区。

根据国际经验，如果说与市场经济体制相适应的经济政策追求的是效率，那么培育合理的现代社会群体结构所需要的社会政策，就应当以公平为目标，通过各种再分配手段，防止出现过于严重的两极分化，缓和各群体之间的矛盾。

一个令人难以理解的现象是，越是有钱的人社会负担越轻，越是没有钱的人社会负担反倒越重。有资料显示，1996年，占城乡居民个人储蓄总额40%的富有群体所纳税额占全国个人所得税总额的比例还不到10%。所有这一切表明，在社会群体分化的过程中，中国的社会政策还没有起到应有的调节作用。

与此同时，目前一些过时的制度安排尚未得到根本的改革，还在继续阻碍群体之间相对自由的流动。其中最突出的是户籍制度，它使广大农民陷入结构性、制度性的机会不公状态，因而也就缺少适当的向上流动机会。令人欣喜的是，党的十六大报告提出了扩大中等收入者的比重，这绝对正确，要搞现代化必然要走这一步。

《南方周末》：目前中国的中间群体到底有多少？它未来的发展怎样？

陆学艺：按照我们的计算，我国中间群体占就业人口的18%，发达国家一般占40%以上。今后20年我们建设全面小康，中间群体每年要增加1个百分点，20年后可达到38%，那就是一个比较理想的社会群体结构。要做到这一步，必须进行社会制度和社会政策的创新，创新应遵循稳定、合作、共享、协调和保护弱者的原则。

客观上，各群体之间不可避免地会存在利益矛盾和利益冲突，如果国家在协调矛盾方面软弱无力，或者完全偏向某些群体的利益而漠视其他群体的利益，那么，社会各群体合作的可能性就会消失，冲突和对抗可能会变成现实。在这方面，南亚和拉美的一些国家是我们的前车之鉴。

从近期看，社会政策创新的可操作方向是，从公正和公平的考虑出发，合理地配置公共资源。而其中最为有效的操作平台，是建立公正配置公共教育资源的制度，制定提高普通社会成员（尤其是困难群体）竞争能力和技能的教育与培训政策。在市场经济社会，国民教育是促进经济增长、矫正各种过于不公平的起点条件，是保证社会的机会相对公平的最重要的制度设置。

假如危机再来[*]

人类的成长发展史，就是一部与各种灾害抗争的历史。就在最近几年，美国发生了"9·11"事件，日本发生了 O157 传染病，欧洲爆发了疯牛病，非洲出现了埃博拉病毒……各种危机总是在某一个地方、某一个时刻袭击人类。

近日，在加拿大发生的"疑似非典"流行病使今冬明春[①] SARS 有可能会卷土重来的预言再次成为被关注的焦点。到底该如何正确看待危机并能以积极的心态应对危机？让我们来听听专家学者等怎么说。

回头看：如何看待 SARS 危机？

SARS 带来了死亡，带来了恐惧，带来了国家经济上的损失，带来了人民生活与心理上的冲击；同时，SARS 危机也带来了挑战与机遇，带来了思考与反思，带来了改革的契机。

陆学艺：SARS 作为一个突发事件，死了这么多人，影响这么坏，肯定是一件坏事。但是，如果总结得好，就能够使坏事变好事。像水灾，1954年长江大水，特别是 1963 年淮河大水，冲得一塌糊涂。之后，国家下决心治水，一直治到现在。对地震来说也这样，在唐山大地震以后，地震局建立起来了，现在咱们地震科研水平在国际上也已经到位了。有了教训，才舍得投资。因此，政府也好，群众也好，社会团体也好，从这件事情得到教训，开始从制度层面解决一些问题。

---

[*] 本文原载《时事报告》（大学生版）2004 年第 1 期，发表日期：2004 年 2 月 28 日。该文为该刊记者对三位专家的访谈摘要，本文仅收录陆学艺的发言摘要，仍采用《时事报告》原文标题。——编者注

[①] 此处指 2003 年冬、2004 年春。该访谈实际发生于 2003 年底，访谈发表于 2004 年初。

现在看：危机对社会前进的推动力有多大？

有人说，危机是改革的拐点，是撬动社会前进的另一种杠杆。果真如此，那么它对社会的推动力到底有多大？力量的大小又取决于什么呢？

陆学艺：最近中央开了个会，温家宝总理在会上强调了三个协调：经济跟社会协调发展，城市跟农村协调发展，人与自然、环境协调发展。原来我们搞经济，经济是第一，但是没有第二。结果经济发展了，经济结构变了，社会结构没变。投资，往往就奔着办大企业而去，就想不到办学校、办医院。教育、卫生、医疗等都跟经济发展不协调，我们的教育甚至落后于印度。城乡差别这二十几年是扩大的。我们拿北京、上海、深圳跟国际大城市比，那没有问题，甚至比台北强多了。现在不少台北人都住到上海来了。为什么王岐山答记者问时说，最担心的就是把"非典"传到农村去。占总人口70%的农村人口，只占有20%的医疗资源，87%的农民完全是自费医疗。因病去世的农民很少死在医院里，而城里的人却很少死在家里，农村妇女很少在医院里生孩子，而城里基本上没有在家里生孩子的。所以，温家宝总理说，今后教育、卫生、文化增加的经费，主要用在农村。第三个协调就是人跟自然的协调。这次广东人总结教训说，之所以发生SARS危机，就是因为什么东西都吃。现在广东已经在这方面立法，比如规定蛇不能吃。

除了这三个协调之外，我个人觉得还应该有一条，就是政府跟社会，也就是政府与社区或群众的协调问题。我们国家目前的状态可以说是"强政府，弱社会"。什么事情都是依靠领导。比如，马路上一棵树倒了，妨碍交通了，到处打电话找人，找领导解决。其实，几个人联合一下，先扛到边上行不行？没有这个意识。这就是"强政府，弱社会"的弊病。政府与社会"双强"，才是健康的。

向前看：危机再来怎么办？

即便SARS不来，战争、恐怖袭击、水灾、火灾、网络危机、金融危机等各种天灾人祸肯定还会再来。个人危机也罢，公共危机也罢，"兵来将挡，水来土掩"，既来之，则安之。危机总是要被战胜的，人总不能被危机打垮。当危机来临之际，应对危机，什么最重要呢？是精神呢，还是物质？

陆学艺：在这次危机处理中，政府有几步"棋"下得很好。首先是"民工不许走"，控制了非典向最薄弱的农村蔓延。这一条也说明了新上任的几位领导下决心快，真抓实干。其次是在 7 天之内，弄出一个可以住几百人的小汤山医院，这是很鼓舞人心的。按照市场经济本身来说，在一般国家很难做到。

假如 SARS 危机再来，应对措施肯定比这次好。老百姓层面也受到了一些锻炼，心理防范能力增强了，不会像这次这么恐慌了。

社会学家诊治"城市病"[*]

中国社会学会会长陆学艺说，当前我们正处在城市发展的关键期，需要更多的人关注、研究城市发展，为我国的城市发展与城市化提供智力支持。他认为，当前我国城市发展存在五方面的问题。第一，城市化严重滞后于工业化：我国的经济结构已经调整，而社会结构没有得到及时调整。第二，许多城市存在"一市两制"问题。目前有大约1亿进城农民不能得到同等对待，"同工不同酬""同工不同时""同工不同权"现象严重。第三，城市发展不能以牺牲农民利益为代价，目前各地以开发区建设为由进行的第四次圈地浪潮中对农民土地的侵犯相当严重。第四，应努力缩小逐步扩大的城乡差别。现在一方面是城市的"盆景化"，另一方面是农村的落后，城乡收入差距已达到6∶1，而合理差距应控制在1.5∶1。第五，城市发展本身也存在着社会结构与社会管理问题。陆学艺的发言引起了许多与会代表的共鸣。

---

[*] 本文源自《光明日报》2004年5月31日，第A4版。该文系"全国城市社会学与城市发展学术研讨会"（天津）专家的发言摘要中陆学艺的发言摘要。——编者注

社会问题根源之我见[*]

近年来，我们在解决社会矛盾、治理社会问题方面，已经投入了很多的力量，也解决了一部分社会问题。但从全国总体形势来看，社会矛盾还在持续增加。为什么？根本原因就是社会结构不尽合理。

从总体上看，我们现在的社会结构基本上是在经济体制改革、经济发展的带动下，自发地逐步形成的。而历史经验表明，一个国家或地区要形成合理而具有活力的现代社会结构，不仅要靠"无形的手"去推动，也要靠国家和政府这只"有形的手"不断加以引导和调控。20 多年来，因为我们在社会体制改革方面、社会政策创新调控方面没有像在经济体制改革、经济政策调控方面那样投入，所以现在形成的新的社会结构还是不太合理、不太理想的。具体包括以下几个方面。

第一，中国现在的社会结构与经济结构不相适应。就经济结构而言，中国现在^①已达到工业化中期水平。但城市化率只有 41.8%^②，低于世界城市化平均水平约 10 个百分点，还处于城市化的初级阶段。城市化严重滞后于工业化，阻滞了现代化的进程，阻滞了第三产业的健康发展，影响了人民生活、消费水平的提高，实际已经在阻碍经济的健康发展。

第二，中国现在的社会结构是不尽合理的，有些地方甚至可以说是畸形的。在上述 41.8% 的城市化率中，仍有 1.3 亿人只是统计意义上的城市人口，他们并不享有和城市居民同等的政治、经济和社会保障等方面的权利。其中，有 1 亿农民工从事的是第二、第三产业的劳动，但身份还是农民。他们白天在工厂、商店、工地干活，晚上住的是拥挤不堪的工棚，想

---

* 本文原载《北京日报》2005 年 7 月 11 日，第 17 版。《新华文摘》2005 年第 18 期以《社会问题的根源》为题摘编了该文。——编者注

① 本文中指 2004 年，下同。——编者注

② 国家统计局编《中国统计摘要·2005》，北京：中国统计出版社，2005 年 5 月，第 39 页。

的是农家的事。有人说，现在我们把城乡二元结构引进城里了，一城两制，对城镇居民实行一种政策，对农民工、外来人口实行另一种政策，形成了城市里的二元结构，并由此引发了诸多社会问题。

第三，中国现在的社会阶层结构还只是一个现代社会阶层结构的雏形，还存在不合理之处，且明显具有自发性、过渡性和半封闭性。应该小的农业劳动者阶层没有小下去，应该大的社会中间阶层没有大起来。

现阶段，我们要解决社会矛盾，治理社会问题，使社会趋于和谐，就必须深化改革，制定和创新现有的社会政策，逐步调整社会结构，尤其要在经济持续快速增长发展的背景下，通过引导、调控，逐步形成一个以社会中间阶层为主体的呈"橄榄型"的现代社会阶层结构。这是构建和谐社会的基础。

大胆的尝试和富有意义的探索[*]

    近读由社会科学文献出版社出版的天津社会科学院阎耀军研究员的新作《现代实证性社会预警》一书，联系我国多年进行社会形势分析与预测的工作，以及党的十六届四中全会通过的《中共中央关于加强党的执政能力建设的决定》中提出的要"建立健全社会预警体系"的要求，感慨颇多。

    实证性社会预警是建立在社会预警指标体系和现代数学方法、现代数理统计技术、现代信息处理技术以及计算机科学基础上的一种预警方法，它与传统社会预警相区别的显著标志是定性预警和定量预警相结合。现代实证性社会预警属于社会预测学的范畴，在国外仅有几十年的发展历史，在我国还不到十年。我国的"中国社会形势分析与预测"蓝皮书自1993年问世至今，已出版了13本。虽然社会蓝皮书在国内外产生了很大、很好的影响，但是我们亦深深感到对社会现象的预测存在着特殊困难，即难以进行定量的评估和预测。社会系统是比自然系统更具有复杂性、动态性、非线性、随机性与不可逆性的超复杂系统。所以社会预测难以把所有的相关变量纳入自己的视野，因此也就无法消除预测时的弹性和误差，无法像预测自然现象时那样进行精确的量化。社会预测和经济预测也不同。第一，多数经济现象是可以量化的，2000年诺贝尔经济学奖授予计量经济学家赫克曼教授和麦克法登教授，就是为了表彰他们在计量经济学方面做出的杰出贡献，而很多社会现象不容易量化，甚至是不可能量化的，比如社会体制的变革、社会心理的变化等。第二，经济学已经是一门成熟的学科，经

---

  * 本文原载《江西社会科学》2006年第2期，发表时间为2006年2月25日。该文系陆学艺为阎耀军的著作《现代实证性社会预警》（北京：社会科学文献出版社，2005年10月）撰写的书评。——编者注

济指标体系比较科学和完备，经济统计也比较周全和及时，而社会学相对经济学而言，还属于正在成长中的新兴学科，社会指标体系还不完备。相对而言，社会现象要比经济现象更加广泛和庞杂，但社会统计相对简约。第三，在我国现时的特有国情下，有很多重要的社会统计数据不能及时公开，有不少社会问题的资料也不能及时获得。这些差别的存在，就使我们进行社会形势分析和预测变得更加困难。但这并不是说社会预测在量化研究面前就无所作为了，我们社会学研究工作者能不能搞出一个计量社会学呢？至少，现在应当探索尝试用计量的方法进行社会形势的分析和预测。

我在一次"中国社会形势分析与预测座谈会"上，曾提出并鼓励大家尝试用计量学的方法进行社会预测研究，阎耀军同志当时即提出用社会指标方法对社会稳定度进行测算。以后他又多次和我谈到他想进行社会预测和实证性社会预警研究的想法，我都给予了支持和鼓励。现在，摆在我面前的这本《现代实证性社会预警》，就是作者在这方面的一次大胆尝试和很有意义的探索。

时下运用指标体系的方法进行定量的社会科学研究，似乎已经成为一种时尚。但据我观察，多数指标体系在重视定量方法的同时往往忽略了定性方法。而定性和定量的紧密结合正是本书的一大特色。我赞同作者在书中提出的"指标体系的基本框架是支撑指标体系的骨骼，理论模型是统帅基本框架的灵魂"的说法。作者对社会稳定计量和预警的理论分析是比较到位的。作者不仅对有关社会计量和预警的概念进行了理论探讨和界定，而且站在历史的高度，对二战以来国内外有关社会稳定计量和预警的相关理论成果进行了系统、全面的回顾，同时结合本国国情，提出了一个由生存保障、经济支撑、社会分配、社会控制、社会心理、外部环境六大子系统构成的"社会稳定理论模型"，对理论模型中各个子系统的功能和相互关系的论证也比较清晰，从而使社会稳定的定量研究建立在扎实的定性研究基础之上，这是难能可贵的，也是在同类课题中做得比较好的。

本书的另一特色是研究工作细腻而周详，尤其是在指标体系设计上，整个进程规范而严谨，在指标遴选时运用德尔菲法进行了广泛的调查和数轮专家咨询；在初定指标后，又用其对我国社会稳定的状况进行了"模拟反演"，并通过模拟测试对指标权值进行了微调，所以该指标体系具有较高的信度和实用性。当然，社会稳定指标体系的建立，不可能一蹴而就、一劳永逸，因此建议选择一两个城市或地区做试点，通过实践不断检验、修正、提高，使之臻于完善；同时还要随着社会的发展，与时俱进地制作出

"升级版本"。

　　结合目前中央提出的"构建社会主义和谐社会"命题来看，社会稳定与和谐密切相连。本书提出的一套社会稳定测量体系，对于识别社会的和谐稳定，亦具有极为重要的意义和价值。通过社会稳定的量度达到社会预警，而社会预警再往前走一步就是社会预控。我们常说经济社会要协调发展，但从宏观调控这个角度来说，我们社会的调控管理能力与经济相比是不协调的：经济预警之后会有一系列调控措施和手段跟上去，形成经济的宏观调控机制，但是社会预警之后有没有一系列的调控措施和手段跟上去，我们还没有研究，更不要说形成宏观的社会调控机制了。作者在书中提出建立国家社会稳定监测—预警—预控系统的设想，是很有现实意义的。希望作者能够沿着这一思路深入研究下去，拿出更进一步的研究成果。

　　总体说来，《现代实证性社会预警》是一项有很重要理论价值和应用价值的研究成果。我希望作者继续进行这一研究，同时也希望有更多的学者，对社会的和谐稳定和社会预警进行多学科、多领域的综合研究，努力把更多的相关变量和理论纳入研究视野，充分利用各种现代科学技术、方法和手段，使社会预测尽量由弹性和不确定性向刚性和确定性靠拢，不断提高社会评估和预测的水平，为构建社会主义和谐社会做出我们应有的贡献。

社会心态与生活方式

建设有中国特色的社会主义
文明、健康、科学的生活方式[*]

　　全国社会改革与生活方式理论研讨会经过长时间的准备，今天正式开幕了。我预祝大会成功！作为会议的发起单位之一，我代表中国社会科学院社会学所向各位代表热情支持、热情参加这个会议表示衷心的感谢！向大力支持本次会议召开的天津市委、市政府领导，以及在百忙中出席这次会议的领导，表示衷心的感谢！另外，我们社会学所虽然是发起单位，但会议的筹备与准备工作主要是由天津社科院的同志、南开大学社会学系的同志和天津的其他同志来做的。他们为这个会付出了辛勤的努力，为我们提供了这样好的开会的条件和环境，在此我也向他们表示衷心的感谢！

　　党的十一届三中全会以后，我们国家在坚持四项基本原则和坚持改革开放这两个基本点的方针指引下，在政治经济各个方面都发生了历史性的变化。改革首先是在农村展开的，改革极大地调动了 8 亿多农民的积极性，使我国农业生产飞跃发展，粮食、棉花等主要农产品都有大幅度增产，使原来长期短缺的主要农产品供应有了极大的好转，成了粮棉纯出口国。农村改革的成功，为城市改革准备了雄厚的物质条件，增强了信心，推动了城市经济体制改革，使工业生产突飞猛进，使商业、服务业、交通运输业等都有了很大的发展。经济繁荣，工农业生产的发展，极大地改善了城乡人民的生活。就全国总体而言，我们已经基本解决了温饱问题，正在由温饱型向小康富裕型转化；正在由封闭的、自给自足的消费型生活向开放的、商品经济型的消费生活转化。广大的城乡人民，特别是广大的农民，正在向落后的、愚昧的、因循守旧的生活方式告别，向着文明、健康、科学、

---

　　* 本文源自作者手稿。该文稿系陆学艺于 1987 年 10 月 20 日在全国社会改革与生活方式理论研讨会开幕式上的发言稿。原稿无题，现标题为本书编者根据发言稿内容拟定。——编者注

积极向上的生活方式转变。

九年来，我们国家在党的英明领导下，无论是在生产方面还是在生活方面，都已经发生了深刻的历史性的变化。而且，我们相信，在即将召开的党的十三大之后，还会发生更大更深刻的变化。

我们正是在这样的历史背景下来研究生活方式问题的。研究生活方式问题，具有重大的现实意义和深刻的理论意义。

生活方式的研究是关系我们国家经济社会长期稳定发展，人民群众物质生活、精神生活全面提高的重大问题。马克思主义认为，有什么样的生产方式，就有什么样的生活方式。我们要建设有中国特色的社会主义，其中就包括要建设有中国特色的社会主义生活方式。党的十二届三中全会通过的《中共中央关于经济体制改革的决定》指出："经济体制的改革，不仅会引起人们经济生活的重大变化，而且会引起人们生活方式和精神状态的重大变化。社会主义物质文明和精神文明建设要一起抓，这是我们党坚定不移的方针。在创立充满生机和活力的社会主义经济体制的同时，要努力在全社会形成适应现代生产力发展和社会进步要求的，文明的、健康的、科学的生活方式，摒弃那些落后的、愚昧的、腐朽的东西；要努力在全社会振奋起积极的、向上的、进取的精神，克服那些安于现状、思想懒惰、惧怕变革、墨守陈规的习惯势力。这样的生活方式和精神状态，是社会主义精神文明建设的重要内容，是推进经济体制改革和物质文明建设的巨大力量。"[1] 建设有中国特色的社会主义健康的、文明的、科学的生活方式，一方面是改革开放的重要内容，是经济社会发展的必然结果；另一方面，文明的、健康的、科学的生活方式的建立，又促进我国经济社会的发展，促进改革开放的深入发展。

所以，在我们建立有活力、高效率的社会主义经济体制的同时，自觉地、有计划地建设有中国特色的社会主义的文明、健康、科学的生活方式，是摆在全国人民面前的一项重大历史任务，也是我们社会科学工作者，特别是社会学工作者面临的一项重大的历史使命。应该指出，由于种种历史原因，我们过去对于生活方式这个重大问题的研究还很不够。可喜的是，在党的十一届三中全会以后，在党中央以及各级党和政府的领导下，在老一辈社会学家的关心指导下，我们的社会学工作者在生活方式问题的研究

---

[1] 《中共中央关于经济体制改革的决定》，载中共中央文献研究室编《十二大以来重要文献选编》（中），北京：人民出版社，1986 年 10 月，第 586 页。

方面已经做出了很好的成绩：对城乡人民生活方式做了调查研究，写出了一批有价值的科研论文和专著，还翻译出版了国外有关生活方式研究的学术论文和著作。所有这些对于正在形成中的社会主义的健康、文明、科学的生活方式都有着积极意义。但是，这毕竟还是初步的，对于现实要求来说，还是远远不够的。

今后，我们的社会科学工作者，特别是社会学工作者，要在党的领导下，运用马克思主义、毛泽东思想，探索研究社会主义生活方式的发展规律。在现阶段，要深入城市和乡村，调查研究城乡人民群众生活的现状、问题和趋势，深入研究改革开放与生活方式发展之间的相互关系；要总结研究我国人民传统生活方式的历史演变，总结研究世界各主要国家生活方式的历史演变和现状，从中得出应有的经验和教训；要运用这些科研成果，为党和政府在建设有中国特色的社会主义生活方式方面提出建议。运用这些科研成果，宣传、教育、引导人们摒弃那些传统落后的、愚昧腐朽的东西，建立起积极向上的、文明、健康、科学的生活方式。让我们更加自觉、更加振奋地投身于改革，投身于建设的洪流中去。

我们的这次社会改革与生活方式理论研讨会，是在党的十三大前夕召开的，是在我们党提出了社会主义初级阶段这个重大理论的背景下召开的。我们要在马克思主义、毛泽东思想的指导下，在坚持四项基本原则、坚持改革开放这两个基本点的前提下，开展百家争鸣，自由讨论，民主讨论，畅所欲言，交流学术心得，共同探讨社会主义生活方式的发展规律，探讨社会主义初级阶段生活方式的特征，探讨在改革开放形势下，建设文明、健康、科学的生活方式的具体步骤、具体标准、发展的指标体系和有关的理论与实际问题，使我国关于社会主义生活方式的理论和实践，在已经取得较好成果的基础上，在1984年冬北京会议和1985年秋哈尔滨会议取得的积极成果的基础上，向前推进一步。

预祝大会圆满成功！谢谢大家！

转型期的社会与心态[*]

记者：现在常常听到人们说这样一句话：不是我不明白，这世界变化快。人们对社会似乎产生了一种陌生感。"市场经济"、"下海"、"股份制"、"房地产"和"高价学校"……，这些以前几乎闻所未闻的东西仿佛一下子闯进了我们生活的这个社会，我们该如何看待它们呢？

陆学艺：中国的社会发展，目前处在"社会转型"时期。十几年来改革开放成果的积累，使中国的社会运行机制和社会结构发生了巨大而深刻的变化。1992年，邓小平同志的南方谈话和党的十四大提出建立社会主义市场经济体制，中国的社会形势发生了转折性变化，使社会转型进入了一个新的阶段。在这一新阶段中，社会发展有这样三个基本特点。

一是体制改革和经济发展并举。在经济高速发展的同时，整个经济社会的管理体制正在发生变化，如外贸体制、金融体制、产供销体制、教育和人事等方面的体制改革也在紧锣密鼓地进行。

二是社会重组和社会秩序调整并举。社会分化迅速发展，社会成员之间、各类社会组织之间的关系以及资源配置和分配方式正在发生重要变化，他们在社会中的位置正在重新确定。比如说现在农民这个概念，就不仅仅指农业生产者，还包括农民工、乡镇企业管理者、农村个体工商户、私营企业主、农民知识分子等。

三是社会变革将以包括生产资料所有制结构、产业结构、社会组织结构、城乡结构、区域结构和阶层结构在内的社会整体结构变化为归结点。这意味着社会的利益格局将发生重大变化。

概括地说，现在的中国社会正处在"社会转型"的过程中，即在社会主义制度下，我国正由传统的计划经济体制向社会主义市场经济体制转化，

---

[*] 本文原载《半月谈》1993年第13期，发表日期：1993年7月10日。——编者注

整个社会正由农业社会向工业社会转化，由封闭半封闭的社会向开放社会转化，由经济文化不发达国家向现代化国家转化。

记者：这种社会转型期间的体制改革、社会重组产生的剧烈变动把我们带入了一个完全崭新的社会环境。在市场经济的建设过程中，展现在我们面前的是如此令人目眩、色彩斑斓的景象：教授卖馅饼，第二职业方兴未艾；学生赚钱，经商热如火如荼；精品、极品，消费层次骤然拉大……我们常常要重新判别社会中的"是与非"。别人离开机关下海赚了钱，我该不该下海，我能不能赚钱？过去即使企业亏损，还有国家兜着，现在自负盈亏，饭碗不铁了，工资不铁了，我怎么办？……我们又要随时权衡自己进退的"得与失"。我们甚至常常会感到无所适从。

陆学艺：在经济高速增长，社会转型加速，旧秩序不断被打破，而指导和规范人们行为的新价值观和新秩序尚未建立和完善的时候，就会有无所适从感。特别是1992年各种改革措施接连出台，把公众直接推到了改革浪潮中，加快了人们心态的积极变化，但各阶层公众在利益和思维定式方面的差异，以及调节措施（比如社会保障、福利等）的相对滞后，也造成了一定程度的心态上的无所适从或者说不适应。

除此之外，我认为还有一个中国传统美德与现代意识相冲突的矛盾。例如，"不患寡而患不均"，有利于避免贫富两极分化，但易滋生平均主义；"以仁让为先"，有利于人际协调，但与竞争观念相抵触。社会主义市场经济目标必然要求在平等观念、利润观念、竞争观念等一系列现代意识方面突破传统观念的束缚，同时，又要避免个人利己主义的泛滥，这就是一个融合的问题，传统美德与现代意识的平衡点存在于市场经济发展的要求中。

记者：有这样一个事实，1992年城市居民的房租、公用事业费用和粮食、副食品价格都不同程度地有所提高，但居民并未因此产生恐慌心理和诸如抢购、挤兑等行为，是不是说明人们虽有一定程度的不适应感，但同时表现出了某种理性化的趋向？

陆学艺：是这样的。同前一阶段改革启动和推进过程中盲目乐观与疑惑悲观时常交替出现、对改革期望过高、心理承受能力相对较弱的情况相比，面对新一轮改革的到来，各阶层社会成员的心态变得更理性了，有相当一部分人已经不同程度地具有了接受下一步改革中可能产生的利益调整的心理准备，对具体的应对措施有所考虑，对改革的期望值变得更加现实，表现出积极进取的精神面貌和稳定、理性的心态。现在公众的基本心态我认为可以归结出几个特点：对在社会稳定的前提下加快改革持支持态度，期望改革决策合理、科学，特别注意改革措施的配套；对自身利益的关注十分强烈，特别对经济收入的变化比较敏感；对尚存在的一些不合理现象，如社会分配不公、社会治安状况差、物价上涨过快等，依然有强烈的批判态度。

记者：确实如您所说，现在老百姓对一些不合理现象深恶痛绝，像"白条"、"绿条"、贪污腐败、"翻牌"公司、车匪路霸、社会治安状况不好、制售假冒伪劣产品，等等。对于这些现象，一种观点认为，这是改革的必然代价，是一种"阵痛"。现在是转型期、过渡期，出现的问题过一段时间会自然好转。您的观点如何？从解决问题的角度考虑，您有什么对策和建议？

陆学艺：不能仅仅用必然性来解释，更不能对问题听之任之。新问题的出现或增加，是经济利益主体的多元化以及发财欲望的强化、人们价值观念不断分化、一些原有的规范和制度约束力变弱、新秩序尚未建立或完善而造成的。出现的问题如果得不到切实解决，持续很长时间，就会影响改革的进程，"阵痛"就会变成"长痛"。

从现在社会运行态势和老百姓的情绪心态与生活状况来看，政治稳定、社会稳定的格局已经基本形成。但是，在社会形势急速变化和社会改革的条件进一步宽松的情况下，局部性、小范围的社会不稳定因素还存在着。要保证社会转型不受较大的挫折，就要用有效的办法，及时解决社会转型加速过程中日益增多的新问题，把新秩序建立的条件创造好。

我认为，经济增长越快，越要注意引导社会事业建设和人们生活的合理化、科学化，要把人口、社会治安、科技教育等作为发展经济的配套硬指标来抓，使各项改革措施相互配合，特别是那些有长远社会效益的体制改革。

目前，要特别重视和解决好社会治安问题，增强人民群众的安全感非常重要。广义上的安全感还包括人身安全感、生活安全感（比如物价会不会上涨），要切实改变收入分配不公的状况，调整利益分配格局，控制物价涨幅。同时，要健全法制，严厉打击各种违法犯罪，包括贪污腐败。

此外，舆论的引导、社会价值体系的建立、道德的重塑等同样需要全社会每个人的共同努力。

敬业危机影响社会的有序发展[*]

中国社会科学院社会学所所长陆学艺教授认为：社会进步，要求其成员都要有一种敬业精神。我们现在恰恰在敬业精神上存在着相当大的问题。对敬业的怀疑，已经成为较为普遍的观念。

敬业精神的缺乏，对社会产生了十分严重的危害。产品质量难以保证，社会服务质量下降，人们不思上进、不求进取等，这些现象都与敬业问题有关，它甚至会导致整个民族素质的下降。某些急功近利的措施和做法也对敬业精神产生了一定程度的损害。其实，市场经济更需要敬业精神。不能把职业只当作饭碗，片面强调经济利益，应当引导人们将职业看作一种事业、终身职业。

敬业精神的回归，需加大教育力度。从中学起，就必须进行职业教育、敬业教育，引导人们对所从事职业的业务知识掌握精益求精，学有专长。社会舆论要对不务正业、业务不熟练、干什么不懂什么进行批评。

社会的奖励机制应向敬业者倾斜。让敬业的精神同收入、住房、医疗等实惠联系在一起，对一些相当重要的职业，如税务、工商、审计、公检法等，要不断提高业务标准、敬业标准和道德标准，使敬业精神对整个社会起到示范作用。

---

[*] 本文原载《人民日报》1994年7月24日，第8版，该文系该报记者摘编的文摘。——编者注

重丧到薄葬：中国农村社会的现代变迁*

　　贵报 6 月 3 日史修云的来信向人们提出了一个值得注意的问题："厚养薄葬"与"薄养厚葬"，何为孝敬？何应谴责？在这个问题的背后潜含着的另一个问题是：为什么在今天的农村社会实现厚养薄葬还如此困难？对此，贵报不少参加讨论的同志将之归结为封建迷信残余思想的影响，因而提出解决这个问题的要点在于教育农民。这当然是有道理的，但问题还不仅如此。我们认为，对中国延续了几千年之久的重丧厚葬之风不应只停留在道义上加以批判，还应该探究其存在的某种历史原因，加以分析，并要明白地指出，中国的社会结构已经完全变了，正在由传统社会向现代社会转化，这种重丧厚葬的社会基础已经不存在了，所以这种观念也应该改变。

　　重丧厚葬在中国传统社会中从来不仅仅是一个生死观念的问题，而是与传统社会结构密切相关的。换句话说，厚葬在传统中国社会中曾起过特定的社会整合的作用。在奠定中华传统文化之基础并力倡"隆丧"之礼的孔子那里，所谓的孝道即："生，事之以礼；死，葬之以礼，祭之以礼。"①尽守孝之礼是以血缘关系为纽带的社会得以维系的一种"礼"的形式，对孔子的传人来说，"未知生，焉知死？"② ——隆丧重葬与其说是重在为死者送终，毋宁说是重在为生者立本。具体而言，隆重的丧葬仪式通过集合社会成员、协调社区关系、巩固家族地位、强化人伦秩序来实现社会整合。正因为丧祭之礼关乎传统社会秩序的安定，所以尽管有墨子疾呼的"节葬"等主张，儒家的厚葬隆丧仍在中国相续了两千余年。

---

　　* 本文原载《农民日报》1996 年 9 月 11 日，第 2 版，作者：陆学艺、应星。——编者注

　　① 孔子：《论语·为政》，载杨伯峻译注《论语译注》，北京：中华书局，1980 年 12 月，第 13 页。

　　② 孔子：《论语·先进》，载杨伯峻译注《论语译注》，北京：中华书局，1980 年 12 月，第 113 页。

今天的农村社会正在经历现代化浪潮的冲击，薄葬正式向传统的礼治秩序发起了一次挑战。应该看到，薄葬之难行并不主要是残存的思想观念作梗，而是在于它实际上触到了中国农村社会的"深层结构"，传统的习惯势力以其强劲的韧性对之进行反拨。但无论如何，重丧厚葬在今天的现代化大潮中已全然丧失了其存在的历史合理性，注定要被厚养薄葬之风取代。当然这种转变只有经过我们深入持久的努力才可能得以实现。要为厚养薄葬营造良好的社会环境，我们认为至少要做到以下几点。

（一）厚养必须与薄葬并重共抓。尊老、敬老、养老在我国尤其是农村有着深厚的历史基础，子女要赡养老人，这是法律规定的。通过家庭解决好老年人的养老和送终问题，也是我国农村社会保障的一个重要方面。值得注意的是，一些地方虽然狠抓"薄葬"工作，但对"厚养"的宣传教育与政策督促却不够有力，这往往使农村老人的赡养成了一个问题，薄葬而轻养，既可能使优良的传统无法在现代化过程中被吸收、转化，又可能使不良的传统对现代化的抗拒力得以增强。可以说，如果不首先抓好"厚养"工作，真正使农村老人能享天伦之乐，安度晚年，那么"薄葬"之倡议恐怕也难真正深入人心。要老人们在生前无忧，才可能使其接受轻快而去的思想。

（二）必须通过政策手段形成薄葬的环境。现在一些年轻人不在老人生前敬养他们，死后却肯为其厚葬。这个奇怪的现象是中国这个重"面子"的文化中特有的。在以葬之厚薄来衡量孝之深浅的传统中，人们无论是否真的愿意厚葬老人，也不管其对老人生前是否已尽孝道，他们要"保住"或"挣得"面子的行为选择恐怕只能是厚葬了。所以，要想使薄葬比较普遍地实行，还必须借助强有力的政策手段并形成社会压力，以此影响舆论导向，使薄葬（而非厚葬）成为人们的从众选择，即在以后的环境中选择薄葬才能不失去"面子"。像一些地方采用的"红白理事会制"，以及将薄葬列入村规民约等都可为薄葬立下良法。

（三）必须加强精神文明建设，搞好对农民的思想教育工作。政策法规只是督促农村实行薄葬的外在手段。从长远来说，要使薄葬成为人们真正发自内心、自觉自愿的选择——这可能是农村现代化的一个标志，还必须从提高农民的思想觉悟入手，加强思想教育，加强农村的文化教育建设，提高农民的素质，这是最基本的。只有农村的经济建设发展了，农村社会全面进步了，农民的思想觉悟普遍提高了，农村的社会舆论改变了，也就是说农村重丧厚葬的社会基础消失了，我们提倡的厚养薄葬的新道德风尚才能普遍地得到实行。

现代化固然离不开经济的增长、人民生活的富裕，但是，如果没有人的现代化，新的文明社会是建立不起来的。从重丧到薄葬，看似只是一个民间礼仪的改变，而实质上，它却关切着中国农村社会的现代变迁。贵报所发起的这场讨论，其深层的意义也许正在于此。

关于精神文明决议的几点意见[*]

党中央抓的这个主题很好，抓物质文明的同时，还要抓精神文明建设，改变一手硬一手软的状况，这是符合历史发展要求的，是战略性的措施和安排。

起草的决议①也是很好的，重要的方面都讲到了，与 1986 年第一个文件②相比更具体、更丰富了，这也反映了这十年我们在精神文明建设方面的成就，反映了这方面工作的经验和教训。

我讲几点具体意见。

一 关于形势分析

我很赞成文件中关于党的十一届三中全会以来精神文明建设形势的分析，既分析了精神文明建设的伟大成绩，这是主流，是基本的，也分析了目前存在的问题，这是两点论，是符合实际的。现在社会上有些文章和言论，一谈起道德伦理、思想文化等精神文明方面的问题就认为世风日下，摇头叹息，这是不对的。与这些年我们党的基本路线的形成，思想观念适应新时期的变化方面所取得的伟大成绩相比，这些问题应该说还是次要的。

---

* 本文源自陆学艺于 1996 年 9 月 13 日在中南海座谈会上就《中共中央关于加强社会主义精神文明建设若干重要问题的决议（征求意见稿）》提出修改意见的发言稿。——编者注

① 指《中共中央关于加强社会主义精神文明建设若干重要问题的决议（征求意见稿）》。1996年 10 月 10 日，中国共产党第十四届中央委员会第六次全体会议通过了《中共中央关于加强社会主义精神文明建设若干重要问题的决议》，参见《十四大以来重要文献选编》（下），北京：人民出版社，1999 年 10 月，第 2044～2069 页。——编者注

② 指 1986 年 9 月 28 日中国共产党第十二届中央委员会第六次全体会议通过的《中共中央关于社会主义精神文明建设指导方针的决议》。参见《十二大以来重要文献选编》（下），北京：人民出版社，1988 年 5 月，第 1173～1190 页。——编者注

当然这方面问题还是很严重的，所以我建议关于精神文明建设的成绩和问题还可以多写几章。

成绩方面。这些年在转变30年计划经济条件下形成的"等靠要"的观念、平均主义大锅饭的观念，提出了"振兴中华"的口号等方面，基本上适应了物质文明建设的发展，这一点首先要肯定。精神文明建设方面只是软，只是还不够，而不是没有。还要鼓励，劲可鼓不可泄。

问题方面。文件所谈的5条内容似还不够，我想还有两个内容。一是近几年刮起的奢靡、松懈、懒散之风，追求享受，豪华超豪华，一步到位，美其名曰潇洒。不仅建豪华宾馆、度假村、高尔夫球场，还建豪华小学、豪华中学……吃穿住用方面也在攀比，在广东有100万元的金床，总统套房……一个县城有132家卡拉OK，有46家桑拿浴室。这实质上是超前消费。我们还处在要加快积累的时代、要勤劳奋斗的时代。我们豪华不起！双休日在国外是20世纪50年代以后提出来的，20世纪50~70年代用了30年时间才实行，而我们只一两年就实行了，现在医院、学校也都实行了，带来很多问题。双休日是要钱去消费的，没钱就增加了犯罪。二是黑社会问题。文件提出了"黄赌毒"问题，但还有"黑"的问题未提。黑社会的问题已经出现了，开始在港台渗透，现在大陆也有了。黑社会组织同黄赌毒一结合就不好治了。最严重的是现在一些干部沾上了，在干部中间现在有所谓"黑道意识"。一些干部认为，交朋友"红道"、"黑道"都要交一些，多个朋友多条路。有些企业干部在处理债务、民事纠纷的时候，往往还利用地痞流氓、黑道上的人去催债、恫吓，等等。① 在山西有人把黑道组织说成是"第七套班子"（前六套班子是：县委、县政府、人大、政协、纪检、武装部）。某县的机关分房子分不成，"第七套班子"出来说话，过了，分下去了，这是很危险的。黑社会组织在中国有传统，是社会问题，不好治。新中国成立之初，我们治了，把污泥浊水弄干净了。现在，黑社会组织重新抬头，还只是萌芽状态，要下决心整治，特别是在司法公安部门的一定要清除。这个问题在适当的地方讲一下，点到为止即可。

二 关于产生精神文明方面问题的原因分析

文件的第7页分析了产生问题的原因，指出了建立社会主义市场经济体

---

① 见《组织人事报》8月31日。

制是振兴我国经济的必由之路，指出了实现这个体制的积极方面，也指出了市场经济的弱点和消极方面，这个方面也会反映到精神生活中来。这个分析是深刻的，指明了产生社会问题的经济根源，但总还嫌不够。

这几年社会学界对于目前这些社会问题产生的原因有个讨论，多数同志认为，目前我国正处在工业化、城市化、现代化的大发展、大变化阶段。经济学界认为，就全国范围来讲，我们已进入工业化中期阶段。经济结构已经变化了，产业结构已经从"一二三"阶段转变为"二三一"阶段（1994 年三个产业占比是第一产业占 21%、第二产业占 47.2%、第三产业占 31.8%）[①]。随着经济结构的变化，社会结构也发生了深刻变化。城乡结构变了，城市化正以每年增加 1 个百分点的速度发展，1995 年城乡比是 29：71[②]（实际不止此数）。就业结构也变了，1994 年全国就业结构是农业就业人口占 54.3%、工业就业人口占 22.7%、第三产业就业人口占 23%，[③] 这表明我国正在由农业社会向工业社会转化，正在从农村社会向城镇社会转化，也就是说正在从一个传统的农业国家向现代化国家转化。党的十一届三中全会加快了这个转化。与这个转化同时进行的是我们国家的经济体制，正在由计划经济体制向社会主义市场经济体制转化。

由传统社会向现代化社会转化，这是所有发达国家都经历过的。问题是他们在转化时，市场经济还是市场经济，而我们在实现经济社会结构转化时，还要同时实现计划经济向市场经济转化，这是世界上少有的。这两个转化交织在一起，所以带来了一系列的社会问题。

在实现工业化、城市化的过程中，各国都发生过大量农民进城、城乡矛盾、环境恶化、贫富分化、收入不公、家庭破裂、离婚率增加、社会犯罪增加，国外统称这些为社会转型病。这些社会问题的表现我们现在可以在 18、19 世纪以来的欧美文学作品中看到，如《悲惨世界》《约翰·克利斯朵夫》《悭吝人》《九三年》《红与黑》等，这些现实主义作家所描写的社会病，同我国今天发生的一些社会问题非常相像。

问题是我们还要实现从计划经济体制向社会主义市场经济体制转化，要实现一系列的改革，在这个过程中，如价格双轨制中的倒卖批文、权钱交易、"打白条"、"三角债"、倒卖户口、民工潮、"超生游击队"、多占多

---

① 国家统计局编《中国统计年鉴·1995》，北京：中国统计出版社，1995 年 8 月，第 32 页。
② 国家统计局编《中国统计年鉴·1996》，北京：中国统计出版社，1996 年 9 月，第 69 页。
③ 国家统计局编《中国统计年鉴·1995》，北京：中国统计出版社，1995 年 8 月，第 83 页。

要住房等，以及由此引起的种种问题，这些都是新问题。

所以，社会结构转型、经济体制转化两者结合在一起，使我们今天的社会矛盾、社会问题更加复杂、更加多样，精神文明建设任务就更加繁重。

建议在适当的地方加上几句，对新产生的这些问题及其经济原因的分析，还要分析社会结构变化的原因、思想观念冲突的原因。有些问题随着经济进一步发展，随着社会转型的实现，是会逐步解决的。有人说我们现在的问题 70% 是因为穷……有些问题的解决还要有一个长期过程。

三　关于精神文明建设的物质基础

物质文明和精神文明的关系说到底是经济基础和上层建筑的关系。1986年精神文明决议①中指出，物质文明为精神文明的发展提供了物质条件和实践经验，精神文明为物质文明的发展提供了精神动力和智力支持，为正确的发展方向提供了有力的思想保障。这次文件中，专门有"切实增加精神文明建设的投入"一章，这是很好的。建设精神文明是要有投入的，这要明确、肯定。

社会发展事业、科学教育事业、思想文化事业，这本身是第三产业中的很大一个部分，现在已经占有相当比重了。有很多的从业人员，有很多很多的单位，情况千差万别。过去在计划经济条件下，绝大多数人是由国家包下来的，统收统支。现在市场经济条件下，怎么经营、怎么发展、怎么管理、怎么服务本身有个改革问题，这里大有文章、大有工作要做。现在的情况是，有的改了，有的没改，有的正在改。从经济状况讲，这个大行业里，差别太大太大。乐的很乐，苦的很苦，用句群众的话讲，"两极分化"得厉害。行业与行业之间、同一行业内部、单位与单位之间、同一单位内部、个人与个人之间，差别实在太大，有些是合理的，有些是不合理的。如电视、新闻、出版等行业收入好一些，图书馆、博物馆、基础科研就要差一些。建议可按机构改革划分类型，有些是事业单位企业经营，自负盈亏，有些是部分，有些是全额。要有正确划分和分类指导，分别制定相应的政策。既要促其发展，繁荣文化，又要有相应的税收政策，抑制过高收入，文化界的大款是最引社会注意的，有个形象问题。

精神文明建设的筹资多渠道投入为好。可否考虑鼓励各种基金会的建

---

①　指《中共中央关于社会主义精神文明建设指导方针的决议》。——编者注

立，现在有条件了，国外的许多文化、科技事业是靠社会上的大量基金会支撑的，中国现在太难了。

出版图书是个大问题。有书出不了，印得少，要买又买不着，这是知识分子的苦处。发行渠道要改革，新华书店现有的主渠道不适应。稿费问题要考虑变了，组织不到好稿子，稿费是一大问题。20 世纪 50 年代每千字30 元，现在才 50 元，这方面的限制要改变。"写书不如讲课，讲课不如咨询，咨询不如打官司。"旧社会靠卖文吃饭，现在每千字 50 元，只够吃一顿饭，那是不行的，文章太不值钱。刊物、戏剧、电影都没有好作品，当然这不光是一个稿费问题，这方面有些政策问题要解决，才能促进科研和文化的繁荣。

规范市场竞争　提倡企业自律
提倡"和商"精神[*]

　　荣事达公布"和商"精神是一种很有价值、很有意义的事情。从计划经济向市场经济过渡，有两件事情要做。一是建立一整套法律法规，因为中国有近 2 亿企业职工。二是市场道德、伦理，因为在封建社会我国是一个小农经济国家，新中国成立后是计划经济，而现在搞市场经济。这些年，一方面，我国已制定了很多法律、法规；另一方面，必须提高企业和职工的素质。打乱仗的不公平竞争太多，如果家电行业不能自己管好自己，就会像俄罗斯一样。现在，有些青工不学技术，全国化工行业电焊比赛中第一、第二名不是化工职工，而是农民工。所以，如果不提高职工素质，企业的事情是搞不好的。

　　另外，提一个建议，"荣事达宣言"应对其本身的特点多作补充。希望"和商"精神在社会上起到应有的作用。

---

　　* 本文原载《经济日报》1997 年 6 月 5 日。该文系陆学艺就荣事达公司发布的《荣事达企业竞争自律宣言》发表的观点的摘编。——编者注

关于《婚姻法（修正案）》的几点意见[*]

此次婚姻法修改是在我国实行改革开放 20 多年之后，在我国的经济社会、人们的生产生活方式发生了很大变化，人们的道德观念也发生了大变化的背景下，针对实施 1950 年《婚姻法》的过程中出现的新情况、新问题，全国人大常委会法工委根据第九届人大常委会的立法规划和部分人大代表提出修改《婚姻法》的提案，进行了大量的调查研究，听取了各有关部门和各方面专家及群众的意见，提出了这个修正案。

这个修正案的内容贯彻了以下几个基本原则：（1）有利于维护一夫一妻的婚姻家庭制度；（2）有利于促进男女平等；（3）有利于保护作为弱势群体的妇女儿童的权益；（4）有利于贯彻计划生育的国策。所以，这个修正案符合我国目前的基本国情，它的实施能更好地维护平等、和睦、文明的婚姻家庭关系，促进社会主义精神文明和物质文明建设。

来参加会议之前，我们中国社科院妇女工作委员会，专门组织了座谈会，听取了多方面对《婚姻法（修正案）》的意见，我个人也专门听取了社会学所、法学所等的几位专家、学者和男女群众的意见，主要有以下几点。

一 关于这次婚姻法修改的时代背景

新中国的《婚姻法》是 1950 年颁布实施的，1980 年作了修订，又重新颁布。实践证明，1950 年《婚姻法》和 1980 年修订的《婚姻法》，都是符合当时的基本国情的，所以实施以后，都起到了维护社会安定、促进社会

　＊　本文源自作者手稿。该手稿写于 2000 年 12 月 25 日，系作者就全国人民代表大会常务委员会法制工作委员会提出的《中华人民共和国婚姻法（修正草案）》撰写的修正意见稿。2001 年 4 月 28 日，第九届全国人民代表大会常务委员会第二十一次会议通过了《全国人民代表大会常务委员会关于修改〈中华人民共和国婚姻法〉的决定》。——编者注

进步的积极作用。

这次《婚姻法》的修改，是在党的十一届三中全会以后。我国实行了改革开放，20 多年来，我国的经济结构、社会结构都发生了深刻的历史性变化。随着经济社会变化，人们的生产方式、生活方式、思想观念、伦理价值观都发生了深刻的变化。在婚姻关系方面，也出现了许多新情况、新问题。为完善我国社会主义婚姻家庭制度，针对现在存在的问题，作出了这次的《婚姻法（修正案）》。可以说，这两次修正，都有一定的时段性，反映了、适应了当时我国的基本国情。

党的十五大明确指出，我国现在处于社会主义初级阶段。社会主义初级阶段是逐步摆脱了不发达状态，基本实现社会主义现代化的历史阶段，是由农业人口占很大比重、主要依靠手工劳动的农业国，逐步转变为非农业人口占多数，包括现代农业和现代服务业的工业化历史阶段。完成这样的历史进程，至少需要 100 年时间。用我们社会学工作者的语言来解释，就是目前我国正处在由农业农村社会、传统社会向工业化、城市化、现代化社会转变的时期。这个转变，西欧用了约 300 年，美国用了近 200 年，日本用了 100 多年才实现。我国实行改革开放以后，加快了这种转变，但离实现现代化发达国家的目标还有很大的差距，还有很长的路要走。当然，随着综合国力的增强，今后我国的经济社会变化将会更加快速。

所以应该认识到，这次的《婚姻法》的修改，只能适应目前我国社会主义初级阶段的基本国情，解决当代急需解决的问题，而不可能解决所有的问题。应该认识到，这部《婚姻法（修正案）》仍然是过渡性的，有一些问题要等经济社会进一步发展后才能解决。例如，由于我国的经济还不发达、不富裕，完善的社会保障制度和体系还建立不起来，养老、抚养子女等很多方面还要依靠家庭，发挥家庭的作用。所以，我们在《婚姻法》中要有不少条款来保障妇女、儿童、老人这些弱势群体的利益。

另外，我国是一个拥有 13 亿人口、各地发展很不平衡的大国，城乡差别很大，地区间差别很大。1999 年，上海人均 GDP 达到了 3677 美元，已经达到基本实现现代化的水平，而贵州省人均 GDP 只有 295 美元，两者相差 11.5 倍，贵州还处在要解决温饱问题的阶段，两者相差一个历史阶段。况且我国还有 70% 的人口是农民，城乡差别也很大。各地区经济社会状况差别很大，用一部《婚姻法》覆盖全国，解决所有的问题是不可能的。所以只能就一些共同性的基本问题，作出原则规定，而不可能规定得过细过繁。这也可以为各省、市、自治区根据本地的实情作出贯彻《婚姻法》的实施细则留下余地。所以这次《婚姻法》修改，要照顾到这种特殊国情，使情、理、法三者尽可能贯通一致。

二 关于无效婚姻和撤销婚姻

这次《婚姻法》增加了第十、第十一条、第十二条，对无效婚姻和撤销婚姻作出了规定，这是必要的。新增的第十条具体规定了四种情形为无效婚姻；第十一条规定了"因胁迫结婚的，受胁迫的一方有权撤销该婚姻"。

考虑到中国的实际情况，也结合国际上的实践经验，建议尽量多用撤销婚姻，而不用无效婚姻的提法。特别是有人提出"对不登记就结婚的，应当一律明确规定为无效婚姻"的说法要慎重。不登记就结婚的，情况比较复杂。特别是我国至今农民仍占全国人口的70%，发展很不平衡，各地旧的习俗并没有完全改变，还有很多少数民族有特殊的婚俗习惯。没有办登记手续就同居的，原因很多，有的是不符合结婚条件，但更多的是符合结婚条件，却因山高路远，交通不便，或收费过高，或当地的风俗习惯，而没有登记。所以对这种事实婚姻，不宜笼统地就一律宣布为无效婚姻，否则将引起较为严重的社会后果。对于事实婚姻，要采取分情况区别对待的政策。

修正案第十、第十一条规定：对无效婚姻，婚姻登记机关或人民法院有权主动宣告该婚姻无效，当事人以及利害关系人，可以向婚姻登记机关或人民法院提出该婚姻无效。因胁迫结婚的，受胁迫的一方有权撤销该婚姻，向婚姻登记机关或人民法院请求撤销婚姻。

考虑到已形成事实同居关系的，都会有一些经济和法律认定等方面的问题。建议凡这类情况要宣布无效婚姻或撤销婚姻的，都由人民法院作出决定。

第十二条规定：无效或被撤销婚姻，自始无效，当事人不具有夫妻之权利和义务。当事人所生的子女，适用本法有关父母子女的规定。这些条文本身就自相矛盾。既规定了无效婚姻和被撤销婚姻自始无效，又说当事人所生的子女适用本法有关父母子女的规定（这有关规定是第二十一条、第二十三条"父母对子女有抚养、教育的义务"，等等）。无婚姻，哪有子女？所以，笼统地宣布"自始无效"也有问题，把复杂的问题简单化了，会产生不好的社会效果。在农村和少数民族地区，这类事实婚姻问题很多，建议要有个适当的说法。

三 关于重婚和其他违反一夫一妻制行为的问题

修正案第三条规定："禁止重婚和其他违反一夫一妻制的行为。"第四十五条规定："对重婚的依法追究刑事责任。"第四条规定："夫妻应当相互忠实，相互扶助；家庭成员间应当敬老爱幼，维护平等、和睦、文明、幸福的婚姻家庭关系。"

第三条第二款是修改的，第四十五条、第四条都是新加的。这些条款都是针对目前社会出现的"婚外情""第三者""包二奶"等情况，针对这些消极现象而增设的。对于这些不利于维护一夫一妻制婚姻家庭关系的消极现象，这些条款既规定了对重婚的要依法追究刑事责任，也从积极方面提倡夫妻应当相互忠实、相互扶助。所以这几条是相辅相成的。应该说，修正案修改和增加这几条，考虑得是比较周到的。

有的同志认为，为了遏制"婚外情""包二奶"等现象，应当对哪些属于重婚加以具体化，扩大认定重婚罪的范围。有的甚至提出要求增加追究第三者等的条款。

从法律上讲，现在不宜扩大认定重婚罪的范围。法律和一些政策不一样，要有一定的概括性，不能把一时一地的状况都写进法律。而且，《婚姻法》是调节夫妻双方关系的准则，这里说的违反一夫一妻制的行为，应指夫妻中的一方的行为，不宜扩大到"第三者"身上。对于有些不构成重婚罪的，应视为局外人，法律不宜干预。

从社会发展角度看，我们国家正在由一个传统社会向现代化的文明社会转变，作为社会细胞的家庭的职能也在变化。家庭原来是生育儿女的经济共同体，现在情况变了。婚姻变化的大趋势是更加自主，更具有私密性，更加注重情感生活和内在质量，更加理性，增加夫妻间的自我调适，这才是社会进步的体现。《婚姻法》修改，只能促进不能倒退，要符合时代精神。修改《婚姻法》是积极意义上的举措，而不是消极地增加惩罚措施。新的《婚姻法》要以社会主义的伦理准则为基础，体现社会进步的主流价值观和道德精神，从而保证法律在建设社会主义两个文明中发挥应有的作用。

现在社会上出现的"婚外情""包二奶""第三者插足"等消极现象应该遏止，所以规定了提倡夫妻应当相互忠实、相互扶助，维护平等、和睦、文明的婚姻家庭关系。作为法律，提倡什么反对什么，已经很明白了。上述消极现象，情况比较复杂，各地的情况也不同，要区别不同情况，加以解决。有些社会学家认为，家庭婚姻问题既是社会问题，也是个人问题。《婚姻法》要建立在保证个人婚姻自由、家庭幸福，提高婚姻质量的基础上。对重婚罪要有严格的界定，不要把许多复杂的问题简单地定为重婚罪，否则反而会引起社会不安。不能把保持社会稳定和保证个人及家庭幸福这两者对立起来。

对于"包二奶""婚外情""第三者插足"等消极现象，要看作一个社会问题，采取综合治理的方针，要通过法律、党纪、政纪、道德、宣传、教育等多种手段、多种渠道来加以遏制。

第一，要通过新《婚姻法》的宣传，教育公民要自觉遵守《婚姻法》，维护一夫一妻制度，弘扬中华民族传统美德。公民要有社会主义伦理观和正确的家庭观，提倡道德自律和自我约束，自觉抵御剥削阶级腐朽思想的侵蚀。提倡夫妻要相互忠诚，把自觉维护平等、和睦、文明的婚姻家庭关系，看作高尚人格、高尚情操、高尚道德的一个重要方面。维护稳定的婚姻家庭关系，是公民应尽的义务。"家和万事兴"，作为社会细胞的家庭健康了、稳定了，社会也就健康、稳定和进步了。

第二，要严肃党纪和政纪，共产党员、国家干部要自觉带头遵守《婚姻法》，不搞邪门歪道，不搞那些消极腐朽的东西。诚能如此，则能带出一个好的社会风气来。我们是执政党，领导干部不能混同于一般的老百姓。但若干年来，这些方面讲得少了。上梁不正下梁歪，一些地方类似"包二奶"等消极现象盛行，同这些地方的党员干部作风不正，或党纪、政纪松弛一定是有关系的。从近几年揭露的大案要案看，已构成重大贪污犯罪的，都与作风不正有关联。《婚姻法（修正案）》通过以后，在宣传贯彻中，党组织要管好党员干部，规范党员干部的作用，整肃一下党纪、政纪是很有必要的。

第三，要做好社区工作和社会工作。现在各地城乡正在建立社区组织，开展社区工作，应该把贯彻《婚姻法》，维护平等、和睦、文明的婚姻家庭关系作为社区工作的一项内容，在社区内开展宣传、教育工作，有条件的要开展心理咨询、心理调适等社会工作。

第四，要进行广泛普遍的宣传教育工作，要有正确的舆论导向。现代社会各种新闻媒体的作用很大，要有正面的宣传教育。表彰遵守《婚姻法》的好典型，提倡传统美德和好的社会风气，这是主要的，也要揭露批判那些腐朽消极的东西。但现在有些地方新闻媒体炒作往往不是起正面的作用，而是抢新闻、弄花样，起推波助澜的反作用，这就不好了。电影电视等作品要弘扬社会主义精神文明的主旋律，不要搞那些诲淫诲盗的东西。

最后，这部婚姻大法，要管几十年，关系到 13 亿人的生活。通过之前，我希望多听听年轻人的意见，多听听农民的意见，他们人数最多，关系最密切，要保护他们的权益。

"这个时代的确太浮躁了"*

无领农民与WTO

记者：中国在去年①底加入了WTO，各行各业都有机遇和挑战。值得注意的是，尽管政府一再强调这是一纸双赢多赢的协议，但对于农民问题，却讳莫如深，民众中的悲观情绪是显而易见的，甚至有不少朋友在网上慨叹现在知识分子没有良心，说他们一心想得到白领的待遇，时而发点蓝领的牢骚，却很少有人站出来写篇类似《多收三五斗》那样的文章，您如何看待入世后"无领农民"的生活？

陆学艺：现在有些人以为，中国入世了，农民的天就塌下来了。有人说，大量的农副产品进口，会造成大量农民失业。我倒要问，对于农民来说，什么是失业？其实，对于很多贫苦的农民来说，他们已经无所谓失去，相反会在政府的补贴下好起来，就像日本的情况，当工业化、城市化、现代化发展起来后，必定会反哺农业、农民，投入大量的资金，在农村搞基础建设。没有哪个国家会对农村坐视不管的。对于大多数农民来说，他们最怕的是失去土地。土地在，希望就在，就会有东西成为商品。单纯从WTO的影响上看，我的观点是它既不会把中国农民带上天堂，也不会带入地狱。现在最重要的是打破"城乡分治，一国两策"、"一个国家，两个市场"的局面，几十年过去了，我们欠农民的已经太多了。这个问题不解决，哪个青天大老爷出来说话都没有用。

---

* 本文原载《南风窗》2002年第4期，第28～29页，发表时间：2002年2月23日。——编者注

① 此处指2001年。——编者注

基层政权会不会垮掉？

记者： 曹锦清在《黄河边的中国》一书中对乡级政权抱一定的同情态度，该书曾借一个乡党委书记之口说，在内地不少乡政府除了"催粮征款，刮宫流产"外，很少有力气去做其他的事情，农民负担越重，催征的难度越大，地方政府与百姓的矛盾越尖锐。农民上访上告，上级信访部门会指责基层干部作风粗暴，甚至以为基层中饱私囊，欺压百姓。这名乡政府工作人员抱怨说："其实我们的哪一项任务不是来自上面？"结论是如果上面不注意调解干群矛盾，加上地方恶势力的挤逼，乡级政权可能会崩溃，从而出现社会动荡。您如何看待乡级政权？这名乡政府工作人员是否危言耸听？

陆学艺： 不会的，应该说崩溃不会出现，但可能会导致瘫痪，机关仍在，效能不行。在一定程度上说，乡级政权还是有权，还有利可图，所以不会出现垮掉的情况。看看乡村，为什么现在搞选举时，会有人拉选票，花钱买，削尖脑袋往里挤，就是因为现在他们的权力太大了。我考察过很多地方，发现和一些农村问题解决得比较好的国家和地区（如韩国）相比，中国乡村干部的权力相较之下要大很多。比如说，土地问题，我们个别地方的乡党委书记、乡长们可以对"自己的人"说"唉，某某，咱们不错，你不错，这块地就批给你了"。此时，你根本就没有什么法律可讲，他一句话就够了。

关于户籍改革

记者： 2001 年，中国许多省（区、市）打破户籍坚冰。城镇户口开始向外地人和普通农民开放。11 月，新华社发布了《新中国户籍制度与时俱进》等 4 条消息，大意是城门大开，农民可以进城，城乡二元分治的结构要打破，政府还农民平等待遇了。消息举了个例子，某个农民工花 3 元钱的成本费便可以得到城里户口了。我想知道的是，是不是花这 3 元钱，农民就会进城了？我同样注意到，在东莞市虎门镇大宁村，早年已从该村迁走的村民如今都在想方设法"回归"，但该村有一条"村规"：只有当年的男性村民才有资格申请该村的农业户口，而且还得一次性上缴村委会 4.5 万元建设费。央视也对此进行过报道，称"有些城里人都往乡下买户口，因为农村户口可以允许生两胎"。和城里前些年通过"农转非"寻租一样，乡村干部们也成立了"非转农"的"拾利部落"，靠卖农村户口分红。我疑惑的是，当媒体为户籍改革叫好时，是否也意味着农民失去土地以及一场新的混乱的开始？

陆学艺：早在 1989 年，我便注意到，同样是农业户口的农民，在职业上已经出现了明显的分化，我指出传统意义上的农民已经分化为 8 个阶层，即农业劳动者阶层、农民工阶层、雇工阶层、农民知识分子阶层、个体劳动者和个体工商户阶层、私营企业主阶层、乡镇企业管理者阶层、农村管理者阶层。从 20 世纪 90 年代开始，尽管城乡二元格局并没有完全瓦解，但城乡一体化的改革有了一定的发展，城市化过程在不断推进，原有的户籍制度开始松动，一些省份做了调整，凡是进城能找到稳定工作的农村人口可以在城市落户，成为城市居民。打开城市大门至少有以下几点好处。

首先，可以增加农民收入，让农民尽快富起来，也可让农民工节约成本（至少节省了往返旅费）。现在农民富裕问题的关键不是土地问题，而是就业问题，对于很多农民来说，几亩土地只能解决温饱，而不是先富后富的问题。

其次，可以推动城市工业发展。由于农民收入增长相对较慢，现在形成了城、乡两个市场，一方面是农民买不起工业品，另一方面是大量工业品积压卖不出去。只有扩大城市人口规模，才能进一步打开工业品市场。

为什么现在农民城市化的步子迈不动？据我调查，目前，农民对转变为城市居民的热情并不高。央视曾经报道过，在石家庄，开放了户籍后，前面 4 个月，平均每个月申请转变身份的不到 200 人，这对于几十万的外来工来说，比例是十分小的。现在进城不会收地，对于农民来说，风险应该是小的。说到底，是与户籍改革相配套的措施还没有出台，绝大部分农民对于将来的城市生活没有信心，对于这些人，政府必须以"有形的手"加以调控，力争他们不会成为"城市的异己力量"，所以我们在书里说，"在中国，一个现代化的社会阶层结构的形成，是一个相当长的过程，其间会有许多变数和可能性，这意味着一个现代化的社会阶层结构的形成还需要国家精心地去培育和引导"。

从整体上看，户籍改革是好的、积极的，虽然它不能解决所有问题，但它却是中国现代化、城市化所必需的。户籍制度彻底改革后，过去的农民身份将不再存在，农民纯粹是一个职业概念，到了 2020 年，中国农业劳动者所占全国人口比例将下降到 40%。有人担心农民进城后的就业问题，我想，农民进城，取消城乡二元结构、户籍樊篱后，可以更好地带动第三产业的发展。所以我说，拉美的沼泽式贫民窟不会出现，而且农民也不会蜂拥入城，一来中国人安土重迁，二来中国农民或多或少地还有土地，大多数农民看不到长远利益，但能看到眼前利益，只有他们确信在城里比在农村的生活好，他们才会进城。

对于户籍改革，我想今年①还不能完全解决，显然，现在是各省份在动，但国家没动，还没有真正形成大量有序的社会流动，还没有真正形成气候。阻力来自各个方面，包括户籍改革后随之而来的配套措施。我想中央也是在做实验，和当年包产到户一样，先得看一两个省份改革后效果如何。国家得考虑农业会不会因此减产、社会秩序是否井然等。国家有这些顾虑，户籍制度就不是立刻可以解决的。

纯粹的美国模式不可取

记者：您曾经提出，中国可能在 20 年后实现转型。有学者称，中国的现代化转型，像穿越历史的山峡一样，必定会有千回百转，到终于实现转型，大概要 200 年时间。从 1840 年数过来，大概是 2040 年左右。对此您作何评价？

陆学艺：我想以中国现在的发展速度，2020 年大概就可以实现转型，但我并不认为全盘美国化是中国的最好出路，我们不能照搬美国的模式，我常想，上海、北京等大城市不要搞得太渲染，不要搞得太浮躁，要天人合一，人毕竟还是要自然些。

学者的本分

记者：现在学术界丑闻不断，您如何看待学术上的腐败问题？在学界是不是也存在社会分层？

陆学艺：在《当代中国社会阶层研究报告》一书中，我提到，现在社会分为 10 个阶层，并且指出，这 10 个阶层并非静止的、一成不变的。比如说，农民工阶层，通过自己的努力，最后可能会成为私营企业主阶层，专业技术人员也可能成为国家与社会管理者阶层。但我们也必须注意到，一

---

① 此处指 2002 年。——编者注

个很不好的现象，即通过不正常的途径实现阶层转换。现在学界的这种风气很不好，到学校混文凭的现象太严重了，从阶层分析上看，"教授"的文化资源是很高的，但"教授"是否能获得社会尊敬和带来文化影响，却不是可以用钱和权换来的。所以我奉劝那些不在学界努力，却打学术招牌的同志，别占学校的便宜浑水摸鱼啦。同样，我也质问有些高校，对那些在学校里为评职称走后门的"学者"，校方完全可以不满足他们的要求，但为什么有些职称一申请就成功了呢？是不是现在学校对师德的要求太低了？这种风气很不好。

有博士生问我，在什么条件下，才具备做一个学者的资格呢？我的回答很简单，我只给他4个字：古、今、中、外。我对我的学生说，你们想做学问，那我问你们，看了多少书？我的忠告是没有看过3000本书，就别动笔。现在有些学者，总盼着一鸣惊人，有的甚至在一年内写出十几本书，那叫什么科研成果？学问是急躁不来的，没有这份耐力，不知道什么是"古、今、中、外"，就有可能失之浮躁与功利。像我们搞社会学的，能真正参透"古、今、中、外"这4个字，大概得在40岁以后了。

有些教授太急功近利，这是当代中国的一个通病。在学术界的表现是，无论是学校，还是个人，一不小心就会跳到这种"学术大跃进"的怪圈里不能自拔，制度是一个原因，个人品质也是一个原因。现在很少有人能静下来坐冷板凳，别说寒窗苦读、十年磨剑，甚至连静下心来做一年学问的都很少了。

我们这个时代的确是太浮躁了。

农村精神文明建设的真实记录[*]

邓小平同志早在 20 世纪 80 年代初就明确提出，要建设有中国特色的社会主义，^① 要在建设高度物质文明的同时，建设高度的社会主义精神文明。^②党的十三届四中全会以来，以江泽民同志为核心的党中央坚持"两手抓，两手都要硬"的方针。党的十四届六中全会又总结了改革开放以来两个文明建设经验，通过了《中共中央关于加强社会主义精神文明建设若干重要问题的决议》，明确提出了"要以提高农民素质、奔小康和建设社会主义新农村为目标，开展创建文明村镇活动"。^③

改革开放 20 多年来，中国发生了历史性的伟大变化，尤其是广大的农村和人数众多的中国农民，在共产党的领导下，创造了一个又一个令世人瞩目的奇迹，改变了原来"一穷二白"的面貌。什么是"穷"？穷就是贫困，经济落后。通过经济体制改革，通过经济建设发展农业，发展农村经济，现在广大农村已经解决了温饱问题，总体上达到了小康生活水平。什么是"白"？白就是愚昧、无知、文化落后、精神贫穷、不文明。20 多年来，我们党和国家通过坚持不懈地抓精神文明建设，通过普及九年制义务教育，扫除青壮年文盲，通过村民自治等民主政治建设，通过村镇文明建设，逐步改变了文化落后、精神贫穷的状况。

---

    *   本文源自《伟大的创造——创建文明村镇巡礼》（中央文明办、中央电视台编，北京：学习出版社，2003 年 3 月），第 11～17 页。原稿写于 2002 年 12 月 4 日，系陆学艺为《伟大的创造——创建文明村镇巡礼》电视片撰写的作品评析。——编者注

    ①   邓小平：《中国共产党第十二次全国代表大会开幕词》，载《邓小平文选》第 3 卷，北京：人民出版社，1993 年 10 月，第 3 页。

    ②   邓小平：《在中国文学艺术工作者第四次代表大会上的祝词》，载《邓小平文选》第 2 卷，北京：人民出版社，1994 年 10 月第 2 版，第 3 页。

    ③   中共中央文献研究室编《十四大以来重要文献选编》（下），北京：人民出版社，1999 年 10 月，第 2064 页。

邓小平同志说："社会主义要消灭贫穷。贫穷不是社会主义"。① 社会主义社会是全面发展、全面进步的社会。物质贫穷不是社会主义，精神贫穷也不是社会主义，精神贫穷建不成社会主义。我们要在建设物质文明的同时，建设好精神文明，这两者是相辅相成的。物质文明、经济建设是基础，一定要抓好；精神文明是方向，同样也是目标，也一定要建设好。两者是相互促进、互为因果的。纵观改革开放以来的历史，相比较而言，农村精神文明建设要更困难、更复杂一些。有些村镇经济发展了，物质生活相当富裕了，但精神文明没有同时建设好，一遇波折，经济又滑下来，甚至又返贫了。这从另一个侧面说明了农村精神文明建设的极端重要性。

由中央文明办、中央电视台联合摄制的《伟大的创造——创建文明村镇巡礼》的电视片集中拍摄了"两个文明"建设的许多典型事例，真实地记录了亿万农民群众在中国共产党的组织领导下，在弘扬时代精神、改造山河、建设新农村的同时，也不断改造自己、提高自身素质、建设文明村镇的历史过程，令人鼓舞，令人奋进。这对我国农村全面建设小康社会，必将起到巨大的推动作用。

《伟大的创造——创建文明村镇巡礼》电视片拍摄了以下七大类内容：创建文明农户及文明村镇；改善居住环境，提高农民素质；积极推进小城镇建设的大战略；弘扬时代精神，艰苦创业；贯彻落实二十字基本道德规范；破旧除陋树新风；以城带乡、以乡促城共建美好农村。电视片通过生动鲜活的画面反映改革开放以来，全国各地农村广泛开展的社会主义精神文明建设活动，亿万农民在中国共产党的领导下，发展农业生产，调整产业结构，发展乡镇企业，建设小城镇，使经济更加繁荣，人民生活更加富裕。与此同时，农村的广大干部和群众也通过学习，不断提高自身素质，移风易俗，改善居住条件，美化环境，开展丰富多彩的文化活动，建设家庭和睦、邻里互助、团结友善、社会安定的社会主义新农村。

电视片集中展示的许多"两个文明"的典型，不仅给人以强烈的震撼，而且富有启迪意义。鄂西秦巴山区竹山县的罗家坡，在县委组织开展"十星级文明户"评选活动后，让农民自我教育、自我管理、自我提高，在曾一度被称为"腰缠万贯的精神乞丐村"的农民心中燃起奋发向上的热情。北京郊区韩村河镇的农民在改革开放以来不仅过上了富足欢乐的小康物质

① 邓小平：《建设有中国特色的社会主义》（1984年6月30日），载《邓小平文选》第3卷，北京：人民出版社，1993年10月，第63～64页

生活，而且在创建文明村镇活动中，追求更高品质、更高质量的精神生活。"楼上楼下电灯电话"在不少村镇早已成为现实。有的村镇甚至统一安排村民去读 MBA，电话联系、上网查询在农村已不再稀罕……面朝黄土背朝天的农民已经过上了城镇居民的生活。过去与愚昧、落后相伴的农村已经变成了欣欣向荣的双文明村镇。精神文明建设如春风化雨，中国农村正在大踏步地迈向小康社会。

但是，我们也应该清醒地看到，贫穷落后的农村要实现现代化、城镇化谈何容易，搞物质文明建设不容易，创建精神文明也不容易，必须有党和政府的正确指导，必须有城市的有力支持。

河南林州农民艰苦创业，用自己的双手开挖出举世闻名的红旗渠，早在 40 年前就名扬中华大地。1996 年江泽民同志视察林州时，再一次肯定了林州人民的创业精神，正如当时河南省委宣传部部长所讲：这具体体现了江泽民总书记倡导的新时期"创业精神"和"三个代表"的要求。在新时期我们要进一步大力学习和弘扬林州"创业精神"。

全国有名的国家重点扶持的贫困县甘肃庄浪县几十年如一日，在县委、县政府的带领下艰苦创业，在土壤贫瘠、水土流失严重的黄土高原沟壑区，大搞生态建设，如今庄浪的林草覆盖率已达 35%，森林覆盖率达到 23.6%，比全国平均森林覆盖率高出 6.8 个百分点。这个典型榜样树得好，庄浪人这种艰苦奋斗的精神不仅对中西部地区有指导意义，对全国农村也有借鉴意义。此外，还有大寨老典型、内蒙古的包头农村、苏南的武进、福建的古镇安海等地的精神文明建设也都有新的创造，跨上了新台阶。

榜样的力量是无穷的。2001 年，江泽民同志提出了把依法治国和以德治国结合起来的重要思想。在建设有中国特色的社会主义的过程中，一定要加强社会主义法制建设，同时也要坚持不懈地加强社会主义道德建设。党中央适时印发《公民道德建设实施纲要》，表明我国的精神文明建设正向更高的层次迈进，向更广阔的领域延伸。

广大农村应成为经济繁荣、科技进步、教育普及、环境优美、团结安定、"两个文明"并进、经济社会协调发展的现代化农村。农民应该成为有理想、有道德、有文化、有纪律的现代农民。"爱国守法、明礼诚信、团结友善、勤俭自强、敬业奉献"二十字公民基本道德规范在全国城乡精神文明建设中正在发挥着越来越大的作用。我们一定要贯彻好、落实好，做到家喻户晓、人人皆知、人人皆行。这里关键是要将"两个文明"建设的活动坚持下去、普及开来。

改革开放给广大农民带来的最大实惠是经济发展了、生活富裕了。但是富裕不等于文明，富裕更要奋进。20世纪90年代中期以来，东部沿海一些先富起来的地区，开展的"富了怎么办"的活动，非常及时，也非常必要。江泽民同志2000年到广东深圳南岭村视察时的讲话中提到的"致富思源、富而思进"就十分切合实际。深圳南岭村党支部书记张育彪说，要"富而好劳、富而崇德、富而好学、富而思进"，提得好。南岭村原来只是南海边上的一个穷山村，富裕起来后，在村里办起了"致富思源"的村史展览馆，通过实物和图片，具体、生动、鲜明地向干部和群众进行历史教育、富而思进的教育。这是很好的经验，有利于推动各项工作的开展，也有利于"两个文明"的建设。南岭村如今固定资产已达6.4亿元，农民纯收入比改革开放初期的1978年增长了230倍！这个先进典型正是精神文明建设推动物质文明发展的有力证明。

《伟大的创造——创建文明村镇巡礼》的策划者、作者和摄制者共同努力，精心设计，跑遍大江南北，忠实地记录了改革开放以来，我们党领导亿万农民进行"两个文明"建设的历史过程，通过许多典型的村镇、人物和他们的事迹，再次向人们证明，邓小平同志关于"坚持两手抓，两手都要硬"的方针是完全正确的。在建设中国特色社会主义现代化事业的过程中，要"坚持物质文明和精神文明两手抓，实行依法治国和以德治国相结合"。社会主义精神文明是中国特色社会主义的重要特征。建设社会主义精神文明，不断提高全民族的思想道德素质和科学文化素质，可以为现代化建设提供强大的精神动力和智力支持。

现在全国各地和广大农村正在学习贯彻党的十六大精神。我们今后的任务，就是要全面建设小康社会，开创中国特色社会主义事业的新局面，就是要在中国共产党的坚强领导下，发展社会主义市场经济、社会主义民主政治和社会主义先进文化，不断促进社会主义物质文明、政治文明和精神文明协调发展，推进中华民族的伟大复兴。由中央文明办、中央电视台联合摄制的这部《伟大的创造——创建文明村镇巡礼》电视片，符合党的十六大精神，也很及时。经过进一步的加工、完善，适时向社会、向广大农村推出，可以配合党的十六大精神的宣传，可以说是一部宣传农村"两个文明"建设的好教材。

创建文明行业，全面建设小康社会[*]

改革开放 25 年来，我们国家发生了巨大而深刻的变化。我们国家正在由一个传统的农业、农村社会转变为工业化、城市化的现代社会。在这一伟大的历史性社会变迁过程中，许许多多的村镇在变，许许多多的城市在变，各行各业也在变，变化之快，变化之好，正可以用"日新月异""翻天覆地"来形容。

我们国家正在变得越来越好，越来越美。这是我国亿万群众在中国共产党领导下的伟大创造。早在 20 世纪 80 年代中期，我们党就明确指出：要在建设高度物质文明的同时，建设高度的社会主义精神文明。按照这个指导方针，我国人民在进行大规模经济建设的同时，在全国的城市和农村全面开展了创建精神文明的活动，移风易俗，改造社会，讲科学，讲道德，讲诚信，讲文明，蔚然成风。在物质生活有了极大改善的同时，人们的精神面貌也发生了深刻的变化。物质文明建设和精神文明建设是互动的：物质文明建设是基础，为精神文明提供条件；而精神文明建设是目的，也是动力，又推动物质文明建设不断前进。二者相辅相成，相得益彰。正是在这"两个文明"建设互相促进的情况下，我国的社会主义现代化事业得以全面、协调、快速地发展。

中央文明办和中央电视台联合制作的大型电视系列专题片《伟大的创造》，忠实而全面地记录了我国亿万群众广泛参与的精神文明创建活动，通过对党和政府各级领导干部和专家学者的访谈，对精神文明建设的来龙去脉做了回顾和总结，也通过对一些典型城市和村镇以及各行各业的模范人

---

* 本文源自作者手稿。原稿写于 2004 年 2 月，作者：陆学艺、吴孟怡。该文系二人为《伟大的创造——创建文明行业巡礼》电视片撰写的作品评析，该文刊载于《伟大的创造——创建文明行业巡礼》（中央文明办、中央电视台编，北京：学习出版社，2004 年 8 月）。——编者注

物、典型事例的描述，对创建精神文明活动的成就做了生动的展现，看了令人鼓舞，令人信服，令人深受教育，激励人们奋发向上、积极进取。可以说，这部电视系列专题片既有全面记录创建精神文明活动的历史文献价值，也有鼓舞人、感动人、教育人积极向上的政治思想教育和进行精神文明教育的意义。可以说，这部电视系列专题片的策划者、编导、采访者、摄制者，精心设计谋划，走遍了全国的城镇村落，采访了成百上千位各个阶层的人和他们的故事，拍摄了9000分钟的素材，殚精竭虑，精心编制成了这部专题片。专题片凝结了他们的心血和汗水。应该说，这本身就是一次创建精神文明活动的实践。

《伟大的创造》第一辑是《创建文明城市巡礼》，第二辑是《创建文明村镇巡礼》，第三辑是《创建文明行业巡礼》。第三辑选录了全国30多个行业创建精神文明活动的人和事，全景式地介绍了他们的模范事迹，十分感人。党的十四届六中全会明确要求：创建文明行业活动，要以服务人民、奉献社会为宗旨。各行各业，特别是与群众生活关系密切的"窗口行业，都要根据自身特点，对职工普遍进行职业道德、职业纪律教育，加强岗位培训，规范行业行为，树立行业新风"。实践也证明，创建文明行业是继创建文明城市和创建文明村落之后的又一个伟大创造。如果说创建文明城市、文明村镇是一个个区域的精神文明建设，是我们通常说的"块块"，是横向的，那么，创建文明行业的活动则是"条条"，其精神文明的建设是纵向的。一个是纬，一个是经。经纬编织，条块结合，使整部专题系列片反映了创建精神文明活动的全貌，这是很有创新意义的。

创建文明行业的活动，在我国现阶段正处于由计划经济体制向社会主义市场经济体制转变的过程中有特别重要的意义。

第一，有许多行业，直接与广大人民群众的生产生活密切相关，关系到百姓的吃、穿、住、用、行。在计划经济体制下，不少行业单位，养成了官商作风，加上短缺经济，给人民群众的日常生活造成了诸多困难，例如，购物难、行路难、住房难、维修难、看病难、打电话通信难等。改革开放以后，实行了社会主义市场经济体制，物质条件有了极大的改善，但行业作风、职业道德、服务理念的转变还相对滞后，还不能适应和满足广大人民群众的要求，也不利于本行本业在社会主义市场经济体制下的健康发展。创建文明行业活动，就是要加快这种转变，"规范行业行为，树立行业新风"，以服务人民，奉献社会。电视系列专题片采录了上海自来水行业的"小郭热线"维修组、北京东四邮局、青岛长途汽车公司的"情满旅途"

客车司乘组、柳州铁路局5/6次车队、四川木里藏族自治县茶布朗区邮政局的马班邮队、沈阳中央商务区的扶贫超市等创建精神文明行业活动的先进典型，以生动鲜活的形象、简洁的语言介绍了他们的模范事迹，反映了我国各行各业都在响应党中央创建精神文明行业奋发向上的新气象，也展示了党和政府亲民爱民、同人民群众鱼水关系的新形象。

电视系列专题片《伟大的创造——创建文明行业巡礼》第一集介绍的第一个文明单位是北京东四邮局。这是全国邮政系统的文明单位，是邮政行业的文明窗口。这个邮局的营业面积并不大，只有200多平方米，但要承担为周围20余万人服务的业务。邮局的业务人员并不多，但每个窗口的业务员均业务熟练，态度真诚和蔼，顾客有问题、有疑难，必详细解答，设法帮助，尽心尽力，使顾客放心称心。我们家就住在东四邮局的辖区内，每天按时收到邮递员送来的报刊和信件，风雨无阻。有时到邮局寄信、汇款、寄包裹，总是受到业务员的热诚接待，有如片中梅葆玖先生说的"像到家一样"。这样的文明窗口，也体现了人民政府同人民群众的亲密关系，使人感到温馨亲切。

第二，有些行业是国家管理经济、管理社会的行政机构、行政部门。例如公安局、派出所、海关、工商行政管理部门、环保部门、卫生防疫部门等。原来在计划经济体制下，因为是国家机关，不少单位、不少部门逐渐滋长了衙门作风，自以为是管人的，高人一等，居高临下，有些部门是门难进、人难见、话难听。人民群众要办点事，又必须通过、依靠这些部门，造成离不开、绕不过的尴尬局面，办事难成为一部分群众的心病。开展创建文明行业活动，确立"立党为公，执政为民"的目标，许多行业和单位，深入开展了以"为人民服务，树行业新风"为主题的活动，涌现了一大批先进行业和模范单位，带动了这些行业部门和单位的各项工作。专题片采录了江西南昌筷子巷派出所邱娥国等人的先进事迹，他们实践着人民警察为人民服务的宗旨，把辛勤工作、解决老百姓的困难作为自己应尽的职责，把一片深情献给了群众，被誉为人民群众的贴心人。正是这些数以十万计的人民警察在第一线的默默工作，正在树立人民警察的新形象，现在在各地，"有困难找民警"、有危难打"110"，已经成为全国百姓的口头禅。

去年底，胡锦涛总书记在中南海接见公安干警代表时谈道：多年来，全国公安机关紧紧围绕经济建设这个中心，积极主动地开展工作，积极探索新形势下维护稳定的新思路、新办法，为改革开放和现代化建设保持了安全稳定的社会环境。

"有困难找民警"，这已是首都居民乃至全国百姓的口头禅。事实上，只要一拨110，马上就有"神兵"天降，帮你解决一切大大小小的难题。

专题片还采录了深圳罗湖海关和这个亚洲第一关郭惠绮科长的模范事迹。改革开放以来，我国改变了闭关自守的格局，融进全球化的浪潮，与国际接轨，同境外经济、文化的交流与日俱增，请进来、走出去的人员越来越多。1978年我国出入境总人数只有100多万人（其中入境71.6万人），2002年出入境总人数为11451万人。每天有300多万人要从海关进出，其繁忙程度是可以想见的，而这些人又是鱼龙混杂，海关工作人员既要为绝大多数国内外的客人服务好，又要把极少数走私贩毒等的罪犯抓出来，他们既要有兢兢业业、全心全意为过境旅客服务的精神，又要有熟练的业务能力和过硬的本领，才能使千千万万的客人满意，又不放过坏人。郭惠绮同志就是这样一个人，她有一颗真心诚意为旅客服务的心，又有一双"火眼金睛"，被誉为"查私女状元"。

第三，开展创建文明行业活动，适应当前我国各行各业发展和提高的要求，是全面建设小康社会的组成部分。我们国家正在由农业、农村社会向工业化、城市化社会转变，正在由计划经济体制向社会主义市场经济体制转变，正在经历巨大深刻的社会结构变迁。在这个过程中，一批传统的行业要扩大、要发展、要转变职能，更有一大批新的行业在不断产生。古人讲，"三百六十行，行行出状元"，现在显然是不止了。往细里分，七百二十行都不止了。无论是传统行业还是新出现的行业，在全面建设小康社会的过程中，都需要发展，都需要提高，才能适应现代社会的要求。

在全面建设小康社会的过程中，各行各业的干部和职工都要树立新的理念、新的职业道德，确立新的行风行规。在当前，各行各业讲求诚信，这是创建文明行业的核心。诚信是经营原则，是中国工商业世代相传的优良传统、成功经验。以诚信做人，以诚信经商，以诚信创业。生产行业要诚信生产，讲究质量；商业服务行业要诚信服务，树立信誉；行政、执法、管理部门要诚信管理，取信于民。老老实实，一丝不苟，兢兢业业，服务到家。诚是根本，以诚取信。生产要讲诚信，服务要讲诚信，执法也要讲诚信，执政更要讲诚信，"人无信不立"。一个企业、一个商店、一个单位、一个部门都要讲诚信，才能立得住，办得好，兴旺发达；反之，衰败、垮台是必然的。各行业都要把诚信作为育人、办事、立业的根本，行业才能兴旺，国家才能发达。

在全面建设小康社会的过程中，各行各业的干部和职工，都要学习业务，精通本行业的业务，提高业务素质。要干一行，爱一行，专一行，有熟练高超的知识和技能。每一个行业，都要普遍进行岗位培训，并且要重点培训出一批身怀绝技、有一手绝活的"行家里手"，作为本行本业的标兵、模范，是大家学习的榜样，也是本行本业的形象，更是赶超世界水平的标志。目前有一些行业技术水平不高，干部、职工业务不熟练，缺乏技术骨干，即使有服务的目标和愿望，也做不好工作，只能应付局面，敷衍服务，怎么能办好行业？只有业务精通了，技术熟练了，才能办好事、服好务。

电视系列专题片采录了北京东四邮局、上海自来水公司"小郭热线"、北京火车站036客运员李冬梅、重庆医大儿童医院、深圳罗湖海关郭惠绮、四川甘孜公路养护总段雀儿山段五道班班长陈德华、山东临沂环保局局长朱崇跃、中国国际航空公司飞行总队、北京百货大楼张朝和等一批先进单位和先进人物，他们的生动形象和感人事迹，表明了一个事实：这些文明单位的干部、职工、模范人物不仅都有一颗为人民服务、奉献社会的诚心，而且都是精通业务、技术过硬的能人，所以做出了这样不平凡的业绩。"榜样的力量是无穷的"，电视系列专题片把他们搬上银幕，一定会产生巨大的影响，把创建文明行业的活动推向新的高潮。

电视系列专题片的编导、采访、摄制、选辑的工作者们精心摄制的《伟大的创造——创建文明行业巡礼》，记录了世纪交替时期，我国亿万群众在全面建设小康社会的各行各业创建文明行业的活动，这本身就是一个创造，它记载了千百个活生生的先进单位和典型人物，所以这部电视片还是一部文献纪录片，是会长期流传下去的。

弘扬徽商文化，推进经济文化良性互动发展[*]

这次国际徽商论坛，以经济与文化互动为题，研讨徽商文化，弘扬徽商精神，为建设社会主义现代化事业服务，很有意义。

文化是指这个国家或地区、这个民族、这个群体的生存方式、风俗习惯、规章制度及其价值系统。经济是基础，文化是上层建筑。经济基础变化了，上层建筑就会有相应的变化。经济基础决定上层建筑，上层建筑是为经济基础服务的，但上层建筑不是消极地适应，而有能动作用。经济和文化的关系也是这样的。经济发展是文化发展的基础，经济发展决定文化发展，但经济和文化是互动的。文化发展得好，与经济发展相适应，就能巩固经济发展的成果，推动经济更加顺利地发展。而文化发展滞后于经济发展，就会影响阻碍经济的健康发展，乃至破坏经济发展。

从我国经济发展的实践来看，我国自走上社会主义市场经济轨道以来，经济发展得很好，成绩斐然。但是文化却没有相应地发展，多数地区文化发展严重滞后于经济发展，由此产生了种种社会问题，实际上在阻碍经济健康、协调地发展。

我们今天来研讨徽商文化，就是要总结这个徽商经济、徽商文化的经验和教训，探究徽商经济和徽商文化的互动关系。探讨这种徽商经济文化现象对我们的社会主义现代化建设有何种借鉴的作用。

徽商作为一种历史现象，有两点十分突出。其一，在这样一个地处江南山区、交通闭塞、地狭人稠的区域，竟然在明清时期产生了一个影响遍及全国乃至海外，雄踞商界数百年的大商帮，可谓是中国经济发展史上的

---

[*] 本文源自作者手稿。该文稿系陆学艺于 2004 年 11 月 12 日在国际徽商论坛上的讲话稿。——编者注

一个奇迹。其二，在徽商产生、发展、崛起、兴盛、繁荣的过程中，形成了贾而好儒、重教兴学、以众帮众、拼搏创业、讲求诚信、热心公益事业、爱国爱乡等徽商文化和徽商精神，这也是中国历史上非常独特的文化现象。

从历史上看，南宋以来，北方的大批宗族和民众为躲避战乱，南迁到江南山区，使这里的经济文化有了很大的发展，在这里形成了影响后世数百年的理学（朱熹就是婺源人）。由于这种理学文化的氛围和影响，所以，徽商从开始形成时就有儒商的色彩。而当徽商经济崛起以后，因为本来就受过儒学的熏陶，懂得文化的重要，有了财力，就更加重视文化建设。出巨资兴建书院，迎名师教育子弟，刻书藏书，资助子弟参加科举夺取功名，成为徽商的风尚。这种风尚代代相传，由此创造了灿烂的徽商文化。

有人说，文化是明天的经济。这是很有哲理的。繁荣的徽商经济，培育了繁荣的徽商文化，而博大精深的徽商文化又使徽商们具有较高的文化素养，使他们经商更富于人文理性，比其他商帮更高一等，两者相辅相成、相得益彰，推动了徽商经济更加繁荣，历数百年而不衰。

研究徽商经济和徽商文化的互动关系，有两点是值得我们注意的。

第一，从国家和地区层面看，经济建设和文化建设是相辅相成的，必须全面地协调发展。我国目前正处于由传统的农业农村社会向现代化的工业社会、城市社会转型，由计划经济体制向社会主义市场经济体制转轨的两大转变的过程中。改革开放以来，我国的经济建设成绩卓著，综合国力明显提高，人民生活普遍改善，总体上达到了小康水平。但这个小康还是低水平的、不全面和发展很不平衡的。所谓不全面、很不平衡，主要是指经济和社会的发展还不平衡、不协调。从一定意义上讲，就是经济和文化的发展还不平衡、不协调。经济建设发展了，但文化没有相应地建设起来。经济建设是中心，是第一位的，但不是唯一。有相当多的地区单纯追求GDP 的增长，忽视了科技教育的发展，忽视了道德文明的建设，忽视了对原有的规章制度的改革，造成了科教落后，适用的人才稀缺，有些地区至今连 9 年义务教育还未普及。我国现在有数以亿计的农村剩余劳动力，但国家急需的、经过培训的熟练的劳动力供不应求，高级工、高级技师更加稀缺。社会诚信缺失，假冒伪劣、坑蒙拐骗屡禁不止，假商品、假名牌充斥于市，假学历、假文凭满天飞，谁也信不过谁，这就必然会增加交易成本。社会风气不好，市场秩序紊乱，这样的环境就不可能建立完善的市场经济体系，对经济进一步发展当然是不利的。邓小平同志早在20 世纪80 年代就指出，物质文明和精神文明要两手抓，不能一手硬一手软，两手都要硬。

十多年过去了，一手硬一手软的问题还没有解决。经济建设这条腿长，文化建设这条腿短，一长一短，不仅是走不快的，而且还有摔跤的危险。

党的十六大指出，到 2020 年，我国要实现全面建设小康社会的宏伟目标。今后要实现经济更加发展，民主更加健全，文化更加繁荣，科教更加发达，社会更加和谐，人民生活更加殷实。按近几年的发展形势，经济要翻两番，实现人均 GDP 3000 美元的经济目标，已经比较有把握了。难点在社会目标和文化建设上，在经济以外的五个"更加"上。国际国内的经济都表明，仅仅实现了人均 GDP 3000 美元、5000 美元的经济指标并不等于建成了现代化的社会，如果文化建设、社会结构等目标没有实现，那么一是经济目标本身不易实现，二是即使经济目标实现了，还有倒退回去的危险。拉丁美洲几个国家的起伏跌宕就是前车之鉴。

客观地讲，我国目前文化建设落后于经济建设的状况，实际已经在阻碍经济协调、健康地发展了。所以，我们今后工作的重点，是要在继续坚持以经济建设为中心的同时，特别重视社会体制改革和文化建设。由此我们今天来研讨徽商文化，借鉴徽商经济、徽商文化良性互动、相辅相成、相得益彰的历史经验，就有特别重要的现实意义。重复说一句，今天的文化就是明天的经济。你真想把经济给搞上去，那你就要真投入力量给文化，使文化同时也繁荣起来。

第二，从阶层、群体、个人层面讲，从一个阶层、一个群体乃至个人成长的角度看，只有经过实践的磨炼，自我的不断学习、自觉改造，才能不断提高。改革开放以来，随着经济体制改革、经济结构的调整和经济的发展，产生了中国特有的、有时代特点的私营企业主和个体工商户阶层。1978 年，全国公有制一统天下，只有 15 万个个体工商户。到 2003 年，全国有私营企业 300.6 万个，投资者 772.8 万人，个体工商户 2353 万家，约 4636.5 万人。[①] 他们是在中国产生和发展起来的，这 772.8 万私营企业主，在 2003 年拥有 35305 亿元注册资本，雇用工人 3526.3 万人。[②] 这两支队伍，从生产资料所有制性质来看，都属于私有经济形态，本质上是一样的，不过前者是雇工 8 人以上的企业，后者是不雇工或只雇 7 人以下的小企业。

私营企业主和个体工商户队伍，已经很庞大了，总数达 3000 多万人，

① 国家统计局编《中国统计年鉴·2004》，北京：中国统计出版社，2004 年 9 月，第 149 ~ 151 页。

② 参见《中国私营经济年鉴（2002 年—2004 年 6 月）》，北京：中国致公出版社，2005 年 1 月，第 73 页。——编者注

经济实力也已经很雄厚了，他们是社会主义市场经济的重要组成部分，在社会主义建设中起了很重要的作用，也做出了重大贡献，他们是社会主义的建设者，已经拥有了较高的政治、经济、社会地位。

从起源上讲，据我们的调查，他们同 1956 年公私合营改造时的私营工商业主没有直接关系。20 世纪 80 年代发展起来的第一代私营企业主多数是从农民、城市的待业青年中产生的，都是白手起家，靠艰苦奋斗精神发展起来的。1992 年以后才有一批干部、知识分子下海，还有一批归国留学人员。1995 年有一大批国有集体所有制企业改制，这些企业的厂长、经理转变为经营者。这个阶层的主流是好的，有创业精神，拼搏奋斗，善于经营，也有社会责任心，捐资奉献，受到了社会的好评。但是总体来看，这支队伍还在初创形成阶段，还未形成阶层文化，总体素质还不够高。特别是有些人员小农思想还比较强，经营管理能力较差，有些人弄虚作假，缺乏诚信，坑蒙拐骗，偷税漏税，小富即安。少数人挥霍浪费，生活糜烂。有些甚至怀有二心，有几张护照，在国外存款，没有社会责任心，不能善待员工，克扣工资，不能平等待人。

从社会主义市场经济的全局来看，今后这个阶层是市场经济的主体阶层之一，还要继续扩大发展，是我国几支人才队伍之一。所以，培育和锻造这个阶层，既是党和国家及社会的重要任务，也是私营企业主阶层、个体工商户阶层及其成员自身发展的迫切需要。

研讨徽商经济、徽商文化及其互动关系十分重要。尤其是私营企业主阶层及其成员，应该学习徽商文化、徽商精神，要学习徽商闯荡天下、艰苦奋斗、百折不挠的创业精神，学习徽商严于律己、自我完善、不断提高自己的进取精神，更要学习他们以诚经商、讲究信誉的道德精神，学习他们以众帮众的团队精神，学习他们富而好儒、重教兴学的好传统，逐渐创造和形成各地不同的工业文化、商业文化。这对完善社会主义市场经济体制，继续繁荣经济是有利的，也是继续发展壮大正在步入国际大市场的私营企业主阶层必不可少的。当然，要造就这支企业家队伍，将是多方面的，是一个宏大的历史任务，学习徽商、弘扬徽商文化，是其中一个重要方面。

广州社情民意研究中心20年来的民意调查报告是不可多得的宝贵资料[*]

广州作为中国的"南大门",素有"敢为天下先"的美誉,20世纪70年代末开始的改革开放,广州亦是先行一步。在改革开放的浪潮中,广州人思维活跃,敢闯敢试,行动敏捷,创新意识强,仅仅30年工夫,广州市在经济社会等各个方面都得到了迅猛的发展,使广州市的各项工作走在了全国的前列。诚然,这主要得益于党中央关于改革开放方针决策的正确,得益于党和国家把广州列为率先改革开放的试点城市,得益于国家多项政策的支持和帮助,同时也是历届广州市委、市政府的领导能够认真领会党中央的一系列方针政策,并能结合广州市的实际情况,创造性地执行贯彻的结果。早在20世纪80年代中期,广州已经是全国改革开放和经济快速发展的明星城市。正因为各项工作都走在前面,必然的结果是"矛盾先发,问题先有"。为了继续前进,就必须解决好这些经济社会的矛盾和问题,于是就必然要创造出一些新的做法,出台一些新的政策,来正确处理这些矛盾,也就必然是"经验先出"。广州社情民意研究中心就是在这样的大背景下成立的。20世纪80年代末,在时任广州市委书记谢非同志的倡议下,中共广州市委五届二次全会正式做出决定,成立"社情民意研究中心",定位为"院外"收集、反映和研究社情民意的非政府民调机构。据我了解,这一机构应是全国最早成立的民调专业机构之一,也是目前全国能够长期坚

---

    * 本文源自《民意调查20年(1988~2008)》(广州社情民意研究中心编,广州:广州出版社,2008年11月),第1~2页。原稿写于2007年9月11日,系陆学艺为该书撰写的序言,现标题为本书编者根据序言内容拟定。——编者注

持，办得很有成绩的一个非政府、非营利的民调专业机构。

广州社情民意研究中心成立 20 年来，积极探索民意调查、舆论研究并组织社会公益活动，做了很多研究课题，能够比较好地把握时代脉络，反映经济社会发展中的重要问题，为党政领导机关科学决策提供民意依据，为政府改善服务提供民意检验，并能及时地反映民众关注的热点和难点问题，成为"官民沟通""民民沟通"的重要的新型信息渠道，发挥了应有的重要作用。

从社会学角度来看，民意调查是用定量研究的方法和手段来测定公众对一些经济社会问题的看法、意见，测定公众对党和政府实施的一些政策和措施的感受和效度。其基本思路是通过抽样调查和统计分析，即在特定的调查范围内抽取一个有代表意义的小型样本实施调查，再根据对样本的统计分析，推论出总体的状况，得出结论。由于民意调查是对公众关心的某一事件或者某种社会现象看法的集合，在很大程度上反映了公众舆论和社会心理取向，因此，它既有为党政府部门提供决策依据，也有引导公民表达自己思想或减轻决策造成的舆论影响的双重作用。随着调查程序的规范和现代技术手段的运用，民意调查能够对复杂、不易直观看出的多变量关系进行多视角分析，这已成为社会调查中越来越受到各界重视和被广泛运用的重要手段。

作为一种透视社会的艺术，民意调查具有广泛的使用价值。它可以在不同场合，根据不同需求，完成不同的民意测度任务。尤其是在社会主义市场经济条件下，社会利益逐步呈现多元化的趋势，社会、经济、文化等领域的思想空前活跃，民意调查能够及时反映各领域、各阶层的民意，使党政领导部门能够准确把握主流民意与非主流民意的不同意见，以及不同群体民众的利益诉求，可以有针对性地做出决策，同时也可以沟通"官意"与"民意"，使官民互动，在社会大变迁的过程中充分发挥各种社会力量的积极性，推动经济社会各项事业健康发展。

民意调查事业在中国开展的历史还不长，但有着强大的生命力。纵观人类历史的发展长河，凡是符合历史发展规律和需要的新生事物，都有着自己生成和发展的客观必然性。随着中国现代化和民主化发展的进一步深入，中国的民意调查事业必将蓬勃发展。广州社情民意研究中心的民意调查工作，做得早，做得好，做出了很大成绩，积累了很多经验。在中心成立 20 周年之际，中心的同志们把 20 年来围绕政府和市民关心的民生问题、社会热点问题开展的有代表性的民意调查报告，分类汇编成书，这是中心向社会汇报和展示的 20 年来的研究工作成果。正是从这众多的民意调查报告中，我们可以看到广州市这些年来经济社会发展的轨迹和非同寻常的历程。可以说，这批民意调查报告，是研究中国特色社会主义现代化进程不可多得的宝贵资料，很值得一读。